中华人民共和国
气象法规汇编

2022

中国气象局政策法规司　编

气象出版社
China Meteorological Press

图书在版编目（CIP）数据

中华人民共和国气象法规汇编. 2022 / 中国气象局
政策法规司编. —— 北京：气象出版社，2023.10
　ISBN 978-7-5029-8028-3

　Ⅰ．①中… Ⅱ．①中… Ⅲ．①气象法－法规－汇编－
中国－2022　Ⅳ．①D922.179

中国国家版本馆CIP数据核字(2023)第165370号

中华人民共和国气象法规汇编 2022

Zhonghua Renmin Gongheguo Qixiang Fagui Huibian 2022

出版发行：气象出版社（内部发行）

地　　址：北京市海淀区中关村南大街46号　　**邮政编码**：100081

电　　话：010-68407112（总编室）　010-68408042（发行部）

网　　址：http://www.qxcbs.com　　**E-mail**：qxcbs@cma.gov.cn

责任编辑：陈　红　　　　　　　　　　　**终　　审**：张　斌

责任校对：张硕杰　　　　　　　　　　　**责任技编**：赵相宁

封面设计：詹　辉

印　　刷：三河市百盛印装有限公司

开　　本：850mm×1168mm　1/32　　　　**印　　张**：17

字　　数：423千字

版　　次：2023年10月第1版

印　　次：2023年10月第1次印刷

定　　价：30.00元

前　　言

　　为了适应气象法治建设和气象依法行政工作的需要,根据国务院《法规汇编编辑出版管理规定》和《中国气象局职能配置、内设机构和人员编制规定》确定的职责分工,中国气象局政策法规司于1987年起定期出版《中华人民共和国气象法规汇编》(以下简称《汇编》)。

　　本《汇编》收集了2022年1月1日至2022年12月31日发布的,并在2022年12月31日前仍然有效的气象法规、规章以及重要的政策性文件等共51件。其中,与有关部(委、局)联合发布的规范性文件3件,政策性文件25件,气象地方性法规和地方政府规章23件。

　　2022年1月1日至2022年12月31日应予废止的气象方面规章和规范性文件6件,列在书后。

　　在本《汇编》中收录的气象法规、规章以及重要的政策性文件目录先按照分类,然后按照发布实施的时间顺序排列。对规范的内容基本维持原状,仅对少数法规中的附录、附件部分进行了省略,并校正了有错误的用词、用字和标点符号。

　　本《汇编》在编辑过程中,得到中国气象局职能机构和各省、自治区、直辖市气象局的支持和协助,在此谨表谢意。

中国气象局政策法规司

2023年8月

目　录

前　言

与有关部(委、局)联合发布的规范性文件

中国气象科技发展规划(2021—2035 年) ……………………(3)
　　中国气象局　科学技术部　中国科学院
　　(气发〔2022〕31 号)　2022 年 2 月 28 日

"十四五"黄河流域生态保护和高质量发展气象保障规划 …(33)
　　中国气象局　山西省人民政府　内蒙古自治区人民政府
　　山东省人民政府　河南省人民政府　四川省人民政府
　　陕西省人民政府　甘肃省人民政府　青海省人民政府
　　宁夏回族自治区人民政府　(气发〔2022〕114 号)
　　2022 年 10 月 9 日

综合气象观测业务发展"十四五"规划 ………………………(59)
　　中国气象局　国家发展和改革委员会
　　(气发〔2022〕133 号)　2022 年 11 月 18 日

政策性文件

中国气象局加强青藏高原气候变化工作方案(2021—2025 年)
　　………………………………………………………………(103)

（气发〔2022〕20号） 2022年1月30日

全面推进乡村振兴气象服务能力提升工作方案(2022—2024年)

…………………………………………………………………（114）

（气发〔2022〕21号） 2022年2月9日

"十四五"气象台站基础能力提升规划…………………（122）

气发〔2022〕50号 2022年4月14日

空间天气业务能力提升工作方案(2022—2025年) ………（138）

（气发〔2022〕61号） 2022年5月27日

气象标准化改革工作方案…………………………………（150）

（气发〔2022〕62号） 2022年5月31日

中国气象局关于促进气象产业健康持续发展的若干意见

…………………………………………………………………（162）

（气发〔2022〕69号） 2022年6月10日

大气本底观测业务质量提升行动方案……………………（167）

（气发〔2022〕77号） 2022年7月25日

气象人才发展规划(2022—2035年) ……………………（175）

（气发〔2022〕81号） 2022年7月29日

中国气象局公文处理工作办法……………………………（194）

（气发〔2022〕83号） 2022年8月8日

中国气象局关于提升气象部门预算管理能力的指导意见 ……（218）

（气发〔2022〕85号） 2022年8月10日

气象部门管理创新工作办法………………………………（225）

（气发〔2022〕98号） 2022年9月2日

气象业务软件统筹发展工作方案(2022—2025年) ………（230）

（气发〔2022〕103号） 2022年9月19日

中国气象局关于贯彻落实《法治政府建设实施纲要

(2021—2025年)》的实施意见 ……………………………（240）

（气发〔2022〕116号） 2022年10月28日

进一步提升国家级短时临近预报预警服务业务能力

工作方案(2022—2025 年) ……………………………… (250)

　　(气发〔2022〕123 号)　2022 年 11 月 7 日

中国气象局气候生态品牌创建示范活动管理办法………… (261)

　　(气发〔2022〕130 号)　2022 年 11 月 15 日

全球气象业务能力提升工作方案(2023—2025 年) ……… (265)

　　(气发〔2022〕151 号)　2022 年 12 月 27 日

气象部门国有资产处置管理办法…………………………… (281)

　　(气发〔2022〕152 号)　2022 年 12 月 19 日

国际交换气象观测站标识符编码规范……………………… (293)

　　(气办发〔2022〕23 号)　2022 年 5 月 18 日

气象数据产品业务准入和退出管理办法…………………… (298)

　　(气办发〔2022〕25 号)　2022 年 5 月 27 日

中国气象局办公室关于加强气象灾害综合风险普查成果

应用的意见………………………………………………… (304)

　　(气办发〔2022〕26 号)　2022 年 6 月 2 日

气象预警制作发布与应急响应联动工作能力提升工作方案

………………………………………………………………… (309)

　　(气办发〔2022〕32 号)　2022 年 7 月 21 日

中国气象局公文处理工作考核办法………………………… (319)

　　(气办发〔2022〕34 号)　2022 年 8 月 11 日

气象部门值班工作规范……………………………………… (323)

　　(气办发〔2022〕43 号)　2022 年 10 月 11 日

中国气象局青年创新团队建设与管理工作方案…………… (331)

　　(气办发〔2022〕46 号)　2022 年 11 月 16 日

中国气象局部门决算管理办法……………………………… (337)

　　(气办发〔2022〕47 号)　2022 年 12 月 6 日

地方性法规和地方政府规章

山西省防雷减灾管理办法 ……………………… （347）

内蒙古自治区人工影响天气管理条例 ………… （352）

莫力达瓦达斡尔族自治旗气象灾害防御条例 ……… （360）

通辽市极端天气应对条例………………………… （368）

上海市气象灾害防御办法 ……………………… （373）

滁州市雷电灾害防御管理办法………………… （387）

淮南市气象灾害防御办法 ……………………… （391）

福建省气象条例………………………………… （396）

厦门经济特区气象灾害防御条例 ……………… （405）

山东省气象灾害防御条例……………………… （416）

山东省人工影响天气管理条例………………… （424）

河南省气象灾害防御重点单位气象安全管理办法 ……… （433）

河南省气象信息服务条例……………………… （441）

湖南省气象灾害防御条例……………………… （447）

广东省气候资源保护和开发利用条例………… （453）

东莞市气象灾害防御条例……………………… （459）

河源市暴雨灾害预警与响应条例……………… （468）

梧州市极端天气灾害防御管理办法…………… （481）

甘肃省气象条例………………………………… （494）

甘肃省气象灾害防御条例……………………… （502）

宁夏回族自治区气象设施和气象探测环境保护办法……… （511）

宁夏回族自治区气候资源开发利用和保护办法……… （517）

宁夏回族自治区防雷减灾管理办法…………… （523）

附录：2022 年 1 月 1 日至 2022 年 12 月 31 日应予废止的
   气象方面规章和规范性文件目录（6 件）…………… （530）

与有关部(委、局)
联合发布的
规范性文件

中国气象科技发展规划
（2021—2035 年）

中国气象局　科学技术部　中国科学院

（气发〔2022〕31 号）

2022 年 2 月 28 日

　　为深入学习贯彻习近平新时代中国特色社会主义思想，贯彻落实党的十九大和十九届历次全会精神，全面贯彻习近平总书记关于气象工作的重要指示精神，加快气象科技创新，高质量推进气象现代化建设，建设气象强国，依据《中共中央关于制定国民经济和社会发展第十四个五年规划和二〇三五年远景目标的建议》《国家创新驱动发展战略纲要》《国家中长期科学和技术发展规划（2021—2035 年）》和《气象高质量发展纲要》，制定本规划。

一、形势与需求

　　习近平总书记指出，气象工作关系生命安全、生产发展、生活富裕、生态良好，强调要加快科技创新，做到监测精密、预报精准、服务精细，推动气象事业高质量发展，提高气象服务保障能力，发挥气象防灾减灾第一道防线作用。党的十九届五中全会把科技创新摆在各项任务的首位，强调坚持创新在我国现代化建设全局中的核心地位，把科技自立自强作为国家发展的战略支撑，提出强化国家战略科技力量、激发人才创新活力、完善科技创新体制机制等坚持创新驱动发展的重要任务。科技创新是引领气象事业高质量发展的第一动力，是做到监测精密、预报精准、服务精细，提高气象服务保障能力的根本途径，是发挥气象防灾减灾第一道防线作用的必然要求。必须牢牢把握加快科技创新的战略举措，坚持把科技创新摆在气象现代化建设全局中的核心位置，强化科技自立自强的战略支撑作用。

党的十八大以来，在以习近平同志为核心的党中央坚强领导下，我国气象事业紧跟国家科技发展步伐和世界气象科技发展趋势，气象科技创新体系不断完善，形成了由气象部门和中国科学院、高等院校、军队、相关行业、企业等构成的气象科技创新体系，气象科技创新能力大幅增强，科技水平显著提高。中国气象局数值天气预报模式（原 GRAPES）基本实现了核心技术自主可控，全球气候系统模式跻身国际前列，第二代气象卫星技术达到国际先进水平。我国气象科技创新由以跟踪为主发展到跟踪和并跑并存的新阶段。

我国社会主义现代化建设进入新发展阶段，经济社会发展对气象服务供给提出更高要求。把握新发展阶段，贯彻新发展理念，构建新发展格局，气象科技创新既面临大有作为的战略机遇，也面临前所未有的重大挑战。面对新阶段新任务新要求，必须清醒看到我国气象科技发展的突出问题。科技创新意识不强，科研队伍体量小、力量分散，自主创新能力较弱。气象科技创新体系整体效率需要提高，对气象现代化的支撑引领不足。天气气候机理研究尚待深入。高精度观测仪器自主研发能力不强，气象观测智能化水平落后，空基、海基气象观测能力薄弱，非传统观测起步晚、发展慢，多源综合数据的获取和完备度亟待加强，资料同化技术落后。数据的获取、传输、存储、处理的软硬件支撑和超级计算能力不足。地球系统模式与国际先进水平存在明显差距，无缝隙预报体系亟待发展。气候变化科技支撑不足，生态文明保障、人工影响天气等工作的科技水平不高,一些重要领域关键核心技术受制于人,现代信息技术与人工智能的气象应用不充分。

新一轮科技革命和产业变革深入发展,科技创新进入密集活跃期。以大数据、人工智能、物联网＋、云计算等为代表的新一代信息技术加速突破应用,为气象科技发展提供了更多创新源泉,气象科技正孕育着革命性突破。世界主要气象强国正加快科技创新部署,世界气象组织通过了建立更综合的地球系统方法的战略计划,美国启动了下一代全球预报系统研发,欧洲中期天气预报中心提出到 2030 年发展无缝隙地球系统模式和创造数字孪生地球的战略目标。加快发展地球系统科学,实现自动化、智能型、无缝隙预报服务已成为世界气象发展的新趋势。

二、指导思想、基本原则和发展目标

(一)指导思想

以习近平新时代中国特色社会主义思想为指导,深入贯彻党的十九大和十九届历次全会精神,全面贯彻习近平总书记关于气象工作的重要指示精神,坚持新发展理念,坚持系统观念,以加快科技创新为主线,以面向世界科技前沿、面向经济主战场、面向国家重大需求、面向人民生命健康为战略方向,以气象科技自立自强为气象高质量发展的战略支撑,大力推进高效能的国家气象科技创新体系建设,加大重点领域科技投入力度,突破关键核心技术,增强原始创新能力,解决一批"卡脖子"问题,发展研究型业务,为气象事业高质量发展和现代化气象强国建设提供强大的科技支撑。

(二)基本原则

把握需求,支撑业务。紧紧围绕气象事业高质量发展要求,瞄准气象强国建设目标,聚焦气象现代化关键核心技术,明确主攻方向和突破口,在重要气象科技领域实现跨越发展,支撑现代气象业务发展。

统筹资源,集约发展。按照全链条、一体化布局思路,系统谋划气象科技创新体系,统筹各类科技资源,拓展实施重大气象科技创新工程,着力解决制约气象发展的重大核心科技问题。

集智聚力,开放合作。发挥人才第一资源作用,以中国气象事业发展为导向,汇聚优势力量构建气象核心技术攻关新型举国体制,深化相关学科交叉融合,以全球视野谋划气象科技合作,提升气象全球监测、全球预报和全球服务能力。

深化改革,激发活力。坚持科技创新和制度创新"双轮驱动",落实国家科技体制改革要求,深化气象科技体制机制改革,完善科技评价和激励机制,形成符合科技创新规律的气象科技管理体制和政策体系。

(三)发展目标

着眼于气象强国建设总体目标,系统谋划 2021—2035 年气象科技发展工作,明确"十四五"时期气象科技发展的基本思路、主要目标以及 2035 年远景目标。

到 2025 年,科技研发力量比 2020 年翻一番;建成布局合理、开放高效、支撑有力、充满活力的科技与业务融合的气象科技创新体系;气象基础研究和应用基础研究水平显著提高;自主创新能力大幅提高,学术水平和影响力大幅提升。引领支撑气象高质量发展取得新成效。

2025 年主要科技指标	
数据处理科技水平	·综合探测能力整体达到国际先进水平,部分领域国际领先,初步具备全球监测能力; ·非传统观测数据的采集应用能力大幅提升; ·气象主力装备国产化率不低于 90%; ·数据质量控制和融合分析能力大幅提升。

超算应用科技水平	• 初步实现中国数值预报模式与国产异构超级计算技术的整体适配； • 计算资源精细化利用效率达到世界先进水平； • 模式数据后处理能力超过 200TB/日，超过 60％的模式数据在实时预报中得到有效应用。
数值模式科技水平	• 初步建成统一的地球系统模拟计算框架，实现多分量模式耦合； • 数值天气预报模式空间分辨率全球达 7 千米、区域达 1 千米、局地达 500 米； • 卫星资料同化占比达 85％～88％。
预报预测科技水平	• 建立多尺度全覆盖智能网格预报体系； • 降水预报准确率比 2020 年提高 10％～15％； • 24 小时台风路径预报误差减小到 65 千米； • 龙卷预警提前时间达 10 分钟； • 月气候预测准确率较"十三五"期间提高 5％～10％。
服务科技水平	• 建成气象精细服务体系； • 专业气象服务技术水平达到或接近国际先进水平，实现全球服务； • 常规天气预报、服务分发实现自动化； • 预报分发(更新)频率较 2020 年提高 10 倍。

到 2035 年，科技研发力量较 2025 年再翻一番；气象科技整体实力达到同期世界先进水平，灾害性天气预报、地球系统数值模式、重大观测装备三大关键科技领域实现重大突破，迈入世界先进行列；中国成为有重要国际影响力的气象科技创新中心；气象基础

研究和应用基础研究取得突破,原始创新能力全面增强;学术水平和影响力进入世界先进行列。

2035 年主要科技指标	
数据处理科技水平	· 非传统观测数据进入数值模式; · 数据质量控制和融合分析能力达到国际同期先进水平; · 气象综合观测整体技术自主可控; · 我国成为气象装备强国。
超算应用科技水平	· 超算峰值运算能力保持世界前列; · 实现气象超级计算核心技术的全面自主可控,并行可扩展计算能力达到国际先进水平; · 模式数据后处理能力超过 1PB/日,超过 90% 的模式数据在实时预报及影响分析中得到有效应用。
数值模式科技水平	· 建成完备的地球系统模式,建成多时空尺度、多圈层的资料同化和耦合预报系统,实现全球高分辨率无缝隙数值预报模式的业务化运行; · 数值天气预报模式水平达欧洲中期天气预报中心 2030 年水平。
预报预测科技水平	· 建成天气气候全要素全时空预报业务技术体系,实现无缝隙、智能化全球预报; · 24 小时台风路径预报误差减小到 55 千米; · 龙卷预警提前时间达 20 分钟。
服务科技水平	· 公共气象服务、部分专业气象服务水平达到国际领先水平; · 中国成为气象服务强国,气象产业具有国际竞争力。

三、重点领域和优先方向

以提高预报预测准确率为目标,以发展数值模式为核心,以传统气象数据及非传统数据的采集、同化、应用,计算能力提升,发展、完善地球系统模式为主线,加强基础研究和应用研究,确定 9 个重点领域、46 个优先方向,着力提升气象服务保障生命安全、生产发展、生活富裕、生态良好的科技支撑能力。

(一)气象观测技术和方法

着眼多源观测数据的获取,开展新型探测设备和观测方法研究。研究面向地球系统的协同观测关键技术,实现对大气和其他圈层要素的高时空分辨率观测。提高对典型灾害性天气系统的实时、立体、精密观测的技术能力。提升协同观测技术水平。开展非传统观测应用技术研究。完善气象观测技术和方法标准体系。

1. 地基气象观测

建立智能化气象观测系统。开展地面观测系统在线比较技术研究。研制核心要素传感器和新型、微型气象观测设备。研制集成多波长、窄频、多极化、多普勒、相控阵等技术的天气雷达系统。研发星地一体化天气雷达业务网实时定标系统。研究气象要素、大气成分垂直立体观测技术。开展新型光电气象观测设备的计量检定技术研究。研发重点区域雷电活动精细化监测技术。

2. 空基气象观测

提升高空大气基准观测技术能力。开展平流层观测技术研究。研究机载气象观测技术和观测方法。研制空基主、被动多波段大气廓线观测设备。研究搭载长航时驻空器的垂直气象观测技术和观测仪器。研制新型大气、海洋和地表探测空基掩星和反射信号一体化载荷。研制低成本的球/艇载式气象探测系统、微型探空系统。

3. 天基气象观测

突破极轨卫星十米级宽幅盖全球光学成像、静止轨道区域秒级快速成像技术。发展天地一体化极端天气和气象灾害智能机动观测及高低轨道协同观测模式。研究建立基于空间辐射基准的超高精度空间辐射定标和图像定位与配准技术体系。突破主动激光雷达风场测量、主动雷达降水测量、高光谱大气成分探测、静止轨道微波探测以及基于导航卫星的无线电掩星和反射观测等探测技术及其资料反演技术。研发国产化自主快速辐射传输模式和高精度遥感产品反演技术。

4. 海基气象观测

研发适应海洋恶劣环境的海洋气象自动观测设备。研发海上移动气象观测技术，构建多基协同观测、多种技术融合的海洋气象综合观测平台。开展多种观测手段结合的台风垂直结构观测技术和方法研究。

5. 协同气象观测

发展非传统观测、社会化观测技术，研究开发非传统观测、社会化观测设备，开展非传统观测、社会化观测数据的采集和应用研究。研究多观测手段、多尺度时空融合方法。研究针对特定天气系统关键区、敏感区进行协同观测的关键技术。开展云降水的地基观测与探空观测融合方法研究，建立云协同观测系统。研究无线基站微波链路信号衰减、地面自动气象观测和天气雷达观测等多源观测相融合的降水协同观测技术。

（二）数据分析技术

以多源综合数据提取、识别、质量控制、存储、融合分析为重点，发展数据分析技术。研发大气、大气化学、陆地和海洋耦合再分析系统。集成应用先进的存储、通信技术，建立智能化数据传输和海量数据存储体系，实现"云"与"端"的数据高效共享。

6. 气象数据融合分析

研究多圈层观测数据质量控制、偏差订正、物理条件约束、多源数据融合和多元知识融合分析技术。研发"全球-区域-局地"一体化的气象数据融合系统。研制高分辨率、高质量、高精度、快速更新的天气气候实况分析系统。研制实时更新的百米至千米级多源数据融合分析产品。

7. 气候数据均一化

研究多圈层、多要素协调的数据插补技术。研究空间一致、物理协调的参考序列构建技术。研究遥感、遥测产品与现场观测的交叉比对分析技术。发展适用不同时空尺度、概率分布的时频域均一化检验与订正技术。建立主客观结合、多方法集成、要素间物理关系协同的气候数据均一性分析系统。研制长序列、覆盖多圈层的气候数据产品。

8. 多圈层耦合再分析

研究大气圈、水圈、生物圈、岩石圈、冰冻圈和人类圈等地球系统多圈层协同再分析技术,建立国产"天气-气候"一体化再分析系统。研究背景误差协方差多尺度分析和估计技术。研究能见度、大气细颗粒物浓度、臭氧、土壤温湿度、积雪等同化技术。开展观测资料时空变化以及其他圈层数据稀少对再分析产品的影响研究。研制高时空分辨率全球和区域再分析产品。

9. 气象数据分析支撑技术

研究气象数据流式获取和即时处理技术。研究覆盖多领域的气象数据时空多维存储模型和弹性管理技术。研究数据、算法、算力资源云化技术。研发"数算一体"信息平台和气象数据产品生成的智能监控系统。研究气象数据的自动标识和全程留痕技术,研究高敏感数据的安全使用和监管技术。探索应用区块链技术。

(三)天气气候机理研究与科学试验

着眼于改进完善客观方法,针对不确定性问题,开展高影响天气、极端天气气候事件、关键物理过程研究与科学试验,深入认识从局地、区域到全球尺度的天气-气候一体化灾害性、极端性天气气候事件形成、演变机理,提出改进数值预报模式的方案、方法,为评估、订正提供理论依据。

10. 极端天气机理研究

研究气候变化背景下极端天气的变化规律。研究台风、暴雨（雪）、高温、沙尘、雾/霾等天气过程发生的大尺度背景、关键物理过程、复杂地形影响。研究极端天气条件边界层-对流层结构特征及相互影响过程。揭示"气溶胶-边界层-云微物理-辐射"多过程协同作用机制及影响。构建人类活动影响下的亚洲区域典型云降水物理模型。

11. 中小尺度灾害性天气机理研究

研究龙卷、下击暴流、冰雹、雷电、晴空湍流等中小尺度灾害性天气发生的天气背景条件和下垫面环境。研发中小尺度灾害性天气的高分辨率探测装备和技术，开展中小尺度灾害性天气综合观测试验。揭示中尺度天气系统与小尺度天气系统相互作用过程。开展次千米尺度灾害性天气触发和演变机理、精细结构特征和监测预报技术研究。研究复杂地形对中小尺度灾害性天气的影响。

12. 多尺度气候机理研究

深入认识次季节-季节-年际-年代际-长期趋势多时间尺度气候过程变异机理以及对东亚和"一带一路"沿线国家气象灾害和极端事件形成的影响机制。研究以热带海气相互作用、中高纬陆气相互作用、极区冰气相互作用等为主要特征分量的气候系统相互作用机理。研究气候变化背景下全球和区域性不同尺度关键气候现象和模态的变化趋势、变化机理及预测理论。研究多尺度复杂地形影响及其天气气候动力学机理。

13. 青藏高原影响机理研究

研究青藏高原云降水精细结构和演变规律。揭示青藏高原热源变化、大气污染物、水汽输送的变化规律及对全球和区域大气、环境的影响。研究青藏高原天气气候及水环境、生态环境等对全球气候变化的影响、响应与反馈特征。

14．极地气象机理研究

开展极地多圈层相互作用观测试验、机理与模拟研究。开展北极航道区域极端天气气候变化观测试验及机理研究。研究冰盖、海冰变化及其对极区内航道沿线天气气候的影响机理。研究极地大气污染物传输扩散过程和臭氧洞增消机理及其影响。研究极地大气、冰雪多时空尺度变化特征及其对东亚区域天气气候的影响。研究北极增暖、海冰快速融化、北极大气环流对中纬度极端天气气候事件的影响机理。

15．中层大气机理研究

基于"天-空-地"多平台开展针对临近空间大气波动、大气成分输送、瞬时放电和电离等关键过程的观测试验。研究临近空间的大气动力、热力、电磁、辐射、大气成分等多尺度过程的变化特征和规律。研究自然和人为外强迫对临近空间大气过程的影响。研究临近空间关键过程及其参数化方案,完善临近空间大气数值模拟技术。

16．大气科学试验

围绕台风、强降水、冰雹、龙卷和雷电等生成环境、多尺度、精细结构和极端风雨产生机制,开展基于大型机动观测平台、多类型遥感平台和固定观测站网的协同观测科学试验。加强亚印太区域近海和深远海海域气象观测平台建设。实施"亚洲-澳洲-非洲"季风科学试验。开展季风区陆地和海洋协同观测试验。开展青藏高原大气水分循环及其影响关键区综合观测试验。围绕地形、城市等非均匀下垫面对边界层、降水和雾/霾的影响,开展综合观测科学试验和人-地-气耦合机理研究。

（四）地球系统模式

以完备的数据为基础,以大数据、超算、人工智能等技术为支撑,以改进和完善算法为核心,建成多尺度、多圈层耦合地球系统模式,支撑无缝隙、全覆盖、智能数值模拟和预报预测,建立数字孪生地球。

17. 新一代大气模式

发展基于地球系统模式的新一代天气-气候一体化的大气动力框架。发展适应灰色区域下的次网格物理参数化方案,优化关键物理参数,为不同尺度应用提供最优的模式物理过程配置方案。发展动力框架和物理过程之间的耦合技术,确保模式大气物质和能量的守恒性以及模式长期积分的有效性,满足不同尺度下动力框架和物理过程之间的协调性。

18. 地球系统各分量模式及其耦合

发展完善高分辨率陆面分量模式的能量和水文物理过程。改进高分辨率海洋、海冰分量模式的关键物理过程,实现大气模式和海浪模式、洋流模式的双向耦合。发展和完善大气化学模块,改进气溶胶、臭氧和大气化学分量模式的多相化学、气溶胶-云相互作用、非球形等过程的处理。发展地球生物化学过程和冰盖模型。研究具有良好可扩展性的高效灵活的地球系统分量模式耦合技术。

19. 高分辨率区域数值模式

研发适合东亚地区的高分辨率区域数值模式,实现东亚区域1千米与关键区百米尺度相结合的嵌套网格,提高区域极端天气的精细化预报水平。研究复杂地形处理技术,提升陡峭地形数值计算稳定性和精度。开展适用于高分辨率的集合预报方法研究。研究全球与区域模式双向耦合技术和基于全球模式的区域拉伸加密技术。

20. 多圈层数据同化

研发适用于新一代模式系统的集合与变分相结合的高时空分辨率大气资料同化系统,研发嵌套跟随局地灾害性天气、跟随观测仪器的区域资料同化系统。建立全球海洋、海冰资料同化系统和全球陆面资料同化系统。研发与全球海、陆、气、冰、大气化学等多分量耦合数值预报模式相配套的耦合同化系统,协调同化多圈层观测资料。

21. 超大规模并行计算和支撑平台

研究与未来高性能计算机系统高效适配的地球系统模式超大规模并行计算技术。开展国产异构计算架构在模式计算上的应用研究。探索新兴计算技术在数值模式上的应用,开展气象领域应用算法的设计研究。研发涵盖地球系统各圈层分量模式及主要过程、针对不同层级和复杂程度模式的模式性能测试评估平台,研究模式偏差的逐级溯源诊断评估技术。

(五)数字化预报技术和方法

建立覆盖全球和海-陆重点区域的次季节-年代际气候灾害和极端气候事件精细化预测技术体系。突破定量化预报关键技术,有效支撑短临到分钟级和百米级、短中期到小时和 1 千米、延伸期到 12 小时和 5 千米的预报能力建设,显著提升预报准确率和精细化水平。

22. 突发灾害性天气短临预报

研究基于新型探测多源数据的强对流天气和中小尺度的精细化识别算法及预警技术。研究应用高频观测信息和人工智能方法的强对流临近预警技术。发展对流尺度集合数值模式的灾害性天气分析、释用和预报技术。发展基于高频多源实况数据和快速更新对流可分辨数值模式的短时预报融合订正技术及对流尺度集合预报订正技术。

23. 精细化气象要素预报

开发从全球到区域、逐日到年代际的气象灾害特征规律的监测诊断技术。发展面向多源预报数据的订正、降尺度、融合的无缝隙全要素精细化动力预报技术,构建天气-气候一体化的后处理系统框架。研究基于前兆信号识别、可预报分量提取的气象要素或天气气候过程的客观预报方法。发展多模式集合预报技术。

24. 检验评估与订正

发展天气气候预报预测的精细化检验评估技术,开展多层次气象模式对灾害天气预报和气候预测的检验评估。发展模式气候漂移及误差订正和最优预报信息挖掘技术。研究适用于多尺度灾害天气预报和气候预测的动力统计释用方法。构建我国多尺度气象要素、气候事件、气候现象的预报预测和风险评估体系。发展复杂地形下精细化气象要素预报订正技术。

25. 基于多灾种的影响预报

通过行业大数据融合,构建针对不同承灾体的多灾种致灾风险阈值指标体系。研究多灾种重叠聚发风险预估和早期预警技术。发展多灾种对生产生活的影响和风险的多时间尺度预报预警评估技术。发展水文气象要素与洪水-地质灾害风险识别以及影响的预报和预警技术。发展大气细颗粒物浓度和臭氧大气污染气象条件集合预报与影响评估技术。建立气象条件对沿海以及海上设施、工程作业等的影响指标和风险模型。

26. 空间天气预报

研究灾害性空间天气现象的太阳爆发物理机制及其对地球空间系统、天基和地基技术系统等影响的物理机制。研究空间天气多源数据融合及应用技术,发展空间天气态势分析及分级描述技术。构建太阳爆发与地球空间系统耦合的多模式集合预报方法,研发日地空间天气全耦合数值预报系统。开展灾害性空间天气事件临近预警预报技术和灾害空间天气事件的效应分级评估技术研究,研制空间天气灾害一体化监测分析与预报预警智慧化平台。

27. 智能气象预报平台

研发诊断分析关键信息聚合系统。研发基于气象云的预报服务一体化技术。研究气象数据二、三维一体化渲染技术。研究基于自然语言处理的预报预警及公报类文字产品自动生成技术。研制智能协同的主客观融合技术平台。

(六)气象服务技术和方法

围绕生命安全、生产发展、生活富裕、生态良好,发展智慧公共气象服务技术。提升专业气象服务能力。针对水文、地质、林草、航空、能源等行业的气象防灾减灾和服务需求,发展多源多尺度融合监测、气象条件分析、气象灾害预报、服务产品加工发布、灾害风险评估等技术。

28. 公众气象

研究影响公众安全的敏感天气风险评估技术,建立公众安全的高影响天气风险预报模型。研究公众生活气象指数的预报方法和技术。发展基于用户需求的公共气象服务产品快速智能制作、发布技术。研究气象灾害临近预警的秒级发布及综合预警服务产品加工技术、预警信息安全发布技术。开展气象防灾减灾综合效益、公众气象服务效益评价模型研究。

29. 农业气象

开展大宗农作物、经济作物与特色经济作物气象灾害规律和机理研究,发展基于灾变过程的气象灾害动态指标构建技术、作物产量预报技术、产量品质预估技术。建立集灾害信息采集、风险预警、损失评估于一体的智能化农业气象灾害风险管理体系,保障国家粮食安全。研究气象因子影响作物的生物化学机制,研发作物生长过程机理模式。建立从站点到全球尺度的农业气象模式与实时业务服务平台。开展设施农业气象服务技术研究。

30. 环境气象

研究大气成分的时空分布特征、变化趋势及对区域天气-气候的影响,研究气溶胶-云相互作用机制,开展大气成分对地球多圈层相互作用机理及评估研究。发展平流层和对流层一体化的全球大气化学-大气环流全耦合化学天气模式,研究环境要素集合预报和智能订正应用技术,研发环境气象三维精细化预报预警关键技术,实现环境气象的全覆盖精细化智能网格预报。开展大气细颗粒物浓度、臭氧等发生发展机理、预报预警及协同治理气象保障技术研究。

31. 海洋气象

发展全球和中国近海风、海浪、海温、海冰、海雾等监测技术。发展针对海上能见度、气旋系统、大风等灾害天气的概率预报和精细化预报技术。发展海洋气象智能网格预报预测产品评估及检验技术。研究全球重要海洋航道气象要素数据采集和融合技术、海洋气象导航关键技术。研究港口航运和涉海重大工程气象保障关键技术。发展全球海洋多尺度气候预测技术。

32. 交通气象

开展交通高影响天气气候特征分析与影响机理研究。研究交通气象关键要素监测和智能感知技术，研究交通气象灾害风险动态阈值勘定和模拟技术。研究交通气象预报预警模式，发展公路交通气象专业模式、内河航运气象要素预报模式、物流配送天气保障和服务模型。开展大数据、人工智能以及新兴通信技术在交通气象服务中的应用研究。完善气象灾害交通防治技术指标与服务标准规范体系。

33. 健康气象

研究天气气候、大气成分对人体健康的影响和大气环境诱发疾病的机理，建立大气主要污染物、颗粒物等对人群健康影响的指标体系和不同区域特征的气象康养、清新指数的指标体系。建立适用不同区域特征的心脑血管、流行性感冒、呼吸系统疾病等气象敏感性疾病预报预警技术。加强居民生活环境的气象服务技术研究。开展健康气象风险服务和卫生经济学效益评估。

34. 能源气象

研发风能、太阳能资源特种气象要素观测与分析技术。发展风能、太阳能、水能资源大规模开发的精细化监测和评估技术。研究面向高比例可再生能源消纳的时间尺度无缝隙气象预报预测技术。建立气候变化情境下风能、太阳能、水能资源大规模开发利用的气候环境和生态效应评估技术。研发气象灾害对重大能源工程影响的监测、评估和预报预警技术。

35. 行业气象服务

研究气象条件对水文、地质、林草、航空等行业的影响，发展致灾临界气象阈值指标和风险识别技术。研究森林火险气象监测、预报预警、风险评估技术。研究旅游安全气象评估和旅游气候评价技术。发展气象灾害预警信息精准靶向发布技术、预警与行业大数据融合分析技术、多灾种综合预警服务产品加工技术。研发精细化快速响应服务平台。

（七）人工影响天气理论和技术

开展全球气候变化背景下的云降水和人工影响天气机理研究，研发人工催化过程与其他气象数值模式系统耦合的人工影响天气数值模式系统，发展云水资源评估、作业条件监测预报、作业催化、效果检验和效益评价等关键技术。

36. 人工影响天气机理

研究山地、河谷与冰川等不同地形背景下冰核与云凝结核分布、理化特征和核化机理，冰雹云结构、冰雹形成机理等。研究催化过程关键参量作用机制。研究不同吸湿性的焰剂核化为云滴的机理。研究人工催化过程与天气、气候和水文等数值模式的耦合技术。研究基于遥感和实测云物理数据的模式检验改进技术方法。研发人工影响天气数值模式系统。

37. 人工影响天气作业技术和装备

发展区域云水资源监测、诊断和评估技术、作业条件监测识别改进技术。构建基于大数据和智能计算等新技术的云物理精细处理和人工影响天气多源数据综合分析系统。开展针对暖云的云室、数值模拟和外场催化试验研究，发展暖云的人工影响天气播撒技术。研发新型绿色高效人工影响天气催化剂。发展新型人工影响天气技术和装备。发展空地一体化云水资源开发利用作业精准指挥技术。

38. 综合外场试验与效果检验技术

开展强对流等灾害性天气科学试验和播云作业最佳部位试验。开展人工增雨、消云减雨、防雹外场试验。发展基于数值模拟的作业效果识别、检验和评估技术,开展基于监测分析和实际作业的模拟试验评估。建立融合多源观测资料的增雨、防雹作业效果物理检验和统计检验新模型。综合应用生态、环境、水文、农业、林业、经济等领域数据,探索建立作业效益综合评估模型,完善效益评估方法。

(八)应对气候变化与生态气象保障

提高对气候变化规律、机理和影响的认识。强化灾害风险管理,开展面向重点行业和领域的影响评估。开展生态环境保护与修复气象保障服务,增强我国应对气候变化战略科技支撑,保障国家气候安全。

39. 气候变化的检测归因与气候环境效应

检测地球系统增温类型及人类活动等主导因子的影响,分析人类活动对高温热浪、暴雨、干旱(骤旱)、雾/霾、台风等极端事件的影响机制。研究温室气体源汇时空演变特征及其与水和能量循环的耦合关系,研发气候-污染双重约束下的温室气体与大气污染物协同减排路径与优化技术体系。研究云反馈机制及其对气候变化预估不确定性的影响。

40. 气候变化风险评估

发展气候系统与社会经济耦合的气候变化综合评估模式。建立气候变化和重大气象灾害危险性综合评估方法。开展气候变化对全球和中国未来重点领域、典型脆弱区、敏感人群的风险评估。研究南北极和青藏高原气候变化的联动关系以及对国家安全的影响。开展气候变化影响和风险的归因定量分析。研究气象资源精细化监测和评估技术,建立气候资源开发利用的气候环境和生态效应评价体系。

41. 生态-环境气象监测预警评估

研究气候变化对不同类型生态系统的影响机理,发展多时空尺度气候变化对水环境和生态环境安全影响的早期预警、动态监测预测技术,构建高分辨率耦合模式系统的多尺度生态环境气象数值模式及高分辨率精细化生态模型,开展生态要素预测及未来气候变化情景下的生态预估。建立适用于生态气象评估预测的中国陆地生态系统分类体系。研究生态红线保护区严守和管控的气象诊断分析技术,开展气候与气候变化、极端天气气候事件对生态环境的影响评估。

42. 环境保护和生态修复的气象服务

建立气候生态承载力评估技术体系,研发考虑气象条件贡献的生态文明建设绩效考核评价方法,建立气候变化应对与环境污染治理和生态系统修复的协同评估体系。研究人工干预措施对不同类型下垫面功能区的生态效益,开展我国重大生态功能区的评估。基于生态气象监测数据,开展生态保护与修复的气候效应评估。

43. 应对气候变化国家战略科技支撑

研究国际气候评估关注的重大科学问题对我国应对气候变化科技发展的影响,评估有序适应气候变化可能带来的经济、社会和环境效益。探索实现《联合国气候变化框架公约》和《巴黎协定》目标的可能途径和前景。评估全球应对气候变化行动与气候治理制度发展对我国应对气候变化、推进人类命运共同体和全球生态文明建设战略的影响,为 2030 年前碳排放达峰和 2060 年前实现碳中和提供决策依据。

(九)人工智能气象应用技术

开展面向气象科学的关键人工智能算法框架研发。促进大数据驱动的大气领域科学发现。发展气象数据分析和同化的人工智能技术,促进机器学习算法在数值模式中的应用。开展基于人工智能的天气预报和气候预测研究。发展人工智能在各专业气象领域的应用和服务技术。

44. 人工智能气象大数据

研究气象大数据组织、存储等关键技术。研究气象大数据高并发、高时效查询和多分辨率、多时相、多要素可视化分析技术。研究气象大数据应用部署技术、海量气象数据的在线分布式处理及挖掘应用技术。研究基于不同机器学习算法的气象训练数据的自动标注技术,建立高影响天气气候事件的标准训练数据集。

45. 人工智能气象算法

开展人工智能算法在气象科学中应用的基础性研究,研究不同人工智能算法在气象科学中的适用性。加强算法可解释性分析研究,研发气象科学领域人工智能专有框架及专用处理器。研究基于人工智能的灾害天气特征提取技术,增强对灾害性天气变化规律的认识,促进数据密集型的科学发现。

46. 人工智能气象应用

开展基于人工智能的观测设备在线监控、诊断技术研究。开展人工智能技术在气象数据质量控制、多源数据融合等领域的应用研究。发展与气象模式数据同化技术、物理过程参数化相融合的人工智能技术。发展基于人工智能的数值模式产品后处理和订正技术。开展短临、中短期、延伸期、月季年等多时间尺度诊断预报预测的人工智能技术研究。研究行业影响的灾害性天气智能识别、监测和预警预报技术。

四、重大气象科技创新工程

新时期气象科技发展,要在以大数据、人工智能、物联网＋、云计算等为代表的新技术体系框架下构建气象事业新格局。按照新业态数据、算力、算法的格局谋划气象科技中长期发展。基于大数据理念,着眼于地球系统框架下的基础观测数据的获取、完备和积累,实施气象大数据科学工程。着眼于大数据的传输、存储、质量控制和管理,提升数字气象的智能化水平,以超级计算能力提升和数据处理的软硬件支撑为核心,实施国产超算技术应用能力提升工程。以改进完善数值模式系统本身为核心,以研究多源、多种、无序数据的融合分析和资料同化方法,地球系统模式的系统理论、数值计算方案为主要内容,充分应用人工智能等新兴技术,实施地球系统模式工程。围绕数据安全可控、观测装备核心元器件自主可控,实施观测装备国产化工程。

（一）气象大数据科学工程

建立与完善包括地球系统多圈层观测、非传统观测、社会化观测、行业部门等气象大数据资源的全球收集体系。研究多圈层、多要素协调的专业观测和社会化观测数据质量控制与应用导向的精细评估技术。自主研制高质量、长序列、动态延续、多圈层全覆盖的基础气候数据集。研发集合与变分分析、多元知识融合和人工智能分析等技术,研发空间网格信息应用技术,构建多源融合实况分析系统。基于中国数值预报模式与同化分析系统,研制全球-区域一体化的地球气候系统耦合再分析系统及长序列再分析产品,实现业务科研源头数据安全自主可控。集成应用新兴信息技术和大数据理念,完善数据获取、海量数据存储以及气象大数据在线智能分析体系,构建"数字地球气候系统"平台,实现"开放数据"向"开放科学"的服务升级,支持气象大数据在各领域智慧应用。通过工程实施,到2025年,建成安全可靠的全球数据资源发现、收集和服务系统,建立完备的多圈层观测数据质量控制与评估体系,全球实况分析和再分析产品质量达到或接近同期国际先进水平,中国区域产品优于国际同类产品;提供开放"数据、算力和算法"的气象大数据智能分析服务。到2035年,实现多圈层观测数据质量控制、多尺度实况分析和地球系统气候再分析等技术全面自主可控;

建立超百年、千米级地球气候系统实时历史一体化分析,产品覆盖大气圈、水圈、生物圈、岩石圈、冰冻圈和人类圈等圈层,质量达到国际先进水平。

(二)国产超算技术应用能力提升工程

攻关中国数值预报模式与国产异构超级计算技术的整体适配技术,改进高可扩展并行算法,开展异构加速技术编程应用,推进国产芯片气象超算应用。研究地球系统模式各组件与国产计算芯片精准适配的"气象超算"定制架构。研究硬件无关、跨平台数值模式组件技术。研究高性能计算架构与数值模式紧密耦合的云服务技术。研究易用高效的模式协同开发环境,建立气象超算应用协同开发平台。研发适合海量模式数据特点的存储管理、在线分布式处理、挖掘应用及可视化技术。研究异构混合内存体系、内存计算方法的并行处理环境以及大容量 IO 数据流管理等应用技术。研究超算资源精细调度管理技术,实现计算、存储资源的精细化应用。探索量子计算等新兴计算技术在气象特定领域的可能应用。通过工程实施,到 2025 年,初步实现中国数值预报模式与国产异构超级计算技术的整体适配,业务中实现十万至百万核并行的高可扩展性计算,计算资源精细化利用效率达到世界先进水平;模式数据后处理能力超过 200TB/日,超过 60% 的模式数据在实时预报中得到有效应用。到 2035 年,超算峰值运算能力保持世界前列;实现气象超级计算核心技术的全面自主可控,并行可扩展计算能力达到国际先进水平;模式数据后处理能力超过 1PB/日,超过 90% 的模式数据在实时预报及影响分析中得到有效应用。

(三)地球系统模式工程

研制多圈层耦合的地球系统模式,构建地球系统资料同化体系,设计国产异构超级计算架构和超大规模并行计算环境下的数值模式研发和运行方案。建立无缝隙地球系统数值预报和评估流程,提高全球多尺度天气-气候-环境智能网格预报能力。通过工程实施,到 2025 年,初步建成统一的地球系统模拟计算框架,实现多分量模式耦合,涵盖物理、化学、生物及人类影响等过程的相互作用,建成相适应的高分辨率大气、海洋资料同化系统,建立针对不同时空尺度应用需求的模式配置方案;到 2035 年,建成完备的地球系统模式,建成多时空尺度、多圈层的资料同化和耦合预报系统,实现全球高分辨率无缝隙数值预报模式的业务化运行,支撑全球和区域精细化的地球系统预报预测业务。

(四)观测装备国产化工程

研发地面、高空和大气成分高精度国产化传感器;研制基于国产芯片,具备超低功耗、声光电物理信号一体化测量处理能力的气象专用系统级模组;研究双偏振相控阵天气雷达及相关扫描技术、观测模式和定标技术;研制基于拉曼散射、差分吸收、多普勒效应等原理的激光雷达,突破激光器等核心部件国产化难题;研究基于毫米波、地波、太赫兹和量子技术的新制式气象雷达;研制基于北斗导航的探空、水汽及反演应用的观测系统;研制基于北斗导航的短基线闪电通道精细化定位系统和超长基线的全球闪电定位系统;研制基于机载平台的空基气象载荷;研制大气成分、生态环境高精度观测装备、在线监测技术和标定技术;研究高海拔、酷热、台风、强辐射、重污染等极端恶劣环境的装备适应性技术和工艺;研制适应特殊自然环境和特殊用途的特种气象观测装备。通过工程实施,到 2025 年,综合探测能力达到或接近国际先进水平,全球监测能力进一步提升;非传统观测数据的收集应用能力大幅提升;气象装备国产化程度进一步提高。到 2035 年,气象综合观测整体技术自主可控,我国成为气象装备强国。

五、气象科技创新体系建设

坚持人才引领发展的战略地位,突出人才在科技创新中的核心作用。坚持问题导向和目标导向相统一,以优化科技资源配置、激发创新主体活力为着力点,完善国家气象科技创新体系,加快建设具有国际影响力的气象大科学中心和基地,强化气象战略科技力量。深化气象科技体制改革,激发创新创造活力,促进科技成果转化。强化国际及国内不同部门、不同层级间气象科技交流合作。建设科研诚信体系,营造良好科技创新生态。

(一)建设高水平科技创新人才队伍

坚持把人才作为实施创新驱动发展战略的第一资源,壮大科研队伍,优化人才结构,加强人才培养,集聚人才资源,增强创新活力,努力建设一支布局合理、素质优良、充满活力的气象科技创新人才队伍。

1. 加快建设气象战略人才力量

聚焦气象重点领域和关键核心攻关方向,培养造就国际一流的气象战略科学家、科技领军人才和创新团队,打造具有国际竞争力的青年科技人才,加快形成气象战略人才力量。围绕全球监测、全球预报、全球服务,加强气象领域国际高端人才培养和引进。加强关键领域国家级科技创新团队建设,加强交叉学科科技创新团队建设。组建省级特色研究领域创新团队和区域协同创新团队。完善创新团队首席科学家负责制。

2. 统筹壮大气象科技创新力量

统筹资源,加强国家级和部门重点实验室、科研院所、新型研发机构建设,打造一批气象人才高地和人才创新平台,做大做强专职科研力量。改进国家级科研院所与国家级、省级业务单位的研发分工,优化岗位职责,提高业务单位研发人员比例。加强气象科技企业创新领军人才建设,支持企业组织创新团队协力攻关,强化部门企业在重点领域的自主创新能力。

3. 加强气象人才培养

深化局校合作,加强大气科学领域学科专业建设和拔尖学生培养,持续培养创新型、复合型、应用型气象科技人才生力军。鼓励和引导高校设置气象类专业,扩大招生规模,优化专业设置,加强气象跨学科人才培养,促进气象基础学科和应用学科交叉融合,形成高水平气象人才培养体系。积极向重点国家选派优秀青年人才访问进修,加强气象教育培训体系和能力建设,推动气象人才队伍转型发展和素质提升。

（二）优化气象科技创新主体布局

优化气象科技创新主体布局,提升创新主体能力,加强各主体间的协作,促进创新要素高效配置。

4. 推进气象科研院所建设

开展以国家使命和创新绩效为导向的现代科研院所改革。构建国家、区域和省级统筹布局、一体化发展的气象科研院所体系。以国家级科研院所为龙头,统筹气象基础研究、应用基础研究、重大核心和前沿技术攻关。做强国家级科研院所学科,在台风、暴雨等灾害性天气以及青藏高原气象等研究领域进入世界领先水平,在大气化学、人工影响天气、城市气象、海洋气象、沙漠气象等研究领域达到世界先进水平。

5. 完善业务服务领域的研发布局

依托业务单位在天气预报、气候预测、气候变化、气象探测、卫星遥感等领域建立产学研一体的创新研发实体。加强专业气象服务的科学研究,针对环境气象、海洋气象、交通气象、健康气象等专业气象服务领域,组建新型研发实体。

6. 加强行业气象科技协同创新

聚焦气象科技重大需求和科技创新重点领域,发挥高校、科研院所在气象基础研究和重大前沿技术创新方面的优势,组织联合协同攻关。联合国防、海洋、交通、农业、卫生健康等相关行业科技力量开展应用气象关键技术与标准研究。培育具备全球竞争力的气象科技企业,构建有利于产学研深度融合的政策环境。

（三）构建协同高效的科技创新平台

加强实验室、气象科技创新示范区等各类创新平台建设,强化产学研用结合,构建关键核心技术攻关新型举国体制,促进各类气象科技创新主体、创新链各环节的对接融通,聚集创新要素和创新资源,建设具有引领作用、跨学科、跨行业、跨区域的协同创新平台。

7. 加强实验室建设

统筹地球流体力学数值模拟、大气边界层物理和大气化学、灾害性天气国家重点实验室建设,建设国家级人工影响天气重点实验室,完善中国气象局和地方重点实验室布局,提升实验室支撑气象科研业务发展的能力。

8. 创建气象科技创新示范区

对接国家产业园等平台的产业辐射和资源整合能力,打造一批具有"产业园＋气象"的特色高科技气象产业孵化器和气象科技政用产学研紧密结合的资源集聚地,为气象科技企业提供创业平台和服务。

(四)加强科技基础支撑平台建设

统筹气候观象台、大气本底站和野外科学试验基地发展,提升科学试验能力。推进科技基础支撑平台开放共享,提高大型科研仪器设备利用率。推进气象科学数据、科技信息与情报的共享平台建设,为气象科技创新提供信息支撑。加强气象类科技期刊能力建设,搭建气象科技影响力载体。

9. 加强野外科学试验基地建设

围绕国家发展战略,服务国家发展需求,统筹气候观象台、大气本底站、综合气象观测试验基地、野外科学试验基地等建设,优化完善中国气象局野外科学试验基地布局,建立野外科学试验基地管理和服务共享平台,制定完善观测数据和仪器设备的开放共享管理办法。在关键区域建设一批野外科学试验基地,推进建设国家野外科学观测研究站,提升试验基地的地球系统观测试验能力及研究水平。

10. 推进科学计算支撑平台建设

完善气象行业科学数据开放共享机制,加强国家气象科学数据中心建设。超前部署量子计算、新一代移动通信及物联网等新技术的气象应用研发。打造适用于多种计算及网络运行环境的支撑平台。提高气象科学计算及软件开发运行的专业服务水平。

(五)加强科技成果转化应用

健全科技成果转化应用机制,强化科技成果中试基地(平台)功能,构建促进科技成果转化的评价体系,设立气象科技成果转化引导基金,促进气象科技成果转化应用。

11. 健全科技成果转化应用管理机制

健全气象科技成果转化应用管理制度,完善科技成果产出、登记、评价、中试、业务化、产业化的全链条管理流程和标准,推动科技成果向气象业务服务和产业技术创新需求有效对接。设立多元化资金投入的气象科技成果转化引导基金,加速重大科技成果的业务化、产业化。设立气象科技创新奖励专项资金,落实职务科技成果市场转化收益分配激励政策。

12. 强化气象科技成果转化中试平台功能

围绕气象观测、预报和服务等主要领域,统筹建设科技成果中试平台,规范中试流程,营造中试仿真业务环境,完善利用成果转化应用平台对接市场机制,拓宽合作领域和渠道,促进研究开发机构和高等院校科技成果向气象业务服务转化。

13. 完善科技成果评价机制

确立以质量、贡献、绩效为核心的评价导向,实行与不同类型科研活动规律相适应的跟踪评估和分类评价制度。健全科技成果业务准入评价机制。推动科技成果评价社会化、市场化和规范化。完善有利于创新的评价激励制度,坚决破除"唯论文、唯职称、唯学历、唯奖项"倾向,避免评价结果与物质利益、资源分配过度挂钩。

14. 加强科技与标准化互动支撑机制

加强气象科技成果向技术标准的转化。以标准促进关键核心技术的业务化、产业化。积极争取科技计划对技术标准研制和应用示范的支持,健全重大科技计划项目中标准快速立项机制。

（六）积极参与全球气象科学治理

面向具备全球监测、全球预报、全球服务能力的建设目标,构建互联互通、合作共赢的气象科技创新发展新格局,打造气象装备、气象学科、气象科技平台等国际品牌。

15. 加强气象科技国际合作

加强与世界主要创新国家、"一带一路"沿线国家的双边和多边气象科技交流与合作。加强由我国承担的世界气象中心、区域气候中心、区域培训中心等的科技支撑能力建设,加强与中亚、东南亚极端天气联合监测预警、气象保障的科技合作。建设大气科学国际联合研究中心,提升与相关国家和地区在重点领域的气象科技合作水平。

16. 增强我国气象科技国际影响力

围绕"一带一路"和气候变化、台风、季风研究等领域,牵头发起或积极参与国际大科学计划,增强我国气象科技国际影响力。深入参与政府间气候变化专门委员会（IPCC）未来评估进程,提升国际合作和履约谈判的技术支撑能力。

（七）加强气象科学普及和创新文化建设

深化气象科技传播与普及,加强科普基础设施建设,提高科普服务质量,提升科学传播水平,培育气象科技创新文化生态,促进全民气象科学素质普遍提高,实现气象科技创新与科学普及"一体两翼"协同融合发展,为气象强国建设奠定坚实社会基础。

17. 促进气象科研与科普紧密结合

发挥科技创新平台科普功能,建立引导科技工作者主动面向社会开展科普服务的支持机制。加强新技术、新成果的普及推广,加强气象科普创作,推动科技成果向科普产品转化。完善科普工作机制,加强面向重点领域重点人群的科学技术普及。组织重大科普活动,发挥科普品牌示范效应。加强气象科技史研究和气象遗址挖掘保护,实施中华气象科技文化传承工程。加强气象科普基础设施和信息化建设,到 2035 年建成 60 个左右国家气象科普基地。

18. 加强科学诚信和创新文化建设

弘扬科学精神和工匠精神,继承发扬科学家精神,营造崇尚创新的社会氛围。加强对突出贡献科技人才和创新团队的奖励激励。引导广大气象科技工作者坚持正确科研价值取向,聚焦关键核心技术,勇于担当、主动作为、攻坚克难。加强科研活动全流程诚信管理,建设集教育、激励、规范、监督、惩戒一体化的科研诚信管理体系,严肃查处违背科研诚信要求的行为。

六、保障措施

(一)加强组织领导和统筹协调

全面加强党对气象科技创新的领导,推进党建与科研工作的深度融合。加强组织协调,明确职责分工,推进规划各项任务的落实。结合实际细化目标和任务,建立任务明确、责任清晰的落实机制。建立规划与国家、省级和行业相关规划之间的衔接和协调机制。加强对规划实施情况的督导和评估。

(二)加大政策支持力度

创新科技管理体制机制,建立健全符合科研规律的政策机制。优化科研运行机制,推动重点领域项目、基地、人才、资金一体化配置。改进科技项目组织管理方式,实行"揭榜挂帅"等制度,赋予科研团队更大技术路线决定权。建立鼓励创新的导向机制,进一步形成适应创新驱动发展的制度环境。

(三)加大改革力度和试点示范

落实国家科技体制改革要求,深化气象科技创新体制机制改革;以重大改革举措激励创新、促进发展,提升资源配置效率,打通科研业务结合通道,提升科技供给力;优化气象科研院所学科布局和研发布局,构建科研院所、重点实验室、野外科学试验基地以及相关业务单位高效协调、职责清晰的一体化研发体系。加强贯彻落实的督查问效,确保改革措施落实落地。分类开展探索性、创新性改革举措的试点示范,推进包括科研项目经费使用"包干制"、基于信任的科学家负责制等试点,及时总结提炼推广行之有效的经验和做法。

(四)加强多元投入和资金保障

统筹各类科技资源,建立科研资金增长机制,加大气象科技创新资金投入,到 2025 年科技研发经费比 2020 年翻一番,到 2035年再翻一番。建立以公共财政、企业、事业和社会组织等多元化投资支持渠道,保障规划目标任务落实。完善稳定支持经费和竞争性经费的协调投入机制,加大对气象基础研究与关键核心技术攻关的稳定支持。完善绩效管理,科学评价气象科技创新资源效益。

"十四五"黄河流域生态保护和
高质量发展气象保障规划

中国气象局　山西省人民政府　内蒙古自治区人民政府
山东省人民政府　河南省人民政府　四川省人民政府
陕西省人民政府　甘肃省人民政府　青海省人民政府
宁夏回族自治区人民政府
（气发〔2022〕114 号）
2022 年 10 月 9 日

第 1 章　规划背景

黄河流经青海、四川、甘肃、宁夏、内蒙古、陕西、山西、河南、山东 9 省（区），黄河流域横跨大陆非季风带和季风带、4 个温度带、3 个降水区，连接东部先行、中部崛起、西部大开发三大战略区，是我国重要的生态安全屏障和高质量发展实验区。黄河流域最大矛盾是水资源短缺，最大问题是生态脆弱，最大威胁是洪水，最大短板是高质量发展不充分，最大弱项是民生发展不足。气象在保障黄河流域生命安全、生产发展、生活富裕、生态良好以及缓解流域水资源短缺、应对气候变化方面具有重要的基础性、先导性作用。

第 1 节　发展基础

黄河安澜气象保障能力呈稳步提升态势。沿黄 9 省（区）建成新一代天气雷达65部、风廓线雷达24部、国家级高空气象观测站47个、国家级地面气象观测站3359个、省级气象观测站1.6万个、卫星遥感校验站5个,发展了覆盖上中下游、干支流、左右岸的智能网格气象预报,搭建了流域气象预报服务一体化业务平台,初步建成了宽领域、广覆盖、智能化的气象服务体系,以及传统媒体和新媒体融合的气象信息发布体系,实现了灾害性天气预警信号"全网发布",预警信息覆盖率达88%。近5年,流域人工增雨作业覆盖面积占全国的48.9%,人工防雹保护面积占全国的43.1%。"小实体、大网络"联防联动的流域气象中心运行机制逐步建立,流域气象全面融入黄河治理大局,保障了黄河安澜和人民群众生命财产安全。

流域生态气象协同保障格局初步形成。黄河流域生态气象要素监测预报预测业务、生态质量气象监测及评价业务、生态系统气象影响预评估和风险预警、生态系统气候承载力监测评估业务逐步开展,气象服务上游水源涵养、中游大气污染防治与水土保持、下游黄河湿地和三角洲湿地及海洋生态的能力全面提高,上中下游、左右岸气象协同保障机制初步建立,服务能力持续提升。

气象助力流域高质量发展取得积极成效。初步建立农业、能源、交通等特色气象观测站网,搭建专业气象服务系统。启动建设国家级马铃薯、枸杞、苹果、花生等多个特色农业气象服务中心,开展河套灌区、汾渭平原、黄淮海平原等粮食主产区系列化气象服务,保障全国重要农牧业生产基地和流域粮食安全。完善输油管道雷电防护、高压输变电线路大风、积冰等气象服务,逐步完善中下游综合立体交通枢纽经济气象服务体系。开展重大工程气候可行性论证、城市通风廊道规划和暴雨公式修订,面向郑州、西安国家中心城市和城市群的气象服务能力增强。

第2节 机遇挑战

把握新发展阶段、贯彻新发展理念、构建新发展格局对流域气象保障提出新要求。把握新发展阶段,完整、准确、全面贯彻新发展理念,服务构建和融入新发展格局,要求紧紧围绕黄河流域生态保护和高质量发展战略要求,更加注重创新驱动发展、区域协调联动发展、系统集成高效发展,更加突出气象在流域绿色发展中的作用,更加强调流域气象开放融合和共建共享,着力解决气象在服务供给、科技支撑、联动发展、职能发挥等方面高质量发展不平衡不充分问题,实现流域气象服务供给与需求的动态适配。

气候变化及其影响对流域气象保障提出新挑战。近60年,流域平均气温升温速率为0.30℃/10年,高于全球、全国平均速率;上游升温显著强于中下游地区,升温幅度接近全球平均的3倍。在气候变暖背景下,流域洪水、高温干旱威胁增大,生态脆弱性增加,气象灾害呈现多发重发趋势,影响流域长治久安和生态安全。近40年来,气象灾害及其衍生灾害导致了黄河流域84%的重大自然灾害、50%的因灾死亡、75%的因灾经济损失,气象精密监测、精准预报、精细服务能力亟待提升。

科技革命和产业变革为流域气象保障提供新动能。随着计算机技术、通信技术、智能传感器等新技术的迅速发展,卫星、雷达和智能化气象监测技术不断创新,监测精密度大幅度提升。数值天气预报技术和地球系统数值预报模式不断改进,预报预警精准度大幅度提高。大数据、云计算、物联网、人工智能和第五代移动通信等信息新技术在气象领域的深入应用,为有效应对气象灾害风险和挑战提供了新的技术和方法。

面对新要求新挑战,流域气象保障与气候安全保护还存在与国家战略协同保障需求不相适应的突出矛盾,尚未形成系统集成、协同高效的流域气象高质量发展格局,流域各部门信息共享不够;

存在趋利避害气象保障能力不足的突出问题,洪旱灾害防御、生态环境改善、行业发展赋能及应对气候变化、"碳达峰""碳中和"气象服务能力薄弱;存在流域气象科技支撑能力不强的突出短板,高影响天气系统机理机制研究不深,缺乏流域区域数值天气预报模式、高能级科技创新平台。

第 2 章   总体要求

第 3 节   指导思想

以习近平新时代中国特色社会主义思想为指导,全面贯彻党的十九大和十九届历次全会精神,以习近平总书记在黄河流域生态保护和高质量发展座谈会、深入推动黄河流域生态保护和高质量发展座谈会上重要讲话和对气象工作重要指示精神为根本遵循,牢牢把握气象关系生命安全、生产发展、生活富裕、生态良好的战略定位,紧扣"生态优先"和"绿色发展"两个关键,突出水资源节约集约利用和洪水防御气象保障两大重点,围绕流域洪水风险威胁大、气象干旱多发重发,筑牢流域气象防灾减灾第一道防线,保障流域防汛抗旱;围绕流域生态环境脆弱、水资源匮乏,科学应对气候变化,保障流域生态环境改善;围绕流域发展质量不够高、民生发展不足,发挥气象趋利避害作用,保障流域高质量发展;围绕流域气象大数据应用能力不足、关键核心技术缺乏等短板,加快气象科技创新,提升流域气象大数据应用和气象科技支撑能力;形成保障黄河流域生态保护和高质量发展战略实施的气象"三大保障、两大支撑"工作格局。

第 4 节   基本原则

紧扣需求,服务战略。紧扣保障黄河长治久安、改善黄河流域生态环境、优化水资源配置、促进全流域高质量发展、改善人民群众生活等气象服务需求,对接流域发展相关专项规划,协调沿黄9省(区)气象业务资源,切实提高气象服务水平,确保黄河流域战略部署在气象领域落地见效。

科技引领,创新驱动。面向世界科技前沿,突出科技体制机制创新,突出科技对气象业务服务的支撑,强化科技引领作用。积极参与国家科技创新工程和攻关,聚焦核心业务和关键技术,尊重自然规律,在应对气候变化、趋利避害保障中发挥科技支撑作用。

优化布局,协同高效。统筹优化黄河流域生态保护和高质量发展战略保障布局与气象高质量发展布局,推进气象基础设施共商共建共享和气象、水文等相关数据信息资源互联互通互用,流域上中下游各地因地制宜、突出重点、各扬所长、共同提升,促进气象保障的整体性、系统性、协同性。联合多部门建立气象、水文、生态灾害防控一体化的数值预报预警系统。

完善机制,开放融入。不断完善流域各部门协调联动的体制机制,开展全方位、宽领域、多层次、高水平的国内外交流合作,统筹中央、地方、社会和市场力量,构建流域气象发展新格局。

第5节 发展目标

到2025年,建成黄河流域防洪抗旱气象保障示范区、科学应对气候变化试验区、气象赋能行业发展试验区,初步建成以"监测精密、预报精准、服务精细"为标志的黄河流域生态保护和高质量发展气象保障业务体系,基本形成流域气象高质量发展新格局,流域气象服务信息共享、协同创新、集约高效、保障有力,流域防洪抗旱安全、气候安全、水资源安全、粮食安全、文物安全、生态文明建设和高质量发展得到有效气象保障,初步建成气象高质量服务保障国家战略的样板流域。

黄河安澜气象保障能力明显增强。实现全流域气候区及主要气候变量观测全覆盖,天气雷达网距地面 1 千米高度监测覆盖率提升 25%;中短期、次季节暴雨预报水平分辨率达到 5 千米,月、季、年降水趋势定量预测到县,短期预报准确率提高 5%,形成气象条件和气候变化对流域水利、粮食、大城市及城市群等安全影响评估技术体系,流域洪旱灾害防御、水资源调蓄调度和调水调沙等气象服务能力显著提升。

生态保护修复气象保障水平显著提升。建设 5 个气候观象台、24 个生态气象综合观测基地、1 个大气本底站、14 个基准气候站、1 个卫星遥感校验站、76 个基本气象站、100 个应用气象观测站。极端气候事件识别率达到 80%。典型云降水系统增雨(雪)率提升到 11%~13%。加强流域气候承载力和气候变化生态影响评估、生态气象综合业务服务能力建设,提升流域气候生态耦合模式技术水平,为流域水源涵养、水土保持、荒漠化防治、河湖水污染防治、河口湿地生态保护 5 个生态功能区生态保护修复提供支撑。

流域高质量发展气象保障不断深化优化。建成流域专业气象观测网,形成"气象+"服务业态,专业化网格气象预报服务覆盖综合立体交通、大城市及城市群、乡村振兴等领域,流域"一轴两区五极"高质量发展气象服务保障体系初步建成,促进经济社会生态效益大幅提升,流域公众气象服务满意度稳定在 90 分以上。

流域上中下游协同发展格局进一步拓展。建立适应需求、快速响应、集约高效的流域新型气象保障业务服务体制机制,形成流域上中下游气象服务协调贯通、气象灾害联动联防、业务发展各具特色、信息数据充分共享、科技难点联合攻关的重大国家战略协同保障格局。

展望到 2035 年,建成以智慧气象为主要特征的流域气象现代化体系,黄河流域防汛抗旱、生态保护、高质量发展气象保障能力实现进一步提升,国家战略气象保障能力进一步增强,打造成大河治理、生态安全屏障、高质量发展、中华文化保护传承弘扬气象服务的典范,建成气象高质量服务保障国家战略的样板流域。

第6节 保障布局

规划范围为黄河干支流流经的青海、四川、甘肃、宁夏、内蒙古、山西、陕西、河南、山东9省(区)相关县级行政区,国土面积约130万平方千米。积极参与、服务构建黄河流域生态保护"一带五区多点"空间布局、"一轴两区五极"高质量发展动力格局和"多元纷呈、和谐相容"黄河文化彰显区。

开展黄河干流和主要河湖为骨架并连通青藏高原、黄土高原、北方防沙带和黄河口海岸带的沿黄河生态带气象服务。在上游三江源、祁连山、六盘山、若尔盖草原湿地、甘南黄河区域,重点提升应对气候变化、涵养水源、防沙固沙、水土保持、生态保护修复、林水关系长期监测评估、森林草原防火的气象服务能力。青海、四川重点加强水源涵养、水土保持、源头生态保护气象服务;甘肃重点加强水源涵养、水土保持、洪水防御气象服务;宁夏、内蒙古重点加强荒漠化防治、水土保持、新悬河防汛、水资源节约利用气象服务。在中游"几"字弯区域,重点加强旱作梯田、淤地坝等拦沙减沙、沙区固沙、水土保持、荒漠化治理、中小河流洪水、山洪灾害和地质灾害的气象服务能力,加强稳定和提高黄土高原地区植被覆盖度的气象服务能力,在秦岭、阴山、贺兰山加强生态保护和修复、水源涵养、防风固沙、水土流失预防、林水关系长期监测评估、森林草原防火的气象服务能力。山西重点加强水土保持、生态保护修复、"华北水塔"水源涵养、中小河流洪水、山洪灾害和地质灾害防灾减灾的气象服务能力;陕西重点加强水土保持、生态保护修复、"中央水塔"水源涵养、中小河流洪水、山洪灾害和地质灾害的气象服务能力。下游重点提升黄河入海口、三角洲、滩涂、河湖等湿地保护修复、生态廊道保护修复、生物多样性保护恢复、洪水防御、调水调沙、林水关系长期监测评估、森林草原防火和高质量发展的气象服务能力。河南（黄河流域气象中心）重点加强气象大数据、业务平台支撑能力，加强流域防洪抗旱联防联动的气象服务能力；山东重点加强黄河三角洲湿地为主的河口生态保护区、生态廊道保护修复的气象服务能力。

开展构建黄河流域"一轴两区五极"高质量发展动力格局气象服务。保障新亚欧大陆桥国际大通道和山东半岛城市群、中原城市群、关中平原城市群、黄河"几"字弯都市圈和兰州—西宁城市群等安全运行；强化黄淮海平原、汾渭平原、河套平原粮食主产区和山西、鄂尔多斯盆地能源富集区气象服务，促进"两区"农业、能源现代化发展。结合河湟—藏羌文化区、关中文化区、河洛—三晋文化区、儒家文化区、红色文化区等，建设黄河气象文化。

国家级气象业务科研单位重点提升关键核心技术支撑能力，重点加强气候变化、生态气象服务、数值预报模式等关键核心技术支撑能力建设，加强交叉学科应用技术研发。

第3章　筑牢气象防灾减灾第一道防线，保障黄河安澜

上游围绕宁蒙新悬河洪水风险气象服务需求，中游围绕水土流失、荒漠化防治、中小河流洪水、山洪灾害、地质灾害、森林草原火灾气象服务需求，下游围绕地上悬河洪水风险和调水调沙气象服务需求，提升上中下游间和各省（区）间协同联动气象保障能力，加强黄河流域气象中心能力建设，筑牢流域气象防灾减灾第一道防线，服务流域防汛抗旱。

第7节　提升暴雨和气象干旱监测预警能力

加强流域上中下游、左右岸气象精密监测能力。科学设计优

化观测站网布局,提升装备保障能力,加强雨情监测预报。上游实施新一代天气雷达组网,中下游重点区域实施双偏振、相控阵天气雷达组网,在大城市和城市群完善由风廓线雷达、毫米波测云仪、微波辐射计、激光雷达等构成的垂直观测网。省(区)际毗邻区升级补充地面自动气象站等观测设备。山西、陕西、河南、山东升级建设北斗导航探空功能。加强淤地坝、尾矿库、小流域强降水监测能力。强化风云、高分卫星等多源遥感资料监测评估应用。

加强流域暴雨和气象干旱精准预报能力。建立高分辨率的黄河流域气候智能监测预测业务,发展基于无缝隙智能网格降水预报的流域面雨量预报模型,完善黄河中小流域面雨量预报业务。构建黄河流域暴雨致洪气象风险预报预警模型,开展基于影响的洪旱灾害气象风险预报预警业务,增强流域强对流天气、特大洪水、城市内涝、地质灾害、极端气象干旱等智能监测、预报预警和应急气象服务能力。联合水利部门发展流域气象水文耦合模式技术。

加强上中下游防汛抗旱气象服务能力。加强河源区、山陕区间、小浪底至花园口洪水无控区等重点区域强降水精细化预报能力,提升极端情况下洪水"梯次削峰"和水量"梯级调度"的联防联控气象预报预警能力。加强汛期气象监测,研发中小河流洪水、山洪、地质灾害气象预报预警模型,共同防范暴雨引发的山洪泥石流等次生灾害,巩固水土流失治理成效。提升流域气象灾害预警信息发布能力,连通流域气象灾害预警信息发布系统与国家应急指挥系统和通信大数据平台。加强凌汛期气温变化趋势预测,提高应急防凌气象服务能力。

第8节 提升气象灾害综合防御能力

健全气象防灾减灾体制机制。健全"党委领导、政府主导、部门联动、社会参与"的流域气象防灾减灾体制机制,强化气象灾害风险管理和综合防灾减灾意识,充分利用网格化社会管理系统,构建与属地责任相适应的气象防灾减灾责任体系,构建与综合减灾相适应的气象防灾减灾组织体系。

强化气象防灾减灾联动。联合编制流域洪旱灾害事件气象应急预案,加强应急预案管理,健全应急预案体系,完善多部门信息共享、联合会商、联合发布机制,建立健全以气象灾害预警为先导的联动机制,增强流域性特大洪水、重特大险情灾情、极端气象干旱、重特大森林草原火灾、沙尘暴灾害等突发事件应急联动能力。

第9节　加强暴雨和气象干旱灾害风险普查评估

加强流域气象灾害综合风险普查评估。建立流域气象灾害综合风险隐患定期普查制度。制定完善流域暴雨、气象干旱风险精细化普查技术标准,建立流域暴雨、气象干旱风险普查数据库。编制流域气象灾害风险区划图,研制定量化风险评估技术和模型,开展重大气象灾害定量化风险评估和区划。加强流域暴雨、气象干旱对农业农村、水利、生态环境、交通运输、林草、文物等行业和城乡房屋建筑、市政基础设施、城市生命线工程等风险预警和影响评估。

加强流域水土流失气象风险监测评估。青海、四川、甘肃、宁夏、内蒙古开展冻土及冻土环境退化、冻融侵蚀、植被退化和土地荒漠化等气象影响评估和监测预报服务。内蒙古、山西、陕西开展多源数据快速分析业务,主要分析气候变暖背景下暴雨和气象干旱集中影响的水土流失实时跟踪、基于气象灾害的风险影响。河南加强小浪底水库调水调沙气象服务,保障库坝和地上悬河安全。山东加强海水侵蚀预防气象服务。

重大工程一：黄河流域气象防灾减灾第一道防线工程

完善流域灾害性天气监测网。围绕宁蒙新悬河洪水防御气象服务需求，在兰州上游加密建设新一代天气雷达。围绕河口镇至龙门区间、龙门至三门峡区间、三门峡至花园口区间、大汶河及东平湖4个暴雨致洪区，在宁夏、内蒙古、山西、陕西、河南、山东加密布设新一代天气雷达、X波段双偏振天气雷达。新建和升级北斗导航水汽垂直观测系统。

建设暴雨和气象干旱预报预测系统。建立流域多源融合实况业务和流域水文气候智能监测预测业务。联合水利部门，基于中国气象局数值模式统一研发平台，构建流域数字孪生洪旱气象模拟系统和洪旱气象仿真模拟数字化平台，对接流域综合数字化平台；发展流域气象水文耦合模式、封开河气象影响预报预测技术。

加强流域气象中心能力建设。依托现有机构资源建立河南省气象防灾减灾中心，发展洪旱防御气象智慧决策支持系统。构建黄河流域气象灾害预警信息发布综合枢纽。运用物联网、卫星遥感、无人机等技术手段，强化对气象状况的动态监测和科学分析，提升"国省协同、流域联动"气象信息支撑能力，强化人工智能等新一代信息技术应用，加快实现数据资源跨地区跨部门互通共享，为"智慧黄河"建设和流域防汛抗旱、水资源调度、调水调沙等提供气象服务和科技支撑。

第4章 科学应对气候变化，保障流域生态环境改善

聚焦流域水源涵养、水土保持、荒漠化防治、河湖水污染防治、

河口湿地生态保护 5 个功能区的生态保护与修复气象服务保障需求,依托现有机构资源在上游建立流域应对气候变化生态气象服务中心,中游拓展汾渭平原环境气象预报预警中心生态气象服务职能,下游加强生态廊道修复保护气象服务能力,助力构筑黄河流域生态屏障,保障生态文明建设。

第 10 节　加强气候变化监测诊断研判

提升流域气候变化基础监测能力。加快构建面向生态、冰冻圈等地球系统多圈层的气候观测系统,建立冰川、积雪以及雪水当量时空分布变化的实时监测分析业务,加强河源区冰川气候科考研究和监测,实现积雪面积与深度、冰川面积与物质平衡量、多年冻土区活动层厚度等黄河上游关键气候变量要素的自动化连续观测。新建、升级气候观象台、大气本底站并完善布局,强化温室气体及“碳中和”监测等,开展大气、地—气通量(能量、水、碳、动量、臭氧)监测和物候期等观测。开展长时间序列的卫星遥感气候数据集建设,加强风云、高分卫星遥感资料对青藏高原、黄土高原气候变化和生态环境监测预测技术研发与应用。

提高气候变化诊断和预警能力。建立以地面监测为基础,融合多源卫星数据的气候变化三维动态监测诊断与预测系统;强化人工智能技术在大气环流诊断中的应用,建立流域多尺度气候变化监测诊断、预测预估、情景模拟和风险预警系统。深化气候变化对流域上游暖湿化影响研究,加强气候年代际的变率研究和大气环流异常、海温变化、青藏高原等对黄河流域影响的研究,开展大气水分输送循环变化及影响研究和评估,提升生态系统关键要素的气候预测预警能力。

提高适应气候变化服务能力。开展生态保护修复重大工程气候可行性评估,开展国土空间规划、城市通风廊道、能源、交通、文物保护等重大规划、重点工程的气候可行性评估。制定气候资源、气候影响评价等方面的标准规范。发展节水型农业及农业种植业结构优化气象服务,强化工业布局气象服务,服务发展节水型工业。

第11节 科学开发流域云水资源

提升流域云水资源开发科技支撑。推进人工影响天气综合观测试验体系建设,基于综合气象观测系统,优化云水资源监测站网布局,构建监测精密、技术先进的"天基—空基—地基"云水资源立体监测系统,提升卫星遥感、飞机探测、地面观测数据的应用能力。强化云降水多源观测数据信息挖掘和开发应用,加强流域水汽输送循环和云水资源时空分布特征精细化评估。围绕流域重点功能区保障需求,优化地面作业点,扩大飞机作业规模和范围,提升云水资源开发的科技水平和效率,服务水资源节约集约利用。

发挥中部、西部区域人工影响天气工程建设效益。在中、西部区域已建人工影响天气试验示范基地的基础上,进一步强化生态保护修复人工影响天气保障能力建设,依托现有机构资源建立复杂地形积层混合云增雨试验示范基地、高原冰雹防雹试验示范基地和人工增雨(雪)试验示范基地。青海、四川、甘肃、宁夏重点服务三江源草原草甸湿地、若尔盖草原湿地、甘南黄河重要水源补给、祁连山冰川与水源涵养等国家级生态功能区水源补给与生态补水,稳固"中华水塔"和生态保护修复。陕西、山西、内蒙古重点服务稳固"中央水塔""华北水塔"、黄土高原水土涵养、淤地坝和梯田的水土保持及防止水土流失、助力大气污染防治、水污染治理、现代农业产业发展等。河南、山东重点保障黄淮海平原粮食生产、涵养库区滩区湿地、河口生态补水、汛期利用洪水加强水沙补给和助力大气污染防治等。

提高人工影响天气业务现代化水平。发展高性能增雨飞机、无人机,推进火箭高炮自动化、信息化改造,推广高效、安全、绿色催化剂和作业弹药。开展无人机和高性能飞机增雨(雪)自适应催化作业试验,增强大范围云系的跨区域作业能力。依托现有机构资源建设基于大数据云计算的作业指挥平台,结合国家级业务指导,提升高时空分辨率的云降水数值预报和作业催化技术水平。依托重点工程项目,补充建设地基云降水观测设备,建设具有较高观测精度的云催化及降水效果评估试验区,提升作业效果评估能力。

第12节 加强生态气象监测预报服务

完善生态气象综合监测网。完善流域温室气体观测网,加强温室气体大气本底浓度监测,加强生态气象专业观测网建设。建立由卫星遥感监测、无人机监测、野外科学试验站构成的"天基—空基—地基"一体化生态气象监测网,针对各功能区典型生态系统开展生态气象观测。

加强生态气象综合评估。提升温室气体源汇特征和影响监测评估能力,完善温室气体观测网建设,开展碳中和监测,开展"碳达峰""碳中和"战略实施进展成效气象评估。开展区域气候承载力和气候变化影响的监测评估预估;上游重点关注气候变化与黄河源头冰川、冻土、高寒草原草甸等相互影响,中游重点关注气候变化与黄土高原植被、沙尘天气等相互影响,下游重点关注气候变化与黄河流域水资源及下游流域湿地、滩涂等相互影响。围绕5个生态功能区生态修复工程,开展生态质量变化气象动态监测评估。建立各省(区)生态质量气象评价指标体系和模型,定期开展生态质量气象评价,服务"三线一单"生态环境管控体系,积极参与生态产品价值实现机制试点建设,守好筑牢生态保护红线,参与构建沿黄生态安全屏障。开展林水关系长期气象监测评估。

强化生态气象监测预报。依托现有机构资源建立生态气象监测预报平台,加强多源资料融合分析,研制生态气象实况产品,开展生态气象要素的监测和预报预测业务；开展气象干旱、暴雨洪涝、山洪灾害、地质灾害、森林草原火灾、大风、沙尘、低温冰冻等气象(气候)灾害及其诱发的次生和衍生灾害的生态影响监测预报，开展草原物候期长势气象监测，服务草原生态保护修复与草原畜牧业生产；服务国家公园等自然保护地保护修复；参与黄河三角洲湿地保护修复规划编制，服务黄河三角洲湿地与我国重要沿海滩涂湿地联合申遗、黄河口国家公园建设。

第13节 提升环境污染防治气象服务能力

提升环境气象科技支撑能力。发挥汾渭平原环境气象预报预警中心作用，强化新型观测资料及卫星遥感数据融合应用，开展汾渭平原大气污染物长距离传输、扩散机理研究，发展环境气象精细化智能网格与中长期预报技术，提高汾渭平原大气污染防治气象保障科技支撑能力。

加强大气污染气象条件定量评估。开展兰西城市群、呼包鄂榆城市群、关中平原城市群、中原城市群、山东半岛城市群和黄河"几"字弯都市圈大气污染、城市热污染等气象条件的精细化评估服务，在流域中下游开展气象条件对臭氧污染影响的定量评估。

提升突发环境事件气象应急保障能力。发展突发环境事件解析及轨迹趋势追踪预估业务技术，建设重大突发环境事件气象应急保障业务。

重大工程二：黄河流域生态气象保障能力提升工程

完善生态气象监测网。新建3个大气本底站，增建1个气候观象台，升级14个基准气候站，升级20套通量观测系统和100套植被及物候自动观测系统，新建1个卫星遥感校验站，增(补)建23个生态气象综合观测基地。在流域探空站建设由地面臭氧、臭氧探空、臭氧激光雷达和臭氧柱总量观测等共同组成

的臭氧立体观测系统。建设1个冰冻圈综合观测站、15套冻土积雪自动观测设备、3套冰川/冰湖观测设备、1个沙漠气象观测站。

加强气候变化及生态保护气象监测评估。完善流域气候监测预测业务。建立流域气候变化影响评估业务。开展基于风云、高分卫星的黄河流域生态气象遥感监测评估示范、地面验证校准、流域气候承载力评估预估和流域"碳达峰""碳中和"战略实施进展成效气象评估服务。

提升生态修复型人工影响天气能力。建设由高性能飞机与无人机相结合的空中作业平台，完善机载大气物理和大气环境监测设备。在重点生态修复区建设新型自动化火箭作业系统和高山烟炉催化系统等地面作业设施。深化六盘山地形云野外科学试验基地建设。

加强重点区域生态保护修复治理气象服务保障能力。实施巴颜喀拉山水源涵养及生态保护修复治理气象保障项目，重点提升扎陵湖、鄂陵湖、玛多冬格措纳湖生态环境保护与植被修复气象服务能力。实施阿尼玛卿山脉水源涵养与草原生态修复气象保障项目，提升森林生态系统保护修复气象服务能力。助力国家公园建设，探索国家公园气象保障模式，提升国家公园气象服务能力。围绕四川省若尔盖县与红原县黄河流域草原修复和水源涵养能力提升工程、渭河等重点支流河源区生态修复和水源涵养能力提升工程、河南省黄河湿地生态保护修复综合提升工程、陕西省延河流域生态保护修复项目、陇中与陇东地区生态保护和修复重点项目的实施，做好气象服务保障。提升国土绿化、防沙治沙和水土保持气象服务能力，助力推进贺兰山、六盘山生态环境保护和修复。

第5章 发挥气象趋利避害作用，保障流域高质量发展

聚焦流域"一轴两区五极"发展布局，突出流域粮食安全、大城市及城市群、乡村振兴、互联互通、能源产业、文旅发展等重点领域气象服务，强化山东半岛城市群、中原城市群高质量发展气象保障的带动作用，建立流域下游高质量发展气象服务中心，辐射引领4个城市群和"几"字弯都市圈高质量发展气象服务，保障流域高质量发展。

第14节 提升流域粮食生产气象保障能力

加强重大农业气象灾害预测预警。在河套灌区、汾渭平原和黄淮海平原粮食主产区，加强农业气象观测站网建设，建立健全气象干旱、霜冻、低温冷害、干热风、大风、冰雹、连阴雨、渍涝、潮塌等重大农业气象灾害预测预报预警业务。开展气候变化和极端天气气候事件对粮食生产影响评估，加强中短期预报、次季节与长期气候预测、极端天气气候事件预报预测。

加强良种培育气象服务能力建设。探索构建种子繁育全过程气象服务保障体系，建立涵盖品种培育农业气候区划分析、主要农业气象灾害预报预警、制种保险气象服务等指标体系，研发品种培育、种子繁育及新品种推广种植全流程的系列气象服务产品，带动制定相应业务服务规范标准，提升良种培育全链条气象服务能力。

第15节 提升流域城市和城市群气象保障能力

提升城市和城市群建设气象保障能力。加强4个城市群和"几"字弯都市圈区域规划气候可行性论证、城市群可持续发展环境气候容量评估，开展城市生态绿化布局气候效应评估，开展城市

热岛、雨岛、湿岛、干岛、浑浊岛效应评估和通风廊道规划、设计和保护,服务低碳城市、适应气候变化城市建设;按照全生命周期管理理念,开展城市气象灾害影响评估,服务海绵城市、韧性城市规划、建设、管理全过程,增强沿黄大中城市抵御气象灾害能力。

提升城市和城市群气象灾害预测预警能力。提升 4 个城市群和"几"字弯都市圈城市气象监测预报预警共享能力,建立健全暴雨、大风、龙卷、沙尘暴、大雾、霾、雨雪冰冻等分灾种气象灾害预测预报预警体系,提升极端强降水监测预报预警能力。

提升城市和城市群生命线气象保障能力。对接融入各地"大数据中心""城市大脑",开展覆盖城市精细化管理全场景的气象灾害风险预警业务,开展城市供电供气供水供热通信、防洪排涝排污、交通出行等智能管理的气象服务,完善重大活动气象风险防控机制,提升智慧城市气象服务能力。加强气象科普宣教,增强社会公众对气象灾害的防范意识、能力水平。

第16节　提升流域乡村振兴气象保障能力

提升乡村气象灾害防御能力。围绕流域乡村振兴重点任务,加强县域城区和特大镇规划气候可行性论证,完善乡村气象灾害易发区、生态敏感区、灾害防御脆弱区、人员聚集区气象精密监测网;发展基于影响的农业农村精准化气象预报预警服务,推进突发事件预警信息发布系统向乡(镇)村延伸。

提升乡村生态气象宜居评价能力。依托卫星遥感、气象监测等,建立生态环境质量气象影响评价体系,开展乡村生态气象宜居评价服务。

发展智慧农业气象。加强物联网、智能装备的推广应用,应用大数据、云计算、第五代移动通信等信息技术,推进气象与农业深度融合,提升智能跟踪的农业气象服务业务水平,实现精细化、专业化、个性化服务。

深化区域特色农业气象服务。建设小气候观测站,完善农业气象试验站和特色农业气象技术应用示范基地建设;加强小麦、大米、玉米等口粮和青稞、枸杞、马铃薯、苹果、葡萄、向日葵与牛、羊等特色农业种植业、畜牧业、渔业、设施农业、蔬果业、小杂粮等气象服务;加强黄河特产、蔬菜、林果、油料、花木、草畜、海洋农业等特色气象服务和都市圈特色农业及新型农业气象服务。

加强农产品气候品质评价。开展流域粮食作物和特色农产品气候品质评价,构建农产品气候品质溯源体系,实现作物生长气象条件、环境条件、生长状态、生产管理等气候品质评价信息全过程可追溯。

第17节 提升流域互联互通气象保障能力

提升综合立体交通气象保障能力。加强交通规划建设气候可行性论证,开展交通气象灾害危险性调查评估、精细化普查和风险区划。推动交通气象信息跨行业互通共享和全流程气象数据支撑。加快构建面向新亚欧大陆桥的交通专业气象观测网,开展沿线重大综合交通枢纽高影响天气预报预警业务。

提升"一带一路"气象保障能力。优化海洋气象智能网格预报预警业务,强化海上大风、气旋、海雾、强对流、海冰等高影响天气预报预警能力建设。甘肃、陕西、河南、山东、内蒙古等省(区)提高国际货运班列跟踪式气象服务保障水平,建立物流运输气象保障体系,服务共建"一带一路"高质量发展。围绕郑州航空港经济综合实验区和青岛、济南、西安等临空经济区,依托亚洲航空气象中心,开展航线恶劣天气预报预警,保障飞行安全。

发展流域数字气象经济。建设网格化数字气象信息网,发展流域数字气象服务引擎,推动数字气象与数字经济、气象高影响实体经济深度融合。发展数字气象场景模拟公共服务,发挥数字气象在"数字惠民、数字惠企、数字融合、数字应用"等方面趋利避害的基础性保障作用,助力培育流域经济高质量发展新引擎和实现流域经济社会高质量发展。

第18节　提升流域能源产业气象服务能力

加强可再生能源开发利用气象服务。面向"碳达峰""碳中和"保障需求,开展流域气候资源滚动评估,建立精细化风能、太阳能资源图谱,开展流域水电综合开发气候可行性论证,保障内蒙古、青海、甘肃、宁夏等风能、太阳能丰富地区加快资源开发。依托气象站网建设太阳能利用试验站,逐步开展太阳能资源和光伏发电功率监测评估预测业务,保障四川若尔盖、甘肃甘南、内蒙古阿拉善乌兰布和沙漠东缘等黄河上游土地沙化典型地区开展的光伏治沙试点。开展风功率精细化预报服务和发电设施气象灾害防御服务。

提升流域骨干能源网气象保障能力。提升西电东送、西气东输运营调度气象服务能力,构建天气预报预警指标体系,开展输电线路微风振动、重要设施覆冰、大风、雷电等气象灾害风险区划;针对管网枢纽站场、液化天然气(LNG)接收站、易燃易爆场所开展气象灾害预报预警及预防服务。

服务流域产业结构优化调整。开展区域气候可行性论证,分析评估气象条件与区域布局和工业生产的相互影响,服务流域钢铁、水泥、焦化、化工、铸造等重点领域产业结构调整,支持工业低碳化发展。

第19节　提升流域文化旅游气象服务能力

加强面向旅游目的地的安全气象服务。面向重点旅游目的地,开展气候资源和气象灾害风险普查、区划和评估,完善流域旅游气象监测网,在重要不可移动文物和博物馆附近增设气象监测点,提高旅游目的地暴雨、雷电、大风、沙尘暴、大雾、霾等高影响天气监测预报预警能力。

开展智慧旅游气象服务。根据地方和景区实际需求,构建智慧旅游气象服务平台,开展目的地旅游景观预报和旅游气象预报,提供个性化、精准化的旅游气象服务产品,发展基于位置的伴随式智慧旅游气象服务。

打造流域气候旅游品牌。充分运用气候区划、"国家气候标志""天然氧吧"等评价服务,挖掘黄河特色气象景观资源、气候旅游资源,发展气候康养旅游等,打造气象旅游品牌。推进流域气象文化连廊建设,挖掘黄河气象文化,推进黄河流域气象文化建设。

重大工程三:黄河流域高质量发展气象保障工程

加强粮食生产气象保障。在河套灌区、汾渭平原、黄淮海平原等粮食主产区增(补)建18个农业气象观测站,建立现代智慧农业气象技术应用示范基地。建立完善特色农业气象服务中心,建设特色农产品气候品质评价系统。建立高标准农田标准化人工影响天气示范基地。

加强城市安全运行气象保障。加强城市气象服务能力建设,保障城市更新示范工程实施,推动黄河流域城市结构优化、功能完善和品质提升。加强地基遥感垂直观测能力建设。建立健全城市气象灾害预测预警业务。开展保障城市供水供电供气供热通信、防洪排涝、交通出行等智能管理的智慧气象服务、城市规划气候可行性论证风险评估。编制城市环境气候图集。

加强流域互联互通气象保障。完善流域高速公路、高速铁路、机场等交通气象专业观测网,加强山东半岛主要港口、航道等气象观测网建设。建立流域公路、铁路、航空气象预报预警综合业务和商贸物流气象服务系统,服务共建"一带一路"高质量发展。

加强风能太阳能开发利用气象保障。建设流域风能、太阳

能监测网,建立精细化风能、太阳能资源图谱。加强风能、太阳能监测和预报,研发基于气象灾害风险区划的长距离输电线路辅助设计系统。建立黄河上游和"几"字弯清洁能源气象服务示范基地。

流域气象文化建设工程。建设流域旅游目的地气象监测网。建立旅游目的地气象灾害预测预警系统和智慧旅游气象服务平台。推动建设流域国家级气象博物馆、流域气象文化主题科普公园、二十四节气发源地专题科普馆等气象科普和文化场馆(所、公园)体系。

第6章 加强气象大数据应用,加快气象科技创新

聚焦黄河流域生态保护和高质量发展气象保障大数据应用及科技支撑短板,统筹流域气象科技创新资源,联合建设高水平气象科技创新平台、科学研究平台,全面加强流域气象大数据应用和气象科技创新能力建设,提升流域气象科技支撑能力。

第20节 加强流域气象大数据应用支撑

加强流域数据资源共享能力建设。推进流域气象大数据"全流域监测、全流域预报、全流域服务"支撑能力建设,研制适应需求、高质量、高时空密度、长时序、及时更新的流域气象数据产品,构建气象数据共享机制,提升流域气象数据资源共享能力;依托"天擎""天镜"系统,提升流域气象大数据云平台、综合业务运行监控能力。重点推动气象、自然资源、生态环境、交通运输、水利、农业农村、文化旅游、应急管理、林草等行业的大数据信息共享。

推进气象大数据开放创新应用。建立流域气象数据开放目

录,优先推动向社会开放重点灾害区、生态功能区、粮食主产区和国家中心城市、城市群等区域气象服务产品,建立气象大数据科学决策和公共服务等创新应用机制。

第21节　加强流域气象科技创新支撑

依托现有机构资源打造高水平黄河气象科学研究平台。联合流域内中国气象局、自然资源部、生态环境部、水利部、中国科学院等所属科研资源,共同建立以气象为主,覆盖黄河流域水利、城市、交通运输、生态环境、文化旅游等相关行业数据的"气象＋"高水平黄河流域科学研究平台。强化联合科技创新机制建设,建立开放互通、布局合理的流域气象科技创新体系;加强专家团队和科技创新团队建设;建立创新成果"孵化器",引入"互联网＋"众创模式,鼓励气象服务数据应用协同创新。重点加强黄河流域气候变化及影响、大城市及城市群气象防灾减灾、人工影响天气和"碳达峰""碳中和"等气象科技支撑技术研发和孵化。

加强黄河流域气候变化及影响研究。研究黄河流域气候多尺度特征及极端气候事件变化规律,开展气候变化趋势评估预估技术研究,强化气候变化对流域水资源、水文循环、水环境与水生态影响的机理机制研究,发展气候变化对黄河流域生态安全、水资源安全、粮食安全、城市安全、水利设施安全、水库运用方式、文物安全等影响评估技术。加强青藏高原、黄土高原、秦岭地区天气系统发生发展的规律及其对流域中下游天气气候和大气环流影响的研究。强化流域中下游山洪、地质灾害多发区、暴雨致洪区中尺度暴雨机理研究,发展流域极端天气气候事件预报预测技术,强化综合风险评估研究。

发展黄河流域气象服务应用技术。加强流域气候变化在生态、水利等领域的早期预警技术研究,发展气候承载力、"碳中和"潜力评估预估等应用技术。结合大数据、云计算、人工智能、第五代移动通信(5G)、北斗等技术,研发流域气象风险预测预警技术。发展流域农业农村、水利、交通运输、海洋、生态环境、自然资源、能源等重点行业数字化气象融合服务技术。研发跨部门、跨行业的业务协同型场景支撑平台和联合预报预警平台。

第22节　完善流域气象业务支撑系统

构建智慧黄河气象信息中枢。运用物联网、卫星遥感、无人机等技术手段,强化对雨情等气象实况的动态监测和科学分析,建立流域气象数据获取、存储、共享、使用监管机制,提升"国省协同、流域联动"气象信息支撑能力,强化人工智能等新一代信息技术应用,推进流域气象服务由数字化向智能化演进,加快实现数据资源跨地区跨部门互通共享,为"智慧黄河"建设和流域防汛抗旱、水资源调度、调水调沙等提供气象服务和科技支撑。

加强流域气象大数据云平台能力建设。发展机器学习型、知识推导型和人机协同型人工智能引擎技术,促进人工智能与气象大数据的深度融合应用,构建气象业务仿真中试环境,提升气象大数据云平台业务支撑水平。

建立"云+端"气象业务技术体制。构建以气象大数据平台为"云"、气象业务系统为"端"的"云+端"流域气象业务技术体制,支撑流域气象服务业务"云上部署、中台支撑、端上应用"。

重大工程四:黄河流域气象科技创新任务

开展基础科学试验。针对青藏高原、季风、复杂地形对天气气候的影响机理、关键物理过程,开展科学试验研究,加强多尺度天气气候事件形成机理和演变规律科学研究。组织三江源、祁连山、六盘山、秦岭等地区云降水机理科学研究及科学试验。强化应对气候变化理论和技术研究。建立黄河流域生态气象国家科研示范基地。

实施科技攻关项目。加强黄河气旋、华北低涡、远距离台风等高影响天气系统发生发展机制,以及流域区域性暴雨形成机理、汾渭平原大气污染物长距离传输扩散机理研究。加强卫星遥感资料在数值预报、天气分析、气候变化、资料再分析、专业气象服务等重点领域应用技术研发。研制流域气候预测、气候变化和极端天气气候监测在农业农村、水利、生态环境等领域早期预警技术和业务服务系统。

强化信息科技支撑。升级流域气象大数据云平台,建立流域气象数据资源共享平台。构建气象业务仿真中试环境。开展人工智能算法在流域的适用性研究,发展基于人工智能的气象预报方法和影响预报技术。

第7章 保障措施

第23节 加强组织领导,强化统筹协调

建立以省部合作为基础的黄河流域生态保护和高质量发展气象保障工作联席会议制度,负责统一领导和统筹协调黄河流域气象保障工作。中国气象局加强政策支持和指导,沿黄9省(区)人民政府加大对气象保障支持力度。黄河流域气象中心加强流域气象预报服务联动联防和组织协调,沿黄9省(区)气象部门加强与国家级气象业务科研单位合作交流和业务协同,形成合力,保障重点任务和项目推进实施。

第24节 开展合作交流,推动行业互动

黄河流域生态保护和高质量发展气象保障是系统工程。健全流域跨地区、跨部门、跨行业的协调互动机制,推进区域合作、行业

互动,促进流域气象保障及相关基础设施共建共享、气象信息资源共享共用,建立完善灾害性天气、区域防灾减灾、环境污染防控等联防联动机制。

第 25 节　健全投入机制,增强经费保障

积极争取中央和地方的财政投入,合理保障黄河流域生态保护和高质量发展气象服务投入。充分发挥财政资金使用效益和撬动作用,拓宽多元化投入渠道,按市场化原则吸引和鼓励多种投资主体参与黄河流域生态保护和高质量发展气象保障,促进重点建设任务落地实施。

第 26 节　加强监督管理,确保规划落地

加强规划实施情况跟踪分析、督促检查,完善规划实施动态监测评估制度,健全规划实施年度监督。规范工程项目实施,加强专家咨询和论证工作,提高决策的科学化和民主化水平,确保规划落地实施。

综合气象观测业务发展
"十四五"规划

中国气象局　国家发展和改革委员会

（气发〔2022〕133号）

2022年11月18日

一、发展形势

（一）发展现状

党中央、国务院高度重视气象观测工作。"十三五"以来，经过不懈努力、接续奋斗，我国综合气象观测业务发展取得了长足进步。

观测业务体系进一步优化。建成了由技术装备业务、数据获取业务、数据处理业务和运行保障业务组成的观测业务体系，优化了"三级管理、四级运行"的业务布局。31个省（区、市）气象局和相关国家级单位完成了气象观测质量管理体系建设，取得了ISO9001认证，覆盖观测全流程，标准化率达96.5%。气象观测技术方法和标准规范的发展推动了行业气象发展，观测资料在各部门、各行业得到广泛应用。

站网布局科学化水平进一步提高。初步建立了基于观测预报互动的站网布局和观测能力评估业务。观测站网顶层设计更加科学合理，相关工作被世界气象组织誉为"最佳实践"，并向其他成员国推介使用。面向天气、气候及气候变化和其他重点领域开展应用服务,建成了由 10920 个国家地面气象观测站、120 个探空站、236 个天气雷达站、7 颗风云气象卫星等组成的立体综合观测系统。

技术装备水平进一步提升。地面气象观测全面实现自动化。观测数据实现即采即传,地面观测数据传输时效从 1 小时提升到 1 分钟,雷达数据传输时效从 442 秒提升到 50 秒。首次成功开展大型无人机台风观测试验,北斗导航探空系统试验试点取得良好成效;人工智能视频识别天气现象技术实现重大突破并投入业务应用;天气雷达协同观测试验进展顺利,在中小尺度强对流天气监测预警中初步发挥作用。

运行保障能力显著增强。综合气象观测系统保持高水平运行,地面、高空、雷达等观测数据业务可用性保持在 99% 以上。建成综合气象观测业务运行信息化平台,集成数据获取、数据处理、运行保障、装备管理等四大业务功能,初步实现综合气象观测业务集约化运行。装备保障能力不断强化,各类观测装备维修时间大大缩短。

观测应用水平大幅跃升。初步实现气象基本要素站点、格点、三维一张网,重要天气自动识别格点化一张图。多源数据融合分析等关键技术取得显著进展,研发了全球海表温度和中国区域降水、陆面、三维云等实况分析产品。全国遥感综合应用体系初步形成,火情、水体、城市热岛等遥感业务服务深入开展。风云气象卫星为全球 124 个国家和地区提供服务。

(二)面临形势

进入新发展阶段、贯彻新发展理念、融入新发展格局,统筹国内、国际两个大局,贯彻落实党中央、国务院对气象工作提出的新要求,准确把握全球气象观测业务发展的新动向和气象观测业务发展的新规律,在积极应对风险挑战中把握机遇、奋勇前进,推进综合气象观测业务高质量发展。

以习近平同志为核心的党中央为气象工作指明发展方向。习近平总书记指出，气象工作关系生命安全、生产发展、生活富裕、生态良好，要加快科技创新，提高气象服务保障能力，做到监测精密、预报精准、服务精细。习近平总书记对气象工作重要指示精神是新时代气象事业高质量发展的根本遵循。综合气象观测要牢牢把握气象事业高质量发展这一根本导向，聚焦支撑和服务保障综合防灾减灾、生态文明建设、应对气候变化、乡村振兴、区域重大战略、海洋强国建设等国家重大战略需求，积极融入共建"一带一路"。加快建设地空天智慧协同的综合气象观测系统，构建基础支撑与服务应用并重的新型综合气象观测业务体系，为整体提升气象服务保障能力奠定坚实基础。

发挥气象防灾减灾第一道防线作用对综合气象观测发展提出更高要求。在全球气候变暖的背景下，我国极端天气气候事件明显增多，强度显著增强。气象灾害的多发性、突发性、极端性日益突出，对自然生态系统平衡、经济社会安全和发展的影响愈加凸显。综合气象观测是筑牢气象防灾减灾第一道防线的基础，迫切需要优化完善综合立体观测站网，发展先进观测技术装备，健全集约高效观测业务，充分利用各类技术方法，提高对龙卷风、冰雹、雷暴大风、暴雨、高温干旱等灾害性天气的精密监测能力。

实现碳达峰碳中和目标对综合气象观测发展提出重大需求。我国二氧化碳排放力争 2030 年前达到峰值，努力争取 2060 年前实现碳中和目标，这是中国对国际社会作出的承诺。气象工作在国家应对气候变化总体部署中发挥着基础性科技支撑作用，为适应新需求，要大力提升大气本底和温室气体监测能力，为应对气候变化提供观测数据支撑。强化风能、太阳能的精细化观测能力，为我国可再生能源消纳和风电场、太阳能电站等清洁能源开发利用提供优质气象服务保障。

全球科技发展为综合气象观测催生发展动力。气象科学发展已迈入地球系统时代，世界气象组织提出气象观测的领域从地球大气圈向水圈、岩石圈、冰冻圈和生物圈等地球系统多圈层进一步拓展，重点发展生态系统、冰川冻土积雪和海洋领域观测。人工智能、物联网、新材料、电子信息等技术发展的新成果，将对综合气象观测业务发展产生深远影响。要坚持智慧气象发展方向，大力发展卫星载荷、气象雷达、北斗导航探空系统、地基垂直廓线观测系统等大型国产化高精度观测装备。

推动气象事业高质量发展对综合气象观测提出新挑战。党的十九届五中全会明确把坚持系统观念作为"十四五"时期经济社会发展必须遵循的原则之一。谋划和推动气象事业高质量发展，必须坚持系统观念，牢固树立质量第一、效益优先的理念，由国务院气象主管机构统筹协调有关部门和各级地方政府，全局性谋划、战略性布局、整体性推进，开展国家天气、气候及气候变化、专业气象和空间气象观测网建设，补短板、强弱项、挖潜力、增优势，统筹推进综合气象观测业务发展，实现质量、速度、结构、规模、效益、安全相统一。

（三）存在问题

"十四五"时期，综合气象观测业务将转向高质量发展阶段，但对标习近平总书记对气象工作的重要指示精神，对照国际先进水平和国家重大战略需求，仍然存在一些亟待解决的突出困难和制约瓶颈。主要表现在：

一是灾害性天气监测能力不足。青藏高原东部边坡地带等气象灾害多发易发频发区、主要天气系统上游地区、重要流域区域等观测站网较为稀疏，自动气象站平均间距超过 50 千米。全国天气雷达距地 1 千米高度观测覆盖范围仅占国土面积的 31%，西部地区仅有 18%。暴雨、强对流等灾害性天气过程的垂直观测能力不足。观测资料的欠缺影响了预报预测的准确率和预见期，制约了气象防灾减灾第一道防线作用的有效发挥。

二是气候、气候变化及碳监测能力明显不足。我国气候区和气候变量监测覆盖均不满足世界气象组织关于全球气候观测系统（GCOS）的要求，长期、稳定、高精度观测能力差距较大。高山、冰川等气候关键区、敏感区、特征区存在观测空白，特别是北方和西部生态环境脆弱区观测站网密度严重不足，缺少针对不同类型生态系统的专业观测和针对气候系统多圈层及其相互影响的动态观测。我国区域和城市碳监测能力不够，对评估碳达峰碳中和的科技支撑不足。

三是观测装备及智慧协同观测水平尚待提升。观测技术装备智能化水平亟待提升，观测关键技术与核心元器件水平与发达国家存在差距。部分领域观测装备国产化程度低，温室气体观测和分析装备主要依赖进口。超过50％的地面观测装备超期服役、故障多发、性能下降，亟须更新迭代。现有观测业务运行模式不能适应观测智慧协同的发展，各类观测设备协同和资料融合应用还处于探索起步阶段，观测与预报服务的交互反馈提升机制有待加强。

四是观测产品应用及运行保障能力不足。观测数据质量控制体系还不完善，观测资料的应用还不够深入。多源观测产品精度不够、针对强对流天气的定制化应用不足、组网产品种类不全，不能完全满足防灾减灾救灾、生态文明建设、国防安全、粮食安全等多方面的需求。全国计量业务体系和测试保障体系尚不完善，针对光学、电磁学、温室气体等观测装备的计量标定测试能力不足，装备全流程全寿命管理尚未实现，国家级和省级的维修保障、备件储备能力有待提升。观测试验基地的基础设施和测试能力不足，影响新技术、新装备的测试验证和业务运行。

五是气象行业观测业务统筹发展和共享共用程度较低。行业气象观测发展尚未做到统筹规划、统一布局、统一标准。各部门各行业自建的气象观测设施融入国家综合气象观测总体布局不够，气象观测设施共建、资料共享共用不够。部门间气象观测协调机制还不完善,由气象主管机构实行统一指导、统筹协调的工作格局尚未形成。

二、总体要求

(一)指导思想

以习近平新时代中国特色社会主义思想为指导,深入贯彻党的十九大和十九届历次全会精神,全面落实习近平总书记对气象工作的重要指示精神,贯彻落实《气象高质量发展纲要(2022－2035年)》,将新发展理念贯穿综合气象观测业务发展的全过程和各领域,强化科技创新,着力推进观测站网、运行保障、观测产品等方面高质量发展,实现综合气象观测系统智慧协同,健全体制机制,统筹推进全社会综合气象观测发展,为推动气象高质量发展夯实气象观测基础。

(二)基本原则

需求引领,应用为本。围绕综合防灾减灾救灾、气候安全等国家重大需求和生态文明建设等国家重大战略部署,以提高预报预测准确率、增强气象服务能力为出发点,坚持以系统观念进行地空天观测立体布局,优化完善重点区域气象灾害观测和气候系统多圈层观测,加强观测资料融合应用,发挥好气象防灾减灾救灾的消息树和发令枪作用,做美丽中国的建设者和守护者。

统筹规划,共享共用。坚持规划引领、统筹集约,深化气象行业管理,强化气象观测标准、规范的统一,逐步实现全社会气象观测的规范化,保障气象观测装备可靠和数据准确。将各部门各行业和社会力量规划建设的观测系统纳入综合气象观测业务的总体布局,共享共用,避免重复建设,提高投资效益。

集约建设,提高效能。按照一站多用、一网多能、多网融合的理念,推进地空天一体化观测协同运行。以提升观测产品应用效益为核心,加强观测与预报服务的互动,提高观测系统建设的协调性、针对性,提升综合气象观测系统建设的整体效能。

科技创新,自主可控。根据全球科技创新趋势和气象业务发展需求,把握现代信息技术、电子技术、材料技术快速更迭的特点,在气象观测重点技术领域前瞻性布局。以科技创新为驱动,补短板、强弱项,提高气象观测技术及装备国产化水平,形成有机协调的综合气象观测业务系统。

(三)发展目标

到2025年,建成布局科学、综合立体、智慧协同的精密气象监测系统,精密监测能力不断提升,具备三维大气实况实时监测能力,建成保障有力、装备有序迭代的业务运行体系,整体实力达到国际先进水平,部分领域达到领先水平。

气象观测站网布局更加科学、业务功能更加完善。立体精密的天气观测网更加完善,东部地区及西部人口聚集区地面站间距小于15千米,天气雷达覆盖率较2020年提升22%,气象灾害易发区的监测能力明显提升,实现地面到对流层基本气象要素垂直连续观测,水平分辨率接近250千米,支撑大气圈观测的核心业务能力稳步提升。面向气候系统多圈层的气候及气候变化观测网的观测能力和技术水平显著增强,实现65个气候区及主要气候变量观测全覆盖、16个关键气候区本底观测全覆盖。专业气象和空间气象观测网观测能力基本满足国家重大战略及经济社会发展需求。

与预报服务紧密结合的智慧协同观测业务和监测产品更加完善。基于观测与预报服务的交互反馈,初步实现指定区域、指定气象目标的动态跟踪和协同观测能力。高精度三维大气实况监测产品更加丰富,陆地基本气象要素三维实况场及天气系统实时监测产品的时间分辨率优于30分钟,垂直分辨率达到百米级,水平分辨率达千米级。重点专业领域精细化气象观测产品服务能力进一步提升。

装备有序迭代、保障有力的运行体系更加高效。气象计量能力明显增强,业务运行稳定率达到 98％以上。基于物联网等现代信息技术,实现气象观测装备的智能感知与观测模式的动态配置。观测装备国产化程度进一步提高。基本实现自主可控、稳定的观测业务装备更新迭代机制。

多部门集约化建设的统筹协调机制更加完善。统筹规划、统一标准,共享共用的行业管理协调机制更加成熟,以分装备类别、分区域、分事权划分相结合的方式推进综合气象观测的规范化、集约化。

三、主要任务

(一)强化天气观测能力

天气观测是依据天气分析与预报的需求,对表征大气状况的气象要素、天气现象及其变化过程开展连续观测。除气象卫星观测以外,国家天气观测网主要包括国家地面气象观测网、国家天气雷达观测网、国家高空气象观测网、国家地基遥感垂直廓线观测网,以及海洋气象观测和各地根据防灾减灾需要建设的观测站(网)。国家天气观测网建设以加强灾害性天气监测和消除重点区域观测盲区为目标,着重完善中小尺度天气监测能力,重点补充西部易灾地区和人口聚集地区的气象观测能力,进一步升级完善天气雷达观测,加强地基遥感垂直廓线观测能力。

1. 补充完善地面气象观测

地面气象观测是对地球表面一定范围内的气象状况及其变化过程进行系统的连续观测,为天气预报、气候分析和气象服务提供重要的依据。国家地面气象观测网主要由国家级地面气象观测站、省级地面气象观测站以及全国民航机场地面气象观测站等组成。

升级更新地面气象观测设备。在国家地面气象观测网中遴选2427 个站增补视程障碍天气现象仪。在东北、西北地区的地面气象观测站中增加建设 1000 个固态降水仪。更新运行时间超过 8

年的国家级地面气象观测站装备。对 2000 个偏远地区的自动气象站进行通信系统等升级改造。弥补地面观测盲区和短板。在东北、青藏高原边坡地带、地形复杂的偏远乡村、抵边小康村、7 个流域的重点防汛河段、防汛功能性湖泊汇水区域、气象灾害易发区，新建更新补充 5300 套六到八要素为主的自动气象站，提升对灾害性天气的精密监测能力，全国布局详见附件，分省布局详见表 1。发展社会气象观测，加强统筹管理。完善社会气象观测管理制度，规范技术标准、观测数据格式和数据管理。推动将全国支线以上民航机场地面气象观测站纳入国家地面气象观测网布局。

各地根据实际需求将运行超过 8 年的省级气象观测站升级为四到六要素的自动气象站，并结合中小尺度灾害性天气观测需要，补充建设地面气象观测设备或移动应急观测设备，增强汛期、重要天气过程和重大活动保障等的应急观测能力。

表 1　地面气象观测设备分省(区、市)布局表

省份	自动气象站(套)				视程障碍天气现象仪(台)	固态降水设备(台)	偏远地区通信设备升级(台)
	现状	拟建		建成后规模	拟新建	拟新建	拟新建
		更新	拟新建				
合计	11420	1054	2246	13666	2427	1000	2000
北京	54	0	0	54	20	0	0
天津	36	6	20	56	13	0	10
河北	424	3	20	444	142	0	30
山西	276	0	20	296	109	0	26
内蒙古	741	40	70	811	119	96	120
辽宁	316	0	191	507	62	83	50
吉林	402	18	185	587	55	120	60
黑龙江	515	200	30	545	84	136	75
上海	49	27	0	49	14	0	0

省份	自动气象站（套）			视程障碍天气现象仪（台）	固态降水设备（台）	偏远地区通信设备升级（台）
	现状	拟建		建成后规模	拟新建	拟新建	拟新建
		更新	拟新建				
江苏	264	56	0	264	70	0	8
浙江	262	20	0	262	75	0	20
安徽	319	24	50	369	81	0	25
福建	303	35	0	303	70	0	30
江西	388	0	60	448	93	0	15
山东	430	110	0	430	123	0	20
河南	378	37	45	423	119	0	25
湖北	341	91	60	401	82	0	28
湖南	436	63	60	496	97	0	30
广东	433	80	0	433	86	0	20
广西	530	80	120	650	91	0	70
海南	120	0	0	120	21	0	30
重庆	171	0	75	246	35	0	10
四川	546	1	146	692	156	0	90
贵州	399	27	190	589	84	0	110
云南	602	7	160	762	125	0	170
西藏	519	8	165	684	39	135	250
陕西	431	80	65	496	99	100	30
甘肃	369	0	53	422	81	90	160
青海	252	16	115	367	52	30	200
宁夏	123	1	70	193	25	20	28
新疆	749	24	176	925	105	190	260
新疆兵团	140	0	40	180	0	0	0
黑龙江农垦	78	0	30	108	0	0	0
黑龙江森工	22	0	30	52	0	0	0
气科院	2	0	0	2	0	0	0

2. 完善天气雷达观测

天气雷达观测是利用天气雷达对大气中云雨的发展过程进行的观测，是对突发灾害性天气进行监测预警的有效观测手段。完善天气雷达观测，能够进一步提高短时临近预报预警水平。国家天气雷达观测网主要由新一代天气雷达(S/C 波段)、X 波段天气雷达为主的雷达站组成，原则上按照我国 400 毫米降水线东侧地区基本全覆盖、西侧主要人口聚集区基本全覆盖进行布设。

开展天气雷达技术标准统一和双偏振技术升级。完成 105 部天气雷达双偏振技术升级，以及 63 部天气雷达技术标准统一，规范天气雷达型号，提升天气雷达质量，增强对中小尺度强对流天气的快速捕获能力。完善国家天气雷达观测网。增补建设 20 部新一代天气雷达、204 部 X 波段天气雷达，使我国天气雷达网在距地面 1 千米高度上的覆盖率进一步提升，布局更加合理、监测更加有效，全国布局详见附件，分省布局详见表 2。在河北和福建建设 2 部 S 波段相控阵天气雷达，开展观测业务应用试验，为下一代天气雷达业务发展提供科技支撑。

各地结合区域天气特点和综合防灾减灾救灾需要，重点在西部复杂地形区、人口聚集地、七大流域雷达观测空白区、兵团、东北农垦和林业保护区、西北农牧经济主产区等地带补充建设天气雷达。

3. 升级和建设探空观测

高空气象观测是对地面至高空 30 千米范围内气象要素进行定时定点的直接观测，是获取大气三维结构、对遥感观测进行校准的重要手段。国家高空气象观测网由分布在全国的高空气象观测站，以及无人机、飞艇等空中移动气象观测组成，按照世界气象组织关于探空站间距 250 千米的要求进行布设。

发展北斗导航探空。在现有 120 个高空气象观测站增加北斗导航探空功能，将其中 9 个边远或艰苦高空气象观测站升级为全

表 2 天气雷达观测分省（区、市）布局表

省份	天气雷达（部）							X 波段雷达（部）		
	双偏振升级		技术标准统一		现状	拟新建	建成后规模	现状	拟新建	建成后规模
	已完成	拟建设	已完成	拟建设						
合计	69	105	153	63	265	22	287	136	144	280
北京	2	0	1	0	3	0	3	9	0	9
天津	1	0	1	0	2	0	2	0	0	0
河北	4	2	4	1	6	1	7	4	5	9
山西	0	6	4	2	6	0	6	2	6	8
内蒙古	0	5	6	4	12	2	14	5	7	12
辽宁	2	3	3	2	4	1	5	0	7	7
吉林	0	5	4	2	7	1	8	4	5	9
黑龙江	0	8	6	3	12	0	12	2	5	7
上海	1	0	1	0	2	0	2	3	0	3
江苏	7	2	7	2	9	2	11	9	1	10
浙江	7	3	7	3	11	0	11	0	2	2
安徽	6	2	6	1	10	0	10	4	6	10
福建	3	4	4	4	9	1	10	0	4	4
江西	3	5	5	3	8	1	9	2	5	7
山东	3	5	4	4	10	1	11	0	3	3
河南	3	6	7	2	9	1	10	0	6	6

续表

省份	天气雷达（部）							X波段雷达（部）		
	双偏振升级		技术标准统一		现状	拟新建	建成后规模	现状	拟新建	建成后规模
	已完成	拟建设	已完成	拟建设						
湖北	5	4	6	2	10	0	10	3	5	8
湖南	5	6	5	3	14	1	15	0	3	3
广东	9	0	9	1	12	0	12	25	2	27
广西	3	7	7	3	11	0	11	2	7	9
海南	2	3	3	2	5	0	5	1	2	3
重庆	2	2	4	1	6	0	6	5	3	8
四川	1	10	7	3	12	2	14	12	7	19
贵州	0	2	4	4	11	1	12	7	8	15
云南	0	2	7	2	13	1	14	7	8	15
西藏	0	0	4	0	4	1	5	11	7	18
陕西	0	5	6	1	9	0	9	7	8	15
甘肃	0	2	5	2	9	0	9	3	7	10
青海	0	2	2	1	5	2	7	3	7	10
宁夏	0	2	1	2	3	1	4	0	1	1
新疆	0	2	6	3	14	2	16	6	7	13
新疆兵团	0	0	4	0	4	0	4	0	0	0
黑龙江农垦	0	0	2	0	2	0	2	0	0	0
探测中心	0	0	1	0	1	0	1	0	0	0

自动北斗导航探空系统,在新疆、西藏、四川等资料空白或稀疏区新建11个全自动高空气象观测站,全国布局详见附件,分省布局详见表3。优化探空业务体制。在全国布局建设390个北斗探空接收机、43个探空远程中继控制系统,实现"云+端"探空业务技术体制并兼顾平流层长航时平漂观测,形成全国观测无缝隙、间距小于150千米的地—空物联网。根据天气系统发展规律,选择部分高空气象观测站,优化探空观测时次。

表3 探空观测分省(区、市)布局表

| 省份 | 高空气象观测站(北斗+北斗自动)(个) | | | | 北斗探空接收站(个) | 远程中继控制站(个) |
| | 现状 | 拟建 | | 建成后规模 | 拟新建 | 拟新建 |
		升级北斗导航	新建北斗导航			
合计	120	120	11	131	390	43
北京	1	1	0	1	0	0
天津	0	0	0	0	1	0
河北	3	3	0	3	18	2
山西	1	1	0	1	9	0
内蒙古	12	12	0	12	48	5
辽宁	2	2	0	2	10	0
吉林	3	3	0	3	10	1
黑龙江	4	4	0	4	16	2
上海	1	1	0	1	0	1
江苏	3	3	0	3	10	0
浙江	3	3	0	3	4	1
安徽	2	2	0	2	7	1
福建	3	3	0	3	8	1
江西	2	2	0	2	10	0
山东	3	3	0	3	11	1
河南	3	3	0	3	10	1
湖北	3	3	0	3	9	1

省份	高空气象观测站(北斗+北斗自动)(个)				北斗探空接收站(个)	远程中继控制站(个)
	现状	拟建		建成后规模	拟新建	拟新建
		升级北斗导航	新建北斗导航			
湖南	3	3	0	3	12	1
广东	4	4	0	4	15	2
广西	6	6	0	6	8	1
海南	3	3	0	3	10	1
重庆	1	1	0	1	0	0
四川	7	7	2	9	24	3
贵州	2	2	1	3	10	1
云南	5	5	1	6	19	2
西藏	5	5	4	9	25	3
陕西	4	4	0	4	8	1
甘肃	9	9	0	9	15	3
青海	7	7	1	8	25	2
宁夏	1	1	0	1	2	0
新疆	14	14	2	16	36	6

4. 开展地基遥感垂直廓线观测

地基遥感垂直廓线观测可实现地面到对流层的大气温度、湿度、风、水凝物、气溶胶廓线连续观测,具有观测频次高、连续获取资料能力强等特点,对于改进数值天气预报结果具有重要作用。国家地基遥感垂直廓线观测网主要由地基遥感垂直廓线观测站、地基水汽观测站等组成。

建设地基遥感垂直廓线观测站。在全国的高空气象观测站同址建设 131 套地基遥感垂直廓线观测系统,实现温度、湿度、风、水凝物、气溶胶的垂直协同连续观测,观测高度达 10 千米,时间分辨率达分钟级,全国布局详见附件,分省布局详见表 4。各地根据气象灾害观测需要,加密建设区域地基遥感垂直廓线观测系统。升级完善地基水汽观测站。在国家级气象观测站升级和建设 1517 套北斗导航水汽观测系统,进一步完善地基水汽观测能力,时间分辨率达到分钟级,平均站间距 50～80 千米,布局详见附件,分省布局详见表 4。

表 4　地基遥感垂直廓线观测分省(区、市)布局表

省份	北斗导航水汽观测系统(套)				地基遥感垂直廓线观测系统(套)		
	现状	拟升级	拟新建	建成后规模	现状	拟新建	建成后规模
合计	1234	517	1000	2234	20	111	131
北京	46	6	18	64	0	1	1
天津	23	0	5	28	1	0	1
河北	73	64	11	84	0	3	3
山西	100	30	10	110	1	0	1
内蒙古	42	24	32	74	1	11	12
辽宁	55	31	1	56	0	2	2
吉林	49	1	20	69	0	3	3
黑龙江	36	32	20	56	0	4	4
上海	11	9	3	14	0	1	1
江苏	39	35	40	79	0	3	3
浙江	4	1	37	41	0	3	3
安徽	69	58	20	89	0	2	2
福建	54	6	24	78	0	3	3
江西	63	0	30	93	0	2	2
山东	59	51	5	64	0	3	3
河南	41	37	40	81	0	3	3
湖北	63	0	2	65	1	2	3
湖南	78	0	24	102	0	3	3
广东	38	33	21	59	0	4	4
广西	14	8	62	76	0	6	6
海南	9	5	17	26	0	3	3
重庆	33	1	50	83	0	1	1
四川	31	6	95	126	2	7	9
贵州	6	3	71	77	1	2	3

省份	北斗导航水汽观测系统(套)				地基遥感垂直廓线观测系统(套)		
	现状	拟升级	拟新建	建成后规模	现状	拟新建	建成后规模
云南	32	8	74	106	2	4	6
西藏	18	8	83	101	3	6	9
陕西	8	2	40	48	1	3	4
甘肃	20	1	40	60	1	8	9
青海	51	22	48	99	3	5	8
宁夏	4	0	3	7	0	1	1
新疆	65	35	54	119	3	12	15

5. 加强海洋气象观测

海洋气象观测是指对海面以上的大气、海气界面、海面以下气象要素及与之相关的海洋环境要素的观测,在海洋气象灾害防御和助力海洋经济发展、海洋权益维护等方面发挥着重要作用。

继续实施海洋气象综合保障工程。基本建成岸基、海基、空基、天基一体化的海洋气象立体综合观测系统和装备保障能力,具体建设内容参见《海洋气象发展规划(2016—2025年)》。完善海洋气象要素观测。优化并补充气压、风速风向、海水温度、盐度等要素观测能力。优化垂直廓线和机动观测。补充海岸带和海岛等岸基/平台垂直廓线观测网,满足海洋气象服务需求。建立海洋气象机动观测系统,增强海洋气象灾害观测能力。加强共建共享。加强同涉海部门、企业、高校、科研院所等单位合作,统一海洋气象观测规范和标准,推进海洋气象观测设备的共建共享共用共维。

(二)提升气候及气候变化观测能力

气候观测是指对基本气候变量进行长期连续稳定观测,以满足气候系统状态监测、气候变化检测与归因、气候变化的影响评估等需求,为适应与减缓气候变化对策、经济发展决策提供依据。除气象卫星观测以外,国家气候及气候变化观测网包括国家气候观测网、国家气候变化观测网、国家大气成分观测网,以及各地根据生态文明建设等服务需求建设的观测站(网)。国家气候及气候变化观测网建设着力增强基本气候变量的观测能力,以服务碳达峰碳中和、气候变化适应为重点,强化气候多圈层观测,完善大气成分观测。

1. 完善气候观测

国家气候观测网根据我国气候区划的特点及气候业务需要,统筹规划,科学布局,主要由国家气候观象台、国家基准气候站、国家基本气象站和有人值守的国家气象观测站组成,实现全国 65 个气候区、基本气候变量关键要素观测全覆盖。

升级现有气候站网观测设备。将 216 个国家基准气候站的观测系统进行观测要素补充和智能化升级。继续推进国家气候观象台建设。按照世界气象组织发布的基本气候变量要求,对 25 个国家气候观象台的观测装备进行升级完善,在新疆和青海选择 2 个地面气象观测站,补充完善气候系统观测要素,建设为国家气候观象台,全国布局详见附件,分省布局详见表 5。加强探测环境建设和保护。依据世界气象组织对气候观测站代表性的要求,加强气候站站址环境建设和探测环境保护工作,切实保障气候观测的代表性,提高气候观测资料的准确性和稳定性。

表 5　气候观测站分省(区、市)布局表

省份	现状(个)	拟升级(个)	拟新建(个)	建成后规模(个)
合计	25	25	2	27
北京	0	0	0	0
天津	0	0	0	0
河北	1	1	0	1
山西	0	0	0	0
内蒙古	2	2	0	2
辽宁	1	1	0	1
吉林	0	0	0	0
黑龙江	1	1	0	1
上海	0	0	0	0

省份	现状(个)	拟升级(个)	拟新建(个)	建成后规模(个)
江苏	1	1	0	1
浙江	0	0	0	0
安徽	1	1	0	1
福建	1	1	0	1
江西	1	1	0	1
山东	1	1	0	1
河南	1	1	0	1
湖北	1	1	0	1
湖南	1	1	0	1
广东	2	2	0	2
广西	1	1	0	1
海南	3	3	0	3
重庆	0	0	0	0
四川	1	1	0	1
贵州	0	0	0	0
云南	1	1	0	1
西藏	2	2	0	2
陕西	0	0	0	0
甘肃	2	2	0	2
青海	0	0	1	1
宁夏	0	0	0	0
新疆	0	0	1	1

2. 加强气候变化观测

气候变化观测是指对影响气候变化的大气圈、水圈、冰冻圈、生物圈以及岩石圈等气候系统多圈层及其相互作用的观测,可为应对气候变化提供更加科学、准确的数据支撑。国家气候变化观测网在国家气候观测网的基础上,增加面向气候系统多圈层的观测站,主要包括大气本底站、温室气体观测站,以及承担冰冻圈观测和植被、物候等生态观测的观测站。

加强大气本底站观测能力。在 7 个已建大气本底站,升级更新使用 8 年以上的观测装备,补充建设温室气体和二氧化碳稳定同位素在线观测、二氧化碳通量观测等气候变量观测装备。在全国 16 个气候关键区,启动建设 9 个大气本底站,全国布局详见附件,分省布局详见表 6。强化温室气体观测。依托现有气象观测站,探索开展以二氧化碳为主的温室气体及通量观测,为我国碳达峰碳中和行动提供支撑,布局详见附件。开展冰冻圈观测。加强全球变暖对我国承载力脆弱区影响的监测,在新疆、西藏、青海、甘肃、四川、云南等冰冻圈发育区域,建设 20 套冻土观测装备、28 套积雪观测设备、13 套冰川/冰湖观测设备、9 套陆-气通量梯度观测设备、3 个冰冻圈综合观测站,全国布局详见附件,分省布局详见表 6。在南极冰盖兰伯特冰川流域、北极格陵兰冰盖典型流域建设 3 套冰流-气象自动观测系统。开展积雪面积与深度、冰川面积与物质平衡量、多年冻土区活动层厚度等冰冻圈气候变化变量的连续观测,填补我国冰冻圈业务观测的空白。提升生态气象观测能力。综合考虑植被空间分布特征、重要生态功能区和国家公园建设规划,在青藏高原地区布设 30 个生态观测站。聚焦生态保护和修复,加强气象灾害、气候变化对生态安全影响的监测。在 65 个气候区、124 个植被区和 673 个百年气象站建设 189 套通量观测系统和 738 套植被及物候自动观测系统,全国布局详见附件,分省布局详见表 6。在 31 个省(区、市)选择代表性强的均一生态下垫面,各建设 1 套高光谱辐射观测系统,为陆表生态气象观测和卫星遥感生态观测地面真实性校验提供有效手段,全国布局详见附件,分省布局详见表 6。各地根据生态文明建设的需要,建设区域生态气象观测系统,补充完善区域温室气体及气候多圈层观测站(网)。推进合作与共享。积极推进与生态环境、林业、民航等部门以及科研院所在观测标准制定、综合观测协作、观测站网共用、观测数据共享等方面的合作。

表 6 气候变化观测系统分省（区、市）布局表

省份	大气本底站（个）现状	大气本底站（个）拟新建	大气本底站（个）建成后规模	植被及候自动观测系统（套）拟新建	通量观测系统（套）拟新建	高光谱辐射观测仪（套）拟新建	冰冻圈综合观测站（个）拟新建	冻土观测设备（套）拟新建	积雪观测设备（套）拟新建	冰川/冰湖观测系统（套）拟新建	陆气量通量梯度观测设备（套）拟新建	冰流-气象自动观测系统（套）拟新建	生态观测设备（套）拟新建	坡面流径观测系统（套）拟新建	林间水量分配综合观测系统（套）拟新建	水源涵养能力观测系统（套）拟新建	森林防火预警观测系统（套）拟新建	森林生物多样性观测系统（套）拟新建
合计	7	9	16	738	189	31	3	20	28	13	9	3	30	10	10	10	8	10
北京	1	0	1	7	0	1	0	0	0	0	0	0	0	0	0	0	0	0
天津	0	0	0	7	0	1	0	0	0	0	0	0	0	0	0	0	0	0
河北	0	0	0	30	6	1	0	0	0	0	0	0	0	0	0	0	0	0
山西	0	0	0	31	6	1	0	0	0	0	0	0	0	0	0	0	0	0
内蒙古	0	1	1	39	12	1	0	0	0	0	0	0	0	2	2	2	2	2
辽宁	0	1	1	25	7	1	0	0	0	0	0	0	0	2	2	2	1	2
吉林	0	0	0	22	5	1	0	0	0	0	0	0	0	2	2	2	1	2
黑龙江	1	0	1	36	7	1	0	0	0	0	0	0	0	4	4	4	4	4
上海	0	0	0	1	0	1	0	0	0	0	0	0	0	0	0	0	0	0
江苏	0	0	0	19	0	1	0	0	0	0	0	0	0	0	0	0	0	0
浙江	1	0	1	13	0	1	0	0	0	0	0	0	0	0	0	0	0	0
安徽	0	0	0	22	8	1	0	0	0	0	0	0	0	0	0	0	0	0
福建	0	0	0	23	0	1	0	0	0	0	0	0	0	0	0	0	0	0
江西	0	0	0	18	0	1	0	0	0	0	0	0	0	0	0	0	0	0
山东	0	1	1	29	9	1	0	0	0	0	0	0	0	0	0	0	0	0

省份	大气本底站(个)			植被及物候自动观测系统(套)	通量观测系统(套)	高光谱辐射观测仪(套)	冰冻圈综合观测站(个)	冻土观测设备(套)	积雪观测设备(套)	冰川/冰湖观测系统(套)	陆-气通量梯度观测设备(套)	冰流-气象自动观测系统(套)	生态观测设备(套)	坡面径流观测系统(套)	林间水量分配综合观测系统(套)	水源涵养能力观测系统(套)	森林防火预警观测系统(套)	森林生物多样性观测系统(套)
	现状	拟新建	建成后规模	拟新建	拟新建	拟新建	拟新建	拟新建	拟新建	拟新建	拟新建	拟新建	拟新建	拟新建	拟新建	拟新建	拟新建	拟新建
河南	0	1	1	45	9	1	0	0	0	0	0	0	0	0	0	0	0	0
湖北	1	0	1	30	7	1	0	0	0	0	0	0	0	0	0	0	0	0
湖南	0	0	0	22	7	1	0	0	0	0	0	0	0	0	0	0	0	0
广东	0	1	1	26	0	1	0	0	0	0	0	0	0	0	0	0	0	0
广西	0	0	0	27	7	1	0	0	0	0	0	0	0	0	0	0	0	0
海南	0	1	1	6	4	1	0	0	0	0	0	0	0	0	0	0	0	0
重庆	0	0	0	13	0	1	0	2	3	0	0	0	2	0	0	0	0	0
四川	0	1	1	48	12	1	0	0	0	1	1	0	0	0	0	0	0	0
贵州	0	0	0	21	9	1	0	1	2	0	0	0	2	0	0	0	0	0
云南	1	0	1	25	16	1	0	0	0	0	1	1	8	0	0	0	0	0
西藏	0	0	0	9	7	1	2	7	9	4	4	0	8	0	0	0	0	0
陕西	0	0	0	21	10	1	0	0	0	0	0	0	0	0	0	0	0	0
甘肃	0	1	1	28	14	1	1	3	4	2	1	1	5	0	0	0	0	0
青海	1	0	1	35	8	1	1	5	8	4	2	0	8	1	0	0	0	0
宁夏	0	0	0	10	5	1	0	0	0	0	0	0	0	0	0	0	0	0
新疆	1	0	0	50	14	1	0	2	2	2	0	0	5	1	0	0	0	0
气科院	0	0	0	0	0	0	0	0	0	0	0	3	0	0	0	0	0	0

3. 完善大气成分观测

大气成分观测是针对与天气、气候和环境变化有重要影响的关键大气成分及其相关物理特性进行长期、连续的观测。为评估研究大气成分变化对天气、气候、环境的影响等提供观测数据支撑。国家大气成分观测网在大气本底站和温室气体观测站的基础上,由承担气溶胶、反应性气体、降水化学等观测的应用气象观测站组成。

完善国家大气成分观测网。升级更新使用 8 年以上的大气成分观测设备,全国布局详见附件。

各地根据碳达峰碳中和行动需求,在国家大气成分观测网的基础上,补充完善区域大气成分观测。

(三)拓展专业气象观测能力

专业气象观测是为满足人民美好生活需要、服务国家重大战略、适应国民经济和社会发展各领域气象服务需求而开展的气象观测。专业气象观测网包括但不限于国家农业气象观测网、国家雷电观测网,以及风能、太阳能、交通等其他重点领域专业气象观测站(网)。专业气象观测网通过加强与各行业主管部门的协作,引导市场主体合作建设,强化农业气象观测、提升雷电观测、加强风能太阳能气象观测、推进交通气象观测,提升专业领域气象服务的观测支撑能力。

1. 强化农业气象观测

农业气象观测是对农业生物的生长发育动态、农业生产过程及其气象环境、土壤所开展的观测,是保障粮食安全、提高种植效益、推动农业可持续发展的重要因素。国家农业气象观测网由气象行业部门和地方政府投资建设的土壤水分观测站、作物气象观测站等组成。

完善农业气象综合观测。在 653 个国家级农业气象观测站和70 个国家级农业气象试验站,每个站建设 1 套遥测式自动土壤水分观测系统,在 35 个中西部农业气象试验站,每个站建设 1 套蒸散发观测系统,全国布局详见附件,分省布局详见表 7。大力推动自动观测装备在农业气象观测中的应用。

各地根据农业生产发展需要和九大农业区特点,重点在高标准农田区、粮食生产功能区和重要农产品生产保护区分类建设区域农业气象观测系统。东北平原区、黄土高原区、黄淮海平原区和长江中下游地区参照站间距 30 千米布设,四川盆地及周边地区和华南区参照间距 40 千米布设,北方干旱半干旱区和云贵高原区参照间距 60 千米布设,青藏高原区参照间距 80 千米布设。

表 7 农业气象观测系统分省(区、市)布局表

省份	遥测式自动土壤水分观测系统(套)	蒸散发观测系统(套)
	拟新建	拟新建
合计	723	35
北京	7	0
天津	7	0
河北	30	3
山西	31	1
内蒙古	39	2
辽宁	25	1
吉林	22	4
黑龙江	36	4
上海	1	0
江苏	19	0
浙江	13	0
安徽	22	1
福建	23	1
江西	18	1

省份	遥测式自动土壤水分观测系统(套)	蒸散发观测系统(套)
	拟新建	拟新建
合计	723	35
山东	29	5
河南	45	5
湖北	30	0
湖南	22	1
广东	26	0
广西	24	1
海南	6	0
重庆	13	0
四川	45	0
贵州	18	1
云南	22	1
西藏	9	0
陕西	21	0
甘肃	28	1
青海	35	0
宁夏	7	0
新疆	50	1

2. 提升雷电观测

雷电观测是对发生于大气中的瞬时高电压、大电流、强电磁辐射等闪电现象进行的测定。雷电观测可获取雷电发生的位置、强度、类型和频数等观测数据,结合天气雷达、自动气象站和气象卫星等观测手段,能够提升强对流天气预报预测和电力、航空等领域的气象灾害预警能力。国家雷电观测网由气象行业部门和地方政府投资建设的雷电观测站组成。

升级雷电观测系统。在已有基础上升级 343 个、增补 198 个雷电观测系统,提升云地闪探测性能和增强云间闪监测能力,东部地区站间距提升到 80 千米,西部地区站间距提升到 150 千米,全网平均站间距 100 千米,全国布局详见附件,分省布局详见表 8。建设闪电测绘阵列。在重点区域新建 2 个(共 40 套装备)闪电测绘阵列示范网,实现对天基闪电观测的校验评估和精细化雷电活动监测的验证。

表 8　雷电观测系统分省(区、市)布局表

省份	雷电观测系统(套)				闪电测绘阵列(套)
	现状	拟更新	拟新建	建成后规模	拟新建
合计	443	343	198	641	40
北京	1	1	1	2	5
天津	1	1	0	1	5
河北	11	7	0	11	10
山西	7	7	5	12	0
内蒙古	52	46	8	60	0
辽宁	9	5	0	9	0
吉林	13	2	7	20	0
黑龙江	29	0	9	38	0
上海	0	0	1	1	2
江苏	9	9	4	13	6
浙江	11	7	0	11	6
安徽	7	7	2	9	6
福建	9	9	1	10	0
江西	12	7	0	12	0
山东	13	5	0	13	0

省份	雷电观测系统（套）				闪电测绘阵列（套）
	现状	拟更新	拟新建	建成后规模	拟新建
河南	19	19	0	19	0
湖北	13	13	9	22	0
湖南	10	10	4	14	0
广东	9	9	3	12	0
广西	11	11	14	25	0
海南	6	6	0	6	0
重庆	8	8	2	10	0
四川	19	0	26	45	0
贵州	12	12	9	21	0
云南	22	12	24	46	0
西藏	24	24	23	47	0
陕西	11	11	4	15	0
甘肃	19	19	11	30	0
青海	33	33	7	40	0
宁夏	5	5	1	6	0
新疆	38	38	23	61	0

3. 加强风能、太阳能气象观测

风能、太阳能气象观测指对近地面大气层风向、风速等气象要素及太阳能资源分布状况进行的长期连续气象观测。加强风能、太阳能气象观测，可为大型风电场和太阳能电站勘察选址、运行调度提供技术支撑。

加强河西走廊、青海、新疆、冀北、内蒙古、松辽平原等清洁能源基地和广东、福建、浙江等海上风电基地高空风分布及变化特征观测能力建设。在地面基准辐射观测网的基础上，进一步提升太阳辐射观测能力。在国家基准气候站以及新疆、西藏、内蒙古等太阳能资源丰富的国家基本气象站,开展地表辐射收支观测,建立太阳能气候资源图谱,掌握我国不同气候区域太阳能分布及动态变化特征,做好碳达峰碳中和目标愿景下国家新能源发展和能源安全新战略气象服务。

各地根据绿色能源开发利用需要,在风能、太阳能资源丰富区域开展气象观测相关建设,提高风电与光伏发电监测应用服务。

4. 推进交通气象观测

交通气象观测是指对影响交通通行安全和效益发挥的高影响天气进行的观测,是降低和减少气象条件对交通的不利影响,提高交通建设效益的重要手段。交通气象观测包括交通工具气象载荷观测、交通干线气象观测和交通枢纽气象观测等。

推动交通工具搭建气象载荷。通过政府主导、部门协作、企事业单位参与等方式,加快推动交通工具搭载气象设备的标准制定和规范建立,实现我国飞机、列车、船舶等的气象设备搭建和观测数据应用。完善交通气象观测系统。在高速公路及国省干线公路沿线,联合推动交通气象观测系统完善,根据地形和气候特点,可按照全国不低于 4 套/100 千米、重点区域不低于 10 套/100 千米布设,实现重要交通线路能见度、路面状况、天气现象等的实时监测和预警。在"八纵八横"高速铁路主通道、川藏铁路沿线以及有关国际互联互通通道,联合开展铁路交通气象监测,可按照不低于10 千米间隔布设,垭口、桥梁和特殊地形等区域加密布设,实现铁路沿线不同路段的雨量、风力、轨道结冰等监测和预警。在重点流域和千吨级航道沿线可按照不低于 10 千米间隔布设气象观测装备,选取大型航标灯布设便携装备补充加密。依据海事部门确定的灾害多发地段和港口重点建设观测装备。开展大风、低能见度、强对流等灾害性天气监测预警。推进部门共建共享。加强与交通部门的合作,建立部门间交通气象观测协调机制,积极推动观测设施共建、资料实时共享,形成政府主导、多部门协作、社会企业参与的交通气象共建共享共创共融发展格局。

5. 发展重点领域专业气象观测

为满足人民群众对美好生活的向往,需要提供高质量的气象服务,加强在人体健康、旅游生活、城市建设、防汛防洪等领域的专业气象观测和服务。

加强生活气象观测。开展花粉浓度等与人体健康相关领域的气象观测,联合建立生活出行、人体健康、体感舒适等气象观测规范和指数标准,推动保障和改善民生福祉的生活气象观测系统建设。完善旅游气象观测。联合旅游部门共同推动制定旅游安全和旅游舒适度相关的气象设施建设标准,重点在 4A 级以上旅游景区联合开展旅游气象观测。开展智慧城市气象观测。积极主动融入智慧城市、海绵城市建设,建立泛在、高密度、低成本、免维护、精度适当的城市综合气象观测体系。强化暴雨、大风、雷电、雾霾等城市高影响天气的实时监测,提升城市气象感知水平。推动气象观测与精细化城市治理的深度融合。联合推动水文气象观测。实现部门间深度合作,强化部门间观测资料融合应用,重点提升江河流域面雨量监测精细化水平。

(四)增强空间气象观测能力

空间气象观测包括空间天气观测和空间气候观测,是对从地球中层大气到太阳表面的空间状态从瞬时变化到长期演化的观测,覆盖近地空间、行星际空间、太阳等区域。国家空间气象观测网包括天基和地基两部分,其中天基部分由风云系列等卫星及相关载荷组成,地基由太阳综合观测站、电离层和中高层大气观测网、地磁和宇宙线观测链等组成,实现天地一体、日地空间因果链基本覆盖、多要素分区协同监测。

加强太阳活动观测。在全国现有空间天气观测站基础上,建设太阳活动观测装备,实现对太阳光球、色球、日冕长时间跨度的高精度观测。加强地磁及宇宙线观测。建设地磁及宇宙线测量装备,形成纵穿南北、横贯东西的地磁链。加强中高层大气观测。形成全国 500 千米间隔的、包含光学和无线电的、覆盖不同层次的中高层大气观测网。加强电离层观测。形成全国 150 千米间隔、南方 50 千米间隔的电离层观测网。具体建设内容由其他专项规划支撑。

(五)强化智慧协同观测及观测数据应用

以智慧气象为目标,强化智慧协同观测和数据应用,设计协同观测体系架构,完善观测数据质量控制和检验评估,完善高精度大气实况监测产品,推动观测与预报互动应用,提升观测系统的整体效能。

1. 发展智慧协同观测系统

推进智能气象观测装备应用。推广基于新型集成电路、无线通信、人工智能等技术的低功耗小型化智能气象观测装备,实现设备状态自检、数据信息融合、远程控制等智能功能。发展目标观测和协同观测技术。研发数值预报潜势与天气雷达自适应扫描相结合的目标观测技术,开展智能化观测模式自适应和快速扫描试点,增加天气雷达不同观测模式、分辨率、参数本地化的自动配置功能。开展多种波段雷达的协同观测试验。强化气象雷达资料在短时临近预报中的应用。开展地空天智能协同观测示范。结合特定区域需求开展综合观测系统协同观测和观测设备智能调度管理,实施以天气雷达为主,结合风廓线雷达、激光雷达,以及卫星、探空等多种观测装备协同的新型观测模式示范。

2. 完善观测数据质量控制和检验评估系统

完善"设备端+云端"两级观测质量控制体系。完善设备端质量控制功能,优化质量控制算法,建立云端综合质量诊断和偏差订正系统,建立完善省级质量控制业务系统,实现国省观测数据质量控制联动。完善综合观测数据质量检验评估。加强综合观测数据标准化能力建设,包括技术标准系统、数据质量控制标准系统和应用标准系统,开展质量检验评估系统标准化建设。建立我国气象观测标准历史数据集,数据质量达到国际先进水平。

3. 完善高精度大气实况监测产品

建设多圈层实况分析系统。开展"全球－区域－局地"一体化的大气、陆面、冰雪和海洋等观测资料的收集加工处理,获取和计算完整气象要素三维网格化实况信息,形成基本气象要素的三维实况场。推动多源资料融合的三维实况监测产品建设。推动天气雷达观测数据、新型遥感观测数据、社会化观测数据、图像观测产品等相互融合,加强龙卷、冰雹等天气识别技术研发,实现三维实况观测产品分钟至小时级更新和应用,推进观测资料在临近预报中的应用。实现灾害性天气可视化产品应用。制作雷暴大风、冰雹等大气实况监测产品,同时建立数据处理、产品制作和发布应用等方面的标准,推进可视化产品规范应用。

4. 加强观测与预报的互动

完善针对数值预报的观测质量评估系统。开展观测质量实时监测,完善观测质量问题反馈改进机制,提升数据同化质量,进一步支撑数值预报性能改进。建立观测与预报服务互动评估系统。加强三维实况大气场与数值预报之间的误差分析和对比评估。强化观测数据的模式应用及业务融合,完善预报服务业务中的观测资料异常报告制度和模式改进评估,支撑我国数值预报对灾害性天气预报水平的提升。完善观测产品－数值预报双向循环改进。建立基于数值预报对观测敏感性分析业务,实现灾害性天气前期目标观测区识别,实现实况观测与预报相互支撑与提升。

5. 强化专业领域气象观测应用

建立专业领域观测数据集。构建支撑生态文明建设的长序列高精度专业气象观测数据集,开展气候生态承载力评估。建设专业领域产品系统。建立应用于专业气象服务的产品系统,增强交通、能源、农业、生态等领域的保障服务能力。

（六）加强运行保障与科技支撑能力

以综合气象观测业务的高效稳定运行和可持续发展为目标，增强运行保障和计量能力、提升观测业务发展的支撑能力、完善气象观测质量管理体系、发展先进气象观测技术装备。

1. 加强运行保障和计量能力

根据观测业务运行的特点和区域差别，提升检测、计量等运行保障能力，确保综合气象观测系统高质量稳定运行。

增强测试保障能力。建设国家级气象雷达中心及标校、实训、中试基地，发展气象雷达"动静态标定"以及"地-空-天基"多目标对比检验的多维度标定检验技术，强化国家级气象雷达运行调度能力。提升国、省两级协同的装备测试与仿真能力，国家级主要开展相控阵天气雷达、激光雷达等大型装备测试维修及仿真平台建设，省级进一步提升装备测试能力。完善综合气象观测运行信息化平台，提升装备运行管理和在线支持等能力。

完善计量检定能力。重点发展云能天、日照、辐射、气象雷达等气象观测仪器基（标）准装置和计量校准方法，发展温室气体及碳稳同位素高精度在线观测技术和分析标定技术。升级改造国家级气象计量检定实验室，发展光学、电磁学、温室气体、农业气象和气象遥感计量检定能力，更新省级气象计量检定设备，建设地市级气象计量检定实验室。建立新一代天气雷达全链路标校业务。加强新建观测装备计量校准和现场核查能力建设。加强气象计量业务信息化能力建设。

2. 提升观测业务发展的支撑能力

以业务需求为牵引，加强观测验证基地建设，开展观测技术比对和野外科学观测比对，支撑观测系统的整体效能提升。

加强观测验证基地建设。完善国家级观测验证基地体系，重点建设 5 个综合气象观测基地和 20 个综合气象观测专项外场，联合高校、科研院所推动长江流域综合气象观测基地和青岛海洋观测基地发展。联合有关高校和企业组建气象雷达观测比对基地，开展气象雷达新技术新装备、新产品新算法以及雷达资料应用技术研究。建设和完善综合气象观测验证业务平台和中试平台，为气象行业观测比对、观测技术孵化应用、观测装备中试和测试评估提供支撑。

开展观测技术比对。开展业务装备改进升级、新技术新装备应用、大型无人机季风及台风观测等系列观测比对，开展观测装备精度验证、观测数据与业务产品的真实性检验等观测验证，提升业务在用装备性能。建立新观测技术和观测方法，推进无人航空器搭载业务应用，推动气象观测技术装备整体技术性能达到国际先进水平。

开展野外科学观测比对。开展灾害性天气气候事件的形成机理、自然生态系统的生理生态过程、陆面热力和水分过程的耦合关系等比对研究。开展不同时间和空间尺度的大气圈、水圈、生物圈、冰冻圈以及陆地表层的演变及其相互作用规律的观测比对研究。

3. 完善气象观测质量管理体系

持续推进气象观测质量管理体系信息化建设。完善气象观测质量管理体系信息系统功能，推动观测质量管理体系信息系统与业务信息系统的数据共享和实时联动。提升气象观测标准水平。重点补充新型气象观测装备、协同观测技术等方面的相关标准。加强气象观测技术、方法、装备等国内外标准的对接，提高气象观测领域国际标准化活动参与度和话语权。推动观测质量持续改进。完善观测业务考核，以质量管理体系运行促进观测业务质量提升，更好地发挥考核评价的导向作用。

4. 发展先进气象观测技术和智能观测装备

加强气象科技创新，立足于自主可控，开展观测装备预研、有序推动新技术应用和观测装备迭代更新,推动我国先进气象装备制造发展。

开展观测预研先行。落实创新驱动发展战略,强化观测技术引领,不断完善产学研用协同促进的气象观测装备体系,加快大数据、物联网、北斗导航、人工智能、低轨互联等现代化信息技术与气象观测深度融合应用。重点突破核心元器件、高精度传感器、气象专用芯片模组等核心技术,开展卫星载荷、新型气象雷达、激光雷达、智能化探空及地面智能观测装备等的预研和应用试验,推动高空湿度传感器、大气成分和温室气体等观测装备国产化应用。打造国家级无人机气象观测科技创新平台。利用地基遥感设备开展非气象回波识别及示范应用。

有序推进装备迭代更新。结合气象观测技术发展情况、观测业务实际需求和观测装备业务运行情况,优先升级业务需求迫切、技术成熟度高和运行状态不佳的观测装备,提升观测装备技术性能和智能化水平。针对高原、海岛等地区的艰苦台站,适当缩短装备迭代更新年限。

四、投资匡算和实施安排

(一)资金筹措

按照中央和地方事权划分,规划提出的建设任务和运行维持资金由中央、地方共同承担。其中,全国布局的天气、气候、专业、智慧协同气象观测、保障支撑和观测数据应用等气象观测业务建设为中央投资,共计 108 亿元。其他为服务地方经济社会发展建设的气象观测系统、全国布局的雷达塔楼等观测装备配套基础设施不足部分,由地方投入支持。鼓励各级政府根据地方实际需求按照急需共建、互补共建原则扩充建设观测设备,提升天气气候监测能力。同时,充分调动社会各方面的积极性,引导社会资本进入气象观测领域,拓宽建设及运行资金来源,推动建立社会资本投入保障机制。

（二）工程项目

根据《规划》提出的目标、主要任务和建设布局，按照轻重缓急的原则，科学安排，选择最迫切的建设任务优先实施。考虑立项和投资实际，将《规划》任务分为气象雷达工程和气象观测站网工程开展建设。

1. 气象雷达工程

建设内容：完成 105 部天气雷达双偏振技术升级，以及 63 部天气雷达技术标准统一。增补建设 20 部新一代天气雷达、204 部 X 波段天气雷达和 2 部 S 波段相控阵天气雷达。建设 131 套地基遥感垂直廓线观测系统。完善与天气雷达和地基遥感垂直廓线观测系统配套的数据质量控制、检验评估和产品加工处理系统。建设国家级气象雷达中心及标校、实训、中试基地，发展气象雷达"动静态标定"以及"地-空-天基"多目标对比检验的多维度标定检验技术。发展目标观测和协同观测技术，强化国家级气象雷达运行调度能力。完善气象雷达测试平台，提升国、省两级协同的装备测试与仿真能力。开展新型气象雷达技术装备预研。

主要包括雷达技术升级及技术标准统一、天气雷达建设、地基垂直廓线观测系统建设、雷达应用及运行保障能力建设、新型气象雷达技术装备预研等项目。投资约 47.8 亿元。

2. 气象观测站网工程

建设内容：在国家级地面气象观测站建设 2427 个视程障碍天气现象仪、1000 个固态降水仪，对 2000 个偏远地区的自动气象站进行通信系统等升级改造，新建更新补充 5300 套六到八要素为主的自动气象站。在现有 120 个探空站增加北斗导航探空功能，将其中 9 个探空站升级为全自动探空站，新建 11 个北斗导航全自动探空站，建设 390 个北斗探空接收机、43 个探空远程中继控制系统。升级和建设 1517 套北斗导航水汽观测系统。将 216 个国家基准气候站的观测系统进行观测要素补充和智能化升级。升级

25个、建设2个国家气候观象台。更新7个、建设9个大气本底站。建设1112套冰冻圈和生态气象观测系统。建设723套遥测式区域土壤水分观测系统，35套蒸散发观测系统。升级343个、增补198个雷电观测系统，新建2个(共40套装备)闪电测绘阵列示范网。完善与观测系统配套的数据质量控制和检验评估系统，完善高精度大气实况监测产品，建设观测与预报服务互动评估系统，建设专业领域观测数据集及产品系统。完善综合气象观测运行信息化平台和试验验证能力建设。改造基本气象要素计量系统。升级北京、锡林浩特综合气象观测基地和25个专项外场，建设综合气象观测验证业务平台和中试平台。完善气象观测质量管理体系信息系统。发展先进气象观测技术和智能观测装备。

主要包括地面观测系统建设、探空观测系统建设、水汽观测系统建设、气候观测系统建设、气候变化观测系统建设、大气成分观测系统建设、农业气象观测系统建设、雷电观测系统建设、观测应用及保障能力建设、新型观测技术及装备预研等项目。投资约60.3亿元。

(三)前期工作安排

1. 单站建设类项目

对于点多面广、建设标准明确、单个项目投资规模不大、以设备购置和安装为主的建设项目，由省级气象局负责落实项目实施的主体责任，明确项目法人，保证前期工作质量。由项目法人组织编制前期工作报告(项目可行性研究报告或初步设计报告)，按权限履行批复程序。项目法人要合理确定项目建设规模，可以单站分别编制前期工作报告，也可以根据项目类型、建设地点、建设工期等打捆编制报告。原则上，单个前期工作报告总投资不超过3000万元。待前期工作条件具备后，中国气象局按照核定的单站工程中央补助额度投资申请中央预算内投资。具体项目范围见表9。

2. 业务系统类项目

观测数据应用及保障能力建设等业务项目,由项目牵头建设单位作为项目法人,组织有关方面编制项目前期工作报告。总投资3000万元以上的项目,由国家发展改革委审批可行性研究报告、核定初步设计概算;总投资3000万元以下的项目,由中国气象局审批。具体包括以下项目:

气象雷达工程包括天地空智能协同观测示范网建设,省级综合智能化控制中心及中心站建设,天气系统智能识别系统及国省协同观测联动指挥系统建设,天气雷达和地基遥感垂直廓线观测系统配套的数据质量控制、检验评估和产品加工处理系统建设,国家级气象雷达能力建设,国家级气象雷达中心及标校、实训、中试基地建设,新型气象雷达技术装备预研等项目。

气象观测站网工程包括国家级综合气象观测数据质量控制业务平台建设、中心级综合质量诊断和偏差订正系统建设、省级综合气象观测数据质量控制系统建设、历史数据集建设、综合气象观测数据质量监控及评估检验平台建设、多圈层实况分析系统建设、多源资料融入三维实况场建设、灾害性天气可视化产品建设、观测质量评估系统建设、观测与预报服务互动评估系统建设、专业领域观测数据集建设、专业领域观测产品系统建设、完善综合气象观测运行信息化平台建设、基本气象要素计量系统改造、北京观测验证基地建设、锡林浩特观测验证基地建设、25个试验外场基础设施升级、综合气象观测验证业务平台和中试平台建设、观测质量管理体系信息化建设、新型空基载荷及探空传感器预研、智能观测技术装备及协同观测技术预研、海洋气象观测装备预研等项目。

3. 投资规模较大项目

总投资超过3000万元的S波段相控阵天气雷达项目,由中国气象局组织编制项目前期工作报告,由国家发展改革委审批可行性研究报告、核定初步设计概算,中国气象局审批初步设计报告。

表9 单站工程中央补助额度

项目类别	项目名称	中央补助额度（万元）
气象雷达	新一代天气雷达建设	2700
	X波段天气雷达建设	520
	新一代天气雷达双偏振升级	270
	新一代天气雷达技术升级及技术标准统一	650
	地基遥感垂直廓线观测系统建设	1360
气象观测站网	新建/更新自动气象站	22/20
	补充国家地面气象观测站观测要素	5
	补充固态降水设备	5
	偏远地区通信等升级	2
	北斗探空站	90
	北斗自动探空站	840
	北斗探空接收站	60
	探空远程中继控制站	100
	新建北斗导航水汽观测系统	30
	更新北斗导航水汽观测系统	25
	升级气候观象台	640
	新建气候观象台	1120
	升级国家基准气候站	175
	更新大气本底站	2300
	新建大气本底站	2500
	通量观测系统建设	280
	植被及物候自动观测系统建设	80
	高光谱辐射观测系统建设	350
	冻土观测建设	65
	积雪观测建设	50
	冰川/冰湖观测系统建设	160
	陆—气通量梯度观测建设	280
	冰冻圈综合观测站建设	800
	生态观测站建设	600
	冰流—气象自动观测系统建设	260
	坡面径流观测系统建设	30
	林间水量分配综合观测系统建设	40

项目类别	项目名称	中央补助额度 （万元）
气象观 测站网	水源涵养能力观测系统建设	70
	森林防火预警观测系统建设	60
	森林生物多样性观测系统建设	60
	遥测式自动土壤水分观测系统建设	35
	蒸散发观测系统建设	120
	闪电测绘阵列建设	50
	全闪探测设备建设	24

五、效益分析

综合气象观测业务发展"十四五"规划（简称《规划》）实施后，综合气象观测和应用能力将达到国际先进水平，基本实现监测精密，有力支撑预报精准和服务精细。

（一）社会效益

气象观测是气象工作的基础，是气象事业立业之基、立足之本，是预报精准、服务精细的支柱。科学谋划好气象观测业务发展，对推动气象事业高质量发展、早日建成气象强国具有重要意义。《规划》实施后，将基本建成更加精细的国家天气观测网、长期稳定的国家气候及气候变化观测网以及服务重要领域的专业气象观测网。有力提升经济社会发展重点区域、山洪地质灾害防御和中小河流防洪关键区的气象灾害风险防范能力，持续增强气象部门在温室气体及碳观测等国家气候安全保障方面的优势，满足国家重大战略及经济社会发展需求，进一步增强气象对农业、交通、海洋、能源等行业的服务保障能力，趋利效益显著。

（二）经济效益

随着各级政府对气象工作的持续投入，气象灾害造成的经济损失占国内生产总值的比例由"十二五"时期的 0.6％ 下降到 0.3％，经济效益十分显著。中国气象局对全国气象服务效益的评估结果显示，我国气象投入产出比约 1：50。《规划》的实施，将有助于提升我国综合气象观测能力，显著提高各种气象灾害的监测预警能力，有助于政府、社会和公众提前做好预防措施，最大限度地减少灾害造成的人员伤亡和财产损失。随着我国经济社会高质量的发展，预期带来的长期潜在防灾减灾经济效益将更为显著。

（三）生态效益

随着人民群众生活质量的提高和环境意识的不断增强，政府和广大民众对生态环境问题越来越关注，而气象因素是影响生态环境的重要因素之一。《规划》的实施，将初步建成覆盖山水林田湖草沙各种生态类型的生态气象服务体系，初步建成综合立体生态气象观测系统，实现对"三区四带"等重点区域及气候敏感区的有效覆盖；持续完善重要生态涵养区和生态脆弱区观测，提升森林草原火灾、沙尘暴等生态安全气象风险预警，强化自然生态安全边界的决策支撑；加强全球气候变暖对我国承受力脆弱地区影响的观测和评估，有助于理解我国生态系统与全球气候变化的复杂关系，为大气污染防治、生态环境保护、资源科学开发利用提供决策依据。

六、环境影响评价

（一）《规划》实施对环境的有利影响

《规划》的实施，能够为综合防灾减灾救灾、生态文明建设、应对气候变化提供重要保障。其有利影响主要包括：一是通过对重点区域气象灾害连续观测，提高气象预报预测的准确性和提前量，降低气象灾害对环境的不利影响；二是通过加强气候敏感区观测，完善气候系统综合站网和能力建设，推进气候系统相互作用机制研究，为我国应对气候变化提供重要的科技支撑；三是通过建设综合立体生态气象观测网，实现对"三区四带"等重点生态区域有效覆盖，提升重要生态功能区和生态脆弱区气象保障服务能力。

（二）《规划》实施对环境可能产生的不利影响

《规划》任务以气象观测站点建设、电子信息类设备及气象业务软件购置为主,不涉及生产厂房建设,不存在有毒有害作业和生产,不存在破坏自然生态环境。《规划》中所用观测、通信、数据处理、检测等设备均为国内外广泛使用,不会对环境造成不利影响,总体上属于无污染项目。可能对环境带来不利影响的主要问题是,观测站点建设过程中,施工现场产生的一些污染,包括各类机械设备和物料运输所产生的施工噪声,物料搬运、汽车运输、土方施工所造成的扬尘,施工人员生产过程中产生的废水,施工机械、运输车辆产生的废气以及施工过程中产生的固体废弃物。需要尽可能减小上述污染因素对环境造成的负面影响。

(三)加强环境保护的措施

科学设计、合理选址。《规划》实施过程中,应全面考虑拟建区域的生态环境保护需求,科学做好拟建工程项目的前期评估论证和环境影响评价工作,采用环保、节能的设计方案。观测站通过种植树木、栽种花草等绿化措施,营造绿色、环保、和谐的环境。

严格标准、强化管理。《规划》建设中的观测仪器、业务平台等涉及较多的电子设备,应购置符合国家环境保护标准的产品,对工作场地做好电磁辐射防护措施,定期检测电磁辐射水平,防止电子设备辐射对工作人员和附近居民的健康产生危害。在施工过程中,严格执行环保规定,减少各种废渣、废水和废气及噪声污染。

七、保障措施

(一)加强组织领导

各级气象主管机构要加强对综合气象观测工作的组织领导,对标"监测精密"的要求,加强统筹规划,规范涉及气象行业和科研教育等部门的气象观测活动,保障气象观测站网建设与稳定运行。发展改革部门做好衔接协调,积极落实建设投资。健全分工合理、任务明确、责任清晰的管理机制,积极协调、组织部门内外力量共同推进《规划》实施和落实。

（二）强化队伍建设

优化人才培养机制，着力培养气象观测领域高水平研究型人才和具有工匠精神的高技能人才。通过搭建国际交流合作平台、开展国际先进气象观测技术研究，积极推动海外高层次人才引进。通过业务培训、比赛竞赛、挂职锻炼、经验交流等多种方式，加强基层气象台站观测及保障队伍建设，提升基层台站业务能力。

（三）统一建设标准

完善气象观测标准体系建设，强化标准的基础性、战略性和引领性作用，加强标准制定、实施与应用。强化气象行业管理，按照统一规范标准，开展系统建设、业务运行、产品加工、质量控制、计量检定和维护保障。加强部门间共建共享、互联互通和应急协作，推进综合气象观测集约发展。

（四）统筹多方资源

构建和发展产学研用相结合的气象观测产业技术创新战略联盟，引导兵团、农垦、科研院所、高等院校和相关企业参与气象观测技术发展。拓宽以政府投入为主、社会投入为辅的多元化投入渠道，完善地方、部门、社会等投入参与机制，推动综合气象观测协调发展。

（五）建立共享机制

推进气象基础设施共建共用。将各部门各行业自建的气象探测设施纳入国家气象观测网络，由气象部门实行统一规划和监督协调。在已有气象观测站网的基础上，新建站网应由气象部门牵头统一规划，统一相关标准，按照"谁受益、谁投入，谁建设、谁维持"的原则，采用"一站多能、共同选址、各自承建、独立管理、协作运维"的方式建设。在遵循保密要求及相关资料管理规定的前提下，加强部门间数据共享，实现部门间数据互联互通。

附件：综合气象观测站网布局示意图（略）

政策性文件

中国气象局加强青藏高原气候变化工作方案（2021—2025年）

（气发〔2022〕20号）

2022年1月30日

为深入贯彻落实习近平生态文明思想和习近平总书记关于青藏高原生态保护和可持续发展系列重要讲话重要指示精神，提升青藏高原防灾减灾和应对气候变化能力，科学保护和利用高原可再生资源，助力国家碳达峰碳中和目标实现，特制定本工作方案。

一、需求分析

（一）青藏高原应对气候变化的重要意义

青藏高原是全球气候变化的敏感区，是我国天气气候的上游区和关键区，对我国乃至全球气候异常有重要影响。20世纪60年代以来，青藏高原暖湿化趋势明显，植被覆盖状况总体向好，但同时，暴雪、强降水、大风等极端天气气候事件明显增加，冰川融化、冰崩、冰湖溃决、滑坡、泥石流等次生灾害增多，特别是冰川的强烈退缩和冰川"固体水库"储存水资源的短期大量释放，导致号称"亚洲水塔"的青藏高原不稳定性加大。预计21世纪内青藏高原气温将持续升高，气候变化风险和影响将进一步加剧，对亚洲乃至全球气候变化、水循环、生态环境、经济社会可持续发展将产生深远影响。加强对青藏高原气候变化的监测、评估和预估，全面掌握青藏高原气候变化规律,积极应变,增强区域应对气候变化科技支撑能力和水平,全力保障青藏高原生态环境安全和社会经济可持续发展,意义重大。

（二）已有工作基础

中国气象局不断加强青藏高原气象观测能力建设,持续完善多圈层基本要素观测,提高大气成分观测能力,开展连续全天候卫星观测,高原灾害监测与气候变化影响评估能力明显提升。气象部门相继组织开展了三次青藏高原大气科学试验,承担了第二次青藏高原综合科学考察任务,在高原天气、气候模式、气候变化影响评估、水循环、西风-季风对高原气候与生态的影响等方面,取得了众多研究成果,提升了业务服务能力,科研水平和应对气候变化能力不断提升。

（三）存在不足与挑战

与当前深入推进青藏高原生态保护和高质量发展的总体要求相比,现有观测系统能力仍明显不足,急需提升青藏高原生态脆弱区、气候敏感区的观测覆盖能力和观测水平,特别是高原的中西部地区观测站点稀缺,冰冻圈、地气交换、水循环、碳源汇及生态等领域还存在许多监测盲区。全球持续变暖背景下,高原多圈层相互作用机理认识不够,高原地区极端灾害监测预警与生态气候风险识别防范的业务体系尚待进一步完善,支撑国家和地方经济建设的决策服务能力亟须提高。

二、指导思想

以习近平新时代中国特色社会主义思想为指导,全面贯彻落实党的十九大和十九届历次全会精神,坚持以习近平生态文明思想为引领,以保障国家气候安全为目标,以科技创新为动力,推动高原气候系统多圈层观测能力建设,优化业务科研布局,全面提升气候变化监测、评估和预估水平,增强青藏高原防灾减灾、应对气候变化与气候资源科学利用能力。

三、发展目标

建设统筹协同的青藏高原气候观测系统,增强多圈层综合观测能力,提高数据共享和应用水平。构建高原极端灾害监测预警及风险识别业务体系,增强预警服务和风险应对能力。统筹青藏高原大气科学试验和野外基地建设,发展青藏高原地区高分辨率区域天气气候模式,提升科技创新水平和成果应用能力。构建高原能源气候服务体系,增强支撑国家能源安全和绿色发展的保障能力。

四、重点任务

(一)加强青藏高原气候系统综合观测与信息化建设

任务 1:全面提升青藏高原气候系统观测能力

按照《综合气象观测业务发展"十四五"规划》和《青藏高原冰冻圈与生态观测站网布局设计方案》总体部署,增加气候系统多圈层观测要素,加密监测盲区和观测空白区域自动气象站,增补建设冰川、冻土、地质灾害、土壤水分、积雪、生态观测站。建设高原温室气体观测站网和风能、太阳能观测站网,加强对卫星反演产品真实性检验评估能力,增强卫星高原地表、大气要素和天气系统的反演能力,强化卫星遥感监测能力(见附件)。牵头编制青藏高原综合观测规划,全面提升青藏高原多圈层观测能力。

任务 2:构建青藏高原气候变化数据库

融合大气、冰冻圈、生态系统等多源数据,研制气候圈层核心要素长序列产品,开发极端天气气候事件专题数据产品,丰富风、光、水资源精细化评估以及重大基础设施气象灾害评估等专题应用产品,扩充土地利用、国土规划等社会经济类数据,建立青藏高原气候变化数据库,实现数据统一管理和产品共享服务。

(二)加强高原极端气候事件风险识别及预警能力

任务 3:建设青藏高原气候变化预估与影响评估系统

深度参与国际气候模式比较计划,研发青藏高原气候变化综合影响评估模式,增强气候系统模式对青藏高原气候变化预估能力。评估高原水资源、生态环境、冰川、冻土等多圈层过程对气候变化的响应,评估南亚污染输送对高原大气环境变化的影响。建立高原重大气象灾害危险性综合评估方法,针对冰雪消融、冻土退化、水土流失、生态退化、物种迁移、土地利用变化等,开发系统性、综合性分析评估平台。研究青藏高原和南北极气候变化的联动关系以及对国家安全的影响,提升高原地区气候变化应对能力。

任务4:建设高原极端灾害监测预报与风险预警业务系统

开展高原强降水、暴雪、大风、强降温、融冰融雪等灾害性天气和极端气候事件的预警、高原气候影响评估技术研究,研发高原强降温、强降水(雪)次季节网格预测技术,发展冰崩、雪崩等冰冻圈灾害的监测与预警方法。完善高原关键生态脆弱区和高风险地区山洪、泥石流、冰崩、山体滑坡、冰湖溃决等灾害监测预报预警体系建设,构建早期预警系统,建立客观定量化风险识别及预警业务系统。

(三)加强气候资源合理利用和生态修复保障

任务5:构建青藏高原气候资源服务系统

围绕碳达峰碳中和目标,开展高原风能、太阳能资源精细化评估,评估大规模可再生能源开发利用的气候生态环境效应,提升风能、太阳能精细化预报预测能力。分析极端气候事件对发电设施的综合风险,建立面向高原生态环境保护和修复工程的气候可行性论证指标体系,面向雅江水电工程、川藏铁路、南水北调西线等重大工程开展气候可行性论证,做好风险管控,为高原能源发展和安全战略实施做好气象服务。

任务6:提升青藏高原生态保护和修复气象保障能力

开展青藏高原水源涵养、水土保持、防风固沙等生态功能气象影响评估,加强极端天气气候事件、气象灾害对高原生态系统影响评估,强化气候变化和生态系统相互作用研究、气候变化影响评估、气候环境效益动态监测评价能力建设,加强高原云水资源评估和开发利用,为高原生态保护和修复、保障生态安全等提供气象服务支撑。

(四)增强气候变化科技创新支撑能力

任务 7:提升青藏高原大气科学野外试验研究能力

持续推进青海瓦里关大气成分本底站、新疆塔克拉玛干沙漠气象站等国家大气野外科学观测研究站能力建设,加大科技产出。打造青藏高原综合观测试验平台,在高原北部、东南部以及珠峰等天气气候关键区和典型生态区建设 6～10 个气象野外科学试验基地,开展大气、冰川、冻土、积雪、湿地、湖泊、植被等观测。实施好青藏高原野外综合科学考察任务,筹划组织开展第四次青藏高原大气科学试验。

任务 8:加强高原气候变化关键科学问题研究

以正在实施的第二次青藏高原综合科考为契机,设立青藏高原气候变化监测、检测归因、影响评估及风险预警重大研究计划,有针对性开展联合攻关研究。重点研发青藏高原气候变化检测归因技术、精细化气候变化评估和极端灾害监测与风险识别技术,开展高原气候突变可能阈值研究,开展高原水资源与能量循环耦合关系研究,探究高原典型生态系统固碳的气候敏感性和可持续性,开展面向重点行业和领域的综合影响评估技术研究。

任务 9:提升青藏高原天气气候数值预报模拟能力

针对高原地形、下垫面的特殊性,改进数值模式地形处理算法,完善对高原大气动力、热力过程描述,发展适用于青藏高原复杂地形的物理过程参数化技术,优化高原区域云辐射处理算法和积云对流参数化方案,发展定量诊断数值模式对于高原复杂地形气象要素模拟和预报能力的评估指标及技术,提升青藏高原天气气候数值模式水平。

（五）推进青藏高原国际合作与气候变化科普宣传

任务10：积极稳妥推进青藏高原国际合作

推进世界气象组织（WMO）亚洲高山区气候中心建设，形成面向全球的高山区气候与冰冻圈业务指导中心，启动亚洲高山区气候变化公报编制。加强与WMO、联合国环境规划署（UNEP）等国际组织和第三极环境（TPE）等国际计划合作，为青藏高原生态保护和"一带一路"倡议实施做好科技支撑和气象服务保障。

任务11：加强青藏高原应对气候变化决策服务能力

围绕青藏高原生态保护与可持续发展，多领域多渠道增强青藏高原应对气候变化积极示范作用，提升国际影响力。强化全球变暖对青藏高原影响及适应对策研究，在"科学识变、辩证看变、积极应变"上下功夫，提供精细化决策支撑信息，服务青藏高原国家安全屏障建设以及国家和区域战略需求。

任务12：加强青藏高原气候变化科普宣传

提升青藏高原气候变化科普宣传能力和水平。构建气候变化科普宣传数据库，搭建科普宣传网络与交流平台，开展防灾减灾与应对气候变化科学知识科普宣传，着力提高社会各界对高原极端灾害影响和生态保护重要性的认知，增强应对气候变化参与度和主动性。

五、保障措施

（一）加强组织领导

充分发挥好中国气象局气候变化工作领导小组作用，成立青藏高原气候变化工作专班，由相关职能司、直属单位、六省（区）气象局组成，加强工程、项目、任务的顶层设计和统筹协调，明确分工和职责，强化任务考核与成效评估。发挥好第四届国家气候变化专家委员会作用，增强技术指导。

（二）深化合作联动

充分发挥好青藏高原生态环境保护和可持续发展协调机制、

部际联席会议机制,抓住时机,联合生态环境部、中国科学院、林草局等部门,推动建设青藏高原综合立体观测站网。充分用好第二次青藏高原综合科考等成果,统筹部门力量,建设青藏高原气象研究院。

(三)加强经费人才保障

积极争取科技部门经费投入,联合国家自然科学基金委、青藏高原六省(区)政府设立青藏高原气候变化专项基金。用好激励政策,吸引和用好国内外气候变化领军人才,建立青藏高原气候变化应对技术研发和服务团队。加强青年人才培养。

青藏高原气候变化卫星监测应用实施方案（2021—2025 年）

　　卫星观测由于具有高频次、大幅宽、不受地理位置影响等优势，在青藏高原气候变化监测方面的作用不断凸显。为充分发挥风云气象卫星在青藏高原气候变化应对中的作用，提升青藏高原防灾减灾和应对气候变化能力，科学保护和利用高原可再生资源，助力国家碳达峰碳中和目标实现，特制定本工作方案。

一、问题分析

　　长序列卫星资料用于青藏高原天气气候特征研究较少。卫星资料由于青藏高原地形地势的限制，观测环境恶劣，常规气象站稀少且分布极不均匀。国际公认的气象再分析数据集在青藏高原地区精度相对较低。长时间序列气象卫星资料可弥补该区域观测资料的不足，可满足青藏高原天气气候特征研究需求，目前这方面的应用研究相对较少。

　　青藏高原卫星遥感能量平衡产品精度亟待提高。卫星遥感资料是提高太阳能资源评估时空分辨率的有效手段，但青藏高原云气溶胶对产品精度影响较大，青藏高原云气溶胶判识存在较大的难度，地形等因素处理不完善，导致卫星遥感相关能量平衡产品精度有待提高。

　　青藏高原星-空-地协同观测效能有待加强。受地形复杂、高海拔、下垫面多样、缺乏必要地面观测校准点等因素影响，青藏高原上遥感产品精度和适用性问题一直很突出。相关算法与模型中采用的关键参数多为经验参数，不适应青藏高原的实际情况，因此亟须开展青藏高原像元尺度野外科学观测试验，同时发展相应算法或模型,提升星-空-地协同观测效能。

二、工作目标

加强卫星遥感数据与产品在青藏高原天气、气候、能量平衡和环境气象监测分析水平。支撑碳达峰碳中和目标实现,提升卫星温室气体监测能力,加强太阳能资源评估能力。面向青藏高原卫星气候产品精度校验和建模需求,统筹利用高原观测系统,提高数据共享,提升在算法改进中应用水平。

三、重点工作任务

任务一:提升青藏高原卫星天气和气候监测分析能力

1. 加强青藏高原天气系统气候分析

利用多源长时间序列卫星图像和反演产品,对高原地区重要天气系统高原低涡和高原对流开展气候特征研究。通过天气系统识别,针对高原低涡典型活动区域,研究高原低涡活动的时空演变特征和高原低涡生成频次、生命史气候变化趋势;研究高原对流活动强度的时空演变特征和气候变化趋势;研究高原低涡和高原对流气候变化特征及强气候事件信号的可能相关关系。

2. 加强青藏高原关键气候要素的长序列气候分析

开展青藏高原地区臭氧三维变化趋势及特征的定量评估,并借助其他天气要素和大气化学成分观测,评估趋势变化的驱动因子及机理机制。分析生成、传输等过程对青藏高原地区臭氧空间分布特征的影响,借助气候模式分析臭氧变化与气候和辐射强迫的反馈机制。

任务二:提升青藏高原卫星地气系统辐射平衡监测分析能力

3. 加强高原辐射平衡分析和辐射产品研制

分析太阳入射辐射、地表反射辐射、大气长波辐射、地表发射辐射、净辐射等卫星辐射平衡产品在青藏高原地区的空间分布和时间变化特征,重点关注能量平衡分量出现明显梯度变化的空间区域或时间范围,并结合降水、冰雪、云量、臭氧、二氧化碳等卫星产品,开展高原辐射平衡分量变化的主要驱动力分析。

任务三:提升青藏高原卫星多圈层监测分析能力

4.青藏高原卫星遥感重点湖泊水体监测分析能力建设

依托风云气象卫星工程和高分应用专项,综合利用风云三号中分辨率光谱成像仪250米数据结合高空间分辨率卫星遥感数据等多源资料研发青藏高原重点湖泊监测方法,形成青藏高原卫星遥感重点湖泊水体监测和气候分析服务支撑能力。

5.青藏高原卫星遥感积雪冰川气候分析

依托风云气象卫星工程,综合风云三号和风云四号多传感器的积雪参数,结合其他多源卫星数据,研发青藏高原地区积雪冰川参数的多源融合技术,建立卫星遥感积雪气候分析指标和方法,研究青藏高原积雪异常与我国气候异常的关系。提升青藏高原积雪冰川监测及气候影响评估的服务支撑能力。

6.青藏高原卫星遥感植被及生态质量监测评估

依托风云气象卫星工程,综合利用风云气象卫星和高空间分辨率卫星遥感数据,研发青藏高原多空间尺度的植被覆盖度、净初级生产力等生态监测遥感产品,分析主要生态环境参量的变化趋势及其对气候变化的响应关系。建立和完善青藏高原生态环境质量评价指标,开展高原生态功能和脆弱性监测与评估。

任务四:支撑双碳目标的卫星监测与评估

7.提升青藏高原卫星温室气体监测能力

针对卫星遥感温室气体在青藏高原的评估和监测需求,建立基于卫星遥感的温室气体观测平台,形成标准化的多源卫星温室气体数据汇集、制作、展示,实现青藏高原区域温室气体时空变换分析,完成基于卫星的青藏高原温室气体监测评估报告。提升温室气体在青藏高原的空间分辨率和精度,支撑高原区域碳源汇问题研究。

8.加强卫星资料在青藏高原太阳能资源评估能力

加强多源卫星遥感资料在青藏高原无观测资料地区的应用,开展青藏高原太阳辐射对气候变化的影响,加强风云卫星太阳辐射产品在太阳能资源评估中的应用,实现基于风云卫星资料的青藏高原太阳能资源评估标准数据和方法。

任务五:卫星产品在青藏高原的能力提升

9. 提升青藏高原卫星遥感产品校验能力

面向卫星遥感产品在青藏高原产品校验的需求,依托风云气象卫星工程,结合实际增加卫星数据校验站,提升青海湖、敦煌、思茅辐射校正场自动化观测水平。面向卫星像元校验能力缺失的问题,针对监测盲区和观测空白区域,结合青藏高原科学试验,增补建设土壤温度、土壤水分、降水、积雪、辐射、生态观测站网,设计建设天-空-地一体化气候系统观测,支撑高原水、热、碳等遥感产品模型与算法的改进优化。

10. 青藏高原卫星遥感产品适用性改进与提升

针对青藏高原独特的地表和地理位置特征,开展长时间序列的卫星辐射、积雪、温湿度廓线、植被指数的区域评估验证。针对青藏高原区受地形、冻土与高寒植被覆盖影响的突出问题,通过地形校正和三维辐射传输模型,结合地基观测模型,发展与改进适合青藏高原区域的卫星辐射、积雪、温湿度廓线、植被指数等产品算法。

全面推进乡村振兴气象服务能力提升工作方案(2022—2024年)

（气发〔2022〕21 号）

2022 年 2 月 9 日

为深入贯彻习近平总书记关于乡村振兴战略的重要论述和关于气象工作的重要指示精神,认真贯彻落实中央农村工作会议精神和 2022 年中央一号文件精神,提高乡村振兴气象服务能力和水平,特制定本方案。

一、现状与形势分析

党的十九大以来,全国气象部门持续加强现代气象为农服务体系建设,气象服务"三农"作用日益显著。气象防灾减灾标准化建设覆盖全国所有县区,基本建成预警信息发布和传播"一张网",农村气象防灾减灾能力明显提升。基本建成涵盖农业生产全过程的农业气象服务体系,保障国家粮食安全的气象服务更加精细。实施打赢脱贫攻坚战气象保障行动计划,圆满完成脱贫攻坚扶贫任务,形成可复制、可推广的突泉气象扶贫模式。

当前乡村振兴气象服务仍然存在一些问题与不足。农业气象监测能力有待进一步强化,农业气象观测站网建设还不适应农业功能区规划布局需求,农业气象观测自动化水平有待提升。气象灾害导致人员伤亡在农村的比例大,气象防灾减灾能力有待进一步提高。农业气象服务精细化水平有待进一步提升,针对"一县一品""一乡一业"的农业产业发展需求的针对性的气象服务还不足。农业气象科技支撑能力有待进一步加强,农业气象灾害变化机理研究薄弱,精细化影响评估技术能力不足,高层次、复合型农业气象科技人才不足。气候变化对农业影响研究有待加强。

进入新发展阶段,全面推进乡村振兴迫切需要气象更加有所作为,产业兴旺、生态宜居、乡风文明、治理有效、生活富裕对气象服务提出了更加多元化的需求。保障国家粮食安全迫切需要进一步提升农业气象服务能力。平安乡村建设迫切需要发挥气象防灾减灾第一道防线作用。

2022年中央一号文件对气象工作提出新要求,指出要强化农业农村气象灾害监测预警体系建设,增强极端天气应对能力;加强中长期气候变化对农业影响研究。各级气象部门要进一步提高政治站位,认真履职尽责,提高农业生产经营全链条气象服务能力,提升农村气象防灾减灾水平,为促进农业稳产增产、农民稳步增收、农村稳定安宁做出新贡献。

二、发展思路与总体目标

以习近平新时代中国特色社会主义思想为指导,深入贯彻落实习近平总书记关于乡村振兴战略的重要论述和关于气象工作的重要指示精神,对标国家乡村振兴战略以及牢牢守住保障国家粮食安全和不发生规模性返贫两条底线总要求,坚持需求牵引,坚持开放融合,不断提升农村气象防灾减灾和农业气象服务能力,为全面推进乡村振兴贡献气象力量。

到2024年,建成完善"技术先进、机制融合、服务精细、保障有力"的乡村振兴气象服务体系,乡村振兴气象服务能力显著提升。

——农村气象防灾减灾能力得到增强。精细化到乡镇的气象灾害预警基本实现,气象灾害综合风险普查全面完成,农村气象灾害预警信息接收率达95%,农村气象防灾减灾工作有效融入乡村治理体系,农村极端天气监测预警能力进一步增强,因灾伤亡人数逐年下降,农村气象服务满意度稳定在90分以上。

——农业气象服务更加精细化。自动观测、精细化智能网格预报、农业气象指标/模型、卫星遥感等技术手段在农业气象服务中得到广泛应用,全国粮食作物产量预报准确率达98%以上。

——气象服务更加满足乡村振兴多元化需求。气象为农服务不断适应并更好地满足产业兴旺、生态宜居、乡风文明、治理有效、生活富裕需要,气象服务在"三农"工作中趋利避害的作用更一步凸显。

——气候变化对农业影响研究进一步深入。气候变化对农业气候资源的影响评估分析更加精细化,气候变化对农业不同区域、不同作物生长和产量影响分析评估能力不断提升。

——乡村振兴气象服务科技支撑更加有力。气象观测、预报业务发展成果在乡村振兴气象服务中得到充分应用。科研院所、农业气象试验站的科技支撑能力进一步增强。农村防灾减灾和农业气象服务人才队伍建设取得更大进展。

——乡村振兴气象服务体制机制更加完善。与农业农村、乡村振兴等涉农部门的合作更加全面、深入。与数字乡村发展战略实施部门的联系合作更加顺畅。乡村振兴气象服务多元化投入保障机制更加健全。

三、重点任务

(一)坚持"两个至上",全力做好农村气象防灾减灾工作

1. 提升农村气象灾害监测预警能力。着力提升农村气象灾害监测预警服务能力,在气象灾害多发地区补充建设天气雷达等探测设备,稳步推进气象灾害预警精细化到乡(镇、街道)。基本完成农村气象灾害综合风险普查和区划,提升农村农业气象灾害影响预报和风险预警能力,进一步完善暴雨诱发的山洪、地质灾害、中小河流洪水等灾害风险预警服务业务。完善气象信息员与乡村

治理网格员、灾害信息员、地质灾害群测群防员等队伍的融合机制；充分利用数字乡村建设成果，多手段并用构建预警信息发布网络，提高农村预警信息的覆盖面和时效性。

2. 提升农村气象灾害风险防范能力。加大粮食生产功能区、重要农产品生产保护区和特色农产品优势区重要农事季节的抗旱、防雹人工影响天气作业力度，减轻灾害损失和影响。强化农村气象灾害综合风险普查成果应用，完善高风险区域气象灾害应急预案并组织应急演练。加强农村气象防灾减灾科普宣传，举办"气象科普进乡村"活动，提升农民气象防灾减灾意识和能力。

3. 完善农村防灾减灾部门合作机制。深化与农业农村部门的合作，通过联合共建、联合会商、联合服务等方式，共同提高农业气象防灾减灾能力。联合工业和信息化部门，开展气象灾害预警短信精准靶向发布试点工作。加强与广电部门合作，联合推进农村大喇叭共享共用，拓展基层预警信息发布渠道。强化与应急管理、水利、自然资源、政法等部门联合会商、资源共享和应急联动，促进气象服务融入基层农村综合防灾减灾和社会治理体系。

（二）突出服务重点，全力做好国家粮食安全气象服务保障

4. 做好国家粮食安全气象保障服务。围绕粮食生产和重要农产品供给，提供分区域、分作物、分灾种的精细化农业气象服务。集成大宗粮食作物生产全过程气象保障业务技术，构建全国冬小麦、水稻、玉米、大豆、棉花、油菜等大宗粮棉油作物产前、产中、产后无缝隙的农业气象服务体系。联合农业农村部门建立霜冻、干热风、寒露风、低温冷害、高温热害等全国主要农业气象灾害风险预警指标体系，建立完善风险预警产品制作与发布业务流程，形成全国农业气象灾害风险预警服务体系。完善重大气象灾害对农业生产影响定量化评估业务。提升农作物病虫害发生发展气象条件预报和病虫害防治气象保障服务能力。开展小麦、玉米、水稻等种子生产气象服务。

5. 提高关键农时、重点用户气象保障能力。强化春耕春播、夏收夏种、秋收秋播等关键农时专项气象保障服务。联合农业农村部门,进一步做好面向以农民合作社、家庭农场为代表的新型农业经营主体和农机手等重点用户的直通式气象服务。开展天气指数保险气象服务,推动建立健全农业气象灾害风险转移机制。

(三)趋利避害并举,为巩固拓展脱贫攻坚成果提供气象服务保障

6. 接续做好定点帮扶和行业帮扶工作。严格按照 5 年过渡期内"四个不摘"的要求,持续做好定点帮扶工作。发挥气象部门独特的技术和资源优势继续做好行业帮扶工作,帮助脱贫地区加强气象防灾减灾能力建设,更好地趋利避害,减负增收。加大资金筹措力度,优选帮扶干部,继续精准施策。加强志智双扶,做好农业气象防灾减灾知识和技能培训,强化观测和人工影响天气帮扶公岗设置和管理。充分发挥公共气象服务平台和宣传资源优势,做好脱贫地区农产品的宣传推销和消费帮扶工作。

7. 持续推进脱贫地区乡村振兴气象服务。加强脱贫地区气象灾害监测预警和预警信息发布传播工作,着力提升气象防灾减灾能力,避免因灾致贫、因灾返贫。加强脱贫地区气候资源开发利用,继续开展"中国天然氧吧""气候好产品"等评价服务,助力当地旅游、特色农业产业发展。开展精细化农业气候资源评估和区划,为大规模引种经济作物和特色农产品提供气象服务。开展精细化太阳能、风能资源评估服务,为脱贫地区清洁能源的开发利用提供技术支撑。

(四)坚持需求导向,切实做好乡村发展气象服务保障

8. 做好乡村产业发展气象服务保障。联合农业农村部,加强特色农业气象服务中心建设,充分发挥辐射带动作用,为"一县一业""一乡一品"提供针对性服务。积极参与大豆和油料产能提升攻关,优化特色农产品气候品质评价技术方法和管理体系,规范评

价业务服务。延伸农业气象服务链条,为农村一二三产业融合发展提供全方位气象保障服务。

9. 做好农村生态文明建设气象服务保障。积极落实国家"千乡万村驭风计划""千乡万村沐光行动",提升农村地区风能太阳能资源开发利用气象服务能力,加强风能太阳能监测、评估、预报服务。开展气象条件对农业和农村地区生态系统影响评估。挖掘各地特色气候资源气象禀赋,建立完善乡村宜居、宜业、宜游气象指标,全面推进气候旅游、康养气象服务。结合农村地区生态系统保护和修复需求,积极开展重点区域人工影响天气作业,发挥其在水源涵养、水土保持、植被恢复、生物多样性保护、水库增蓄水等方面的作用。

10. 有效融入数字乡村发展。加强大数据、物联网、人工智能在乡村振兴气象服务的应用,加快推动农村地区气象服务的数字化、智能化转型,推进智慧气象建设。鼓励开发适应"三农"特点的移动互联网应用(APP)软件和气象服务技术产品。联合相关部门共同推动气象信息进村入户。

(五)加强研究分析,努力提升农业应对中长期气候变化能力

11. 加强中长期气候变化对农业影响研究。加强气候变化对不同区域不同作物生长和产量影响分析评估,加强农业适应气候变化技术研究,及时提出气候变化背景下保障国家粮食安全的决策建议。完善农业气候年景预估模型,提高农业气候年景预测能力。

12. 开展精细化农业气候资源区划。基于多种数据,研发精细化农业气候资源区划技术,形成全国粮食作物、重要农产品种植区划"一张图",开展精细作物种植气候区划和作物新品种推广气候区划。建立新一代精细化农作物种植和气象灾害区划业务服务平台。

(六)夯实业务基础,大力提升现代气象为农服务能力

13. 提升农业气象观测能力。优化调整全国农业气象观测站网布局和观测项目。升级土壤水分观测站。加强已建农田小气候

和实景观测站的运维管理、数据质量控制和共享应用。加强卫星遥感、物联网等在农业气象观测中的应用。推动农业气象自动化观测仪器研发和试验应用。

14. 加强农业气象试验能力建设。围绕现代农业"三区三园"和国家现代农业示范区建设需求,科学优化农业气象试验内容。深入开展农业气象服务关键阈值指标和农业气象防灾减灾适用技术示范试验研究,为农业气象服务发展提供技术支撑。持续开展冬小麦、水稻和玉米区域联合试验。

15. 发展精细化农业气象服务技术。升级改造国、省两级农业气象服务业务平台,建立"智能网格预报+农业气象服务"业务体系,建立健全农业气象条件评价、农业气象灾害预警、农用天气预报、作物产量预报等服务指标体系,提升粮食作物精细化气象服务能力。建立健全集约化的粮食作物气象服务流程,国家级制作发布格点化农业气象服务产品,省级利用网格化指导产品,形成分县、重点区域分乡镇的精细化指导产品,为市、县两级农业气象服务提供更有力支撑。研发粮食作物和重要农产品产量动态预报模型,提升预报能力。

四、保障措施

(一)加强组织领导

各省(区、市)气象局要加强全面推进乡村振兴气象服务的组织领导,突出强化市、县两级气象部门的主体作用,压实责任,将工作任务明确到各市县年度重点工作安排中,制定时间表、阶段性目标、责任清单,切实抓好落实。各内设机构要强化统筹协调、督办检查,将乡村振兴气象服务工作纳入目标考核。减灾司要根据本方案要求制定年度重点工作,定期组织开展总结交流,推广示范经验。各直属单位要强化对下指导,提供基层所需的技术、产品和平台支撑。

(二)强化投入保障

充分发挥双重计划财务体制优势,健全持续稳定的财政投入保障机制,统筹各类资金资源,支持乡村振兴气象服务体系建设。中国气象局将确保对具有全局性、基础性的气象服务建设需求投入,加强乡村振兴气象服务基础能力支撑。基于为农服务的个性化需求,各级气象部门要积极争取地方政府在项目立项、资金投入、政策配套等方面加大支持力度,确保乡村振兴气象服务财政保障到位。

（三）加强队伍建设

加快农业气象领域科技领军人才、首席专家、青年后备人才培养。组建国家级农业气象服务专家组,对全国农业气象业务服务发展提供建议、指导与技术支持。加强对市县乡村振兴气象服务管理和业务人员的培训,建立健全各层级农业气象科研业务人员交流锻炼机制。

（四）强化科技支撑

积极争取相关科技计划、科技创新基金和专项投入,围绕乡村振兴需求,组织开展气象保障服务核心技术攻关。加强科研院所、部门重点实验室等各类科研机构平台为农气象服务关键技术研发与成果转化应用。

（五）开展试点示范

坚持需求牵引和目标导向,选择部分需求旺盛、工作基础较好的地区统筹组织开展乡村振兴气象服务试点示范工作,边试点、边总结、边推广,以点带面,促进乡村振兴气象服务整体能力和水平的提升。

（六）加强部门合作

加强与涉农部门的合作,完善与农业农村部门定期会商机制,加强数据、产品和信息共享,共同推进农业农村大数据建设和农业气象灾害预警业务,推进面向农业生产一线的直通式气象服务。加强与各级乡村振兴局的合作,为乡村振兴、防止发生规模性返贫做好气象保障。

"十四五"气象台站基础能力提升规划

气发〔2022〕50 号
2022 年 4 月 14 日

一、现状与形势

(一)发展现状

1. 基本情况

截至 2020 年底,全国气象部门共有 2909 个气象台站,包括 876 个三级预算单位〔26 个省(区)气象局下属地区级气象台站 340 个,海南省、4 个直辖市、4 个计划单列市下属气象台站 113 个,31 个省(区、市)气象局所属事业单位 423 个〕和 2033 个四级预算单位(其余县级气象台站)。其中,1213 个属于艰苦气象台站,803 个属于局站分离。基层气象职工以天为伴、以站为家,24 小时不间断承担着繁重的业务服务工作,业务办公和生活基础设施存在诸多问题,有着特殊困难。

2. 建设成效

气象台站建设投入保持稳定,实施了台站搬迁、房屋建设、配套设施改造、运行环境改善等基础设施建设,改善了气象台站面貌,确保了正常运行和功能发挥,为推进气象现代化建设和服务保障经济社会发展提供了基本保障。

气象台站总体面貌明显改善,服务保障能力不断增强。中国气象局先后出台《基层气象机构基础设施建设指导意见》《关于全面推进县级气象机构综合改革工作的通知》,指导和规范全国基层气象台站建设,各地气象部门统一规划、科学设计、分步实施、强化管理,切实推进基层气象台站建设各项工作。全国基层气象台站基础设施总体改善,业务用房面积有所增加,设施功能持续完善,服务领域进一步拓宽。结合气象探测环境保护、气象观测预报和预警服务需求,对部分台站实施搬迁,保障和提升了气象探测信息的代表性、准确性、连续性和可比较性,为重点区域气象观测预报和灾害监测预警提供了准确、及时、高效的数据支撑。基层气象台站已成为各地开展气象防灾减灾和服务保障经济社会发展的重要阵地。

气象台站基础设施水平逐步提升,业务运行稳定可靠。积极适应县级气象机构综合改革和气象现代化建设需要,对具备条件的气象台站实施了业务用房及附属用房修缮和改扩建,在统筹集约利用各类房屋和设施资源的基础上,气象台站功能布局进一步优化,满足了专业化场室和业务平台部署要求,提升了基层气象业务自动化、信息化和集约化水平;同时结合气象业务技术发展,对台站进行了业务配电扩容、综合布线优化、通信能力提升等综合改造建设,有效提升了基层气象台站的设施水平和质量,增强新型气象观测装备、信息化设备的承载和应用能力,保障了基层气象业务稳定可靠运行。

气象台站配套环境逐步改善,基层职工队伍保持稳定。全国艰苦气象台站、贫困县气象台站、革命老区气象台站,开展了水、电、暖、路、围墙、护坡、堡坎等配套设施和基础环境建设,配套环境得到改善。在部分艰苦、贫困、自然环境恶劣地区台站配套建设符合规定的职工周转房及配套生活设施,改善和提升了气象台站工作和生活条件,为稳定基层气象职工队伍提供了坚实保障。

（二）存在问题

全国基层气象台站在整体规模、业务支撑能力、服务保障能力等方面取得了长足进展，但立足新发展阶段，制约基层气象台站高水平发展的瓶颈问题仍然突出。基层气象台站高质量发展的业务支撑和保障能力有待进一步提升，基础设施建设仍存在短板、业务运行环境亟待改善，一定程度上制约了监测精密、预报精准、服务精细能力，与充分发挥气象防灾减灾第一道防线作用的要求不相适应，与全方位保障生命安全、生产发展、生活富裕、生态良好的要求存在较大差距。

气象台站基础设施建设仍存在短板。一是气象台站综合改造仍有"老大难"。全国尚有120个县级气象台站因土地、地方配套等原因未开展综合改造，台站业务用房远不能满足实际工作需求。中西部台站成为气象台站综合改造的"老大难"，区域不协调、不平衡问题突出。二是地（市）级及省级投入不足。"十三五"时期，部分地（市）级气象台站以搬迁为契机，依靠地方投入解决了业务用房建设，但水电暖气路、消防、安全监控以及园区环境等配套基础设施建设无资金渠道支持，园区综合环境质量有待提升。此外，部分地（市）级气象台站和省气象局下辖的台站业务用房面积、功能等不能满足正常业务需求，急需新建、改造业务用房。

气象台站业务运行环境亟待改善。长期以来，气象台站建设一定程度上存在重土建、轻业务支撑平台建设的情况，造成地（市）、县级气象台站多存在业务系统运行硬件平台老化、性能低下、稳定性差等问题，台站管理智能化水平低，一些勉强维持支撑的业务基础条件已不能满足气象监测精密、预报精准、服务精细的要求，影响了基层气象业务现代化发展。同时，气象探测环境保护依然面临较大压力。气象台站受地方经济社会高速发展、城市建设外扩影响，气象探测环境受破坏现象愈发增多，部分气象台站存在一迁再迁情况，严重影响气象观测业务的稳定运行。"十三五"

期间,中西部尤其是西部地区因地方政府难以落实土地及迁站经费,迁站任务依然很重。

气象台站工作生活条件尚需优化。相当一部分位于自然条件恶劣、人迹稀少的灾害易发区和敏感气候区的气象台站极易受各类自然灾害影响,由于缺少常态化的维修维持保障,气象台站基础设施在安全性和功能性方面仍有弱项。台站综合业务系统支撑平台和信息化基础设施环境等基础业务条件改善严重滞后。部分气象台站给排水、供电、供暖、排污等尚未接入市政管网,围墙、护坡、安防、消防等存在安全隐患。部分偏远艰苦气象台站值班宿舍、职工周转房、食堂、文体设施、高原富氧等生活配套设施不足,党建、文化、职工活动场地设施等缺乏。

气象台站支撑创新发展能力有待提升。一直以来,气象台站建设都延续了传统的基础设施建设思路,主要关注建筑面积和设施功能等底层需求,缺少适应气象业务技术改革、融入新基建理念、面向高质量发展的高品质谋划和新技术应用,建筑智能化技术、节能环保新技术等在气象台站建设中应用比例较低,信息化技术应用更新滞后、与地方数字政府建设融入度不高,服务本地特色农业、生态旅游等新领域、新业态发展的能力还很有限。气象台站在推动基层气象工作数字转型、智能升级和创新发展等方面的支撑能力有待提升。

(三)面临形势

以习近平同志为核心的党中央为气象工作指明方向。党中央高度重视气象工作,新中国气象事业 70 周年之际,习近平总书记专门作出重要指示,指明了新时代气象事业发展的根本方向、战略定位、战略目标、战略重点和战略任务。"十四五"时期,气象台站建设要深入贯彻新发展理念,着力将气象台站建设成为服务生命安全、生产发展、生活富裕、生态良好的重要基础,实现监测精密、预报精准、服务精细的重要保证,发挥气象防灾减灾第一道防线作用的最前阵地,更好地保障经济社会发展和人民安全福祉。

深入贯彻新发展理念对气象台站高质量发展提出新要求。高质量发展是体现新发展理念的发展,是创新成为第一动力、协调成为内生特点、绿色成为普遍形态、开放成为必由之路、共享成为根本目的的发展。深入贯彻新发展理念,为实现气象台站高质量发展带来新机遇,提出新任务和新要求,气象台站建设要与时俱进、坚持高标准,更加注重基础设施建设的质量效益,走内涵式发展道路,充分彰显气象文化。努力培育服务新增长点,推进研究型业务发展,在挖掘发展新潜力的过程中实现创新发展;重点补齐西部和艰苦边远地区、革命老区台站基础设施建设中存在的短板,增强台站业务支撑环境等方面存在的弱项,实现协调发展;积极推进资源节约、环境友好型台站建设,推动气象台站更好地服务生态文明战略,实现绿色发展;主动应用云计算、大数据、物联网、人工智能、移动互联网等新技术,融入智慧城市建设、乡村振兴等,挖掘基层台站防灾减灾科普宣传与研学功能,实现开放共享发展。

保障国家重大战略实施和服务地方经济社会发展对气象台站建设提出新需求。台站基础设施是提升气象防灾减灾救灾能力、发挥气象趋利避害作用的硬件基础,地方各级气象部门积极参与乡村振兴、区域协调发展、生态文明建设、"一带一路"建设等国家重大决策部署,谋划对接落实举措,气象服务保障地方经济社会发展的需求日益增多,由此派生的重大突发事件气象应急保障平台、生态文明建设气象服务站、现代气象为农服务中心、农业气象试验站和野外科学试验基地、人工影响天气作业平台、综合探测试验基地等台站基础设施及配套设施建设新需求也不断涌现。

气象业务和治理体系现代化对气象台站建设提出新标准。气象台站是推进气象现代化的基础和保障,是直接获取气象信息、发挥气象业务服务功能的根基,更是气象防灾减灾第一道防线的前哨。台站的基础设施建设要适应气象现代化推进和业务技术体制改革的新标准,要为不断提升监测精密、预报精准、服务精细的能力和水平提供基础保障,为加强研究型业务试点建设、大力推进国家气候观象台和国家大气本底站建设、开展生态与气候服务业务等新需求提供基础支撑。

二、总体要求

(一)指导思想

以习近平新时代中国特色社会主义思想为指导,深入贯彻党的十九大和十九届历次全会精神,认真贯彻落实习近平总书记对气象工作的重要指示精神,把握新发展阶段,贯彻新发展理念,构建新发展格局,紧密围绕新发展阶段气象事业高质量发展要求,牢牢把握发挥气象防灾减灾第一道防线作用的战略重点,牢牢把握加快科技创新和做到监测精密、预报精准、服务精细的战略任务,以提升气象台站基础能力为目标,按照"补短板、强弱项、重民生、促发展"的总体思路,扎实开展基础设施及配套建设,打造规划科学、布局合理、功能完备、智慧高效、环境友好、绿色安全的现代化气象台站,更好地为服务保障生命安全、生产发展、生活富裕、生态良好提供有力支撑。

(二)基本原则

规划引领,标准规范。转变发展思路,创新规划理念,坚持问题导向、目标导向和需求导向相统一,将气象业务服务功能、科技特色、文化理念、民生保障等多种功能有机融合,明确气象台站基础能力提升建设的主要任务和重点方向。既从国家层面合理制定动态更新的建设标准,又分级分类、因地制宜体现地方气象业务特色;既全面把握新发展阶段业务服务需求,又谋划未来发展需要;努力建设一批标杆气象台站。

统筹协调,绿色发展。统筹考虑不同地区、不同基础、不同类型气象台站,向革命老区、民族地区、边疆地区、脱贫地区和西部、东北地区倾斜,进一步推动区域协调发展;统筹考虑台站优势基础和短板弱项、业务安全与对外服务、建设需求与运行维持,推动气象台站自身协调发展。坚持节约低碳、绿色环保、合理适用、功能优化理念,依托山水地貌,尊重和融入生态环境,丰富台站文化内涵,推动气象台站向内涵式发展,做到与自然和谐共生,实现绿色发展。

集约建设,注重效益。充分发挥气象部门艰苦奋斗的优良传统,把厉行节约、反对浪费、"过紧日子"要求贯彻落实到台站规划和建设的全过程。坚持实事求是、客观评估,针对各级各类气象台站特点,充分利用现有基础,对标新发展阶段气象业务服务发展需求和建设标准,进行补充、完善和优化,不搞大拆大建和推倒重来,严格控制建设规模和标准。

智慧创新,开放共享。加强现代信息技术和智能化技术应用,推动传统台站向数字化台站转型,强化业务支撑平台硬件和信息网络。用好台站设施条件,因地制宜,建设研究型业务台站,推动创新发展;谋划面向人民群众和各类群体的气象科普宣传研学型、融入城市发展开放型、党建与精神文明实践型等特色台站建设,推动开放共享发展。

(三)发展目标

到 2025 年,围绕自身发展和地方经济社会发展保障需求,初步建成一批规划科学、布局合理、功能完备、智慧高效、环境友好、绿色安全的现代化气象台站。台站基础设施质量和效益明显提升,艰苦台站工作环境和生活条件明显改善,对基层气象业务服务运行的保障能力明显增强;基础设施综合管理水平明显提高,台站功能和作用发挥更加全面、更加明显;台站综合环境更加友好,党建引领作用、精神文明和气象文化支撑环境明显提升,基层干部职工的幸福感和归属感显著增强,为加快科技创新和监测精密、预报精准、服务精细提供有力保障,为发挥气象防灾减灾第一道防线作用夯实基础。

主要指标见下表：

序号	指标名称	目标值
1	具备建设条件的县级气象台站综合改造率	100%
2	省、地(市)级气象台站综合改造率	90%
3	重点领域基础设施修缮改造率	100%
4	国家大气本底站、国家气候观象台基础设施建设任务完成率	90%
5	台站综合业务平面达标率	90%
6	台站业务支撑平台升级改造覆盖率	90%
7	台站业务运行环境升级改造覆盖率	90%
8	台站党建、精神文明和气象文化科普设施建设率	90%
9	具备条件的气象台站给排水、供电、供暖、供气接入市政管网覆盖率	100%
10	气象台站园区安防监控覆盖率	100%

三、重点建设任务

（一）补短板，打好气象台站综改攻坚战

集中精力开展县级台站综合改造。重点开展尚未进行综合改造的 120 个气象台站综改攻坚建设。因地制宜、精准施策、上下联动、专项推进，深入开展综改前期准备和审批工作，成熟一个、解决一个，做到台站业务用房及配套基础设施满足气象业务服务高质量发展需求。

加强地（市）级台站基础设施建设。针对地（市）级气象台站和省气象局下辖的台站存在的业务用房不能满足业务需求、配套设施不到位、功能不完善等明显短板，开展业务基础配套更新和运行环境改造，进一步优化观测、预报、服务等值班平面功能布局，提升基础管线和安防设施性能，排除影响业务运行的安全隐患，改善园区道路、绿化、照明、环境卫生和文化体育设施等，满足业务服务工作需求。

强化台站重点领域基础设施升级改造。对雷达塔楼、涉氢用房、人影作业点、特种观测用房等台站重点领域存在的基础设施短板进行集中整治,升级改造外墙、屋面、供配电设备、护坡堡坎、消防设施等,保障雷达监测、制氢储氢用氢、人工影响天气、特种观测等重点领域业务安全运行。

重点支持方向 1:气象台站综改攻坚

集中精力开展县级台站综合改造。以尚未完成综合改造的120个气象台站(见附表1)为重点,深入了解现状不足和建设需求,切实掌握和破解制约综合改造的难点和阻碍,因站施策、整站推进。优先支持艰苦气象台站、革命老区、边疆地区、脱贫县、乡村振兴重点帮扶县气象台站建设,重点解决业务用房建设,以及供水、供电、供(保)暖、道路、业务系统运行环境等基础配套和围墙、护坡、堡坎等安全设施,推动气象台站面貌总体改善,实现县级气象台站综合改造全覆盖。

加强地(市)级台站基础设施建设。积极推动省、地(市)级气象台站综合改造,针对长年未系统修缮的省、地(市)级气象台站,开展业务基础配套更新和园区综合环境改造。优先支持10年以上未系统修缮的省、地(市)级气象台站,重点解决管道破损、线路老化、设施性能下降和安防监控盲区,排除影响业务运行的安全隐患,实施路面硬化、绿化、照明、环境卫生、文化体育设施等园区综合环境改造,总体提升省、地(市)级气象台站环境质量。

强化台站重点领域基础设施升级改造。重点对雷达塔楼、人影作业点、涉氢用房、特种观测用房等台站重点业务基础设施相关的外墙、屋面、供配电设备、护坡堡坎、消防设施等开展集中整治和改造升级。

注:地(市)级和县级气象台站规模参照附表2和附表3。

（二）强弱项，加强气象台站运行环境建设

依法保护和提升气象探测环境质量。加大探测环境保护力度，适当扩大站址控制区域、征用或租用周边用地、清理整治周边环境等，基本消除对台站探测环境的干扰和影响。对探测环境受影响、无法满足观测可靠性和业务标准的台站，实施探测环境修复；对无法修复的台站实施搬迁，并建设必要的基础设施，满足气象业务运行需要。

开展台站标准化业务平面和业务运行环境建设。落实新型气象业务技术体制改革部署，强化以防灾减灾为重点的气象监测预警预报服务业务，建设标准化、集约化、开放型的综合气象业务平面，完善监测、预报、服务、辅助决策和应急服务等业务设施及功能配置。按照新型气象业务布局分工，确保台站业务稳定高效运行，进一步优化业务功能分区，建设所需的供配电系统、信息网络系统和气象数据、算法、算力、"云＋端"支撑等环境设施，或数字化改造现有环境。

加强台站安全生产等基础设施建设。落实台站安全生产主体责任，开展危旧业务用房拆除重建和老旧基础设施排险改造，加强高清监控、入侵报警、智能门禁、电子巡查等安防技术，改善大门、围墙、护坡、堡坎、挡墙、防雷、消防等设施安全性能，消除气象台站业务工作环境安全隐患；积极推动供水、供电、供(保)暖等接入市政管网，纳入城市基础设施统筹管理和规范运维，确保台站安全可靠运行。

重点支持方向 2：气象台站业务基础提升

提升台站探测环境质量。探测环境受周边环境影响的，支持适当扩大现址控制区域，征用或租用周边用地，对周边遮挡物实施必要的清理整治，保持探测环境的稳定性。气象探测环境确实不符合规范或者存在严重破坏影响的气象台站，需要实施

整体搬迁或进行观测场搬迁的,对台站实施搬迁,开展必要的业务用房、配套设施和环境建设,满足业务运行。

开展台站标准化业务平面和业务运行环境建设。结合新型气象业务技术体制改革部署和构建新型气象业务布局分工,实施供配电系统、网络综合布线系统、显示平面、计算机硬件平台、建筑智能化等业务系统运行环境建设,构建标准化、集约化、开放型的综合气象业务平面,安装相关业务支撑设备,提升气象台站科技内涵和业务支撑能力(有关配置见附表4)。

加强台站安全生产等基础设施建设。优先支持脱落外墙修复、屋顶漏水修补、老化管线更换和塌陷路面整治等安全隐患排除;开展供水、供电、道路、供(保)暖、观测场、排污等基础配套改造,优先支持接入当地市政管网建设。推广和应用新型材料、设备和技术方法,提升大门、围墙、护坡、堡坎、挡墙、安监、防雷、消防等安全设施性能。对台站危房及时鉴定拆除,因地制宜安排重建。强化台站灾害防御和危险防范能力(有关配置见附表4和附表5)。

(三)重民生,改善气象台站工作生活环境

推进暖心台站建设。以人为本,解决好职工必要"吃住"问题,为基层职工提供健康、舒适的工作生活环境,打好"拴心留人"的硬件基础。强化艰苦台站基础设施建设,完善业务环境,改善生活条件。在确实急需且有条件的台站适当建设值班周转房。推进适居环境建设,逐步开展高寒地区阳光暖房、高海拔低氧地区富氧环境、干旱缺水地区饮水安全、高湿大风地区除湿除盐防风环境等建设,切实提高职工的归属感。

推进绿色台站建设。科学规划园区布局,依托山水地貌,融入环境,杜绝大挖大砍,结合各地地域文化、少数民族文化和建筑风格等特点进行院落硬化、环境绿化和亮化。开展环保供(保)暖改造,据需安装节能灯具和节水用具,鼓励有条件的台站开展太阳能光热建筑应用,降低能源消耗水平和运维成本;开展排水、排污改造,按需实施中水回用系统,提高园区可再生资源利用效率,保证污水排放顺畅且符合环保要求。

推进文化台站建设。开展百年气象站修复、保护和利用,推动百年气象站站址保护规划纳入城市总体规划,充分挖掘和发挥其历史、科学、文化价值和宣传教育功能。开展台站气象科普场地(馆)建设和升级,提高气象科普能力和水平,切实发挥气象科普载体作用。改善气象台站党建和文化建设基础设施,提高台站气象文化内涵,优化基层气象事业发展软环境。

重点支持方向3:气象台站基本民生改善

改善台站生活保障设施。围绕气象台站职工"吃住"、值班值守等基本生活需要,开展食堂、值班宿舍、周转房等附属用房建设,优先支持现有附属用房修缮和改造。支持高山、高原等高海拔气象台站、海岛和偏远气象台站以及艰苦气象台站因地制宜开展阳光暖房、富氧环境、"三防"(防风、防浪、防潮)设施等建设,切实推动气象台站职工基本生活条件改善。因地制宜开展加装电梯和清洁能源、节能设施的改造应用。配备适量文体设施,修建运动场地,增强职工身心素质。

百年气象台站建设。本着支撑气象现代化和展现历史真实载体的原则,完善百年气象站站址基础设施。加强站址探测环境保护,适当扩大站址控制区域,征用或租用周边用地,保持探测环境的稳定性。开展历史站址拯救与恢复,对保存完好的百年气象站旧址建设气象博物馆,对遗址、遗迹没有留存的设立百年气象站遗址碑。建设百年气象站文物展示与科普馆,展现百年气象站百年文化史。

完善台站气象文化科普设施。重点建设或改造气象台站党建工作用房、荣誉陈列室、图书阅览室、职工文体活动室等。开展台站气象防灾减灾科普场地(馆)建设和升级,更新升级科普设施和设备,提高气象科普能力和水平,积极融入地方科普宣传教育体系。

(四)促发展,开展高质量台站建设

开展智慧气象台站建设。借力新基建、运用新技术,有序推进台站数字化管理升级和市(地)域范围集约化管理基础设施支撑建设,实现综合预报服务平台规范化,数据采集、加工、应用一体化,预警服务与发布一键式,信息反馈监控实时化。

开展多功能气象台站建设。推进地面、高空、空间观测站、观测平台和观测试验基地等基础设施建设,充分考虑新型探测设备研发、观测预报互动试验以及观测业务拓展等基础设施功能配套,在条件成熟的台站率先形成多种探测设备协同观测的"即插即用"和观测数据的即时服务能力,推进台站研究型业务发展,打造"一站多能"的气象台站。各省(区、市)气象局可选择一个地(市)级气象台站适当提高标准,作为省级气象台站备份站开展建设。

开展特色气象台站建设。在传统的防灾减灾型气象台站基础上,强化本地特色化气象服务,开展支撑遥感技术本地化应用、数值产品本地化释用、生态气象服务、现代气象为农服务、特色气象服务等台站基础能力建设,进一步丰富台站功能,推动生态文明服务型台站、气象科普研学型台站、融入城市发展开放型台站、党建与精神文明实践型台站、科技创新引导型台站等"1+N"各具特色的高质量气象台站建设。

推进国家大气本底站、国家气候观象台建设。围绕应对气候变化和生态文明建设等国家重大决策部署,更好地发挥国家大气本底站和国家气候观象台在碳达峰碳中和观测与评估中的作用。

加大对国家大气本底站和国家气候观象台基础设施建设投入,支持在气候观测关键区或气候区规划拟新建的台站,维修升级已建台站,开展观测采样、在线分析、研究试验等业务和科研所需场地、用房、配套设施及环境提升等建设。建设高层次专家工作公寓等,为学术委员会和科学家驻站科研提供支撑。

重点支持方向 4:高质量台站建设

智慧气象台站建设。加强气象台站数字化升级,改善综合预报服务平台运行环境,优化数据采集、加工和应用流程,集成多种信息发布功能和手段,构建一键式信息发布服务能力和监控反馈机制。推进市(地)域范围集约化保障基础设施支撑建设。

多功能气象台站建设。适应新型探测技术和装备发展,完善各类观测试验载体的基础设施和配套功能;重点结合研究型业务发展,衔接国家大气本底站、国家气候观象台等国家气候观测业务建设,配套开展台站基础设施新建和现有设施改造,加强专业实验室、专家公寓、食堂、值班宿舍等保障用房建设,为访问学者、驻站专家、研究团队开展观测试验工作提供必要支撑。

特色气象台站建设。鼓励气象台站充分挖掘当地及自身的特色优势,制定诸如研究型业务、生态文明、气象科普研学、融入城市发展开放、党建与精神文明实践、科技创新引导等特色鲜明的高质量气象台站建设方案,并根据台站各自特色需要,给予相应的基础设施建设支持。

国家大气本底站和国家气候观象台建设。维修和升级改造瓦里关(青海)、上甸子(北京)、临安(浙江)、龙凤山(黑龙江)、金沙(湖北)、香格里拉(云南)、阿克达拉(新疆)7个已建国家大气本底站基础设施,以及锡林浩特(内蒙古)、寿县(安徽)、电白(广东)、大理(云南)、张掖(甘肃)、饶阳(河北)、呼和浩特(内蒙古)、盘锦(辽宁)、五营(黑龙江)、金坛(江苏)、武夷山(福建)、南昌(江西)、长岛(山东)、安阳(河南)、岳阳(湖南)、深圳(广东)、北海(广西)、三亚(海南)、西沙(海南)、南沙(海南)、温江(四川)、日喀则(西藏)、墨脱(西藏)、武威(甘肃)、三峡(湖北)25个已建国家气候观象台基础设施。重点支持在气候观测关键区和气候区规划拟新建的国家大气本底站和国家气候观象台(建设站点和规模详见附表6~9)。已建国家大气本底站和观象台参照相应配置,在现有基础上开展改造升级。

四、保障措施

(一)加强组织领导

坚持和加强党的全面领导,建立中国气象局统筹协调、各省级气象部门具体落实的工作机制。计划财务司负责全国气象台站建设的顶层设计、区域协调和标准制修订,指导各省(区、市)气象台站建设。各省(区、市)气象局、计划单列市气象局统筹推动本地区气象台站建设任务落实,建立相应工作机制,明确分工、落实责任,确保各项目标任务和政策措施落到实处。

(二)强化规划引领

省级气象部门应结合本规划制定符合本省(区、市)实际需求的气象台站建设专项规划(实施方案)。鼓励各级台站长远谋划台站基础设施建设,制定建设方案和中长期建设规划。实际执行环节要强化规划硬约束,在资金投放、项目安排上与专项规划进行有效衔接。因国家或地方政策调整等客观因素导致规划无法实施的,应及时做好专项规划的调整和变更,确保规划有效落地。

(三)优化管理机制

健全分工合理、任务明确、责任清晰的管理机制,计划财务司统筹安排投资、强化监督考核,省级气象部门强化对项目的审核把关、统筹管理,市、县级气象部门进一步加强台站资产管理。齐心协力积极争取国家和地方的财政投入,建立稳定投入机制,统筹考虑台站建设与运行维持。推进气象台站建设标准制定,完善气象台站建设管理,提升台站基础设施综合管理能力。台站建设要严格预算绩效管理,强化绩效管理约束。

　　附表:1.县级气象台站综改攻坚清单表(略)

　　　　　2.地(市)级气象台站业务用房功能配置表(略)

　　　　　3.县级气象台站业务用房功能配置表(略)

　　　　　4.地(市)、县级气象台站业务支撑平台基本配置表(略)

　　　　　5.地(市)、县级气象台站业务运行环境基本配置表(略)

　　　　　6.我国16个气候观测关键区国家大气本底站布局表(略)

　　　　　7.我国65个气候区布局表(略)

　　　　　8.国家大气本底站业务用房功能配置表(略)

　　　　　9.国家气候观象台业务用房功能配置表(略)

空间天气业务能力提升工作方案（2022—2025 年）

（气发〔2022〕61 号）

2022 年 5 月 27 日

　　为贯彻落实习近平总书记对防灾减灾救灾、气象工作及风云卫星服务国际社会的重要指示精神，落实《气象高质量发展纲要（2022—2035 年）》，进一步加强空间天气保障服务工作，更好地服务国家安全需求和国民经济社会发展，特制定本方案。

一、现状分析

　　经过 20 年的建设，中国气象局基本建成了监测预报服务三位一体的空间天气业务体系。初步建成天地相结合的空间天气监测系统。依托风云系列气象卫星装载了 10 类 26 台（套）空间天气监测仪器，在 15 个省（区、市）60 个气象观测站上建有地基空间天气观测设备 84 台（套），初步实现了对太阳、电离层和中高层大气重要参数的业务化监测。形成以定量预报为主的规范化预报预警业务。已具备对日地空间关键要素做出长期、中期、短期预报以及预警和现报的能力，对指定在轨航天器飞行路径具备随时发布碎片交会预警的能力。太阳 10.7 厘米射电流量、地磁活动指数 Ap 和空间天气事件的预报准确率已处于国际领先水平。应用服务效益日益显著并不断开拓新的应用领域。开展了一系列重要的空间天气保障服务,多份决策服务材料得到党和国家领导人的批示,形成了航天、民航等稳定的专业用户群体,服务领域不断扩大。开展了大量空间天气科普宣传和用户培养工作。2021 年 11 月 16 日,中俄联合体全球空间天气中心正式挂牌运行,成为第四个国际民航组织(ICAO)全球空间天气中心,为国际民航飞行业务提供全球空间天气预报预警服务信息。

二、存在问题

空间天气业务存在的问题主要表现在:一是在监测方面,关键的自主监测手段不足,太阳的部分关键谱段还缺乏观测,部分重要要素的观测未能对中国区域实现有效覆盖,全球监测能力还比较有限。二是在预报方面,预报要素还未覆盖整个空间天气因果链,预报系统未有效借鉴或移植传统气象业务构架和经验,预报的精细化程度不够,特别是数值预报系统尚未建立。三是在服务方面,专业服务还缺乏对空间天气状态与有关技术系统耦合更加深入的了解和分析,航空、航天、导航、通信等服务在定量化、精细化等方面存在差距,公众服务还有待全面开展。四是在科技与人才方面,面向业务能力提升的科研成果储备不够,科研力量不能有效集中于面向业务的科技创新,缺乏有效借用外部力量的机制。人才队伍体量还不足以支撑精细化分工,面向用户的科技人才缺乏,严重制约了应用服务的深化和拓展。

三、发展思路

(一)发展原则

以习近平新时代中国特色社会主义思想为指导,贯彻落实习近平总书记对防灾减灾救灾、气象工作和风云卫星服务国际社会的重要指示精神,进一步夯实空间天气业务能力,以国家需求为导向,按照边应用、边建设、边研发、边普及的思路,大力推进基础设施、基础学科和用户建设,建立跨行业的标准规范,健全体制机制,发挥空间天气业务应用效益。

1. 按照"地空天一体化"原则,继续发展天基监视手段、完善国内地基监测布局,推进境外监测及数据获取能力建设,提升空间天气监测要素和区域覆盖,联合现有气象观测系统,初步实现大气—空间无缝隙监测能力。

2. 按照"借鉴气象预报经验、结合空间天气特点"的思路,建设第一代空间天气数值预报系统,提升空间天气预报业务的客观性,完善空间天气预报业务的标准和规范,提高空间天气预报时效性和准确率。

3. 按照"决策服务为首位、航空航天通信服务为重点"的思路,建设并完善空间天气服务系统,以发展和细化专业服务为突破口,强化决策服务,系统开展公众服务。

(二)发展目标

到 2025 年,以"监测精密、预报精准、服务精细"为标志的空间天气业务能力有效提升,建成"全时空、多要素、多领域"空间天气业务系统,提升天地配合、全球覆盖的空间天气观测能力,建设第一代"全链路"日地空间天气数值预报业务系统,形成面向航天、航空领域的专业服务平台,整体达到国际先进水平。

具体目标:

——监测精密:完成地空天一体化空间天气监测体系设计,推动天基监测项目逐步实施,增强地基观测能力,实现对太阳多波段高精度观测和电离层、中高层大气组网观测,电离层观测水平分辨率从 2000 千米提高到 1000 千米,初步实现中国区域大气—空间无缝隙监测能力。

——预报精准:建成智能规范的空间天气预报系统,实现对空间天气因果链关键节点主要参数的主客观融合预报,开展第一代空间天气数值预报系统建设,空间天气短临(0～12 小时)和短期(72 小时)总体预报准确率≥70％,中长期(4～30 天)定量预报的总体平均误差≤15％,未来 1 个月至 1 个太阳活动周长期趋势预报的平均相对误差≤15%。

——服务精细:结合服务导向和用户需求,不断提升航空、航天、通信、导航等重点领域的空间天气专业服务能力,与用户建立联系机制,建设面向4个领域的专业服务系统,定制化专业服务能力明显增强。

——科技创新:对太阳活动影响气候变化的物理机制有所认识。空间天气监测技术和监测数据应用研究、航天航空和通信技术系统的空间天气灾害防御减缓研究有所突破。建设空间天气数值预报试验平台,依托空间天气重点实验室开展协同创新。

四、重点任务

(一)提升基础监测能力

任务1:提升空间天气监测规划设计能力

梳理观测需求。借鉴世界气象组织(WMO)综合观测系统的设计理念和方法,分类梳理空间天气因果链上不同尺度变化、保障服务业务及数值预报对空间天气要素的需求,强化观测与预报和服务的互动,逐步建立包括观测需求、观测内容、观测精度、观测时空分辨率和观测时效等的关联体系。

推进地空天一体化观测布局设计。按照地基观测(陆地和海洋表面至10米)、空基观测(10米至30千米)和天基观测(30千米以上)3个层次,以空间天气实况监测、空间天气灾害系统分析为导向,以满足预报应用服务需求为目标,按照"一站多用、一网多能"原则,调整和优化业务观测手段的布设,逐步形成地空天基手段互补、协同运行、交叉检验的一体化观测布局。

任务2:完善空间天气观测网

提升地基观测能力。充分共享同行观测资源,进一步完善"三带六区"地基空间大气观测布局。加强太阳活动观测,实现对太阳多波段高精度观测;加强电离层和中高层大气观测,建立完整覆盖中国区域、密度适中的电离层、中高层大气监测网,电离层和中高层大气观测水平分辨率分别从 2000 千米和 3000 千米提高到 1000 千米和 2000 千米;增强地磁和宇宙线观测,建设纵穿南北、横贯东西的地磁监测链和适度的宇宙线观测链;形成包括 18 类 79 个台站 117 台(套)观测设备组成的地基空间天气观测网,初步实现中国区域大气—空间无缝隙监测能力。

发展天基监测手段。以风云气象卫星为依托,进一步优化空间天气载荷配置,重点发展太阳活动监测、空间辐射环境监测、电离层成像、磁场和效应探测等能力。在其他应用卫星平台搭载空间天气载荷,推进太阳活动 L1 点监测卫星建设。

任务 3:提升空间天气基础数据产品质量

加强数据预处理和产品质量控制。完善产品应用技术方法和标准,健全数据获取、预处理、产品制作、应用服务和反馈响应等业务流程。对一级、二级数据产品开展周期性再处理,形成高质量、稳定的数据集。

完善空间天气基础数据产品算法。改进空间天气因果链关键区域状态指数算法。持续完善太阳图像处理、太阳频谱处理、太阳磁场处理和太阳活动特征参量提取算法,发展和完善电离层自动度量、中高层大气风场、温度场、太阳磁场反演算法。

强化空间天气基础数据产品质量管理。完善地基观测台站业务运行机制,健全台站运维保障制度,加强设备维护、维修管理。制定地基观测设备升级改造方案,有序推进设备的迭代更新。定期报送设备运行状态总结,强化空间天气观测台站的业务运行。建立空间天气监测产品质量检验业务和反馈机制,定期发布数据质量检验报告,完善业务管理规章和考核评价制度。加强对空间天气监测产品业务准入、版本升级、退出管理,促进业务规范有序发展。

任务 4:构建空间天气数据集

优化空间天气数据汇集存储系统,集约化建设空间天气综合数据加工处理平台。收集不少于2个完整太阳活动周的长期、多源空间天气观测数据,进行规范化处理和入库,结合业务系统制作的各类空间天气业务产品信息和模式计算结果,整编空间天气观测数据、信息、产品,构建空间天气数据集,为空间天气预报预警与决策支持等提供辅助参考信息。

(二)提升空间天气精细化预报预警能力

任务5:建设第一代空间天气数值预报业务系统

建立空间天气数值预报业务框架,发展行星际、磁层、电离层等重点区域业务化数值预报系统,实现日地空间主要区域要素预报的定量化数值预报的突破。

太阳风扰动传播的三维数值预报系统。建立基于观测数据驱动的太阳风扰动传播数值预报系统,发展日冕-行星际运动学模型、三维磁流体力学模型和高能粒子传播模型,预测太阳到地球附近的背景太阳风结构,日冕物质抛射事件(CME)的磁场和等离子体结构,其中CME到达地球时间的预报平均误差优于12小时。

地球磁层磁流体力学(MHD)数值预报系统。建立太阳风-磁层-电离层耦合数值预报系统,利用MHD方程描述太阳风与地球磁场相互作用,静电模型描述磁层与电离层的相互耦合过程,可对磁层-电离层变化进行提前0.5～1小时的预测,磁暴和亚暴的预测准确率≥70%,同时具备计算磁层大尺度物理结构(如弓激波、磁层顶、极尖区)的变化、全球极光的位置和变化,以及地磁活动指数对太阳风扰动的实时响应能力。

电子辐射带同化预报系统。建立电子辐射带同化预报系统,获取电子辐射带时空分布的最优估计值,对电子增强事件进行预测预警与误差分析,并构建辐射带电子通量和波动的再分析数据集,模式时间分辨率为1小时,空间分辨率达到 $0.05L \times 1MLT$ (L:磁层参数,MLT:磁地方时),电子能量范围从100千电子伏至10兆电子伏。

电离层数值预报系统。综合利用电离层多源探测数据,将各类观测数据和模式结果进行融合和同化,建立中国区域电离层数值预报系统,时间分辨率为 15 分钟,空间水平分辨率为 $1°×1°$,高度分辨率在 F2 层达到 5 千米。以掩星观测为基础,建立全球电离层数值预报系统,时间分辨率为 30 分钟,空间水平分辨率为 $5°×10°$,高度分辨率在 F2 层达到 20 千米,提供电离层再分析产品、现报和预报产品,满足各类工程应用中对不同电离层参量的需求。

数值模式支撑系统。考虑日地空间因果链各区域耦合和一体化设计,建立空间天气数值预报模式支撑系统,实现模式作业的监控和管理功能。构建空间天气数据统一索引库系统,支撑超大规模数据的整合、存储、查询、计算、分析、服务。

任务 6:提升空间天气预警信息快速发布能力

全面优化空间天气灾害应急响应流程,建立分类、分强度的空间天气灾害实时监测业务,实现太阳天气、磁层天气、电离层天气和中高层大气天气突发性事件的分级预警,建设基于"云+端"构架的一体化预警信息制作和发布平台,实现预警发布全流程监控管理,拓展预警信息精准发布渠道,充分利用新技术提升预警信息的快速和精准发布能力,针对不同领域的用户,提供更有针对性的预警信息和防御措施,推动空间天气灾害早期预警与滚动监测预警相结合。

任务 7:提升空间天气短临(0~12 小时)和短期(72 小时)精准预报能力

发展集成预报技术。优化和完善空间天气分类精细化预报产品体系,建设经验预报、数值预报与人工订正相结合的新一代预报业务系统,涵盖太阳耀斑、太阳高能质子事件、太阳 10.7 厘米射电流量、电离层总电子含量和 F2 层临界频率、中高层大气参数(密度、温度、风场)、地磁活动指数以及地磁暴和电离层暴等要素和事件。

优化预报格局,强化复盘总结。围绕空间天气预报业务定位和服务需求,按太阳天气、行星际和磁层天气、电离层和中高层大气天气 3 个专业领域开展预报业务,建立空间天气气候过程常态化复盘总结工作机制,强化对典型空间天气过程和极端空间天气气候事件的总结分析,通过复盘总结进一步凝练预报预测经验和思路、完善客观预报技术方法。不断提升太阳天气、行星际天气、磁层天气、电离层天气和中高层大气天气多要素及空间天气事件预报的精准化和客观化水平,总体预报准确率≥70%。

任务 8:提升空间天气中长期(4～30 天)精准预测能力

建立统计预报和人工智能等新技术相结合的太阳天气、磁层天气、电离层天气的中长期预报业务系统,基于多源观测数据和多种模式集合方法,改进和完善太阳黑子数、太阳 10.7 厘米射电流量、背景太阳风扰动和地磁活动 Ap 指数预报的客观定量化预报,实现未来 4～30 天中长期定量预报的总体平均误差≤15%。

任务 9:提升空间气候变化的定量预测能力

改进相似周、先兆法、动力学以及神经网络等太阳活动长期预报方法,通过多模式集成,提升太阳黑子数月均值和太阳 10.7 厘米射电流量月均值的预报能力,实现未来 1 个月至 1 个太阳活动周长期趋势预报的平均相对误差≤15%。

任务 10:提升人工智能、大数据等新技术应用能力

提升基于人工智能、大数据等新型信息技术的空间天气事件自动判识和追踪技术,实现多空间尺度、高时间分辨率监测产品的自动制作。发展基于偏差订正和多源信息融合的空间天气要素短临预报技术以及基于多模式集成的中短期预报技术。建设支撑人工智能、科学算法在空间天气业务、科研中应用的算法平台。

(三)提升空间天气服务能力

任务 11:发挥全球空间天气中心效能

履行全球空间天气中心职责,为全球民航服务提供支撑。加强

业务能力建设,强化全球空间天气监测和预报的自主科技支撑,建立规范的全球空间天气监测业务流程和产品体系,推动航空辐射的监测和预报,推进空间天气数据的全球共享与交换。通过国际民航组织、世界气象组织等加强国际合作,提升国际影响力和竞争力。

任务 12:强化综合分析决策服务

建立和完善空间天气决策服务业务流程和决策服务产品制作技术规范;完善空间天气灾害应急响应机制,建立空间天气决策服务产品快速分发渠道;开展空间天气服务效益评估。及时做好空间天气重要信息上报和国际空间天气灾害事件分析工作。

任务 13:提升行业服务水平

重点围绕航天、民航等成熟的行业对象建立用户联系机制和用户指标体系,针对通信、导航等行业对象建立和完善影响评估方法,开展影响评估试验,同时制定服务目录,做好阶段性任务跟踪和评估,面向国家安全,增强维护太空资产和活动的综合保障能力。建设航天服务系统,形成对卫星发射和在轨运行、卫星通信、深空探测等航天活动提供空间天气灾害预警服务的能力。建设航空服务系统,形成对民航导航精度、辐射强度、通信环境的评估和预警能力。建设通信服务系统,形成短波通信快速选频和精确选频产品的生产能力和预警能力。建设导航服务系统,形成面向不同定位精度需求用户的电离层改正产品服务能力。

任务 14:加强空间天气科普宣传

建设空间天气多媒体素材库和空间天气科普产品制作平台,形成科普材料快速制作、分发能力。创新科普宣传手段,建设太阳风暴示范、行星际空间环境示范、空间碎片示范、航空辐射示范等VR 模块,形成 VR 科普展示能力。建设"空间天气日"科普品牌,依托"科普中国",打造特色科普模式,提升空间天气科普覆盖面、影响力。建设空间天气舆情采集模块,加强对空间天气敏感性事件的监视和响应。

（四）强化科技创新能力

任务 15：加强太阳活动对气候变化影响的研究

围绕太阳活动影响气候变化的主题，从多方面开展研究，包括气候系统中太阳多尺度信度分析、太阳辐射变化观测数据序列一致性、太阳活动与太阳辐射变化的关系、太阳活动变化对我国雨带和旱涝格局的影响，以及太阳活动影响地球大气的机制等，推动全大气数值模式研发，评估极端太阳活动对气候的影响及未来风险。

任务 16：开展空间天气监测技术和监测数据应用研究

开展天地一体化监测布局理论、实验研究，提出观测新设备与新方法，制定空间天气专业发展规划。针对风云卫星空间天气应用，研究空间天气载荷研制与数据处理关键技术，完善搭载方案。开展地基观测设备技术指标改进以及业务化研究。开展数据定标、质量评价以及模式同化等技术研究，研究多源数据融合应用技术，研制空间天气数据共享和应用平台。

任务 17：建设空间天气数值预报试验平台

建立从太阳大气、行星际空间到地球空间不同空间区域的数值模式科学模拟试验平台，满足数值预报系统从科研向业务转换的中试需求。开放数值模式试验平台，针对不同区域的模式进行开发、测试、优化和评估，支持空间天气不同区域数值模式版本的升级。通过事件研究及实时计算支持科学用户和空间天气预报员的需求，与国际上的相关数值模式产品进行对比分析，综合评价数值模式产品的优劣，协作推进空间天气预报能力的提升。

任务 18：开展空间天气灾害防御减缓理论与技术研究

研究空间天气对航天、航空和通信技术系统的影响机理，攻关空间天气信息与各技术系统融合的关键技术，与航天、航空和通信行业部门联合开展各技术系统针对空间天气事件的响应实验与仿真研究，研制空间天气保障服务指标体系，制定空间天气灾害信息获取与应对策略。

任务 19:加强空间天气重点实验室建设

充分挖掘中国气象局现有资源,依托实验室开放合作机制,加强与国内高校和科研机构的合作交流,引导行业力量开展技术攻关,瞄准空间天气业务中亟待解决的科技问题,加快推动已有科研成果向业务能力的转化,增加业务发展所需科技储备,开展空间天气监测手段、预报预警方法、应用保障服务策略等方面的研究。

任务 20:完善空间天气监测预警标准体系

结合业务发展趋势和需求,围绕空间天气地基观测设备准入许可、空间天气预报业务与应用服务等关键环节,重点发展仪器装备技术要求、业务运行观测规范,空间天气相关领域(太阳天气、磁层天气、电离层天气和中高层大气)预警预报技术,以及空间天气数据和应用服务等方向的标准,加强空间天气相关标准在行业内实施应用,提升标准的行业权威性。

(五)构建集约协同空间天气业务体系

任务 21:加强空间天气业务体系建设

构建国家和专业分中心两级布局的空间天气业务体系。根据组网监测的需要、数据处理的集约化及服务落地的原则,在山西、内蒙古、山东、广东、海南、四川和甘肃等有服务需求的省(区)强化基础信息收集、服务需求挖掘和服务技术对接,开展基于区域特色和典型应用场景的空间天气专业服务,国家级业务单位发挥基础支撑和技术龙头作用,重点加强业务系统建设、指导产品、科研开发、标准规范等方面的技术辐射。

五、保障措施

(一)强化组织实施

中国气象局加强组织领导和统筹协调,成立空间天气业务发展领导小组,对空间天气业务发展工作进行宏观指导和综合统筹协调,审定空间天气业务年度重点任务、重点工作,督促检查空间天气业务工作开展情况,研究解决空间天气业务发展工作中的重大问题。由分管局领导担任领导小组组长,领导小组成员为预报司、观测司、科技司、计财司、人事司、法规司以及气候中心、卫星中心负责同志。各相关单位要把空间天气业务发展列入本单位核心业务范畴和年度考核内容,鼓励结合本单位实际创造性开展空间天气应用,对于成效显著、应用效益突出的单位,优先在气象卫星工程、中国气象局科研项目及人才发展、科技创新政策上给予支持。

(二)完善投入机制

通过许健民气象卫星创新中心、风云卫星应用先行计划等平台计划,汇聚多方资源,构建多方资源的应用研发机制,加大对空间天气科技创新支持力度,鼓励各单位积极申报研发专项、国家自然科学基金和地方科研项目。加强空间天气业务应用规范化管理,保障常规业务维持经费。引入市场机制,拓宽社会投入渠道,发展空间天气专业服务市场,逐步提高经济社会效益。

(三)重视人才队伍

充分利用各类人才政策,创造优秀空间天气业务应用人才脱颖而出的政策环境。加快空间天气业务应用关键技术领军人才和青年人才培养。开展多专业、多层级空间天气专业技术团队建设,建立由国家级业务单位、许健民气象卫星创新中心牵头,广泛吸纳科研院所和高校参与联合攻关团队,建立团队技术研发、交流、培训等机制和考核机制。

(四)加强合作交流

建立空间天气业务应用互通互融工作模式,各单位明确推动空间天气业务应用的业务对接部门,及时对接沟通。强化与高校、科研院所和用户部门共建合作,加大与国外大学、研究机构的国际交流与合作,加大国省间及国内外学者交流访问。推进科技基础平台开放共享,提高数据、网络和软硬件资源共享共用,完善空间天气业务应用中试平台,健全科技成果转化应用机制,为气象科技创新提供支撑。

气象标准化改革工作方案

（气发〔2022〕62号）

2022年5月31日

为贯彻落实《国家标准化发展纲要》和《气象高质量发展纲要（2022—2035年）》，加快构建支撑保障气象高质量发展的标准体系，全面提升气象标准化治理效能，结合气象工作实际，制定本方案。

一、现状分析

（一）发展现状

自2000年第一项气象行业标准发布以来，气象标准化工作稳步开展，尤其近10年来，在标准化组织管理及标准制修订方面取得了重要进展，较好地发挥了标准对气象改革发展的支撑和保障作用。主要体现在4个方面：

一是建立了较全面的气象标准体系。围绕国计民生和气象事业改革发展对标准化工作的要求和需求，形成了包括气象防灾减灾、应对气候变化、公共气象服务、生态气象等14个专业领域在内的、由国家标准、行业标准、地方标准、团体标准组成的气象标准体系。气象标准制定数量显著增加，现行有效的气象领域国家标准203项、行业标准581项、地方标准818项、团体标准26项。

二是建立了较完善的气象标准化制度体系。先后制定印发了

《气象标准化管理规定》《关于国家级气象标准化主要工作职责分工的通知》《气象标准制修订管理细则》等多个制度性文件,创建了标准预研究、预审、复核、指令性立项、制修订快速通道、地方标准信息报告、标委会年度评估等具有气象特色的标准化工作机制,为规范气象标准化的各环节工作奠定了基础。

三是构建了较完备的气象标准化技术支撑体系。在国家级层面成立了全国气象防灾减灾等 7 个全国标准化技术委员会、6 个分技术委员会和 1 个行业标准化技术委员会,地方各省级层面成立了 23 个气象领域的地方标准化技术组织,气象标准化技术组织基本实现了对气象业务服务领域的全覆盖。中国气象局气象干部培训学院设立了国家级气象标准化技术支持机构,建立了气象标准化信息平台"中国气象标准化网"。

四是形成了较系统的气象标准化协同机制。初步形成"归口管理部门统一协调、主管职能部门分工推进"的标准化工作机制。标准化成果被纳入科技成果范畴和高级职称评聘依据。全国各地气象部门以标准为抓手,积极通过开展农业气象服务、防雷技术服务等领域的标准化试点活动,加强与地方政府的融合,不断拓宽气象服务的广度和深度。

(二)存在的问题和不足

尽管标准化工作在引领和支撑气象业务服务发展方面取得了一定进展,但是立足新发展阶段,标准化改革发展仍存在一些短板和不足。

一是标准的制度属性尚未有效体现。没有真正将标准作为履行行政管理和行业管理职能的重要抓手,"谁主管、谁主抓"的标准化工作要求落实不到位,各领域标准体系的科学性、计划性、协调性有所欠缺,标准的权威性不够、约束力不强,还没有转化成对依法履职最有力的技术支撑。

二是标准制修订机制需要进一步完善。在标准体系设计和标准立项、审查等重要环节缺少严格的行政和技术把关(基本是由标委会负责),科技创新成果及时转化成标准的机制尚不完善,导致有社会影响、有技术含量的高质量标准较少。特别是标委会作为由各领域专家组成的松散、非法人技术组织,相关责任不易落实、相应支撑也不够。

三是标准实施未形成常态化制度化机制。对各领域标准如何实施应用缺乏统筹考虑和部署,对于标准用不用、怎么用没有硬性要求,缺少有效的标准实施督查制度。标准实施应用与日常气象业务、服务和管理工作的对接和融入不畅,未形成常态化制度化机制,标准和实际工作没有形成有效反馈。

四是标准化自身的技术支撑能力还需加强。虽然有技术支持单位,但专门从事标准化工作的人员不多,职责也不够清晰完整。同时,标委会大多只是履行了标准制定的程序性工作,没有充分发挥全国性标委会在凝聚行业专家智慧方面的平台纽带作用,缺少自发主动组织专家对本领域内标准质量及标准体系进行系统性、专业性的研究,缺少对国际标准的跟踪、评估。

五是经费投入与标准化发展新要求不相适应。标准化年度工作经费除用于标准制修订外,还用于标准宣贯、标准化技术支持单位运行、标准化网运维、标准出版等支出,无法满足实际工作需求;近两年探索在重点工程建设项目中安排标准制修订经费,但受限于审批流程与建设周期,缺乏统筹管理。

(三)面临的形势

对标习近平总书记关于气象工作的重要指示精神,对照气象高质量发展需求,气象标准化工作既面临着难得的机遇,也面临着诸多挑战。

一是加强气象法治建设要求推进气象标准化改革。进入高质量发展阶段,气象事业各项工作要实现固根基、扬优势、补短板、强弱项、利长远的发展要求,离不开高质量的气象法治保障。运用标准化原理和方法,将社会治理创新成果转化为标准,不仅能够成为法律法规的有益补充,而且能够有效弥补制度缺失。通过推进气象标准化改革,加强关系到国计民生、政府和社会公众关心和关注、有较大社会影响的重要标准的供给,有助于强化事中事后监管,为气象事业提质增效升级提供有力保障。

二是落实行业管理职责要求推进气象标准化改革。气象行业管理既是国务院赋予中国气象局的行政管理职能,也是《中华人民共和国气象法》赋予气象主管机构的法律职责。气象标准化是实现全行业资源共享、信息交流、业务规范的基础性技术工作,也是保证气象行业高效发展的重要前提。通过推进气象标准化改革,切实履行气象行业管理职能,解决数据格式不一致、业务技术不统一、仪器装备不兼容等制约气象行业发展的突出问题,提高全行业的业务服务质量。

三是实现高质量发展要求推进气象标准化改革。标准决定质量,只有高标准才有高质量,加快形成推动高质量发展的标准体系,以标准助力创新发展、协调发展、绿色发展、开放发展、共享发展。《气象高质量发展纲要(2022—2035年)》和《全国气象发展"十四五"规划》部署了气象高质量发展的重点任务。实现这些重点建设任务,需要通过推进气象标准化改革,进一步完善气象标准体系,加强基础性、关键性气象标准的制定和实施,提升标准的支撑保障作用。

四是贯彻实施《国家标准化发展纲要》要求推进气象标准化改革。《国家标准化发展纲要》构建了新时代标准化发展的宏伟蓝图,是立足新发展阶段,贯彻新发展理念,推动经济社会高质量发展的重大举措,也为气象标准化发展指明了方向。落实《国家标准化发展纲要》既是当前一项重要的政治任务,也是气象标准化事业改革发展的重大机遇。落实《国家标准化发展纲要》要求我们深化气象标准化改革,提升气象标准质量效益,构建推动高质量发展的气象标准体系。

二、思路与目标

(一)工作思路

坚持以习近平新时代中国特色社会主义思想为指导,深入贯彻落实党的十九大和十九届历次全会精神,坚持以人民为中心的发展思想,以支撑保障气象高质量发展为主线,以贯彻"管业务必须抓标准,管行业必须用标准"理念为基础,以优化标准体系结构和建立分类管理机制为抓手,强化气象标准的制度属性,增加优质气象标准的供给,加强气象标准"研究、立项、制定、应用"的一体化、全周期管理,推动标准化工作与气象改革发展深度融合,提高标准在推进气象治理体系和治理能力现代化中的基础性、引领性作用。

(二)基本原则

一是坚持系统观念。推动气象标准化改革要从全局出发,一方面注重系统性和整体效能,解决标准缺失、交叉、重复和不均衡问题;另一方面确保业务领域上下游之间能够关联衔接,各个级别、各个类别、各类性质标准在相应范围发挥各自作用,形成协调配套、功能互补的标准群。

二是坚持问题导向。针对当前气象标准化工作中存在的问题,有针对性地推进改革,充分调动各方面的积极性和创造性,着力补短板、堵漏洞、强弱项,提升标准化工作推动气象高质量发展总体水平。

三是坚持分工协同。既要发挥好法规司作为标准化归口管理部门的综合协调和监督作用,也要发挥好主管职能司在分管专业领域内的标准化主导作用,同时落实好业务服务单位制定标准、实施标准、承担技术支撑职责的主体责任。

四是坚持积极稳妥。推动气象标准化改革要依法合规,工作思路和举措应符合标准化法规定和国家标准委相关制度要求。同时,针对标准化工作专业性强、管理规则细的特点,准确把握稳中求进的原则,坚持存量和增量协同推进,合理统筹推进改革优先领域、关键环节和实施步骤。

（三）工作目标

到 2025 年,气象标准化发展由数量规模型向质量效益型转变,多元参与、运行高效、协同推进的标准化格局基本形成,结构优化、先进适用、开放兼容的标准体系不断完善,以标准为重要履职手段和依据的工作体系不断健全,领导干部和业务科研骨干学标准、讲标准、用标准的行业氛围不断强化,标准实施及监督机制全面落实,标准权威性和约束力明显增强,对气象高质量发展的支撑和保障作用得到充分发挥。

三、重点任务

（一）优化气象标准体系结构

落实《国家标准化发展纲要》要求,科学规划和合理界定不同性质、不同层级标准的范围和作用,优化标准供给结构,丰富标准供给形式,提升标准供给质量和效率。国家标准、行业标准和地方标准属政府性标准,要聚焦政府职责范围内的公共气象服务和气象社会管理的基本要求,国家标准重点发挥跨行业、跨部门基础通用作用,行业标准重点发挥统一行业要求、规范行业发展的技术支撑作用,地方标准重点突出地域特色、满足地方需求;团体标准属市场性标准,用于满足市场和创新需要,填补现有标准体系空白,供社会自愿选用,各级气象主管机构要做好对团体标准的业务指导和监管。标准体系框架结构要适应新时期气象高质量发展对标准化工作的新要求,由各主管职能司根据实际管理需要进行统筹规划和调整,充分发挥标准体系顶层设计的前瞻性、指引性作用。

（二）建立标准分类管理机制

区别标准在实际业务服务及行业管理等工作中是否具有严格执行的必要性和可行性,将气象领域的推荐性标准分为约束类和指导类两类。"约束类标准"项目清单由主管职能司研究确定,同时,其立项、编制、实施要求及配套措施等重点环节的管理也由主管职能司全权负责,以强化各主管职能司在重要标准的制修订质量和实施应用方面的主导作用和主体责任。"指导类标准"按照原流程进行管理,但要进一步提升质量、控制数量。涉及综合性、跨专业领域的标准,由法规司负责统筹协调,研究确定标准类别及主管职能司。

(三)建立自上而下标准立项机制

标准立项聚焦履行气象行政管理、行业管理和公共服务职能的公益属性。"约束类标准"项目,由各主管职能司在广泛征集需求的基础上,根据标准体系和实际工作需要,通过"自上而下"方式,在基础成熟、条件具备并且已经完成标准草案和编制说明的情况下,确定分管工作领域内的标准制修订项目,经法规司对项目的体系协调性把关后,报经业务和标准化分管局领导审核后统一下达立项编号。"约束类标准"项目应当进行开题论证,由各主管职能司主持,组织相关标委会审查开题论证报告,确保所立标准项目内容的科学性、实用性和可行性。"指导类标准"项目,按照原流程由法规司会同主管职能司组织立项。

(四)建立标准行政审查制度

通过分类优化报批发布流程,强化分工负责的管理职责,对标准质量严格把关,增强标准的权威性、约束力。"约束类标准"项目,由各主管职能司在立项后组织、指导和督促项目承担单位按照项目计划任务开展工作,在报批前组织相关标委会对标准送审材料进行技术审查,并同步制定配套的标准实施工作方案,会签法规司并报业务分管局领导同意后,提请中国气象局局长办公会议进行行政审查。通过审查的,由法规司报中国气象局统一编号发布;未通过审查的,应按要求修改并重新履行报批流程。对于二次审查不通过的项目,采取终止项目或调整项目承担单位的措施,确保标准质量。"指导类标准"项目,按照原流程报批发布。

(五)梳理存量标准及在研项目

一是对现行标准集中梳理。各主管职能司对照气象高质量发展的要求,组织对分管工作领域内已经发布实施的国家标准、行业标准进行梳理和分类。经审定属于"约束类标准"的,要按照新机制制定配套的标准实施工作方案,确保标准与业务工作紧密结合、有效实施。加强标准的废、改、立管理,对存在交叉重复、技术内容陈旧落后的标准要提出修订或废止建议。

二是对在研项目全面论证。各主管职能司对照标准体系,组织对分管工作领域内已经立项但尚未完成的标准项目进行论证和分类。经审定属于"约束类标准"且需继续执行的项目,按照"约束类标准"工作流程完成标准制定工作。

(六)建立科技成果向标准转化机制

加强标准的基础性研究,建立科技成果向标准转化衔接机制,在业务、服务、科技及工程项目的立项、实施和验收等关键环节中强化标准的导向作用,依托科研项目开展科技成果向标准转化应用试点,以标准促进关键核心技术的业务化、产业化。对已登记备案的气象科技成果,由科技司会同各主管职能司组织评估,确定可以转化为标准的项目清单,并明确标准项目的层级、类别和主管职能司,法规司会同相关主管职能司根据项目清单统筹协调组织立项。对 2022 年及以后新形成的科技成果,科技司在登记备案时增加转化需求的相关选项,作为标准立项储备,形成科技成果向标准转化良性工作机制。

(七)建立标准制定、实施、改进的闭环管理机制

各主管职能司全面落实分管工作领域标准的实施及监督责任,强化标准在气象业务、服务、管理全流程中对质量控制、检验评估以及行业管理、行政许可等工作中的技术支撑作用,特别是要将"约束类标准"的执行纳入日常管理工作,一并部署、一并检查、一

并考核。法规司要建立气象标准实施情况统计分析报告制度,各主管职能司要会同法规司定期组织"约束类标准"的适用性和效益评估,广泛收集、及时分析标准实施意见和建议,使标准的制修订、实施、监督、反馈等各个环节形成良性循环。

(八)完善标准化技术支撑体系

一是加强专业技术支持机构建设。在中国气象局气象干部培训学院所属处级单位加挂"气象标准化研究所"牌子,进一步明确和强化其标准化工作职责,按照研究型业务、支撑性定位、专业化队伍的原则,投入与职责相匹配的人才和经费,使其真正成为具备支撑力和影响力的专业化技术和研究机构。

二是健全标委会运行机制。结合国家标准委考核评估要求和实际业务需求,标委会秘书处承担单位应将秘书处工作纳入本单位工作计划和日常工作,投入必要的人力、经费等(秘书长应在本领域具有较强的专业技术和组织协调能力,应配备专职工作人员,应设立专项工作经费等),以确保秘书处工作高效率、高质量运行。要开展常态化的委员履职评估,并建立委员奖惩和动态调整机制。各主管职能司要强化对相关标委会的直接指导和工作督促。

三是多举措提升标准化人才能力建设。统筹相关职能部门推动各单位和标委会建立相对稳定的标准化人才队伍,在各类人才评价中将标准化成果作为业绩成果的重要内容,培养同时具有科研能力、标准化能力的专业人才和标准化领军人才,按照有关规定对在标准化工作中贡献突出的个人和单位予以奖励。把标准化专业技能培训纳入业务人员培训中,鼓励并支持标准化从业人员积极参加部门内外各类标准化专业培训,提高标准化专业知识储备,鼓励加大对标准化技能型人才培养使用。

(九)探索建立气象标准国际化工作机制

将标准化工作纳入气象国际交流合作范畴。根据需求加强对国际标准的跟踪、评估和转化,在有国际应用前景的专业领域加强国家标准外文版的出版,促进气象领域国内标准与国际标准的对接,完善采用国际标准机制,探索开展国内外标准对比研究和验证分析。充分发挥在国际标准化组织或气象相关国际组织任职或兼职的气象部门国际职员和技术专家作用,并利用标准化相关国际会议的参会成果,为国内相关工作提供支持。

（十）建立标准化资金多渠道投入机制

计财司与法规司建立标准化经费协调工作机制,保障标准化年度专项的经费额度,统筹考虑财政资金、工程建设资金等对标准制定的支持。各主管职能司申请业务项目和工程建设项目时,应在可研报告中安排标准制定经费,并以相关领域的标准体系和项目计划表为依托,将科学、可行的标准项目融入可研报告,形成以项目资金支持标准制定和实施的长效机制。各直属单位和省（区、市）气象局应将气象标准化经费纳入年度预算,合理安排专项资金推进标准的制定、宣贯和执行,保障标准化工作的运行管理。鼓励各单位在国家相关政策框架下制定更为灵活有效的标准化经费管理办法。

四、进度安排

各有关部门要认真负责、积极稳妥地做好相关工作,确保改革顺利实施。

第一阶段（2022 年）

1. 法规司会同各主管职能司推进气象标准化改革的组织实施工作,落实改革任务措施和工作要求。

2. 各主管职能司抓好分管领域自上而下的约束类标准立项工作,把好标准准入关。

3. 各主管职能司组织开展现行标准梳理分析和在研标准项目论证,形成约束类标准及在研项目清单。

4. 法规司会同各主管职能司实行约束类标准行政审查制度。

5. 法规司会同各相关职能司修订《国家级气象标准化主要工

作职责分工》,推进标准化技术支撑体系建设。

6. 计财司与法规司建立标准化经费协调工作机制。

第二阶段(2023年)

1. 法规司会同各主管职能司优化气象标准体系结构,制定出台支撑气象高质量发展标准体系建设三年行动计划。

2. 法规司建立气象标准实施情况统计分析报告制度。

3. 法规司会同各主管职能司修订《气象标准制修订管理细则》,明确约束类标准实施及监督制度,完善标准化制定和实施的相关工作机制。

4. 法规司会同科技司制定气象科技成果转化为标准的管理制度,研究促进气象科技成果转化标准化的政策措施。

第三阶段(2024—2025年)

法规司会同各主管职能司对标准化改革进展进行动态评估,推进相关改革措施落实落地,持续优化完善标准体系和工作机制。

五、组织实施

(一)加强组织领导

各职能司和直属单位要强化主要领导落实标准化改革任务的第一责任,明确负责的分管领导和工作人员,认真研究改革措施、细化具体方案,周密安排部署,有序推进各项改革任务落实到位。

(二)加强协调推进

各职能司要加强统筹协调、检查督导。法规司要会同各职能司建立定期的情况通报制度和信息反馈机制,及时研究解决实施过程中出现的新问题,遇到的重大问题要及时报告请示,确保改革平稳顺利实施。

(三)完善配套政策

继续加强标准化工作政策研究和制度制定,对人员、经费、激励措施等进行系统规范,发挥中央财政资金引导作用,引导促进地方标准、团体标准的制修订,并按照有关规定开展表彰奖励。

（四）加强总结评估

各职能司要动态评估各项改革措施的进展和效果,准确把握各项政策出台的时机、节奏和力度,增加改革的系统性、整体性和协同性。各职能司要与项目承担单位签订标准项目任务书,明确资金使用要求,从源头加强规范,同时合理设置项目支出绩效目标和指标,提高经费使用效率。法规司要主动跟进改革开展情况,适时组织报送改革情况报告,及时总结经验,边改革边形成新的标准化管理工作制度。

中国气象局关于促进气象产业健康持续发展的若干意见

（气发〔2022〕69 号）

2022 年 6 月 10 日

　　气象产业是为经济社会发展和人民生产生活提供气象产品和服务的各类经济活动的集合，是气象高质量发展的重要支撑。发展气象产业是贯彻落实习近平总书记关于气象工作重要指示精神的重要举措，是贯彻落实党中央国务院关于激活高价值气象数据要素潜能的具体行动，是提高气象服务国家、服务人民质量效益的客观要求。为贯彻落实《气象高质量发展纲要（2022—2035 年）》（国发〔2022〕11 号），促进气象产业健康持续发展，现提出以下意见：

一、总体要求

（一）指导思想

　　以习近平新时代中国特色社会主义思想为指导，深入贯彻落实习近平总书记系列重要讲话精神，完整、准确、全面贯彻新发展理念，加快构建新发展格局，加强气象产业发展政策引导，强化产业发展基础支撑，规范市场秩序，完善市场机制，优化发展环境，释放发展潜能，提升气象产业整体水平和核心竞争力，增加优质气象产品和服务供给，为促进经济社会发展、保障人民群众安全福祉提供有力支撑。

（二）基本原则

1. 市场主导、政府引导。发挥市场在资源配置中的决定性作用，以市场需求为导向，通过市场机制，调动企业主体的积极性，激发气象市场主体活力和竞争实力。用好用足国家产业发展政策，发挥气象部门政策引导、组织协调等作用。

2. 数据赋能、促进发展。释放数据要素价值，激活数据要素潜能，采好数据、管好数据、用好数据，促进气象数据服务产品向经济社会和产业发展各领域广泛渗透、深度融合、良性发展。

3. 依法管理、规范发展。坚持发展和规范并重，健全完善制度和标准体系，强化全链条全领域监督管理，全面提升气象产业发展的持续性和稳定性。

4. 统筹推进、重点突破。加强产业发展的规划引领，优化气象产业发展结构。选择有基础和条件的领域作为突破口，重点推进、示范先行，促进优势产业、重点区域率先发展。

（三）发展目标

用5～10年时间，基本形成结构优化、布局合理、特色鲜明、竞争有序的气象产业发展格局，基本建立制度体系完备、市场主体有活力、监管规范有效、支撑保障有力的气象产业体系，培育具有全球竞争力的世界一流气象企业，培育若干个具有较强竞争力的龙头企业，形成一批具有较好成长性的"专精特新"中小企业，产业规模、质量和效益进一步扩大。

二、推动重点领域产业发展

（四）气象信息服务产业

大力发展气象信息传播服务，培育气象信息传播新业态。加强面向各行业的专业气象服务，重点推进远洋导航、航空、能源、金融等专业气象服务向价值链高端延伸，培育若干具有国际竞争力的气象信息服务企业。加强气候资源开发利用，重点发展风能太阳能利用服务、气候可行性论证,探索推进生态气候产品价值实现。鼓励企业利用气象数据产品开展社会化应用和增值服务。支持气象科普产业、气象文化创意产业发展,培育大众气象科普消费市场。

（五）气象装备产业

加快新一代信息技术、材料等先进技术与气象装备技术深度融合。引导企业发展卫星载荷和气象雷达等大型高精尖装备及关键算法和配套软件,实现核心技术国产化。培育拥有自主知识产权的"专精特新"气象观测装备生产企业,大力支持业务急需、市场较小的关键气象技术装备研发,推动气象灾害防御装备、气象科学实验装备发展,鼓励企业由装备研制生产向装备全生命周期运维服务延伸。

（六）气象工程技术产业

支持具有自主知识产权的气象专用软件研发,推动气象专用软件专业化、集约化发展,提升气象专用软件产业化水平。探索开展农业、水利、海洋、生态恢复等重点领域气象适用工程技术服务。引导防雷产业链聚集和向中高端发展,鼓励防雷相关企业深入开展行业融合、技术研发。

三、夯实产业发展基础

（七）强化数据支撑

建立符合气象数据要素性质、促进气象数据合规高效流通使用的基础制度体系。建立健全气象数据产权保护政策,推动高价值气象数据产品安全有序开放。建设气象数据服务资源平台和气象数据服务监管平台。规范、统一气象数据共享服务出口。构建以应用场景为导向,以用途用量为依据的气象数据要素授权和流通规则体系。探索建立气象数据价值评估机制。探索多种形式的数据交易模式,开展气象数据市场交易试点,引导培育气象数据纳入国家数据交易平台。加强数据安全审查和治理保护。

（八）支持产业聚集发展与科技创新

用好财税、金融、土地扶持政策,加快建设中国气象科技产业园等气象产业集群,积极推动气象产业向国家级示范园区、示范基地等重点功能平台集聚。将企业作为重要力量纳入国家气象科技创新体系,争取国家科技计划对气象产业重大科技创新支持。建立健全"政产学研用"深度合作机制,引导龙头企业牵头,院所高校支持,建立各方协同配合的创新联合体,引导企业用好研发费用支持政策,加大基础研究和应用基础研究投入,加强人工智能、大数据、云计算等前沿技术的应用,推进产业重点领域创新发展和科研成果的产业转化。

（九）加强面向企业的服务

构建气象部门与企业沟通交互机制,定期了解企业共同诉求,发布行业需求和发展动态,开展新产品、新技术、新政策、资质资格相关培训以及气象专业技术职称评审。引导和支持企业参与气象重大国际会议、国际技术交流活动,开展跨国合作,推动先进气象技术、装备和标准"走出去"。发挥协会桥梁纽带作用,支持举办产业论坛、行业大赛等活动。

四、优化产业发展环境

（十）完善产业政策体系

制定完善促进和规范气象产业发展的政策和制度,编制气象产业发展规划,加强与相关产业政策和规划的衔接。发挥标准对产业发展的规范和促进作用,加快制修订气象信息服务、气象装备、工程技术服务等领域数据、产品、质量、技术、服务和监管标准,推动气象产业升级改造。推动建立气象产业统计制度,组织开展气象产业统计调查和产业发展研究。

（十一）提升监管能力和水平

严格落实气象预报统一发布制度、气象专用技术装备使用许可、气象信息服务单位备案制度。强化事中事后监管,升级完善监管平台。推动建立与发展改革、工信、住建、应急、市场监管等多部门信息共享和联合监管机制。依托气象行业组织加强行业自律，推动开展从业人员能力水平评价和市场主体信用等级评价。

（十二）深化气象国有企业改革

全面落实国有企业改革政策，进一步清理小低散企业，处置"僵尸企业"，统筹集约整合现有企业，激发企业活力，提高运营效率，促进提质增效。加快推进国有企业规模化发展，提高核心竞争力，围绕气象产业重点领域，做强做优做大气象国有企业。加快国有企业布局优化、结构调整，聚焦主责主业，重点发展涉及国计民生和重大安全的气象信息服务、气象装备和气象专用软件。推进国有龙头企业打造气象雷达、气象卫星、气象专用软件、高价值气象数据研发应用等原创技术策源地。

五、推动组织落实

（十三）提高思想认识

各省（区、市）气象局、各职能部门要进一步深化对促进气象产业发展重要意义的认识，明确任务分工，落实工作责任，扎实开展工作，确保各项任务措施落到实处，务求取得工作实效。

（十四）加强组织领导

组建中国气象局产业发展促进委员会，强化产业发展顶层设计、整体部署和统筹协调。各省（区、市）气象局、各有关职能部门要按各自职责，制定完善相关配套方案和具体政策措施，形成协同推进的工作合力。

（十五）加强沟通协调

建立与发展改革、科技、工信、财政、市场监管、统计等部门沟通协调机制，加强在法规、规划、政策、标准、市场准入等各方面协调联动，研究解决重大问题，争取更大政策支持，规范和促进气象产业健康持续发展。

大气本底观测业务质量提升
行动方案

（气发〔2022〕77 号）
2022 年 7 月 25 日

为落实 2022 年中国气象局"质量提升年"行动部署，进一步提升大气本底观测业务质量，更好服务我国应对气候变化和生态文明建设，助力实现碳达峰碳中和目标，特制定本行动方案。

一、发展现状

（一）大气本底观测业务体系基本建立

自 1980 年以来，中国气象局已建成由 1 个全球大气本底站和 6 个区域大气本底站构成的全国大气本底观测业务网络，开展温室气体、气溶胶、反应性气体、臭氧柱总量、酸雨与降水化学、辐射以及常规气象要素等观测，达到了 WMO（世界气象组织）的要求。建立了"国家－省－台站"的三级业务布局，形成了涵盖观测、保障、标校、质控、应用分析业务于一体的全流程大气本底观测业务体系。印发了业务规范、技术手册，发布国家标准 13 项、气象行业标准 42 项，形成了较为齐备的标准规范体系。

（二）大气本底观测业务能力逐步提高

通过长期发展，气科院和探测中心形成了由院士领衔的具有国内领先水平的业务科研队伍，建立了大气成分实验室，具备温室气体、气溶胶、降水等样品的实验室分析能力,实现相关标准气体国际标准量值传递。7 个本底站探测环境优良、基础设施功能完善、业务科研条件较为齐全,可支撑业务持续稳定运行。2019 年,包含大气本底观测业务的中国气象局气象观测质量管理体系取得 ISO 9001 认证。

（三）大气本底观测数据应用效益日渐显著

7 个本底站积累了可靠的长序列观测数据,瓦里关国家大气本底站具有我国时间序列最长的温室气体数据,具有较好的国内、国际可比性,应用于《中国温室气体公报》和世界气象组织《温室气体公报》《平流层臭氧损耗评估报告》等,为 IPCC（政府间气候变化专门委员会）科学评估报告等提供了重要数据支撑,在服务国家应对气候变化、生态文明建设和"双碳"目标实现等方面发挥着越来越重要的作用,获得国内外广泛认可。

二、主要问题

对标"监测精密"要求,深入分析大气本底观测业务质量状况,梳理出三方面的问题:一是在业务运行管理方面,由于大气本底观测业务源于科学研究,还处于快速发展阶段,观测业务流程需要进一步优化,业务运行管理的规范性需持续提升,运行保障和计量标校等能力有待同步升级;二是在业务质量方面,业务质量考核与评估工作需进一步完善,数据加工处理和产品制作方法等还需要更深入的研究;三是在体制机制方面,业务运行管理体制机制不够高效,各级职责需要进一步细化,专业技术人才培养和高水平创新团队建设亟待加强。

三、总体要求

（一）工作思路

深入贯彻习近平总书记关于气象工作重要指示精神,对标"监测精密"要求,认真落实中国气象局"质量提升年"行动部署,按照《气象高质量发展纲要（2022—2035 年）》《高质量推进气象现代化建设行动计划（2021—2023年）》《大气本底站研究型业务发展指导意见》要求，以全面提高本底站观测业务质量为目标，面向国际科技前沿和高质量发展要求，加强顶层设计，优化业务运行管理体系，抓实抓细观测业务规范、运行管理规章制度的落实，完善大气本底观测业务质量管理体系，夯实业务基础，加强人才队伍建设，充分发挥大气本底观测的作用和效益。

（二）工作目标

到2025年底，大气本底观测业务的日常运行、标准规范、质量控制、装备保障、计量标校、探测环境保护等环节的管理更加完善，大气本底观测业务质量得到显著提升，配套业务技术能力持续增强。全球大气本底站观测质量处于全球同类站点的先进水平，区域大气本底站的业务质量接近全球大气本底站。大气本底观测数据管理更加规范，应用和服务产品更加丰富，业务人才和科技支撑更加有力，本底观测业务的运行体制得到优化。

四、主要任务

（一）强化大气本底观测业务运行管理

任务1：规范本底站日常业务管理

梳理和规范本底站观测项目，分别制定观测、监控、维护、标校、故障响应等工作要求和值班流程，实现所有本底站业务日常运行的规范统一。建立台站观测项目专人负责制。建立本底站年度报告编写制度，编制观测系统运行、观测数据分析等报告。

任务2：加强大气成分实验室的全过程管理

将大气成分实验室纳入国家级业务实验室统一管理，建立实验室业务管理系统，动态跟踪实验室各业务环节。建立大气成分观测样品采集、寄送和分析全过程动态管理机制，细化职责、业务流程和技术要求。严格控制样品分析标校质量，建立样品分析标校原始数据、质量控制数据、分析结果的定期反馈与核查制度，确保工作时效。

任务 3:提升大气本底观测业务运行监控能力

对照台站观测业务任务和"国家－省－台站"的运行监控职责,升级业务软件,完整采集各类观测设备信息,提高观测数据和元数据的实时传输质量,实现运行监控、传输监控、异常报警、产品展示、统计分析、质量评估等功能,提高业务异常或装备故障的响应、诊断、处理与反馈效率,以及业务考核效率。

任务 4:增强大气本底观测计量标校业务能力

改革大气本底观测计量标校业务,明确"国家－省－台站"各级职责分工,并入气象计量体系统一管理,实现从科研向业务的转变。制定计量标校设备清单并有序购置,重点加强国际国内计量标校溯源传递能力,在各省及台站补充必要设备。修订完善计量标校相关技术标准规范,新增标校结果复核机制。加强计量标校信息化管理。

任务 5:提高大气本底观测装备保障能力

逐步将大气本底观测设备纳入许可和列装管理,强化大气本底观测设备测试、业务试验与评估,大力推动合格的国产装备进入业务。加强备品备件管理,建立备品备件库,按照"统一计划、集中采购、统筹供应、分级管理"原则,建立观测设备、备品备件等集中采购与调拨制度。强化社会化保障管理,统一保障技术要求,建立考核评价方法与制度并严格实施。

任务 6:加强本底站探测环境保护

推进本底站探测环境保护的地方性立法。加强探测环境定期巡查与报告,配备探测环境巡查设备,强化探测环境及周边人为活动的管控。建立与当地自然资源、规划等部门以及驻地单位定期沟通的机制,实现多方共同保护探测环境。

(二)强化大气本底观测业务质量管理

任务 7:加强大气本底观测数据质量控制

规范观测数据分级质量控制业务流程,完善分级质量控制算法。提升台站对观测数据合理性的分析能力,能够及时发现异常并进行处理。建立台站每周的质量分析例会和月/季/年质量报告制度。探测中心和气科院组织各本底站及省级业务管理部门开展月度质量分析。

任务 8:重点提升温室气体观测业务质量

恢复本底站温室气体"双工作标气"运行方式。完善标准气体配制-平衡-标校-应用的全生命周期追踪与管理。完善温室气体观测盲样巡回比对工作机制。发挥本底站示范作用,引导国家气候观象台和温室气体观测站规范质量管理,确保全网数据可比、可用。

任务 9:规范大气本底观测数据收集与整编

梳理大气本底观测资料,编制观测数据及元数据清单,制定数据整编、汇交、审核及质量评估等相关标准规范,开展观测数据的收集、汇交、归档与整编,制作长序列观测数据集。加强大气本底数据管理,修订管理办法,明确数据从生产到应用的管理制度,规范国际共享,建立质量责任、应用权益、绩效反馈相协调的数据管理机制。

任务 10:提升观测数据应用服务产品制作能力

建立大气本底观测产品及衍生产品清单。升级基于气象大数据云平台的观测产品处理系统,制作月/季/年报等常规观测产品,提供决策服务产品。推动观测数据在天气、气候和化学天气预报数值模式中的同化应用。充分发挥中国气象局温室气体工作专班作用,优化温室气体公报数据处理方法,形成规范。

任务 11:加强大气本底观测业务质量监督检查

落实观测装备和业务运行情况年度巡检机制,把年度巡检与台站日常检查结合,真正做到查实、查细,明确整改要求和时限并督办。补充制定温室气体等业务质量考核方案,形成更为完善的大气本底观测业务质量考核办法并纳入全国观测业务质量考核体系。

任务 12：做实大气本底观测质量管理体系

修订现有观测业务质量管理体系文件，进一步细化《大气成分观测业务运行管理规定》，将大气本底观测质量监督、考核、巡检等工作与质量管理体系审查相结合，避免质量管理体系与大气本底业务运行管理脱节的现象。

（三）优化大气本底观测业务管理体制机制

任务 13：进一步明确业务管理总体职责分工

明确国家－省两级管理、"国家－省－台站"三级运行保障的大气本底观测业务架构。观测司会同预报司、科技司负责全国大气本底观测业务归口管理。国家级业务单位和省（区、市）气象局督促做好各项大气本底观测业务规定的落实。

国家级业务单位强化对大气本底观测技术支撑、质量检查和业务指导，做好大气本底观测的标准气体和样品的配送、分析、数据质量控制、质量评估考核、运行监控和观测产品加工制作、计量标校等，做好重要观测设备的备品备件管理和温室气体观测设备的维修保障。省级强化对本底站的运行监控、数据传输、质量评估考核，做好除温室气体观测设备以外的维修保障和计量标校。台站严格按照规范制度开展大气本底日常观测业务、设备运行维护、常见故障维修及耗材购置等相关工作。

任务 14：调整管理体制和台站岗位职责

相关省（区、市）气象局要进一步强化本底站管理，优化干部人才等力量配备。全球大气本底站站长任命纳入事前备案管理。区域大气本底站统一确定由省（区、市）气象局直属事业单位管理，站长专职负责台站管理，任命纳入事后备案管理。依据本底站工作实际设置工作岗位，明确岗位职责、上岗条件和基本编制数，可根据情况适当加强岗位人力配备，强化岗位考核，保持人员队伍稳定和可持续发展。

任务 15:加强科学指导与科技队伍建设

充分发挥中国气象局野外科学试验基地暨大气本底站科学指导委员会的作用。健全完善各本底站科学指导委员会,建立本底站科技站长派出工作机制。加强大气本底观测队伍的顶层设计,充分利用中国气象局各项人才培养政策和措施,形成老、中、青结合的骨干人员梯队。

任务 16:建立常态化观测队伍培训机制

建立常态化培训机制,制订人员培训计划,明确培训内容、严格培训考核,强化理论与实践结合,重点强化观测设备运行保障、资料处理应用技术培训。充分调动省级和台站在职人员积极性,加强岗位培训,采取访学、实习、交流、技术跟班等方式,多层次、多渠道开展培训与交流。国家级单位根据需要每年选派在职人员赴台站开展实习和交流指导。各本底站之间开展常态化人员交流。

任务 17:加强大气本底观测业务维持经费管理

根据大气本底观测业务各级承担任务实际,科学核定业务维持经费标准,充分保障国家、省和台站大气本底观测业务运行维持费,确保观测仪器设备运行维护、检修、标校等刚性支出。本着质量效益优先、节约高效、风险可控等原则,完善运行维持经费使用与风险防控制度,确保维持经费专项专用。定期每年开展经费使用绩效分析,持续优化资金分配与使用管理。

五、保障措施

(一)加强组织领导

中国气象局有关内设机构要高度重视大气本底观测业务质量提升行动,明确具体处室负责牵头推进。各相关省(区、市)气象局和有关业务单位要将大气本底观测业务质量提升工作任务细化分解落实,制定与本方案衔接配套的实施方案,列入年度重点工作计划。

（二）加强支撑保障

相关各级气象管理部门和业务单位，要及时协调解决大气本底观测业务质量提升中存在的困难，确保资金与人力投入。各业务科研单位要不断从业务实践和需求中凝练技术和科学问题，多渠道争取国家、地方项目支持，在提升观测质量的同时，增强大气本底观测业务发展的科技支撑。

（三）加强督促检查

各单位要将本方案的贯彻落实情况纳入督查、检查清单，确保各项措施落到实处。相关省（区、市）气象局和国家级业务科研单位每半年要对方案落实情况进行总结分析并报送相关职能司。要开展大气本底观测质量提升效果的动态评估，将方案的贯彻落实成效与相关管理和业务人员的年度绩效考核挂钩。

气象人才发展规划
（2022—2035 年）

（气发〔2022〕81 号）

2022 年 7 月 29 日

人才是实现民族振兴、赢得国际竞争主动的战略资源,是衡量一个国家综合国力的重要指标。气象事业是科技型、基础性、先导性社会公益事业。人才在气象事业发展中发挥着至关重要、不可替代的作用。做好新时代气象人才工作,建设一支矢志爱国奉献、勇于创新发展的优秀气象人才队伍,是构建科技领先、监测精密、预报精准、服务精细、人民满意的现代气象体系的关键所在,是充分发挥气象防灾减灾第一道防线作用,全方位保障生命安全、生产发展、生活富裕、生态良好的迫切需要,也是加快推进气象高质量发展的必然要求。为学习贯彻习近平总书记关于做好新时代人才工作的重要思想和对气象工作的重要指示精神,贯彻落实《国家"十四五"期间人才发展规划》和《气象高质量发展纲要（2022—2035 年）》的部署要求,着力加强新时代气象人才工作整体谋划,全方位培养、引进、用好人才,统筹推进各领域人才队伍建设,努力营造气象人才创新发展的良好环境,根据中国气象局党组部署,制定本规划。

一、发展基础与形势分析

（一）发展基础

党的十八大以来，在以习近平总书记为核心的党中央坚强领导下，气象部门坚持党对人才工作的全面领导，坚持发展是第一要务、创新是第一动力、人才是第一资源，气象人才工作和气象人才队伍建设取得显著成效。

党对气象人才工作的领导全面加强。气象部门坚持党管人才原则，坚定实施人才强气象战略和创新驱动发展战略，成立局人才工作领导小组，编制实施《气象人才发展规划（2013—2020年)》，大力实施部门重大人才工程，设立人才发展专项资金，气象人才工作的组织领导和顶层设计得到全面加强。以增强人才创新活力、激励人才创新发展为重点，制定印发一系列政策措施，积极营造识才爱才敬才用才的环境，着力激发各类人才创新创造活力。

气象人才发展环境持续优化。落实中央部署，持续深化人才发展体制机制改革，破除唯论文、唯职称、唯学历、唯奖项"四唯"现象，初步建立以创新价值、质量、实效、贡献为核心的人才评价体系。制订实施"双百计划"、新时代气象高层次科技创新人才计划、创新团队、青年英才培养、国内高级访问进修、气象科技骨干海外人才培养等人才计划（项目），持续推进气象职称制度改革和事业单位岗位管理改革，提高专业技术高级岗位比例，优化调整岗位设置，实施重大业务工程负责人员制度，气象人才发展环境不断优化。

气象人才队伍整体素质显著提高。截至2021年底，气象职工本科以上比例达到88.2％，比2013年提高20个百分点，硕士以上比例达到24.6％，拥有博士1700余人；中级职称以上比例超过70％，2013年以来新增正高级职称专家1400余人，专业技术二级岗位专家220余人；大气科学专业占比超过51％，气象人才队伍专业结构、学历结构、职称结构不断优化，初步建成以大气科学为主体、多种专业有机融合的高素质气象人才队伍。

高层次人才队伍建设成效明显。目前拥有两院院士 9 人，国家人才工程（奖励）人选 45 人次，国家级创新团队 2 支，国务院政府特殊津贴在职专家 67 人，省（区、市）党委政府人才工程人选 210 人次，引进特聘专家 20 名，组建中国气象局创新团队 12 支，选拔气象杰出人才 8 名、气象领军人才 56 名、气象优秀人才 266 名，气象高层次人才队伍规模显著扩大，质量明显提升。

青年骨干人才培养力度显著增强。先后选派 180 多名青年骨干人才公派出国留学，支持 530 余名省级、地市级骨干人才到国家级单位访问进修。为重大业务工程选配中青年负责人员 92 名，选拔培养青年英才 220 余人，18 人次获邹竞蒙气象科技人才奖、涂长望青年气象科技奖、谢义炳青年气象科技奖等人才和科技奖励，支持 17 人参加国际组织初级专业人员项目，中青年骨干人才培养力度显著增强，效果逐渐显现。

气象培训体系建设取得积极进展。气象培训体系更加健全，顶层设计得到强化，中国气象局气象干部培训学院（中共中国气象局党校）和培训分院（党校分校）的主体示范作用显著，培训能力明显增强。2013—2021 年共举办 1481 期全国性培训班，培训各级各类人员 6.3 万余人次，网络培训实现了全覆盖。

气象学科和专业建设进一步加强。会同教育部加强对气象人才培养工作的指导，联合印发《加强气象人才培养工作的指导意见》。强化局校合作，开设气象类专业的高校达到 33 所，大气科学类专业毕业生规模逐步扩大。强化高校师资队伍建设，建立气象教学名师和教学团队制度，定期开展遴选工作，举办高校教师现代气象业务研修班，气象部门对气象学科和专业建设的引领作用进一步增强。

气象人才效能持续增强。气象人才在推动高水平气象科技自立自强、筑牢防灾减灾第一道防线、服务中央重大决策部署和重大战略实施以及保障国家粮食安全、能源安全等方面发挥了关键作用,气象整体实力接近世界先进水平,人才队伍在气象事业发展中的支柱性作用明显提升,人才引领气象事业发展的局面初步形成,人才效能持续增强。

(二)形势分析

党的十九届五中全会明确了到 2035 年我国进入创新型国家前列、建成人才强国的战略目标。2022—2035 年是我国全面建成小康社会、实现第一个百年奋斗目标之后,乘势而上开启全面建设社会主义现代化国家新征程、向第二个百年奋斗目标进军的重要阶段,气象人才工作面临前所未有的重大机遇。

贯彻落实中央人才工作会议精神对气象人才发展提出更高要求。习近平总书记在中央人才工作会议上的重要讲话明确提出了当前和今后一个时期实施新时代人才强国战略的总体要求,系统阐述了新时代人才强国的新理念新战略新举措,部署规划了加快建设世界重要人才中心和创新高地的战略目标,科学回答了新时代人才工作的一系列重大理论和实践问题,是指导新时代人才工作的纲领性文献。气象部门需要结合实际,认真贯彻落实中央人才工作会议精神,坚持面向国家重大战略、面向人民生产生活、面向世界科技前沿,推进气象人才队伍高质量发展。

习近平总书记对气象工作的重要指示为气象人才发展指明前进方向。习近平总书记的重要指示从战略和全局高度,指明了新时代气象事业发展的根本方向、战略目标和战略任务,对加快科技创新、提高气象服务保障能力、发挥气象防灾减灾第一道防线作用提出了明确要求。推动气象高质量发展,创新是第一动力,人才是第一资源。要以习近平总书记对气象工作的重要指示为根本遵循,把人才资源开发放在最优先位置,着力夯实气象高质量发展的人才基础。

气象高质量发展对气象人才发展提出迫切需求。气象事业进入高质量发展阶段,以智慧气象为主要特征的气象现代化体系将更加健全;气象业务服务需要更加聚焦生命安全、生产发展、生活富裕、生态良好,更好满足人民群众和经济社会发展多层次多样化气象服务需求;气象科技创新将更加注重高水平自立自强,更加注重自主创新能力,满足气象核心业务发展需求。人才是实现领域拓展、业务提升、创新发展的核心力量,是引领气象高质量发展的第一资源,需要加快建设一支高素质、专业化的气象人才队伍。

气象业务技术变革为气象人才发展搭建新的平台。以大数据、云计算、人工智能、量子计算、物联网+、5G等为代表的新一代信息技术加速突破应用,为气象科技发展提供了更多创新源泉,全面开展研究型业务建设,推进"云+端"技术体制建设对气象人才队伍结构与布局提出全新的要求,也为各类人才成长和施展才华提供了广阔的舞台。如何实现气象人才队伍整体素质提升和转型发展,以期更好地满足气象业务技术变革的需要,将是今后一个时期气象人才发展的重要内容。

(三)存在问题

对照习近平总书记对气象工作的重要指示精神,对照中央人才工作会议的部署和要求,对照气象高质量发展需要,气象人才队伍存在的问题主要体现在以下4个方面:一是气象人才队伍整体水平仍需提高,与支撑保障气象高质量发展需要尚有差距;二是气象重点领域战略科技人才、科技领军人才和创新团队仍然不足,青年人才培养使用还需加强,对"高精尖缺"人才的引进和集聚力度不够;三是气象人才供给的数量和质量存在较大差距,对气象学科发展的引领作用仍需加强;四是气象人才政策的精准性、协同性不够,激励人才创新发展措施的落实还存在"最后一公里"不畅通的问题,气象人才发展环境有待进一步优化。

二、指导思想与发展目标

(一)指导思想

以习近平新时代中国特色社会主义思想为指导,深入贯彻党的十九大、十九届历次全会以及中央人才工作会议精神,全面贯彻习近平总书记关于做好新时代人才工作的重要思想和对气象工作的重要指示精神,深入落实新时代党的组织路线和《气象高质量发展纲要(2022—2035年)》,坚持党管人才,坚持尊重劳动、尊重知识、尊重人才、尊重创造,立足新发展阶段,贯彻新发展理念,服务构建新发展格局,推动气象高质量发展,紧紧围绕高水平服务国家、服务人民和气象科技自立自强需要,深入实施新时代人才强国战略,着力集聚爱党报国、敬业奉献的各方面优秀人才,全方位培养、引进、用好人才,深化人才发展体制机制改革,加快建设高水平气象人才高地和平台,为新时代气象高质量发展提供强有力的人才支撑,谱写人才强国的气象篇章。

(二)基本原则

党管人才、引领发展。坚持党对人才工作的全面领导,全方位支持、保障、激励、服务、帮助人才,千方百计成就人才;坚持人才引领发展的战略地位,将支撑和保障气象高质量发展作为气象人才队伍建设的出发点和落脚点,在创新实践中发现人才,在创新活动中培养人才,在创新事业中凝聚人才。

突出重点、统筹推进。充分发挥气象战略人才力量在气象人才队伍建设中的引领和带动作用,加快培养引进支撑监测精密、预报精准、服务精细要求的战略科技人才、科技领军人才和创新团队、青年科技人才,夯实基层人才基础;坚持系统观念,加强前瞻性思考、全局性谋划、战略性布局、整体性推进,实现各领域人才队伍规模、结构、质量、效益相统一。

引育结合、开放协同。牢固树立人才培养自信,提高气象人才供给能力,提升气象人才培养质量;秉持开放合作理念,坚持国内培养与"走出去"培养相结合、培养与引进相结合、引才与引智相结合,统筹用好全球气象人才资源,聚天下英才而用之。

深化改革、完善机制。始终把改革创新作为推动气象人才发展的根本动力,坚决破除束缚人才发展、制约人才创新的思想观念和制度障碍,努力构建有利于气象人才发展全链条的体制机制,积极营造良好的制度环境、工作环境、生活环境,充分激发气象人才创新创造活力。

(三)发展目标

到 2025 年,气象科技创新主力军队伍建设取得显著进展,气象关键核心领域拥有一批战略科技人才、科技领军人才和创新团队,优秀青年骨干人才显著壮大,气象人才培养能力不断增强,气象人才高地和平台建设加快推进,基本形成上下贯通、集约高效的人才工作体系和适应气象高质量发展的人才制度体系。

到 2030 年,气象人才高地和平台建设取得标志性成果,创新人才自主培养能力显著提升,对世界优秀人才吸引力明显增强,在气象监测、预报、服务等主要领域有一批领跑者,基层人才队伍取得突破性进展,实现"每个县局有高工、每个地市局有正高工"的目标。

到 2035 年,气象人才发展体制机制满足以智慧气象为特征的气象现代化发展需要,在气象主要领域形成人才竞争比较优势,建成若干个具备国际竞争力和影响力的气象人才高地和平台,气象战略人才力量和高层次人才队伍整体实力位居世界前列。

序号	气象人才发展具体指标	2025 年	2030 年	2035 年
1	大学本科以上学历占比	92%	95%	97%
2	硕士以上学历占比	28%	32%	37%
3	新入选国家级高层次人才工程(奖励)人数	5	10	20
4	新入选国家级创新团队数量	1	3	5

序号	气象人才发展具体指标	2025 年	2030 年	2035 年
5	引进高层次专家数量	20	50	100
6	气象战略科技人才数量	3	8	15
7	气象领军人才数量	180	350	550
8	中国气象局创新团队数量	15	20	30
9	优秀气象青年人才数量	460	1050	1650
10	设立气象专业高校数量	35	37	40

注:表中序号 3—9 指标的目标值均是指与 2021 年底相比的增加值。

三、加强气象主要领域人才队伍建设

(一)气象预报队伍

围绕地球系统数值预报、预报预测等重点领域,构建一支满足"五个一"精准预报能力发展需求、结构合理、技能卓越的气象预报队伍。在地球系统数值预报领域,着力加强天气机理、气候规律和地球系统多圈层相互作用等基础理论研究人才培养和引进,强化雷达卫星等多源资料同化、高性能并行计算等数值预报模式研发人才队伍建设。在气象预报预测领域,培养具有全球视野和国际水平的预报预测专家。适应气象预报业务高质量发展需要,推进国、省两级向专家型预报员发展,市、县两级向综合型预报员发展。加强预报预测平台研发、智能预报技术研发等专业人才培养。

(二)气象服务队伍

围绕高质量服务保障生命安全、生产发展、生活富裕、生态良好等方面,构建一支集约高效、特色鲜明的气象服务队伍。在气象防灾减灾领域,加强气象灾害风险预报预警及评估、精准气象预警信息发布等方面人才队伍建设。强化人工影响天气作业机理、效果评估等方面骨干人才培养。培养和引进空间天气灾害监测预警服务高层次人才。在服务经济高质量发展领域,围绕保障粮食安

全、能源安全、海洋强国、交通强国以及重大工程建设等气象保障服务重点方向,强化专业气象服务人才培养。在优化人民美好生活气象服务供给领域,大力培养和引进数字化、智能化气象服务和融媒体应用技术的高水平复合型人才,鼓励基层发展应用型气象服务人才。加强旅游、康养等方面的气象服务人才队伍建设。在支撑生态文明建设领域,强化气候变化基础研究、影响评估、减缓适应以及"双碳"、气候生态价值评估等领域跨学科人才引进和培养,加大国际气候评估和全球气候治理高层次人才的培养力度,推进气候变化科研业务人才统筹发展。加强风能太阳能等气候资源开发利用人才队伍建设。强化生态系统保护和修复气象服务关键领域的人才培养。

(三)气象监测队伍

围绕地面观测、探空和地基遥感垂直廓线观测、雷达观测、卫星观测等观测方式,聚焦观测装备、观测方法、站网布局、计量保障、数据质控、产品研制及应用等重点领域,构建专业素质高、业务技术精、结构合理的气象监测队伍。在精密气象监测站网规划设计领域,建立国家级专家队伍,加强省级以下专业人才队伍建设,强化全球气象观测站网和部门内外气象观测站网的规划设计、效益评估、标准规范等方面人才培养。在高精度智能化气象监测装备领域,加快气象装备核心技术研发、观测方法研究等方面高层次人才培养和引进。在雷达卫星综合应用领域,建立国家级雷达监测技术与应用、气象卫星应用专家团队,加强气象雷达技术研发、数据质控、产品研制及应用等方面人才培养和引进,培养国、省两级卫星应用首席专家,培养市、县两级卫星应用服务人才。在气象监测站网高质量运行保障领域,加大业务审核指导、质量监督检查、观测业务协同、安全稳定运行等方面的人才培养力度。建立国家级计量保障专家队伍,加强省、市两级计量、标校和装备保障专业队伍建设。

（四）信息技术队伍

围绕气象专有软件研发、先进计算与人工智能应用、地球系统大数据、网络安全等方向，构建一支紧跟信息技术前沿、深谙气象业务需求、服务支撑有力的信息技术队伍。在气象专有软件研发领域，围绕"大平台、大系统、多应用"气象专有软件生态建设，培养软件架构与标准、跨平台组件式开发、海量数据高效应用等方面专业骨干人才。在先进计算与人工智能应用领域，重点培养和引进异构众核并行计算、加速计算、分布式云计算等方面的专业人才，培养熟悉算力特性、智能平台特点和气象业务需求的复合型专家，布局量子计算在机器学习等应用领域的人才储备。在地球系统大数据领域，培养掌握数据全生命周期管理、数据标准与政策的专业人才，培养多源数据融合、高质量数据集构建与数字孪生大气等领域具有国际影响力的数据专家，培养特征识别、规律发现、决策研判等应用领域的大数据挖掘专家。在网络安全领域，着力引进和培养网络空间安全整体规划、网络安全监测检测防御等方面的专业人才，培养熟悉气象业务与系统、具备数据处理全过程风险评估及安全技术的应用型人才。

（五）业务支撑队伍

围绕教育培训、宣传科普、规划财务等方面，构建一支熟悉气象业务、素质优良、保障有力的业务支撑队伍。在气象教育培训领域，推进核心课程"一课一名（优）师"，完善教师学习进修、实践锻炼、考核评价等培养机制，健全适应气象高质量发展的气象教育培训学科体系、课程体系、教材体系，打造一批在气象行业有影响力的教学名师和教学团队；实施领导干部上讲台制度，培养兼职教师队伍。在宣传科普领域，培养引进新闻传播、编辑出版、融媒体运营、科学传播、公众科学教育等方面的复合型人才，壮大气象宣传和科普创作团队及应急气象宣传科普专家库。在规划财务领域，加快培养引进气象发展战略谋划、公共政策研究和决策咨询人才，建立中国特色新型气象智库。加大高层次财会专家培养力度,完善气象部门财会人员评价体系,着力提升财会人员专业技术水平,强化应用型财会、审计队伍建设。统筹推进综合管理、人事人才、政策法规、国际合作、党务群团、老干部工作等人才队伍建设。

四、实施重大人才计划

(一)气象高层次科技创新人才培养计划

贯彻落实中央加快建设国家战略人才力量的部署,培养国际一流的气象战略科技人才、科技领军人才,造就具有国际竞争力的青年科技人才,加快打造一支心怀"国之大者"、勇于创新发展的优秀高层次气象人才梯队,实施气象高层次科技创新人才培养计划。

到 2035 年,新增 20 名国家级高层次人才工程(奖励)人选;新增 15 名在气象科技重点领域具有深厚学术造诣、引领我国气象发展方向、具有战略科学家潜质的气象战略科技人才;新增 550 名具有卓越创新能力和领军才能,在气象科技创新、业务工程建设、气象服务保障上取得创新性成果或做出创新性贡献的气象领军人才,其中 250 名为科技领军人才、300 名为首席气象专家;新增 1650 名具有突出研发潜能、有望成为相关气象科技领域和气象现代化建设带头人的优秀气象青年人才。根据气象高质量发展和人才队伍建设需要,持续完善各层次人才选拔培养机制,着力落实差异化的考核评估机制,不断健全激励保障措施,大力促进各类别人才创新发展。

(二)创新团队支持计划

贯彻落实中央加快建设一流创新团队的部署和要求,围绕解决"卡脖子"关键核心技术问题,跨部门、跨地区、跨行业、跨体制调集领军人才和青年科技人才,组建攻坚团队,实施创新团队支持计划。

面向国家重大战略需求、面向世界气象科技前沿、面向气象现代化建设需要,以解决气象事业发展重点领域业务服务难题和关键核心技术为主要目标,集聚国家级、省级以及气象行业优秀人才,组建中国气象局创新团队,集中开展科学研究和科技攻关,建立项目、人才、资金一体化配置模式,推动气象科技创新、业务发展、人才培养。到 2035 年,滚动组建并支持 30 支左右中国气象局创新团队,其中 5 支入选国家级创新团队。支持国家级业务科研单位、省级气象部门围绕本单位业务科技发展需要和地方经济社会发展气象服务保障需求,整合各类资源组建创新团队。

(三)人才强基计划

围绕增强基层气象部门业务服务能力,加强基层气象人才队伍建设,全方位培养、引进、用好基层人才,实施"人才强基计划"。

根据基层气象事业发展需要,动态调整气象部门毕业生招聘专业目录,提高毕业生招聘的针对性,满足基层人才需求。完善定向生招聘和培养方式,鼓励省级气象部门联合高校开展硕士研究生定向培养,为基层台站输送青年人才。推进区域人才协调发展,激励引导人才向艰苦边远地区和基层一线流动。完善基层人才培养方式,扩大国家级科研业务单位招收访问学者规模,并继续向地市级人才倾斜;鼓励省级科研业务单位招收访问学者,促进市县级人才交流学习和专业技术水平提升。开展"青年人才下基层"活动,选派国家级单位青年人才到省级服务锻炼,省级青年人才到市县级服务锻炼,加强不同层级人才交流学习。到 2030 年,实现"每个县局有高工、每个地市局有正高工"的目标。到 2035 年,每年国家级科研业务单位访问学者规模达到 300 人次,省级科研业务单位访问学者规模达到 1000 人次,"青年人才下基层"活动规模达到 500 人次。

(四)气象人才集聚和引进计划

贯彻落实"聚天下英才而用之"的要求,着力集聚国内外各方面优秀气象人才,助力气象高质量发展,增强我国在"一带一路"国家气象影响力,实施气象人才集聚和引进计划。

气象人才集聚和引进计划包括气象行业人才会聚项目、高层次人才引进项目和"一带一路"气象访问学者项目。气象行业人才会聚项目旨在围绕地球系统数值预报、灾害性天气预报、气候变化、人工影响天气、气象装备等重点领域关键核心技术攻关，以科研项目或重大业务工程建设为纽带，通过"揭榜挂帅""赛马"等方式，着力集聚国内外高校、科研院所、企业等单位优秀气象人才深度参与气象科技创新，形成"产学研用"深度融合的人才培养使用链条。高层次人才引进项目旨在聚焦气象事业发展"卡脖子"关键核心技术问题，坚持需求导向和"高精尖缺"原则，积极引进国际一流的科技领军人才和创新团队、优秀青年科技人才。"一带一路"气象访问学者项目旨在通过设立"一带一路"气象访问学者基金，在卫星气象、数值天气预报、气候变化等领域，招收"一带一路"国家优秀中青年人才到我国国家级业务科研单位访问进修，参与气象业务服务和科技创新。到 2035 年，累计吸引 500 名优秀气象行业人才参与气象行业人才会聚项目，累计从全球引进 100 名左右气象领域高层次专家，招收 150 名"一带一路"国家中青年访问学者。

（五）国际化人才培养计划

围绕全球监测、全球预报、全球服务的目标，大力提升我国全球气象业务发展能力，满足参与全球气象治理需求，加快国际化人才队伍建设，实施国际化人才培养计划。

国际化人才培养计划包括气象科技骨干人才海外培养项目和国际组织人才培养推送项目。气象科技骨干人才海外培养项目旨在依托国家留学基金管理委员会公派出国留学项目等支持，遴选气象部门优秀青年骨干人才到气象领域世界一流高校、科研院所访问进修，着力培养具有国际视野、国际竞争力和创新能力的高层次人才和青年骨干人才。国际组织人才培养推送项目旨在遴选培养外语基础好、专业技术水平高的优秀人才赴国际组织任职、兼职,打造一支政治素质过硬、具有较高专业技术水平、具备较强对外交流能力、熟悉国际规则的国际组织专兼职人才队伍。到2035年,累计选派400名气象科技骨干赴气象科技先进国家留学或访问进修;累计选派30名优秀气象人才到世界气象组织等国际组织任职,国际组织兼职专家达到200人,建立国际组织后备人才库。

（六）气象人才素质提升计划

贯彻落实中央加强人才自主培养的要求和部署,全面提升气象人才队伍整体素质和专业水平,满足气象高质量发展需要,实施气象人才素质提升计划。

改革优化气象培训体系,完善软硬件设施,提升培训能力;强化师资队伍建设,健全课程体系和教材体系,完善实习实训设施,加强网络培训平台建设。充分利用部门内外、国（境）内外的培训资源,大力开展各类培训。对各类新入职人员全面实施初任培训,对非气象专业毕业生开展气象基础知识培训。对各类科研业务人才每3～5年开展1次新理论、新知识、新技术培训。气象部门各类人才每年参加至少1次相关培训。

（七）气象人才高地和平台建设计划

贯彻落实中央加快建设世界人才中心和创新高地的战略部署,集中优势资源、创新体制机制,实施气象人才高地和平台建设计划。

国家级业务科研单位主要围绕地球系统数值预报、灾害性天气预报、气候变化、人工影响天气、气象装备等重点领域,聚焦增强集聚和培养高层次人才能力、激发人才创新创造活力、完善人才服务保障等方面深化人才发展体制机制改革,构建在气象系统具有引领作用、在气象行业具有集聚效应、在国际气象界具有比较优势的高水平气象人才高地。积极争取支持,有效融入加快建设世界重要人才中心和创新高地工作中,在北京、上海、粤港澳大湾区建设气象人才高地,在高层次人才集中的中心城市建设集聚气象人才的平台,加大人才发展体制机制改革和投入力度,加强对气象高层次人才的吸引。到 2035 年,在国家级业务科研单位建成高水平气象人才高地,依托部分省级气象部门建成 3 个气象人才高地和 6 个集聚气象人才的平台。

(八)气象学科发展引领计划

贯彻落实中央加强人才自主培养的要求和部署,增强气象专业人才供给能力,提升培养质量,以气象高质量发展需求为引领,推进气象学科发展,实施气象学科发展引领计划。

通过局校合作,加大我国大气科学领域世界一流大学和一流学科建设力度,推动大气科学类拔尖基地建设,加强大气科学领域学科专业建设和拔尖学生培养;有序增加设立大气科学类专业高校数量,适度扩大本科生和研究生培养规模,联合相关高校做好气象硕士(博士)专业学位培养工作。发挥大气科学类专业教育指导委员会、全国气象职业教育教学指导委员会作用,优化气象专业课程设置,加强高校教师对气象业务的了解,鼓励高校将气象业务科研成果及时转化为本科和研究生教学内容,提高气象专业毕业生专业素养和综合素质。实施气象教学名师和教学团队计划,健全遴选机制,完善支持措施,引领气象专业师资队伍发展。到 2035 年,设置气象专业高校数量达到 40 所,每年本科毕业生规模达到 3500 人,硕士和博士毕业生数量达到 1500 人,累计遴选气象教学名师 100 人,教学团队 30 支。

五、深化气象人才发展体制机制改革

(一)健全人才工作领导体制

坚持党管人才原则,加强党对人才工作的全面领导,做好新时代气象人才工作的宏观谋划和顶层设计。健全党组(党委)统一领导,人事部门牵头抓总,各职能部门各司其职、密切配合,社会力量广泛参与的人才工作格局。各级气象部门要成立人才工作领导小组,统筹协调人才工作,统筹谋划人才队伍建设。细化人才工作领导小组职责任务和工作规则,建立科学的决策机制、协调机制和督促落实机制,抓好人才工作重大政策落实、重要工程推进、重点人才服务。完善党组(党委)定期研究人才工作制度,及时解决人才工作中的重大问题。积极争取地方党委政府支持,落实执行好地方党委政府的人才政策。加强督促考核,将人才政策落地、人才投入力度、人才队伍建设、人才项目推进、人才环境优化等纳入各级气象部门目标考核内容,对人才工作设定硬指标、硬任务。

(二)改进培养引进机制

改进人才培养机制。坚持需求导向,加大业务服务所需交叉学科人员招录规模。优化人才选拔方式,促进人才培养和团队建设的良性互动,形成合理的梯队结构和领域分布。完善高层次人才培养机制,推动项目、人才、资金等科技资源一体化配置,助力人才成长。积极推荐优秀人才参评国家和地方人才计划(工程),拓展高层次人才发展平台。扩大气象部门专项人才计划覆盖面,逐步将高校、科研院所、企业等优秀行业人才纳入选拔范围。健全青年人才参与重大科研项目攻关、重大业务工程建设、重大服务保障任务、重要科技活动常态化机制,扩大青年气象英才支持规模,优化支持方式,促进青年人才快速成长、早当大任。建立优秀毕业生接续培养制度,从气象部门科研业务单位遴选高水平导师,对有潜力的优秀青年人才接续培养。完善气象部门博士后制度,增加博士后科研工作站、科研流动站数量,加大博士后创新人才支持力度。创新基层人才培养机制,采取业务培训、"传帮带"、导师制、短期交流等方式加强对基层青年人才培养。健全完善国家级和省级气象行业职业技能竞赛体系,定期开展职业技能竞赛。

完善高层次人才引进机制。注重发挥用人单位引才的主体作用;探索设立人才引进专项资金,健全中国气象局特聘专家制度;完善支持保障措施,为来华从事研究开发、工作和生活提供良好环境和服务保障;健全跟踪评估,提高引才质量。

（三）优化评价使用机制

优化人才评价机制。坚决破除唯论文、唯职称、唯学历、唯奖项、唯帽子现象,健全以学术道德和创新价值、质量、实效、贡献为核心,充分体现气象特色和岗位特点的人才评价体系。坚持分类评价,建立健全分层次、分领域、分岗位的人才评价标准,完善代表性成果评价制度。深化气象部门职称制度改革,逐步下放职称评审权限,完善职称评审方式,优化职称评审条件。

优化人才使用机制。建立以信任为基础的人才使用机制,健全事业单位岗位管理制度,实行岗位设置方案定期调整机制,改进备案方式,允许用人单位在岗位结构比例内自行调整。落实按需设岗、竞争上岗、按岗聘用、动态管理要求,健全事业单位岗位聘用机制。优化专业技术二级岗位管理方式,以用人单位为主体,改进竞聘方式。健全完善事业单位工作人员考核、奖惩、培训机制。完善基层人才评价使用机制,在基层台站专业技术人才中实施"定向评价、定向使用"政策,稳定基层人才队伍,引导和鼓励优秀人才向基层流动。打通部门人才、行业人才使用障碍,建立健全协同创新机制,吸引和集聚各方面优秀人才参与业务服务攻关、重大工程建设和气象科技创新。

（四）完善激励服务机制

完善人才激励机制。健全与岗位职责、工作业绩、实际贡献等紧密联系,充分体现人才价值、鼓励创新创造的分配激励机制。健全体现岗位业绩贡献的绩效考核和分配办法。加大对关键岗位、业务骨干和做出突出贡献人员的激励力度,逐步提高科技人员履行岗位职责等的基础性绩效工资水平。逐步提高艰苦气象台站津贴标准。合理界定高层次人才范围,落实并完善事业单位绩效工资动态调整机制、高层次人才绩效工作总量单列政策和科研人员职务科技成果转化现金激励政策。探索通过成果权益分享、约定收益等方式,推动气象人才依法享有职务科技成果所有权、长期使用权和转化收益权,合理确定科技成果转化净收益用于奖励个人和团队的比例。优化气象人才表彰奖励制度,建立定期奖励与及时奖励相结合的奖励机制,进一步加大优秀人才奖励。畅通基层人才晋升渠道。建立鼓励创新、宽容失败的容错机制。

改进人才服务机制。简化管理流程和环节,提高服务针对性,为人才松绑,为人才分忧,全力为人才发挥作用、成就事业搭建工作平台,减少事务性干扰,推进全部门形成尊重人才、鼓励创新的良好氛围和环境。

(五)强化人才政治引领

大力弘扬科学家精神,加强对气象人才的政治引领和精神激励,引导广大人才牢记"国之大者"。把做好人才的思想政治工作作为党建工作和人才工作的重要内容。落实党组(党委)联系服务专家制度,关心关爱各类人才,注意听取意见和建议。举办高层次专家国情研修班,建立实施重大决策专家咨询制度,引导广大气象人才坚定理想信念、增进政治认同,以国家民族命运为己任,为国家繁荣富强、人民幸福安康贡献力量。大力宣传优秀人才典型,常态化开展"弘扬爱国奋斗精神、建功立业新时代"活动。

六、保障措施

(一)加强组织领导

在中国气象局人才工作领导小组的领导下,坚决贯彻落实党中央、国务院关于新时代人才工作的决策部署,加强规划实施的统筹协调和宏观指导,制定规划目标任务分解落实方案。加强年度计划编制实施,将规划制定的主要指标分解纳入年度计划指标体系,确保重要人才政策、重大人才计划落实落地。

(二)强化贯彻落实

各省(区、市)气象局、中国气象局各直属单位要结合实际,编制实施本单位的人才发展规划,与本规划目标、任务、措施有机衔接,明确责任分工,务实推动各项任务落地实施。建立规划实施情况监测评估机制,加强对规划实施情况的动态监测、中期评估和总结评估,定期跟踪重点任务实施进展,及时发现问题,优化实施策略,适时对目标任务进行必要调整,更好地发挥规划引领作用。

(三)做好宣传引导

积极引导部门内外新闻媒体通过多种渠道,大力宣传党中央、国务院推动人才发展的重大方针政策,大力宣传中国气象局党组加强人才队伍建设、鼓励创新创造的各项具体举措,及时总结推广各级气象部门人才工作和人才队伍高质量发展的典型经验和成功案例,引导和鼓励各级气象部门在人才工作中大胆创新,积极实践。

(四)强化基础支撑

推进气象人才工作信息化建设,建立气象人才资源数据库。加快覆盖全部门、全程信息化的气象人才评审系统建设,为职称评审、岗位竞聘、人才选拔等提供技术支持。完善气象人才评估报告制度,加强人才队伍分析和需求预测,定期对人才队伍状况进行监测评估。加强气象职业规范和标准建设,明确岗位职责、任务和条件。

(五)加大投入保障

建立持续稳定的人才发展投入保障机制。坚持人才投资优先保障,拓展人才开发投入渠道,加大人才开发投入力度。落实国家人才政策,合理保障人才培养多层次、多维度需求。依托气象重点工程,建立健全人才培养使用机制。健全多元化人才投入机制,引导社会组织、企业、个人等社会力量加大人才投入,提高人才投入效益。

中国气象局公文处理工作办法

（气发〔2022〕83 号）
2022 年 8 月 8 日

第一章 总 则

第一条 为加强中国气象局公文管理，推进公文处理工作科学化、规范化、制度化，提高公文处理质量和效率，根据《党政机关公文处理工作条例》《党政机关电子公文处理工作办法》《中共中国气象局党组工作规则》《中国气象局工作规则》等规定，制定本办法。

第二条 本办法所称公文是党政机关实施领导、履行职能、处理公务的具有特定效力和规范体式的文书，是传达贯彻党和国家的方针政策，公布法规和规章，指导、布置和商洽工作，请示和答复问题，报告、通报和交流情况等的重要工具。包括纸质公文和电子公文。

第三条 公文处理工作是指公文拟制、办理、管理等一系列相互关联、衔接有序的工作。

第四条 电子公文是以电子数字形式拟制、办理、管理的公文。电子公文与纸质公文具有同等效力。

第五条　电子公文系统是电子公文全生命周期过程或部分环节所使用信息系统的统称。中国气象局的电子公文系统包括基于气象专网的非涉密公文管理系统和基于电子政务内网的涉密公文管理系统。

第六条　中国气象局公文一般使用电子公文,通过电子公文系统流转。对涉及国家秘密、敏感或紧急事项的公文,如有需要,可使用纸质公文流转。

第七条　公文处理工作应当坚持实事求是、准确规范、精简高效、安全保密的原则。

第八条　中国气象局办公室负责管理中国气象局公文处理工作,指导气象系统的公文处理和电子公文系统建设运维工作。中国气象局各内设机构负责本部门的公文处理工作。

第二章　公文种类

第九条　中国气象局公文种类主要有:

(一)决定。适用于对重要事项或者重大行动作出安排、奖惩有关单位及人员、变更或者撤销下级机关不适当的决定事项。属下行文。

(二)命令(令)。适用于公布部门规章、宣布施行重大强制性行政措施、嘉奖有关单位和人员。属下行文,一般无主送、抄送。

(三)公告。适用于公布需要让公众周知的重大事项。公告应当公开发布,无主送、抄送。

(四)通告。适用于在一定范围内公布社会各有关方面应当遵守或者周知的事项。通告面向社会公布,无主送、抄送。

(五)意见。适用于对重要问题提出见解和处理办法。一般分为参考建议性意见、表明意向性意见、工作指导性意见。可用于上行文、下行文和平行文。

（六）通知。适用于批转下级机关的公文,转发上级机关和不相隶属机关的公文,传达要求下级机关办理以及需要有关单位周知或者执行的事项等。一般分为指示性通知、发布和转发性通知、事务性通知以及知照性通知。可用于下行文和平行文。

（七）通报。适用于表彰先进、批评错误、传达重要精神和告知重要情况。分为表扬性通报、批评性通报和情况通报。属下行文。

（八）报告。适用于向上级机关汇报工作、反映情况,答复上级机关的询问。根据内容分为综合性报告和专题性报告。属上行文。

（九）请示。适用于向上级机关请求指示、批准或批转有关事项。一般分为政策性请示、问题性请示和事务性请示。属上行文。

（十）批复。适用于答复下级机关请示事项。一般分为政策性批复、问题性批复和事务性批复。批复请示时,必须明确表态,若予否定,应写明理由。批复一般只送请示单位,若批复的事项需有关单位执行或者周知,可抄送有关单位。若请示的问题具有普遍性,可使用"通知"或其他文种行文,不再单独批复请示单位。属下行文。

（十一）函。适用于不相隶属机关之间商洽工作,询问和答复问题,请求批准和答复审批事项。函分为商洽函、询问函、请求批准函、答复函、告知函。属平行文,有隶属关系的上下级机关之间不得使用函。

（十二）纪要。适用于记载会议主要情况和议定事项。中国气象局的会议纪要主要包括党组会议纪要、局务会议纪要、局长办公会议纪要和局领导专题会议纪要等。

第三章　公文格式

第十条　公文格式一般由份号、密级和保密期限、紧急程度、发文机关标志、发文字号、签发人、标题、主送机关、正文、附件说明、发文机关署名、成文日期、印章、附注、附件、抄送机关、印发机关和印发日期、页码等组成。

（一）份号。公文印制份数的顺序号。涉密纸质公文应当标注份号。份号一般用6位3号阿拉伯数字。

（二）密级和保密期限。公文的秘密等级和保密期限，由公文主办部门按保密规定准确核定。涉密公文应当根据涉密程度分别标注"绝密""机密""秘密"和保密期限，标注为"密级★保密期限"。一般用3号黑体字。

（三）紧急程度。公文送达和办理的时限要求。根据紧急程度，紧急公文应当分别标注"特急""加急"，电报应当分别标注"特提""特急""加急""平急"。

紧急公文中的"特急"是指内容重要并特别紧急，已临近规定的办结时限，需特别优先传递处理的公文。"加急"是指内容重要并紧急，需打破工作常规，优先传递处理的公文。

电报中的"特提"，适用于要求即刻办理的十分紧急事项，注明"特提"等级的电报，发电主办部门要提前通知收文单位机要部门；"特急"适用于2日内要办的紧急事项；"加急"适用于4日内要办的较急事项；"平急"适用于6日内要办的一般紧急事项。

（四）发文机关标志。由发文机关全称或者规范化简称加"文件"二字组成，也可以使用发文机关全称或者规范化简称。联合行文时，发文机关标志可以并用联合发文机关名称，也可以单独用主办机关名称。并用联合发文机关名称的，一般应当将主办机关名称排前。

（五）发文字号。由发文机关代字、年份、发文顺序号组成。联合行文时，使用主办机关的发文字号。年份、发文顺序号用阿拉伯数字标注；年份应标全称，用六角括号"〔〕"括入；发文顺序号不加"第"字，不编虚位（即1不编为01），在阿拉伯数字后加"号"字，如"中气发〔××××〕×号"。

中国气象局令连续编号，如"中国气象局令第×号"。公告、通告号按年编排顺序号，如"××××年第×号"。电报由中国气象局办公室按有关规定编号。

（六）签发人。上行文应当标注签发人姓名。联合上报公文应当标注全部签发人姓名。

（七）标题。由发文机关名称、事由和文种组成。公文标题应当准确简要概括公文主要内容并标明公文种类。排列标题时不得将人名、地名、年份、词组分隔成两行，回行时要做到词义完整，排列对称，长短适宜，间距恰当。多个发文机关名称之间用空格分开，不加顿号，换行时省略。

转发公文，标题一般为：本机关名称＋"转发"＋被转发文件的标题＋"的通知"；多层转发的，根据主要事由自拟标题，但标题中应含"转发"字样；不得以被转发文件的发文字号作为标题。

标题中可使用书名号、引号、顿号、连接号和括号等标点符号。标题一般用2号小标宋体字。

（八）主送机关。公文的主要受理机关，应当使用机关全称、规范化简称或者同类型机关统称。主送两个以上机关时，一般按照先外后内、先大后小的顺序排列。同级同类机关之间使用顿号，同级不同类机关之间使用逗号。如机关名称过多导致公文首页不能显示正文时，应将主送机关名称移至版记部分，名称前加"主送"，置于抄送机关上一行。

（九）正文。公文的主体，用来表述公文的内容。公文首页必须显示正文。一般用3号仿宋体字，编排于主送机关名称下一行，每个自然段左空二字,回行顶格。

文中结构层次序数依次可以用"一、""(一)""1.""(1)"标注;标题一般第一层用黑体字、第二层用楷体字、第三层和第四层用仿宋体字。

(十)附件说明。公文附件的顺序号和名称。正文下空一行左空二字编排"附件"二字,后标全角冒号和附件名称。如有多个附件,用阿拉伯数字标注附件顺序号(如"附件:1.×××")。附件名称后不加标点符号。附件名称较长需要回行时,应当与上一行附件名称首字对齐。

批转、转发、印发类公文,被批转、转发、印发的内容不按附件处理,在公文正文中不加附件说明,直接另页编排,格式要求与正文一致。

(十一)发文机关署名。署发文机关全称或者规范化简称,一般应与发文机关标志、标题中的发文机关名称保持一致。

(十二)成文日期。署会议通过或者发文机关负责人签发的日期。联合行文时,署最后签发机关负责人签发的日期。电报以发出日期为准。

成文日期一般右空四字编排于发文机关署名之下,用阿拉伯数字将年、月、日标全,年份应标全称,月、日不编虚位。

(十三)印章。公文中有发文机关署名的,应当加盖发文机关印章,并与署名机关相符。有特定发文机关标志的普发性公文和电报可以不加盖印章。

(十四)附注。公文印发传达范围等需要说明的事项,不是对公文内容作出解释或注释。请示和报告等上行文应当在附注处注明联系人姓名、职务和联系电话。居左空二字加圆括号编排在成文日期下一行。附注内容各条之间用逗号分隔。

公文的信息公开选项作为附注,用 3 号黑体字,左空一字编排在版记之上。公开选项一般包括对外公开、内部公开和不公开。

属于国家秘密和敏感信息的公文,不公开;与公众关系密切或者涉及气象社会管理的公文,对外公开,在中国气象局官方网站发布,以便社会公众查阅;其他属于内部管理事项的公文,内部公开,在中国气象局气象政务管理信息系统上发布,以便机关工作人员查阅。

(十五)附件。公文正文的说明、补充或者参考资料。附件应当另页编排,并在版记之前,一般与公文正文一起装订。"附件"二字及附件顺序号用3号黑体字顶格编排在左上角第一行,附件标题居中编排在第三行。征求意见的文本作为附件的,可另行印制。附件与正文不能一起装订的,应在附件左上角第一行顶格编排公文的发文字号并在其后标注"附件"二字及附件顺序号。

(十六)抄送机关。除主送机关外需要执行或者知晓公文内容的其他机关,应当使用机关全称、规范化简称或者同类型机关统称。抄送机关应当根据工作需要确定,不得随意扩大范围。

抄送机关按上级机关、平级机关、下级机关次序排列。同级机关之间一般按照党委、人大、政府、政协、军队、法院、检察院、人民团体、民主党派等次序排列。

(十七)印发机关和印发日期。公文的送印机关和送印日期。送印日期以公文排版的日期为准。

(十八)页码。公文页数顺序号。公文的版记页前有空白页的,空白页和版记页均不编排页码。公文的附件与正文一起装订时,页码应当连续编排。

第十一条 公文版式按照《党政机关公文格式》国家标准执行。

第十二条 公文文字从左至右横写、横排。如无特殊说明,公文格式各要素的字体和字号一般采用3号仿宋体字,公文中文字的颜色均为黑色,特定情况可以作适当调整。

第十三条 公文用纸幅面采用国际标准A4型,左侧装订。

特殊形式的公文用纸幅面,根据实际需要确定。

第十四条 公文使用的汉字、数字、外文字符、计量单位和标点符号等,按照有关国家标准和规定执行。公文中的人名、地名、引文应当准确。引用公文应当先引标题,后引发文字号。

第十五条 公文中使用非规范简称,应当先用全称并注明简称。使用国际组织外文名称或其缩写形式,应当在首次出现时注明准确的中文译名。

第十六条 为精简文件和提高运转效率,中国气象局内部请示、报告、商洽、告知重要工作或审批重要文稿和会议、活动方案、议程等,一般可简化使用签报和重要文案呈批等内部行文格式。

签报和重要文案呈批一般由密级和保密期限、紧急程度、标题、主送机关、正文、附件、参阅件、主办部门、拟稿人、联系电话等组成。参阅件为正文事由依据。根据需要,可在正文前附呈批说明。

第四章　行文规则

第十七条 行文应当确有必要,讲求实效,注重针对性和可操作性。

第十八条 严格落实党中央、国务院精简文件要求,严格控制公文数量。

(一)已有明确规定、现行文件已有部署且仍然适用的不发。

(二)一般性号召,没有具体贯彻意见、指导性不强的不发。

(三)未经充分调研论证和统筹协调的政策性文件不发。

(四)已标注公开发布的文件,不再翻印。

(五)通过网络、电话、传真等方式能够协调解决的非指令性工作,不发正式公文。

(六)原则上分工方案应当合并到文件中或作为附件一并印

发,不再单独发文。

（七）除全国气象工作会议和全面从严治党工作会议等全国性重要会议的文件外,局领导讲话不以正式公文下发,一般通过《内部情况通报》刊发。

第十九条 行文关系根据隶属关系和职权范围确定。下级机关向上级机关行文用上行文。上级机关对下级机关用下行文。平级机关或不相隶属机关之间用平行文。除紧急情况外,一般不得越级行文,特殊情况确需越级行文的,应当同时抄送被越过的机关。中国气象局内设机构除办公室外,不得对外正式行文。

第二十条 上行文应当遵循以下规则:

（一）原则上主送一个上级机关,根据需要同时抄送相关上级机关和同级机关,不抄送下级机关。

（二）下级机关的请示事项,如需以本机关名义向上级机关请示,应当提出倾向性意见后上报,不得原文转报上级机关。

（三）请示应当一文一事,正文末应当有请示语。不得在报告等非请示性公文中夹带请示事项。上报党中央、国务院的报告中应当避免出现建议类事项。

（四）除上级机关负责人直接交办的事项外,不得以本机关名义向上级机关负责人报送公文,不得以本机关负责人名义向上级机关报送公文。

（五）受双重领导的机关向一个上级机关行文,必要时抄送另一个上级机关。

第二十一条 下行文应当遵循以下规则:

（一）主送受理机关,根据需要抄送相关机关。重要行文应当同时抄送发文机关的直接上级机关。

（二）中国气象局办公室根据授权可以向省（区、市）气象局和直属单位行文,其他内设机构不得向局下级机关、单位发布指令性公文或者在公文中提出指令性要求。需中国气象局审批的事项,经中国气象局同意后可以由职能部门行文,文中需注明已经中国气象局同意。

(三)中国气象局各内设机构在各自职权范围内可向下级机关、单位的相关部门行文。

(四)涉及其他部门职权范围内的事务,未协商一致的,不得向下行文。

(五)向受双重领导的下级机关行文,必要时抄送该下级机关的另一个上级机关。

第二十二条 平行文应当遵循以下规则:

(一)中国气象局可以函的形式向同级机关、单位行文,商洽工作、询问和答复问题、审批事项。

(二)中国气象局内设机构可以函的形式,向系统内同级机关(单位)或向局外单位的相关机构制发平行文。

第二十三条 必要时,同级机关可联合行文。属于各自职权范围内的工作,不得联合行文。

(一)中国气象局可与中央和国家机关有关部门及同级人民政府、军队机关、人民团体和具有行政职能的事业单位(统称同级局外单位)联合行文。中国气象局办公室可与同级局外单位的办公厅(室)联合行文。中国气象局内设机构之间可以联合行文,但内设机构不得与省(区、市)气象局、直属单位联合行文。

(二)对中国气象局主办的与外单位联合行文或会签,主办部门应当先在局内达成统一意见,再与对方沟通取得基本一致后方可正式行文或会签。办理具有重大影响的联合行文,主办部门应当将工作思路报请分管局领导同意后,再与外单位进行沟通。主办部门应当在完成局内部发文程序后,再启动与外单位联合行文或会签。

(三)对外单位主办的联合行文或会签,应当由中国气象局办公室按收文程序转请主办部门承办,由主办部门会同局内相关部门研究提出办理意见,通过签报呈请局领导审签,如需函复一并将复函草拟稿报局。

(四)与外单位召开会议需印发会议纪要的,由主办部门起草并征得外单位同意后,通过签报呈请局领导审签,以"中国气象局专题会议纪要"印制。

第二十四条 答复人大议案和建议、政协提案和建议、政府信息公开申请,办理行政处罚、行政复议,按有关规定可向提请人行文。

第二十五条 中国气象局公文实行两级行文、三级拟制。即中国气象局行文(局行文)和中国气象局内设机构行文(司行文),各内设机构所属处室不得对外行文。

局行文包括以中共中国气象局党组名义行文、以中国气象局名义行文、以中国气象局办公室名义行文、以中国气象局议事协调机构名义行文。

司行文包括内设机构函形式行文、人事司干部任免文件,以及签报、重要文案呈批等。

第二十六条 严格控制公文规格。

(一)由中国气象局行文或与同级单位联合行文能够解决的,不再上报党中央、国务院印发或转发。

(二)以中国气象局办公室名义行文能够解决的,不以中国气象局名义行文。

(三)属于内设机构职权范围的工作,不以中国气象局或中国气象局办公室名义行文。

(四)以议事协调机构挂靠内设机构行文能够解决的,不以议事协调机构名义行文。

(五)对处理商洽、咨询类事项,安排调研、会议,反馈意见和报表统计等事务,一般以便函形式行文。

第二十七条 一般应以中共中国气象局党组名义,向党中央行文,请示和报告工作、反映情况,答复询问;向中央和国家机关有关部门或其党组(党委)以及省(区、市)党委行文,商洽工作、提出建议、答复事项等;向省(区、市)气象局党组、直属单位党委、内设机构行文,印发气象重大改革发展部署、重要奖惩决定、重要工作安排、加强党的领导和党的建设、任免有关干部、设置重要机构等文件。

第二十八条 一般应以中国气象局名义,向国务院行文,请示和报告工作、反映情况,答复询问;向同级局外单位等行文,商洽工作、提出建议、答复事项等;向省(区、市)气象局、直属单位、内设机构行文,发布命令(令)、决定、行政规范性文件,向气象系统部署全局性的重要工作,对全局性的重要事项提出指导意见,任免有关干部职务,设置有关机构等。

第二十九条 根据授权履行中国气象局管理职能时,可以中国气象局办公室名义,向同级局外单位的办公厅(室)行文,商洽、沟通工作、回复意见等;代表中国气象局向省(区、市)气象局、直属单位、内设机构行文,印发政策性文件、全局性的业务或管理类文件以及中国气象局组织的会议、活动、培训通知,宣传推广工作中的重要经验和做法等。

第三十条 中国气象局设立的决策议事协调机构,按其职权范围和工作规则,可以由其挂靠部门或办事机构以议事协调机构名义行文。

第三十一条 局内设机构向中共中国气象局党组或中国气象局上报请示、报告,以签报形式行文。向局领导报批重要讲话、新闻稿、工作方案、活动方案、会议议程、会议纪要、信函报告等,以重要文案呈批形式行文。

第五章 公文拟制

第三十二条 公文拟制包括公文的起草、审核、签发等程序。

第三十三条 公文起草前,应考虑是否确有必要行文。重要公文起草前,应当做好相关问题政策研究、法规制度依据分析、文件框架结构提纲研讨等准备工作。内设机构负责人应当主持、指导重要公文起草工作。

第三十四条 公文起草应当做到:

(一)符合党的理论路线方针政策、国家法律法规和有关规定。

(二)符合上级机关的指示、意见和要求。

(三)按照服务国家经济社会发展全局和全面履职的要求,完整准确体现发文机关意图,并同现行有关公文相衔接。

(四)一切从实际出发,分析问题实事求是,所提政策措施和办法切实可行。

(五)内容简洁,主题突出,观点鲜明,结构严谨,表述准确,文字精练。

(六)文种正确,格式规范,定密准确。

(七)请示必须明确列出需上级答复的问题或批准的事项。

(八)外文函电应附中文译稿。

第三十五条 严格控制公文篇幅,减少一般性论述,杜绝空话、套话、虚话。中国气象局普发性文件的字数一般不超过 5000 字,各内设机构文件一般不超过 3000 字;报告一般不超过 3000 字,请示一般不超过 1000 字。情况复杂、确有必要的,可通过附件进行详细说明。

第三十六条 起草局发文时,应当编写发文说明,并将办文事由、依据或前案等有关材料作为参阅件提供参考。发文说明一般包含事由、发文目的、起草过程、征求意见和意见采纳情况及文件报批情况等。

第三十七条 提请以国务院或国务院办公厅名义印发的文件，在上报代拟稿时，一并报送公开征求意见情况（依法应当保密、未公开征求意见的，应当附情况说明）、内部合法性审查意见、政策出台评估情况、政策解读及舆情应对方案等材料。

第三十八条 起草气象行政规范性文件时，应当按照《气象行政规范性文件管理办法》执行。

第三十九条 局党组会议纪要由党组秘书起草，局务会议、局长办公会议纪要由中国气象局办公室会议管理处室起草，局领导专题会议纪要由议题承办部门起草。

第四十条 公文起草成稿后，应当根据需要，通过当面协商、书面征求意见、专题会议讨论等方式征求意见，充分进行协商。

（一）涉及其他内设机构职责的，应在充分协商并取得一致意见后方可行文。

（二）经协商不能取得一致意见的，主办部门应当列明各方意见及理由和依据，提出建设性意见，报请局领导协调或裁定。

第四十一条 公文内容涉及督查检查、规划计划、项目经费、法规标准、机构编制、表彰奖励、外事管理、后勤保障等职能管理事项的，应当会签归口管理内设机构。应当会签而未经会签的公文，中国气象局办公室不予受理。

（一）会签部门应当密切配合，一般应当在 3 个工作日内提出会签意见。加急件应当在 1 个工作日内会签，特急件应当随到随签。

（二）一般应由会签部门主要负责人会签。

（三）纸质公文会签时，如时间紧急、会签部门较多且不存在前后关联性，可分送会签。

第四十二条 中国气象局公文审核实行初审和复审，主办部门负责初审，局办公室或内设机构综合处负责复审。行文流程中的所有经办人都有审核把关责任,公文主办部门主要负责人对公文质量负主要责任。

(一)局行文一般应当分别经处室主要负责人、综合处主要负责人、内设机构主要负责人、中国气象局办公室公文管理处室负责人、中国气象局办公室负责人审核。议事协调机构行文一般应当分别经起草处室主要负责人、综合处负责人、挂靠内设机构主要负责人审核。

(二)司行文一般应当经起草处室主要负责人、综合处负责人审核。

第四十三条 公文审核的重点是:

(一)行文理由是否充分,行文依据是否准确。

(二)内容是否符合党的理论路线方针政策和国家法律法规;是否完整准确体现发文机关意图;是否同现行有关公文相衔接;所提政策措施和办法是否切实可行。

(三)涉及有关部门职权范围内的事项是否经过充分协商并达成一致意见。

(四)行文规格是否正确,文种是否正确。格式是否规范;人名、地名、时间、数字、段落顺序、引文等是否准确;文字、数字、计量单位和标点符号等用法是否规范。

(五)附件、参阅件、发文说明等相关材料是否齐全,是否按顺序排列标注清楚。

(六)其他内容是否符合公文起草的有关要求。

第四十四条 经审核不宜行文的公文,应当退回起草部门并说明理由(退文);需进一步修改内容的,应当退回起草部门修改后重新报送(退修);需要补充附件、参阅件、发文说明等要件的,应当退回起草部门补充后重新报送(退补)。未按规定程序审核的公文不得呈送局领导签批。

第四十五条 公文应当经发文机关负责人审批签发,重要公文和上行文由发文机关主要负责人签发。会议纪要由会议主持人签发。

第四十六条 以中共中国气象局党组、中国气象局名义的行文,以及履行中国气象局管理职能的中国气象局办公室行文,一般应由局领导签发。

(一)中国气象局报送党中央、国务院的文件,中国气象局颁布的命令、决定,重要干部任免和重大工作部署的文件,经分管局领导审核后由局长签发,特殊情况可由局长授权分管局领导签发。

(二)其他发文,一般由分管局领导签发,涉及其他局领导分管事项的请其他局领导核签,根据需要报请局长签发。

(三)程序性、内容已经审定或已授权的局发文,可由中国气象局办公室负责人按照例行文签发。

第四十七条 以中国气象局议事协调机构名义的行文,按其发文流程和相关规定请该机构领导签发。

第四十八条 中国气象局内设机构发文由内设机构负责人签发,重要公文由内设机构主要负责人签发。人事司干部任免文件、签报和重要文案呈批件,一般由内设机构主要负责人签发。

第四十九条 签发人签发公文,应当签署意见、姓名和完整日期,请示类文件仅圈阅或者签名的视为同意。

第五十条 经审核修改后需清稿的纸质公文,由拟稿人清稿并将修改稿附后,一并报签发人签发。

第五十一条 经签发的公文即行生效,未经签发人同意,不得擅自更改内容和意见。

第六章 公文办理

第五十二条 公文办理包括发文办理、收文办理和整理归档。

第五十三条 发文办理主要包括复核、登记、印制和核发等程序。

第五十四条 对已签发的公文,发文机关文秘在印发前应当对公文的审批手续、文种、格式、内容等进行复核。经复核需作实质性修改的,应当报原签批人审定。

第五十五条 对复核后的公文,发文机关文秘应当确定发文字号、分送范围和印制份数并详细记载。中国气象局办公室公文管理处室负责局发文的文号编发、排版、分发等工作,内设机构综合处负责司发文和挂靠议事协调机构发文的文号编发、排版、分发等工作。

第五十六条 公文实行拟稿人最终校核责任制。经排版校核后,由公文拟稿人进行最终校核。校核的重点是各方意见处理情况以及格式、文字、标点符号、公式、图表等。拟稿人确认无误后方可鉴印分发。

对于纸质发文,拟稿人确认无误后,在发文稿纸和文件清样上签署姓名和日期。

报送党中央、国务院的公文,应输出文件清样经中国气象局办公室公文管理处室复核确认。

第五十七条 因故需要推迟或取消局发文时,主办部门应及时作出书面说明,并经部门主要负责人同意后,报文件签发人或上一级领导批准,并送中国气象局办公室公文管理处室备案或销号。编号后取消发文的,原文号重新使用;跨年度取消发文的,原文号不再使用。

第五十八条 文件签发后应当及时印制和发出。自签发之时起,"特急"件应当于 4 小时内发出,"加急"件在 1 个工作日内发出,普通件在 2 个工作日内发出。国务院审定的拟以中国气象局名义印发或联合印发的文件,原则上应在通过后 10 个工作日内印发;有重大修改意见需要协调的,原则上应在 20 个工作日内印发。

第五十九条 能通过电子公文系统分发的,原则上不再印制纸质文件。印制份数较少的便函、给上级领导的信函可由主办部门按照规定格式印制。涉密纸质公文应当在符合保密要求的设备和场所印制,主办部门应派人现场监督。

第六十条　应按《党政机关公文格式》完成印制工作,确保公文版面整洁、字迹清晰、格式规范。公文印制完毕,应当对公文的文字、格式和印刷质量进行检查后分发。印制质量不符合要求的应当重新印制。

第六十一条　严格控制纸质公文盖章份数。印数在 15 份及以下的文件,加盖印章可采用盖章方式。印数在 15 份以上的文件,应当采用套印方式。印模使用后一般应当日归还。

第六十二条　与外单位联合行文印制时,由局主办部门按照中国气象局印章管理规定申请用印并派人校核和监印。

第六十三条　公文印制完毕后,应当按照主送和抄送机关分发公文,不得随意扩大范围。内部行文原则上不对中国气象局机关以外的单位分发或复印。重要文件印发后,主办部门应将纸质件分送局领导和中国气象局办公室公文管理处室。

第六十四条　中国气象局党组在履行职责过程中形成的具有普遍约束力、可以反复适用的规则、办法、细则、意见、通知等党组规范性文件,自印发之日起 30 日内,由主办部门将备案报告、正式文本、制定说明(含中央有关部门反馈意见情况),一式 3 份装订成册(电子文件光盘),通过机要交换或法规文件业务平台报送中央办公厅法规局备案(信封上应当标明"备案"字样)。

备案报告发文形式选择"中国气象局办公室文件",主送"中共中央办公厅"。内容应当载明制定机关、印发日期和文件名称。引用的文件名称应当准确、完整。正式文本含印发通知,电子版与纸质版应当一致。制定说明应当包括制定意图、主要内容、起草及征求意见情况、审议情况,以及其他需要向备案机关报告的重要事项。

第六十五条 公文发出后发现错误的,中国气象局办公室和主办部门应当及时追回,协调有关单位配合做好公文收回或停止办理工作。

第六十六条 收文办理指对收到公文的办理过程,包括签收、登记、初审、批办(拟办)、分送(传阅)、承办、催办、答复等程序。

第六十七条 签收。对收到的公文应当逐件清点,核对无误后签字或者盖章,并注明签收时间。

(一)机要文电由机要室负责签收和登记。

(二)非机要文电,主送中国气象局的文件以及局外单位主送中国气象局办公室的文件(局收文)由办公室公文管理处室负责签收和登记,主送内设机构和议事协调机构的文件(司收文)由相应内设机构(挂靠内设机构)综合处负责签收和登记。

(三)局领导本人的文电信函,由其秘书工作人员签收。

第六十八条 收文登记。签收人员应当对收文编号、收文日期、来文机关、文号、标题、密级、紧急程度、附件、份数、处理情况等信息进行准确登记。

第六十九条 初审。签收人员应当对收文进行初审。经审核,存在下列情况的文件,应当及时退回来文单位并说明理由。

(一)文件内容不符合国家法律法规或其他有关规定的。

(二)要求办理或解决的事项不属于本单位职权范围或不应由本单位受理的。

(三)属于呈报单位职权范围内处理的事项而要求上级机关处理的。

(四)未与文件内容涉及的有关部门协商达成一致的,或不符合会签程序的。

(五)报告中夹带请示事项,实际为请示件的。

(六)请示中,存在一文多事、多头请示、请示事项不明确、缺少签发人、没有注明联系人或联系电话的。

（七）纸质公文未加盖呈报单位印章的。

（八）其他不符合相关规定的。

第七十条 根据文种和内容等，将收文分为阅件和办件。阅件为不需要回复或办理的阅知性公文，办件为需要回复或办理的公文。

第七十一条 批办（拟办）。局收文一般由中国气象局办公室直接批转内设机构办理，重要文件提出拟办意见报局领导阅批。司收文由各内设机构综合处批办或提出拟办意见报部门负责人批办。

（一）党中央、国务院来文，一般由中国气象局办公室公文管理处室提出拟办意见，办公室负责人批办，涉及需办理和回复的重要文件可呈报局领导阅批。

（二）外交部来文或国（境）外来函、来电，一般转国际司阅办，重要文件报局领导批办。

（三）其他局外单位来文，一般由中国气象局办公室公文管理处室负责人批转对口或相关内设机构阅办，重要文件可先呈有关局领导阅示。

（四）省（区、市）气象局、直属单位报中国气象局的请示和报告，一般由中国气象局办公室公文管理处室负责人批转主办部门阅办。重要的可先呈有关局领导阅示。

（五）各内设机构收文，一般由各内设机构综合处负责人批办。有局领导或中国气象局办公室批办意见的文件，由各内设机构综合处负责人提出拟办意见后报内设机构负责人批办。

第七十二条 批办（拟办）公文必须明确承办单位。对涉及两个以上单位的，必须明确主办和协办单位。批办公文要注意时效，一般当日公文当日批办，紧急公文即到即批。

第七十三条 文秘要按照批办意见，将收文分别送达承办或阅知单位。

（一）分发要及时。一般应做到当日文件当日送出，急件和有时限要求的文件要立即送出，不得积压延误。

（二）主次要分明。要根据文件内容和缓急程度，保证重点，优先送达主要领导、分管领导和承办（主办）单位。

（三）手续要严密。分送（传阅）纸质文件要建立并执行登记交接制度。

（四）需限时办结的重要文件，可在报请领导阅批的同时送有关部门抓紧办理。

第七十四条 对于办件，各内设机构收文后，必须明确承办处室或承办人。承办处室及承办人应当抓紧办理，不得延误、推诿。由两个以上单位承办的，由主办单位牵头商协办单位研办。

第七十五条 对局收文的重要办件或有办理时限要求的办件，中国气象局办公室对承办事项进行催办，督促承办部门按期办结。各内设机构综合处负责司收文办理调度和催办工作。

第七十六条 公文的办理结果应当及时答复来文单位，并根据需要告知相关单位。有时限要求的应当在限期内办结，无明确时限要求的，一般自收文之日起 30 个工作日内批复或答复。因故不能在限期内办结的，主办部门应当及时向来文单位沟通说明原因，并在办文时备注与来文单位沟通情况。

局领导批示内容涉及省（区、市）气象局、直属单位的，由主办部门负责将批示内容告知相关单位。

第七十七条 需要归档的公文及有关材料，应当根据有关档案法律法规以及机关档案管理规定，及时收集齐全、整理归档。任何部门和个人都不得私自留存应当归档的公文。

第七十八条 各内设机构综合处负责本部门公文的年度归档工作，于每年 6 月 30 日前向中国气象局办公室档案管理部门移交归档公文及相关材料。

第七十九条 电子公文办理完毕后，应当定期将有归档价值的电子公文及其版面、拟制、办理、管理等要素和相关数据信息按照有关电子档案管理规定及时整理归档。

电子公文数据与电子档案数据相对独立存储的,应当各自做好实时备份。

第八十条 联合办理的公文,中国气象局为主办单位的,由主办部门将会签后的原件交中国气象局办公室档案管理部门归档,其他单位保存复制件或其他形式的副本。中国气象局为协办单位的,由主办部门将复制件或其他形式的公文副本交中国气象局办公室档案管理部门归档。

第八十一条 中国气象局办公室负责对归档工作进行业务培训、指导,对各内设机构移交的文件材料进行审核、接收,并每年定期通报公文的归档情况。

第七章　公文管理

第八十二条 公文的印发传达范围应当按照发文机关的要求执行;需要变更的,应当经发文机关批准。

公开发布的时间、形式和渠道,由发文机关确定。

经批准公开发布的公文,同发文机关正式印发的公文具有同等效力。

第八十三条 中国气象局办公室归口管理在网站、报纸、刊物上发布中国气象局行政性文件或编辑出版文件汇编等事宜。

必须向社会公开的规范性文件,应当在文件印发后 20 个工作日内在中国气象局官方网站公开。

已经印发且未向社会公开的文件,如需在报刊、杂志、网络、公报、公告牌等媒介上公井发布,应由发文主办部门报请原签发人批准。

第八十四条 公文的撤销和废止,由发文机关、上级机关或者权力机关根据职权范围和有关法律法规决定。公文被撤销的,视为自始无效。公文被废止的,视为自废止之日起失效。

第八十五条　不具备归档和保存价值的公文,经批准后可以销毁。公文和文件资料的销毁工作由中国气象局办公室统一组织执行。

第八十六条　内设机构合并时,其公文应当由合并后的内设机构管理。内设机构撤销时,撤销前应当将办理完毕且需要归档的公文整理后按规定移交中国气象局办公室档案管理部门。

工作人员离岗离职时,应当将本人暂存、借用的公文按照有关规定移交、清退。

第八十七条　新设立机构需要发文的,应当向中国气象局办公室提出发文立户申请。经审查符合条件的,列为发文单位,分配发文字号,组织制定公文模板。机构合并或者撤销时,发文权责进行相应调整。

第八十八条　加强公文质量考核与通报,推动质量提升、数量精简。通过电子公文系统或手工登记方式,记录各单位的退文、退修、退补情况,适时通报公文质量情况,并纳入年度考核目标。

第八十九条　落实公文质量奖惩机制。对质量较高的公文进行通报表扬。对公文质量较差或办文问题突出的,视情况进行约谈、责令检查、通报批评,造成重大影响或严重后果的,根据有关规定追究相关工作人员责任。

第八章　附　则

第九十条　中国气象局与局外单位联合办文,公文处理办法不一致时,双方协商解决。

第九十一条　机要文件按照有关机要文件管理规定执行。涉密文件按照《中国气象局涉密文件管理办法》等有关规定执行。外事方面的公文,按照外交部有关管理规定执行。

第九十二条 行政规章类公文、行政复议及行政应诉文书,按照有关管理规定执行。

第九十三条 密码电报的使用和管理,按照《中国气象局电报格式规范》等有关规定执行。

第九十四条 各省(区、市)气象局、各直属单位应按照《党政机关公文处理工作条例》,参照本办法,结合职权范围和管理层级实际情况,制定本单位的公文处理工作制度。

第九十五条 本办法由中国气象局办公室负责解释。

第九十六条 本办法自印发之日起施行。其他公文处理规定与本办法不一致的,以本办法为准。

中国气象局关于提升气象部门预算管理能力的指导意见

（气发〔2022〕85 号）

2022 年 8 月 10 日

为贯彻党中央、国务院的决策部署，深入落实《国务院关于进一步深化预算管理制度改革的意见》和 2022 年中国气象局"质量提升年"行动部署，提升气象部门预算管理能力，服务气象高质量发展，现提出以下意见：

一、总体要求

（一）指导思想

以习近平新时代中国特色社会主义思想为指导，深入贯彻党的十九大和十九届历次全会精神，贯彻落实习近平总书记关于气象工作重要指示精神，按照《中华人民共和国预算法》及其实施条例有关规定，立足新发展阶段、贯彻新发展理念、构建新发展格局，坚持系统观念，围绕"强规划、稳保障、促协调、重管理"，依托预算管理一体化系统，构建全链条、信息化的预算管理体系，为气象高质量发展提供有力保障和支撑。

（二）基本原则

1. 坚持党的全面领导。将坚持和加强党的全面领导贯穿提升预算管理能力全过程。坚决落实政府过紧日子要求，强化预算对落实党中央、国务院重大决策部署、落实中国气象局党组重点工作的保障能力。

2. 坚持预算法定。增强法治观念,强化纪律意识,严肃财经纪律,着力提升制度执行力,维护法律的权威性和制度的刚性约束力。明确单位主体责任,切实强化预算约束和监督。

3. 坚持科学管理。完善管理手段,创新管理技术,以信息化推进预算管理现代化,强化绩效管理理念,加强预算管理各项制度的系统集成、协同高效,提高预算管理规范化、科学化、标准化水平和预算透明度。

4. 坚持底线思维。把防风险摆在更加突出的位置,强化防范化解风险意识,统筹发展和安全、当前和长远,牢牢守住不发生系统性风险的底线。

(三)主要目标

预算收支更加规范,资金统筹能力显著提升,存量资金有效盘活,资金使用效益更加突出。重大决策部署更有保障,支出结构更加合理,建成完善的预算定额标准体系。预算编制科学合理,财政规划约束更加有力,项目库更加充实。全面实施预算绩效管理。预算公开更加透明,全面实现预算管理信息化。

二、主要任务

(一)进一步加大预算收入统筹力度

1. 强化单位收入预算管理。各单位要严格综合预算管理,依法依规将取得的各类收入纳入部门预算,未纳入预算的收入不得安排支出。要加强所属单位事业收入、事业单位经营收入等非财政拨款收入管理,在部门预算中如实反映非财政拨款收入情况。加强行政事业性国有资产收入管理,资产处置、出租等收入按规定上缴国库或纳入单位预算。加强对外投资企业收益管理,将相关投资收益纳入单位预算。

2. 盘活各类存量资源。盘活财政存量资金,建立健全财政结转资金与年度预算安排挂钩机制,提高资金使用效益。盘活非财政存量资金,在确保事业单位干事创业积极性的前提下,可以通过上缴上级、补助下级的方式在事业单位之间调剂余缺,合理保障事业发展需要。"以存量控增量",科学合理编制新增资产配置预算。资产使用管理责任落实到人,严格各类资产验收、登记、入账、使用、处置等全生命周期管理。加大资产调剂力度,有效盘活存量资产,确保资产安全完整、高效利用。

(二)规范预算支出管理

3. 加强重大决策部署经费保障。预算安排要将落实党中央、国务院重大决策部署和中国气象局党组确定的重点工作作为首要任务,贯彻党的路线方针政策,增强对国家重大战略任务、国家发展规划、气象部门重点工程项目和基本业务运行的经费保障。完善预算决策机制和程序,各单位在正式报送部门预算前,应当经本单位党组(党委)审议。

4. 大力优化支出结构。坚持量入为出原则,打破支出固化格局,确定合理支出预算规模。不折不扣落实过紧日子要求,厉行节约办一切事业,精打细算,严控一般性支出。严禁违反规定乱开口子、随意追加预算。积极运用零基预算理念,加强财政资金配置效率和使用效益,提高资金调配能力,推动气象部门区域协调发展。预算安排要突出重点,坚持保基本、保运行、保重点的原则,以收定支,不留硬缺口。

5. 推进支出标准体系建设。完善基本支出定额标准,加强基本支出科学化、标准化、规范化管理。分期建立综合观测、信息传输、预报预测、公共服务等项目经费综合业务定额标准,逐步健全项目支出标准体系,实现按定额标准安排预算。加强对项目执行情况的分析和结果运用,将科学合理的实际执行情况作为制定和调整标准的依据。

（三）严格预算编制管理

6.加强单位预算管理。落实单位预算管理主体责任,各单位要对预算完整性、规范性、真实性以及执行结果负责。进一步细化预算管理工作流程和职责分工,强化预算管理责任。统筹各类资金资产,结合本单位非财政拨款收入情况统筹编制预算,保障合理支出需求。

7.加强跨年度预算平衡。有效衔接中期财政规划与气象部门规划,强化中期财政规划对年度预算的约束。加强和完善项目库管理,将中期财政规划项目全部纳入预算项目库,建立分年度安排项目经费的机制。

8.强化项目库建设管理。将项目作为预算管理的基本单元,预算支出全部以项目形式纳入预算项目库,实施项目全生命周期管理,未纳入预算项目库的项目一律不得安排预算。建立健全项目入库评审机制和项目滚动管理机制,评审结果作为安排项目预算的高限。做实做细项目储备,纳入预算项目库的项目应当按规定完成可行性研究论证、制定具体实施计划等各项前期工作,做到预算一经批准即可实施,并按照轻重缓急等排序,突出保障重点。

9.完善政府财务报告体系。深化政府会计改革,严格执行政府会计制度,细化核算内容,财务会计严格按权责发生制列支事项,夯实会计核算基础,切实提高会计信息质量,完善政府财务报告体系。定期清查资产负债,及时入账,已投入使用的在建工程及时转为资产。全面清理往来款项,及时处置财务挂账,防控财务风险。

（四）强化预算执行和绩效管理

10.强化预算对执行的控制。严格执行部门预算批复,预算非经法定程序不得调整。预算指标按规定导入计财管理一体化信息系统,及时更新预算指标,实现预算指标对执行的有效控制。坚持先有预算后有支出,严禁超预算、无预算安排支出或开展政府采购,严禁将国库资金违规拨入本单位实有资金账户。

11. 推动预算绩效管理提质增效。将落实党中央、国务院重大决策部署作为预算绩效管理重点，加强重点项目绩效管理。加强政府购买服务项目的全过程绩效管理，强化预算约束。推进预算和绩效管理一体化，提高财政资源配置效率和使用效益。强化预算绩效管理考核，明确绩效管理责任，切实做到花钱必问效、无效必问责。

12. 完善全过程预算绩效管理链条。完善项目支出核心绩效目标和指标体系，推进整体支出绩效目标设置，严格绩效目标管理。推进运用成本效益分析等方法研究开展事前绩效评估。加强预算绩效运行监控，确保绩效目标如期实现。深化项目绩效评价，推进整体支出绩效评价，加强绩效评价结果应用，将绩效评价结果与完善政策、调整预算安排有机衔接，对低效无效资金一律削减或取消，对沉淀资金一律按规定收回。加大绩效信息公开力度，推动绩效目标、绩效评价结果向社会公开。

13. 进一步拓展政府采购政策功能。强化对采购需求的管理，将支持创新、绿色发展等政策要求嵌入采购需求。细化政府采购预算编制，通过对预算编制、资金支付等环节的控制，落实支持创新产品及服务、中小企业发展等政府采购政策。依法依规实施政府购买服务，坚持费随事转，防止出现"一边购买服务，一边养人办事"的情况。

(五)增强财政透明度

14. 稳步推进预决算公开。制定气象部门预决算公开工作规范，进一步明确预决算公开主体、公开范围、公开内容、公开时间、公开方式等，加大预决算公开力度，扩大预决算公开范围，积极稳妥推进气象部门所属单位预决算公开。

15. 发挥多种监督方式的协同效应。创新财务监督手段，建立完善网上监控与实地检查相结合的财会监督新模式。加大联网监控力度，扩大监控范围，推进财会监督常态化。促进财会监督与党内监督、行政监督、审计监督、统计监督、群众监督等协同发力，提高监督管理效率。强化监督结果运用，对监督发现的问题，压实主体责任，确保整改到位，对普遍性、倾向性和苗头性的问题，既要纠正具体问题，又要解决问题背后的机制性缺陷、制度性漏洞，推动标本兼治，将监督成果转化为治理效能。

（六）提高预算管理信息化水平

16. 加强信息化基础建设。整合计财管理一体化信息流，以预算管理为主线，进一步完善预算、项目、采购、资金资产、财务监控等业务模块，构建涵盖所有业务流程的管理模式。升级改造计财管理一体化信息系统，建立一级部署多级应用的"云＋端"模式，实现财务数据与政务办公融合、与预算管理一体化系统对接。推进内部控制体系信息化、标准化建设，将制度体系、业务流程嵌入系统平台，实现资金从预算安排源头到使用末端全过程清晰可查。

17. 实现财务系统信息贯通。全面实施预算管理一体化，加快推动计财管理一体化信息系统与预算管理一体化系统的衔接。依规纳入地方预算管理一体化系统管理。推进内部控制建设与智慧财务推广，促进业财融合、数据贯通，逐步实现数据信息高度集成与共享。

三、组织保障

（一）落实单位主体责任

各级气象部门要提高政治站位，从大局出发，以高度的责任感和改革创新精神，压实主体责任，加强统筹协调，有计划、有步骤推进预算管理制度改革。

（二）制定具体落实措施

各省（区、市）气象局、各直属单位要结合本单位实际情况，制定具体落实措施。要明确职责分工，完善预算管理制度，强化人员配置，加强预算管理的培训指导，推动气象部门预算管理能力整体提升。

（三）防范化解财务风险隐患

强化内控风险日常管控,有效运用内控成果,做好风险动态监测和预警分析,严密防范资金风险、信息系统安全风险等各种风险。

气象部门管理创新工作办法

（气发〔2022〕98 号）
2022 年 9 月 2 日

第一章　总　　则

第一条　为加强气象部门管理创新，激发创新活力，引导各级气象部门创新探索，破解现代气象管理体系发展难题，推动管理创新更好服务气象高质量发展，制定本办法。

第二条　本办法所称的管理创新工作（以下简称创新工作），是指围绕《气象高质量发展纲要（2022—2035 年）》贯彻实施，破解高质量发展难点、堵点和基础性问题，在方式方法、管理制度等体制机制方面的开拓创新。包括气象科技管理、气象基础业务管理、气象服务管理和党政管理四类。

第三条　创新工作组织管理主要包括组织实施、总结申报、评选审定、结果应用和效益评估等方面。

第四条　中国气象局负责对创新工作的领导。中国气象局办公室负责组织管理，各内设机构按照职能协同配合，共同承担创新工作的指导和评选，指导开展宣传推广和效益评估等工作。

第五条　各省（区、市）气象局、中国气象局各直属单位（以下简称各单位)是管理创新的主体,负责本单位创新工作组织实施、申报和宣传推广,协助开展效益评估等工作。鼓励联合开展创新工作组织实施和申报。

第六条　创新工作按年度开展申报和评选,每年度评选出不超过 40 项全国气象部门优秀管理创新工作,并从中选出十大优秀管理创新工作。

第二章　创新工作组织

第七条　中国气象局围绕气象高质量发展和党组重点工作制定年度管理创新指南,引导各单位结合工作实际,找准管理创新方向和选题。

第八条　各单位应结合当地经济社会发展需要和自身优势,按照《气象高质量发展纲要(2022—2035 年)》和气象发展规划的目标要求,坚持需求导向和问题导向,参考中国气象局年度管理创新指南或自选创新方向,统筹组织实施创新工作,并提供必要的经费和政策支持。

第九条　中国气象局各内设机构要对创新工作组织实施、总结申报、推广应用等全过程进行指导和把关。

第三章　创新工作申报

第十条　申报的创新工作应符合以下条件:

(一)实效性。通过创新工作实施,破解了某一领域或某个层面上制约高质量发展的重点、难点和堵点问题,对促进气象高质量发展有显著成效。

(二)创新性。在全国气象部门或所在区域内首创或率先,具有较强的开创性和突破性,探索形成了成功的经验做法。

（三）可推广性。对所在区域乃至全国气象部门具有较高的可复制、可借鉴和可推广价值。

第十一条　创新工作应由本单位按照以上条件预审后，填报《全国气象部门管理创新工作申报表》（见附表）正式申报。申报表要全面翔实介绍创新工作的基本情况、创新做法、取得成效、可推广性等，并上传至申报系统，一般应附相关佐证材料。

第十二条　各单位每年申报创新工作总数不得超过2项，同类限报1项。联合申报的创新工作计入第一申报单位的创新工作数量。

第四章　创新工作评审

第十三条　创新工作评审坚持客观公正公开、广泛参与、注重实效的原则，按照初步审查、复核审查、网络公示和评选、专家评审、局党组审定的程序开展。

第十四条　中国气象局各内设机构对归口创新工作进行初步审查，对照评选条件，根据创新主题、创新内容、实施效益、可推广性等综合情况，对每项创新工作提出初审意见，对归口创新工作进行优选排序。

第十五条　中国气象局办公室组织内设机构相关人员成立复核审查小组，对通过初审的创新工作进行复审，综合考虑初审排序，兼顾创新类别和区域分布，优选不超过45项创新工作进入下一轮评审。

第十六条　通过复审的创新工作面向全国气象部门进行网络公示和投票评选。网络评选采取分类定向推送方式，不同类别创新工作由相关领域人员进行投票评选。

第十七条　中国气象局办公室组织召开专家评审会议，对通过网络评选的创新工作进行评审。申报单位逐一汇报创新工作内容,评审专家逐项给予打分。

第十八条　　按照初审占 40%、复审占 10%、网络评选占 10%、专家评审占 40%的分值权重,根据评分情况,推荐年度优秀管理创新工作和其中的十大优秀管理创新工作,提交中国气象局党组审定。

第五章　应用与评估

第十九条　　中国气象局将管理创新工作成效纳入中国气象局内设机构和各单位目标考核。

第二十条　　中国气象局对全国气象部门年度创新工作评选情况进行通报,对优秀创新工作单位及主要参与人员提出表扬,作为单位和个人评优奖励、职称评定等的重要参考。

第二十一条　　中国气象局通过重点解读、专题报道、专栏刊载、观摩交流、工作汇编等多种形式对年度优秀创新工作进行宣传。

第二十二条　　各单位应加强优秀创新工作在气象部门内外的推广应用,加强学习交流,拓展创新成效。获评优秀创新工作的单位要继续巩固和深化创新成果,未获选但发展前景较好的创新工作,可继续组织实施并申报。

第二十三条　　中国气象局内设机构根据优秀创新工作所属领域,有计划地组织开展推广工作,并对推广应用效果进行跟踪评估,对创新成果和推广成效显著单位在年度项目安排和政策支持上给予倾斜。

第六章　监督与检查

第二十四条　　凡在申报和评选过程中有弄虚作假行为的,经查属实后,取消获评资格,并按照有关规定给予通报批评,两年内不得申报管理创新工作。

　　第二十五条　承担创新工作评选的各内设机构及相关人员,要严格按照规定程序进行评选,严守纪律,公正廉洁。对在评选过程中违反纪律和本办法造成不良后果的,按照有关规定严肃处理。

第七章　附　则

　　第二十六条　各省(区、市)气象局、各直属单位可参照本办法制定本单位管理创新工作相关制度。

　　第二十七条　本办法由中国气象局办公室负责解释。

　　第二十八条　本办法自印发之日起施行。《气象部门创新工作管理办法》(气发〔2018〕101 号)同时废止。

　　附表:全国气象部门管理创新工作申报表(略)

气象业务软件统筹发展工作方案
（2022—2025 年）

（气发〔2022〕103 号）

2022 年 9 月 19 日

软件是新一代信息技术的灵魂，在信息化进程中发挥基础支撑作用。气象业务软件是信息技术、气象数据与算法的关键载体，是气象监测、预报、服务和信息等核心业务及气象产业融合、协调、可持续发展的关键纽带，是统筹发展与安全的重要环节。统筹发展气象业务软件，对于加快推进气象高质量发展具有重要意义。为贯彻落实《气象高质量发展纲要（2022—2035 年）》《全国气象发展"十四五"规划》和《新型气象业务技术体制改革方案（2022—2025 年）》总体部署要求，制定本工作方案。

一、发展目标

到 2025 年，形成以气象大数据云平台为基座，以监测、预报、服务、信息核心业务软件为支撑，定制化、轻量化、多样化的应用软件为主体的气象业务软件生态，更好实现业务壁垒打通，业务流程协同贯通，业务领域有机衔接。逐渐形成统一规划设计、严格技术标准、组件众创共享、功能高效迭代的气象业务软件发展范式。气象业务软件自主可控能力进一步增强，发展制度保障逐步健全。

二、发展原则

坚持系统方法。以数据为中心,基于统一软件架构和组件库,采用系统工程方法统筹设计、持续迭代气象业务软件,加强各领域业务间衔接与互动,实现技术和知识的持续积累,增强业务发展的整体性和协同性。

坚持标准引领。增强气象业务软件标准规范的刚性约束,坚持标准化设计、规范化建设和科学化管理,强化组件"可发现、可调用、可交互、可重用",提升业务软件易维护性和可重构性。

坚持安全发展。统筹发展与安全,深化安可应用要求,将数据安全、网络安全和业务安全贯穿工作各环节、全过程,筑牢安全底线。加强知识产权保护,严格外包风险监管,符合信创技术标准,降低对外依赖程度,推动国产化软件和开源技术应用,增强自主可控水平。

坚持渐进实施。从业务实际出发,确保质量和效益优先。把握实施节奏,坚持分类指导、试点先行、循序渐进,不搞"一刀切",推动气象业务平稳过渡和业务软件有序迭代升级。

三、总体架构

按照"设施统筹、平台统一、数据统管、系统集成、应用多样"的设计思路,气象业务软件采用"大平台、大系统、多应用"的总体架构:以气象大数据云平台为统一"大平台",以组件构建起支撑核心业务的"大系统",发展适应不同业务领域、不同业务层级用户需求的定制化"多应用"。"大系统""多应用"持续凝练沉淀组件和开发框架,形成气象业务软件核心竞争力,防范不合规、不安全的数据调用行为,支撑气象业务软件的有序迭代和研发创新。

其中,组件是注册于气象大数据云平台,具有相对独立功能、标准接口、可独立部署、可组装、可复用的软件实体或算法封装,包括平台通用组件、气象基础组件和业务应用组件。气象业务软件开发应当使用已有组件,已有组件不能满足需求的,应在气象大数据云平台新建或升级组件后调用。开发框架是指通用的、可重复使用的软件结构设计,整合通用功能的底层服务,具有明确的控制流程、逻辑关系及组件复用关系,为气象业务软件开发提供初始模板,可显著提升软件开发效率,便于维护和扩展。组件和开发框架可通过基于气象大数据云平台搭建的应用仓库浏览检索、下载试用或在线调用。

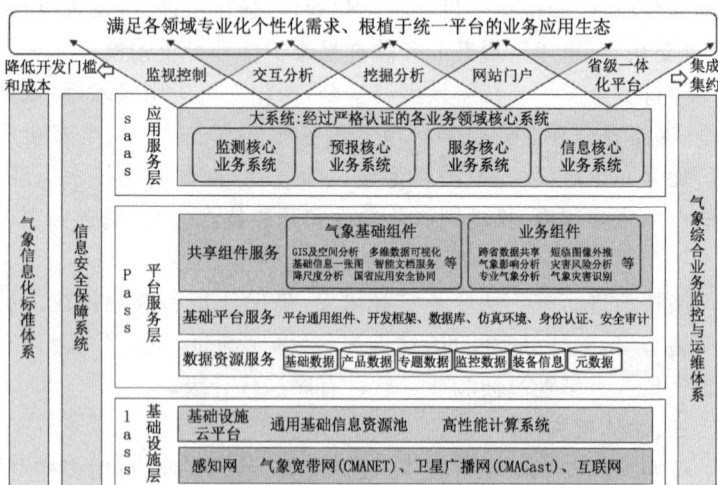

气象业务软件总体架构

（一）统一"大平台"支撑

建立基于元数据的数字服务注册制,数据、算法、组件、开发框架和业务化的气象软件等均在气象大数据云平台实现注册管理。气象大数据云平台提供统一数据资源服务、基础平台服务和共享组件服务,以及统一的综合业务监控运维和信息安全保障体系。

数据资源服务为气象业务软件提供基于元数据描述、统一标准与安全、分类共享资源的气象数字空间,提供标准化的数据发现、存储、访问和分析等服务,全面统一气象业务软件数据环境。

基础平台服务为气象业务软件组件化开发和运行提供消息、调度、日志、身份认证、安全审计等基础服务，以及平台通用组件、开发框架、业务仿真环境、开发工具等软件开发服务，逐步实现"大平台"开发环境的集约化、标准化。

共享组件服务包括针对气象数据应用特点的气象GIS（地理信息系统）及空间分析、气象多维数据可视化、跨区域协作等气象基础组件和面向气象业务应用建设的降尺度分析、图像外推等业务应用组件。组件遵循标准规范进行封装，尽可能与业务应用解耦，保证气象业务软件建设的可扩展性、可重构性和易维护性。通过逻辑统一的云平台管理机制，实现组件在全国气象"云"内的集约建设和平滑流动，以及全网"可发现、可访问、可计量、可评估"。以组件为载体，不断沉淀部门开发和外包开发的软件成果。

（二）发展核心"大系统"

在监测、预报、服务和信息业务领域，利用共享组件技术，结合现有业务软件发展成熟度和技术特色，集约形成若干个"大系统"承载各领域核心业务，逐步打造面向监视控制、交互分析、挖掘分析、网站门户、省级一体化平台等典型开发框架，灵活适配桌面客户端、WEB端、移动端应用，打造自主创新的通用化、系列化、组件化的气象核心业务软件，实现上下（国、省、市、县）左右（监测、预报、服务）贯通。

（三）分级部署"多应用"

根据不同业务特点、面向发展需求，在保持核心组件、框架的一致性基础上，以组件化、原型开发、快速迭代的开发方式实现不同业务的丰富应用，包括专业领域的业务系统、市县特色化服务系统和APP小程序等，形成轻量化、更新快的"多应用"，满足差异化的业务应用需要。统筹利用公有云资源，在统一软件开发建设和安全标准、确保数据安全的基础上开发部署互联网应用。与数值模式开发高度集成的数值预报系统、与国家政务信息化相关的气象政务信息系统按已有业务规划参照以上总体架构优化完善顶层设计,并做好数据、产品、标准等的互联互通。

四、软件布局

监测领域:国、省两级部署,各级应用的综合气象观测实时业务系统,国家级统一部署、各级应用的风云气象卫星遥感应用系统等气象核心业务软件;发展适应监测业务需求的各类业务应用软件。

预报领域:国家级部署、各级应用的数值预报业务系统、气象信息综合分析处理系统、无缝隙智能网格分析预报系统、气候监测预测系统和全流程检验评估系统等气象核心业务软件。发展交互分析类开发框架和短临预警、台风海洋等专业领域的业务应用软件。

服务领域:国、省两级部署,各级应用的气象服务综合分析应用平台,国家级部署、各级应用的气象灾害风险管理系统,国、省、地部署,县级应用的国家突发事件预警信息发布系统和国、区域、省部署,地、县应用的国家人工影响天气指挥平台等气象核心业务软件。发展挖掘分析类、门户网站类开发框架和各级按需定制的交通气象、生态农业、航空保障、远洋导航等服务领域的"气象+"业务应用软件。

信息领域:国省协同、各级应用的气象大数据云平台,国、省两级部署,各级应用的气象综合业务实时监控系统,国、省、地、县部署和应用的气象通信系统,国、省两级部署,各级应用的气象网络与数据安全监管系统等气象核心业务软件。发展监视控制类开发框架及标准化平台通用组件。

省级一体化业务:围绕各省综合气象业务,以各类共享组件为基础,打通监测、预报、服务、信息领域功能和产品,统筹打造省级一体化业务平台开发框架。各省基于开发框架根据不同业务、地域特点建立省级一体化业务平台,灵活定制用户功能界面等,有效支撑省、地、县各级和监测、预报、服务、信息各项气象业务的高效协同。

五、主要任务

（一）健全气象业务软件管理制度规范

1. 健全气象业务软件外包监管

制定《气象业务软件外包风险监管办法》，对业务软件外包活动及承包商进行规范管理，加强业务软件外包的风险管控。针对核心业务软件外包，在招标采购环节开展采购需求审查、加强对承包商的资质能力评估。在气象业务软件开发实施环节通过联合检查、委托检查等形式开展外包活动检查。

2. 开展核心业务软件认定和评价

组织开展气象核心业务软件认定，实施气象核心业务软件清单式管理，优先支持其长期发展和迭代升级。制定气象业务软件准入和退出办法，对业务化软件进行成熟度评级，高评级软件予以持续发展支持，低评级软件逐步淘汰退出。建立气象开发组件和框架的认定、准入和退出机制。加强软件全生命周期的监管和效益评估。

（二）完善气象业务软件开发标准规范

3. 规范气象软件工程管理

修订《气象软件工程规范（试行）》，强化涉及气象业务软件工程项目的前期研究、需求分析、组件化设计、开发实施、交付质量、测试验收、集成部署等环节管理，推广实施监理、第三方源代码审计和第三方测试，规范气象业务软件命名规则和版本管理。制定和推广使用统一的招标文件模板，将气象软件工程规范要求作为招标文件及合同等的必备条款。

4. 完善业务软件开发技术标准

建立和完善气象业务软件技术标准体系，加快气象大数据云平台接入流程、服务协议和集成接口、组件元数据等基础性、关键性业务软件开发技术标准的研制,加强国际标准化组织(ISO)、开放地理空间信息联盟(OGC)及万维网联盟(W3C)等软件行业通用技术标准和信创技术标准的引用。强化软件技术标准在气象业务软件设计、开发、测试、验收等环节的刚性约束。印发气象业务软件组件化开发指南,指导业务软件开发业务框架和组件设计,提高组件化开发质量和水平。

(三)统筹推进气象业务软件集约开发

5. 筹建应用软件技术委员会

推动气象业务软件高端智库建设。由中国气象局网络安全和信息化领导小组办公室筹建应用软件技术委员会,为气象业务软件统筹发展提供专业咨询意见。应用软件技术委员会按照气象业务软件发展目标和要求,统一开展软件技术架构和标准的技术审查、业务软件成熟度评价核定等专业技术支撑工作。

6. 集约建设软件开发环境

持续完善气象大数据云平台应用开发环境,统一建设中试仿真环境。基于气象大数据云平台搭建气象应用仓库,提供组件和开发框架的注册管理、浏览检索及共享服务,实现注册组件使用情况的计量和排名。在国家级建立统一的气象业务软件源代码托管平台,实现业务软件代码统一管理,确保代码、组件和应用的安全可控。加强知识产权保护,标识开发者贡献。

7. 统一规划组件建设

统一建设平台通用组件,包括统一身份认证、数据库服务、应用中间件、大数据分析、工作流引擎、安全服务等组件及微服务框架等。统筹建设气象基础组件,包括地理信息服务组件、气象数据采集组件、气象多维可视化组件、业务文档智能生成组件、跨省跨区域协作组件等,原则上不重复建设。特色发展气象业务应用组件,包括气象灾害识别、短临图像外推、气象影响分析、灾害风险分析和专业气象分析等组件,可保持适度同类竞争。新建业务软件、现有业务软件升级均应实现组件化开发并注册入库。

8. 培育发展软件开发框架

通过气象业务软件开发,持续凝练和沉淀监视控制类、交互分析类、挖掘分析类、网站门户类和省级一体化平台类等基本软件开发框架,探索推动各类开发框架融合成为基于数字地球的统一开发引擎。结合气象业务需求变化和新信息技术发展,不断升级完善开发框架,持续推动气象业务软件版本升级和能力迭代,不断提高气象业务软件技术含量。通过政策引导和绩效评价等方式,推动各级气象部门基于开发框架开展高复用、低成本的本地化业务软件开发。

(四)提升气象业务软件自主创新能力

9. 强化自主可控开发能力

减少使用高成本、低可控的商业组件,鼓励使用生态良好、社区成熟的开源组件,加快基础软硬件环境的国产化替代。加强气象业务关键算法和工具的自主研发,确保核心技术自主可控和软件供应链安全。围绕"大平台、大系统、多应用"气象业务软件生态建设,提升软件架构与标准、跨平台组件式开发、海量数据高效应用等方面的开发能力,降低软件开发的外包依赖。培育行业软件技术开发联盟,形成气象业务软件创新合力。

10. 探索推进开源开放试点

完善气象业务软件开源开放技术支撑体系。在保护知识产权的前提下,实现业务软件组件在部门内的开放公用,鼓励源代码共享共建,推动形成众研、众用、众创的气象业务软件开源生态。适时推进对外开源试点,稳步推进开源开放模式成为气象业务软件创新的主导模式。

六、职责分工

预报司负责气象业务软件的总体布局和发展规划,印发业务软件管理制度,组织完善业务软件标准规范,发布气象核心业务软件清单,会同计财司加强业务软件统筹发展监督管理,开展工作检查和考核评估。减灾司、预报司、观测司负责分管领域气象业务软件的发展规划和建设、运行监督管理,负责本领域气象核心业务软件认定。计财司负责气象业务软件发展规划投资安排和业务软件运行维持经费保障,推动中央和地方投资与业务软件迭代发展挂钩。

信息中心牵头,其他直属单位参与,负责编制气象业务软件技术标准,完善气象大数据云平台开发环境,维护管理业务软件应用仓库,开展组件评价评估等工作。

发展规划院负责编制气象软件工程规范和组件化开发指南,开展气象业务软件顶层设计及相关项目评估、外包承包商审查、采购需求审查、代码托管、成熟度评价、绩效评价等工作。

各省(区、市)气象局负责按照中国气象局气象业务软件管理制度、开发规范和技术标准,开展本省(区、市)气象业务软件统筹建设。

七、进度安排

2022年底前,印发《气象业务软件外包风险监管办法》《气象软件工程规范》(修订稿)和气象业务软件组件化开发指南,基本建立气象业务软件的开发监管、实施和评价的制度体系。认定发布气象核心业务软件清单,气象业务软件顶层设计基本完善。启动气象基础组件规划设计。

2023年,建立气象业务软件准入与退出制度,开展业务软件成熟度评级。编制完成急用先行的气象业务软件技术标准。基本建成气象大数据云平台中试仿真环境和代码托管平台。建成应用仓库,实现组件、开发框架的注册、管理、浏览、检索、共享服务和使用计量、排名。依托工程投资升级改造现有业务软件,加强核心业务软件建设,不断丰富气象基础组件和业务应用组件。选取有代表性的内陆型、海洋型、大城市所在省(区、市)气象局,开展省级一体化平台开发框架建设试点。

2025年,基本建成气象业务软件技术标准体系。组件化、开放式的开发范式成为气象业务软件建设的主导模式,自主可控的开发框架、组件得到广泛应用,现有核心业务软件基本完成改造,基本实现气象业务软件的统筹、集约开发。气象业务软件市场健康发展。

八、保障措施

(一)强化知识产权保护

加强气象业务软件知识产权保护,推进软件著作权登记和科技成果登记。推动业务软件科技成果转化、落实激励政策,内部开放的组件由承包商使用于其他开发活动的应协商付费;对外开源的业务软件产品应突出公益性,避免商业化应用。

(二)优化软件人才培养和评价机制

优化业务软件人才发展环境,激发人才创新活力。完善人才评价机制,将业务软件开发业绩作为部门内信息技术人才职称(职务)评聘、岗位晋级考核、绩效分配的重要依据。探索在气象大数据云平台应用开发环境、代码托管平台、应用仓库等建立评价机制,以代码、组件、框架、服务、应用等的实际使用情况作为开发业绩评价标准。

(三)扶持气象业务软件产业发展

在气象业务软件开发领域,通过内部整合、商业合作等方式培育具备一定市场规模的行业龙头,吸纳市场优秀软件技术人才与部门内技术人才共同组成气象业务软件开发中坚力量,引导气象业务软件行业健康发展。

(四)保障运行维持投入

强化气象业务软件运行维护经费保障,满足维持软件功能必要的开发、补丁和升级需求,保障气象业务正常运行,优先保障核心业务软件和成熟度评级较高的软件。

中国气象局关于贯彻落实《法治政府建设实施纲要(2021—2025年)》的实施意见

（气发〔2022〕116号）

2022年10月28日

为深入学习贯彻习近平法治思想,认真贯彻落实习近平总书记关于气象工作重要指示精神,落实《法治政府建设实施纲要(2021—2025年)》和《气象高质量发展纲要(2022—2035年)》,全面推进气象法治建设,服务和保障气象高质量发展,结合气象部门工作实际,提出以下实施意见:

一、总体要求

（一）指导思想

坚持以习近平新时代中国特色社会主义思想为指导,全面贯彻党的十九大和二十大精神,全面贯彻习近平法治思想,深刻领悟"两个确立"的决定性意义,增强"四个意识"、坚定"四个自信"、做到"两个维护",认真贯彻落实习近平总书记关于气象工作重要指示精神,围绕全方位服务保障生命安全、生产发展、生活富裕、生态良好,更好满足人民日益增长的美好生活需要的目标,坚持将气象法治建设放在推动气象高质量发展全局中统筹谋划,积极推动法治工作全局化、全局工作法治化,加快构建职责明确、依法行政的气象治理体系,为加快推进气象高质量发展提供有力法治保障。

(二)主要原则

——坚持党的全面领导。把党的领导贯穿到气象法治建设的全过程和各方面,确保气象法治建设始终保持正确的政治方向。

——坚持以人民为中心。立足气象关系生命安全、生产发展、生活富裕、生态良好,聚焦"监测精密、预报精准、服务精细"和充分发挥气象防灾减灾第一道防线作用的要求,全面履职,依法行政,不断增强人民群众获得感、幸福感、安全感。

——坚持问题导向。聚焦党中央国务院关注、气象高质量发展急需解决的重点事项和气象法治建设的薄弱环节,着力补短板、堵漏洞、强弱项,推进气象治理体系和治理能力现代化。

——坚持统筹推进。将气象法治建设放在服务经济社会发展大局和气象高质量发展全局中谋划推进,统筹推进气象立法、执法和普法工作,强化系统思维和部门上下协同,完善体制机制,提升法治建设的保障能力和水平。

(三)总体目标

到2025年,气象法律规范体系更加完备,行政执法能力和水平明显提升,气象部门干部职工依法全面履职能力显著增强,气象行政行为全面纳入法治轨道,职责明确、依法行政的气象治理体系日益健全。

二、健全气象机构职能体系,推动更好发挥职能作用

(四)推进气象机构职能优化协同高效

积极推进政府职能转变,围绕气象服务国家、服务人民和保障生命安全、生产发展、生活富裕、生态良好的定位,厘清气象部门与市场、社会之间的关系,优化气象部门组织结构,理顺职责关系,促进职能转变,实现更加优化。不断完善公共服务职能,强化气象保障服务能力。根据气象高质量发展需要,优化气象事业编制资源配置,鼓励、支持从上往下调剂使用气象事业编制。落实中央实施权责清单制度的有关要求,推动各级气象部门高效履职尽责。强化规划引领,科学编制和实施建设规划,充分发挥规划在合理布局、统筹集约、提质增效等方面的指导作用。

（五）深入推进气象"放管服"改革

持续推进气象行政审批制度改革,编制实施气象部门行政许可事项清单,坚决防止变相设置行政许可事项。严格执行市场准入负面清单,普遍落实"非禁即入",激发市场主体活力。探索推行行政审批告知承诺制,推进"证照分离"改革在气象部门全覆盖。全面落实证明事项告知承诺制,新设证明事项必须有法律法规或者国务院决定依据。在雷电防护、台站迁建、探测环境、装备使用等领域大力开展"双随机、一公开"监管和"互联网＋监管",探索以重点监管为补充、以信用监管为基础的新型监管机制,推进线上线下一体化监管。

（六）加快推进信息化平台建设

完善气象部门一体化在线政务服务平台,实现与全国一体化政务服务平台全方位对接,推动气象行政审批服务"网上办、一次办"提档升级,推进身份认证、电子印章、电子证照等统一应用,积极推进审批服务向移动端延伸,实现更多服务事项"掌上办"。优化整合提升各级气象部门线下审批大厅"一站式"功能,实现审批事项就近能办、异地可办。全面提升政务服务水平,完善首问负责、一次告知、一窗受理、自助办理等制度。推进政务服务全流程提速,大力压减政务服务整体办理时间,在更大范围内提升政务服务便捷度和企业群众的获得感。推进和规范气象数据安全、合规、有序开放共享,提升气象数据资源价值和应用效益。

三、健全气象法规标准体系,加快推进气象管理规范化程序化法治化

（七）加强重要领域立法

紧扣气象高质量发展的战略部署,统筹国家和地方立法资源,

对气象法律制度进行科学谋划,构建完善制度完备、高效实施、保障有力的气象法律法规体系。健全国家治理急需、满足经济社会高质量发展和人民对美好生活需要必备、充分发挥气象防灾减灾第一道防线作用等方面的法律制度,重点推进涉及气象防灾减灾、气象服务保障生态文明建设、气象监测和数据管理等重要领域立法,特别是针对大城市气象防灾减灾,推动建立健全以气象灾害预警为先导的具有法律约束力的部门应急联动和社会参与的地方法规制度。坚持立法与改革决策相衔接,及时做好立改废释工作,确保重大改革于法有据。

(八)完善立法工作机制

聚焦实践问题和立法需求,科学制订年度立法工作计划,提高立法精准化水平。完善部门内部立法工作程序,加强在立法草案起草过程中的沟通协调机制。完善立法论证评估制度,立项前认真评估论证立法项目必要性、可行性,颁布实施后适时开展立法后评估。加强各方参与立法机制建设,拓宽立法公众参与渠道,健全企业、行业协会等参与涉企法律法规规章立法征求意见机制,完善立法听证、民意调查机制,充分听取法律顾问、公职律师和有关专家的意见建议。聚焦气象法律制度空白点,从"小切口"入手,着力解决现实问题,增强立法针对性、可操作性。指导支持地方气象立法工作,发挥地方立法的实施性、补充性和探索性功能。

(九)加强行政规范性文件制定监督管理

加强对行政规范性文件制定和管理工作的指导监督,推动管理工作制度化规范化。依法制定行政规范性文件,严禁越权发文、严控发文数量、严格制发程序。全面落实行政规范性文件合法性审核机制,建立程序完备、权责一致、相互衔接、运行高效的气象行政规范性文件合法性审核机制,严格执行《气象行政规范性文件管理办法》规定的四级三审制。明确审核范围,统一审核标准。落实行政规范性文件备案审查制度,实现有件必备、有备必审、有错必究。健全行政规范性文件动态清理工作机制，及时对本部门制发的行政规范性文件进行清理。

（十）强化标准的支撑保障作用

增强标准的权威性和约束力，提高标准在推进气象治理体系和治理能力现代化中的战略性、基础性作用。聚焦政府职责范围内的公共气象服务和气象行政管理的基本要求，加强关系到国计民生、政府和社会公众关心和关注、有较大社会影响的重要标准供给，强化事中事后监管。健全以标准为重要履职手段和依据的工作体系，强化标准在气象业务、服务、管理全流程中对质量控制、检验评估以及行业管理、行政许可等工作中的技术支撑作用，通过标准解决数据格式不一致、业务技术不统一、仪器装备不兼容等制约气象行业发展的突出问题，提高全行业的业务服务质量。

四、健全气象行政执法工作体系，全面推进严格规范公正文明执法

（十一）完善气象行政执法体制机制

研究推进气象行政执法体制改革，推动形成权责清晰、运转顺畅、保障有力、廉洁高效的气象行政执法体制机制。建立健全跨区域气象执法协作机制、跨部门联合执法机制，继续探索气象行政执法纳入地方综合执法。创新行政执法方式，推行大数据监管、审慎包容监管，深入推进"互联网＋"监管执法，探索非现场监管方式方法，解决人少事多的难题。采取有效措施加大对气象行政执法工作的投入力度，将行政执法所需差旅费、法律顾问费以及执法装备的配备和更新等经费需求纳入部门预算。积极创造条件保障一线行政执法人员待遇，完善执法人员人身意外伤害和工伤保险制度。在推进省、市级气象部门事业单位改革过程中，明确相关事业单位对履行气象领域政府行政管理职能的技术支撑职责。

（十二）加强气象行政执法能力建设

加强基层执法队伍建设，规范气象行政执法人员资格管理，建设行政执法人员信息管理系统,建立健全行政执法资格考试、行政执法证件管理制度。加强对行政执法人员专业培训,在完成政治理论教育和党性教育学时的基础上,确保年度业务知识和法律法规培训不少于60学时。鼓励组织执法技能竞赛、执法大比武等活动,加快建设一支政治坚定、素质过硬、数量充足、廉洁高效的气象行政执法队伍。

(十三)严格规范公正文明执法

加大对气象设施和气象探测环境保护、气象预报发布和传播、涉外气象活动、气象专用技术装备使用、气象信息服务以及人工影响天气、防雷、升放气球等重点领域的执法检查力度,确保不法行为得到及时纠正和严肃惩处。完善行政执法程序,全面严格落实行政执法公示、执法全过程记录、重大执法决定法制审核制度。建立并落实行政裁量权基准制度,进一步细化量化各级气象行政执法行为的裁量范围、种类、幅度并对外公布。完善行政执法案卷、文书格式,提高执法案卷、文书标准化、规范化水平。广泛运用说服教育、劝导示范、警示告诫、指导约谈等方式,让执法既有力度又有温度。推行轻微违法行为依法免予处罚制度。探索建立行政执法案例指导制度,适时公布有影响力的典型案例。全面落实"谁执法谁普法"责任制,加强以案释法。

五、健全气象行政权力制约和监督体系,促进行政权力规范透明运行

(十四)健全和落实行政决策制度

坚持科学决策、民主决策、依法决策,严格落实行政决策程序规定,提高决策质量和效率。主要负责人要强化依法决策意识,听取合法性审查机构、法律顾问或者公职律师的意见,确保决策内容符合法律法规规定。严格执行《重大行政决策程序暂行条例》,依法落实调查研究、公众参与、专家论证、风险评估、合法性审查、集体讨论决定等程序要求。推行重大行政决策事项年度目录公开制度。完善行政决策执行机制,建立健全重大行政决策跟踪反馈制度。依法推进决策后评估工作,将决策后评估结果作为调整重大行政决策的重要依据。建立健全决策过程记录和材料归档制度。严格落实重大行政决策终身责任追究制度和责任倒查机制。

(十五)形成监督合力

突出党内监督主导地位,将贯彻落实习近平法治思想和党中央决策部署、推进气象法治建设纳入巡视巡察等监督范围。自觉接受人大监督、民主监督、行政监督、司法监督、审计监督、群众监督、舆论监督等监督。积极发挥统计监督、执法监督、行政复议等监督作用。突出问题导向开展审计监督,加强对"一把手"的经济责任审计。以维护财经纪律为主线,高质量开展财会监督。增强财经纪律约束力和制度执行力,协调发挥审计监督与财会监督作用。自觉接受纪检监察机关监督,对气象部门公职人员违法行为做到依规依纪依法严肃查处。坚持严管和厚爱结合、激励和约束并重,建立健全担当作为的激励和保护机制。

(十六)加强督查检查和行政执法监督

不断加强和规范督查检查工作,重点对党中央、国务院重大决策部署落实情况、上级和本级部门工作部署落实情况开展督查检查,保障政令畅通,督促提高行政效能。全面落实行政执法责任,按照权责清单分解执法任务、确定执法责任。健全和完善气象行政执法案卷评查、行政执法投诉举报处理、行政执法考核评议等制度。加大重点领域气象行政执法监督力度,着力克服基层气象部门不会执法、不敢执法和不愿执法的"三不"现象,促进严格规范公正文明执法。

(十七)全面主动落实政务公开

坚持以公开为常态、不公开为例外原则,全面主动落实政务公开。大力推进决策、执行、管理、服务和结果公开,做到法定主动公开内容全部公开到位,高质量发布现行有效法律行政法规规章和行政规范性文件正式版本,发布重大政策的同时做好解读工作,主动解疑释惑,积极引导舆论,有效管理预期。加强公开制度化、标准化、信息化建设,提高政务公开能力和水平。全面提升依申请公开政府信息的办理质量,鼓励开展网络问政等主题活动,建立健全局长信箱等途径渠道,增进与公众互动交流,依法保障人民群众合理信息需求。

(十八)加强和规范行政复议及行政应诉工作

发挥行政复议化解行政争议主渠道作用。落实行政复议体制改革要求,完善气象部门行政复议体制和管理制度。落实行政复议规范化、专业化、信息化建设要求,不断提高气象行政复议案件办案质量和效率。通过行政复议办理,指导气象部门预防和及时纠正行政违法行为。加强和规范行政应诉工作,认真落实行政机关负责人出庭应诉制度,切实履行人民法院生效裁判,认真落实司法建议、检察建议,积极配合法院、检察院妥善处理行政争议。

六、提升气象部门突发事件应对保障能力,依法预防处置重大突发事件

(十九)完善气象灾害防御应对体系建设

推动完善气象灾害防御有关法律制度,提高气象灾害防御工作的法治化水平。落实气象灾害防御属地责任,强化突发事件预警信息发布系统能力建设,推动建立以气象灾害预警为先导的应急联动机制。健全国家气象灾害应急预案体系,完善预警和应急响应启动标准,明确气象防灾减灾的部门职责,提高应急预案的有效性、针对性、实用性。建立分灾种、分区域的气象灾害监测预报预警体系,规范气象灾害预报预警信息发布,建立统一权威高效的气象预警预报信息发布机制,强化气象灾害风险评估,提高城乡气象灾害防御能力。大力开展气象防灾减灾救灾科普宣传,增强全社会气象灾害风险防范意识和自救互救能力。

（二十）提高突发事件依法处置能力

坚持运用法治思维和法治方式应对突发事件，严格依法实施应对举措；健全各类突发事件应急预案，依法分级分类施策，并根据实际需要和情势变化适时修订。对本部门容易引发涉及安全生产和公共卫生事件的重点场所和重要部位及关键环节定期开展应急演练、隐患排查和整治，注重提升依法预防突发事件、先期处置和快速反应能力。建立健全突发事件发生后的调查评估机制和危机学习机制。健全和完善突发事件应对培训制度，对本单位负有处置突发事件职责的工作人员进行定期培训。加强突发事件信息公开和危机沟通，对涉及特别重大、重大突发事件的政务舆情，及时举办新闻发布会、发布权威信息。坚持和发展新时代"枫桥经验"，完善信访工作制度，健全多元预防调处化解综合机制，将涉及气象部门矛盾纠纷化解在萌芽状态、化解在基层，依法维护人民群众合法权益。

七、加强党的领导，完善气象法治建设推进机制

（二十一）加强对气象法治建设的领导

各级气象部门要深入学习领会习近平法治思想，将其作为党组（党委）理论学习中心组学习重点内容，贯彻落实到气象法治建设全过程和各方面。各级党组（党委）要切实履行推进法治建设领导职责，认真落实习近平法治思想和党中央决策部署，及时研究解决气象法治建设中的重大问题，发挥好把方向、管大局、保落实的领导作用。各级气象部门主要负责人要切实履行推进本部门本单位法治建设第一责任人职责，将法治建设作为重要工作予以部署推进、抓实抓好。

（二十二）健全气象法治建设推进机制

坚持统筹推进气象法治建设与气象业务工作，把法治要求贯穿到气象事业发展规划、建设、管理、保障服务和安全生产等各领域。加强考核评价，将法治建设成效作为衡量各级气象部门工作实绩的重要内容,列入各级领导班子和领导干部绩效考核评价内容,突出依法行政考核指标的引领作用,加强督办督查,强化考评结果运用。把法治素养和依法履职情况作为考核评价干部的重要内容。严格执行法治政府建设年度报告制度,按时向社会公开。加强资金保障,将气象部门法治政府建设所需各项经费纳入部门财政预算统筹安排。

(二十三)全面加强依法行政能力建设

各级气象部门领导干部带头遵守执行宪法法律,建立完善气象部门领导干部和普通职工应知应会法律法规清单。健全领导干部学法用法机制,各级气象部门按照培训计划举办领导干部法治培训班。加强基层气象部门法治机构建设,保障人员力量、经费等与其职责任务相适应。加强气象行政执法和行政复议工作队伍专业化职业化建设。加强法律顾问和公职律师队伍建设,积极发挥其职能作用。把法治教育纳入各级气象部门工作人员初任培训、任职培训的必训内容。对在法治政府建设中做出突出贡献的单位和个人,按规定给予表彰奖励。注重选拔使用法治思维和依法行政能力强的干部,加大业务岗位与法治岗位干部交流力度,培养既懂业务又懂法治的高素质人才。

(二十四)不断提升气象法治宣传实效

制定实施气象法治宣传教育规划,全面落实普法责任制,不断健全气象普法工作体系。深入开展气象法治宣传教育,突出学习宣传习近平法治思想、宪法和民法典。充分运用新技术新媒体开展精准普法,提高普法针对性和实效性。以推进气象法治文化阵地建设为重点,加强气象法治文化建设。深入推进普法与依法治理有机融合。通过开展内容丰富、形式多样的气象法治宣传教育活动,持续增强气象干部职工尊法学法守法用法的自觉性和主动性,不断提升社会公众的法治意识和法治观念,为保障气象高质量发展积极营造良好法治环境。

进一步提升国家级短时临近预报预警服务业务能力工作方案（2022—2025年）

（气发〔2022〕123号）

2022年11月7日

为深入贯彻党的二十大精神、习近平总书记关于防灾减灾救灾和气象工作的重要指示精神，全面落实《气象高质量发展纲要（2022—2035年）》和《短时临近预报预警服务业务能力提升工作方案》部署要求，充分发挥雷达在短时临近预报中的核心作用，进一步提升国家级短时临近预报预警服务水平，特制定本工作方案。

一、现状分析

已建立规范分类的强对流短时短期预报业务流程和产品。短时预报产品包括全国范围24小时时效、逐3小时滚动更新的逐1小时间隔的雷暴、短时强降水、雷暴大风和冰雹客观确定性预报和概率预报产品，重点时段和重点区域0～6小时不定时滚动发布的极端短时强降水、雷暴大风和冰雹以及龙卷等强对流发生发展趋势的短时预报（试验）产品；短期预报预警产品包括雷暴、短时强降水、雷暴大风和冰雹确定性预报、概率预报以及强对流预警（视强对流天气强度和范围情况不定期发布）。

初步建成强对流天气监测和临近短时短期预报技术体系。发展了应用模糊逻辑和深度学习等方法的基于多源资料的综合质控和强对流信息判识监测技术,基于光流法、形态学以及聚类算法的强对流判识和临近预报技术,强对流天气诊断分析技术和分析规范,以模式释用为主的配料法及模糊逻辑方法、深度学习等方法的分类强对流客观预报技术等,相关监测和短时临近预报客观产品已集成到气象中心天气业务内网,实现了全国气象业务部门共享;全国短临预报系统 SWAN 获得跨越式发展,集成来自气象中心和探测中心、卫星中心、信息中心、数值预报中心、气科院、高校、部分省级气象部门的实况监测、智能报警、短临预报优秀算法,初步建成国省市县共享共用的 SWAN3.0。

短时临近预报人才队伍不断优化。国家级短临预报业务主要由气象中心强天气预报中心牵头负责,目前共 27 人,其中入选中国气象局领军人才 1 人,中央气象台首席预报员 2 人,正研 5 人,高工 13 人。

二、存在问题

国家级短临预报产品对基层突发灾害性天气和气象灾害风险预警服务指导能力不强。产品种类、时效、时空精细度及产品形式距离指导市县预警信号发布有较大差距,尚无直接支持市县发布精细到乡(镇、街道)的预警信号指导产品;高频滚动更新的短临预报数字化产品缺乏直接服务基层的通道。

国省实时协同的短临预报业务流程处于试验阶段。国省之间实况收集、即时消息互通、数据共享的信息渠道尚未打通,短临预报系统 SWAN 尚不具备支持国、省、市、县信息实时共融互通。

左右贯通的业务流程尚在探索。气象中心牵头、各直属业务科研单位协同的短临预报核心技术协同攻关机制待建立,与气象雷达、气象卫星、数值预报、气象信息"四根支柱"协同的业务运行模式尚未建立。

强对流天气机理认识和短临预报技术支撑不足。强对流天气系统生消演变的精细规律和极端天气物理机制的科学认知还有很大欠缺,应用以雷达资料为核心的多源资料的分类分级强对流天气精密监测识别和分析技术等非常缺乏;0~12小时内分区域、分时段、分强度、分类型的精准强对流天气预报技术,尤其是极端强对流天气短临预报技术有待攻克。

统筹国省科研资源的科技协同创新机制待建立。尚缺乏科技成果统一权威的业务评估、准入和退出等认证机制,吸纳优秀技术和算法进入业务循环的机制还不完善。

短时临近预报人才存在较大缺口。与承担的全国预报技术和业务引领示范的职责要求相比,在强对流预报首席、技术开发和预报骨干方面还存在较大缺口,尤其缺乏能够综合利用多源数据进行短临预报技术研发的研究型预报人才。

缺少持续稳定投入。针对短临预报业务和科研缺少持续稳定的项目经费投入,尚未充分调动相关成果和资源形成稳定的业务能力。

三、发展思路

深入贯彻党的二十大精神、习近平总书记关于防灾减灾救灾和气象工作的系列重要指示精神,全面贯彻落实《气象高质量发展纲要(2022—2035年)》和《短时临近预报预警服务业务能力提升工作方案》要求,将中国气象局党组有关重点区域、重点领域和重点时段的预报能力提升工作的部署落地落实落细。充分发挥精准预报的核心龙头作用,面向基层防灾减灾的实际需求,依靠科技创新,提高灾害性天气和气象灾害的监测和短临预报预警核心技术水平。发展可在市县应用的技术和产品体系,强化协同共创,建立上下联动、左右贯通的业务流程和一家牵头、多家支持的业务运行模式,提升全国突发性灾害性天气和气象灾害风险的监测预报预警能力和防灾减灾救灾气象保障服务能力。

四、发展目标

建立以精准预报为核心的观测预报互动、科研技术成果快速集成于短临预报系统的左右贯通业务流程,打造上下联通的国、省、市、县实时协同"谁发现谁发起"的扁平化短临预警流程,建立无缝隙分类强对流短临预报产品及精细到乡(镇、街道)的预警信号发布指导产品体系,实现提前 45 分钟预警局地强天气。

到 2023 年,国家级业务单位的短临优秀产品算法进入短临预报系统 SWAN;初步建成 0~12 小时无缝隙分类强对流监测分析预报产品体系和预警信号指导产品体系,其中 0~2 小时以雷达资料应用为核心的强对流天气实时监测、分析和临近预警产品时空分辨率为 1 千米/10 分钟,0~12 小时综合应用多源观测资料和数值模式资料的短时预报产品时空分辨率为 3 千米/1 小时,预警信号指导产品体系精细到乡(镇、街道);建立国家级 0~6 小时短临预报业务,在试点省和地区建成国省市县多级协同、左右贯通的业务流程。

到 2024 年,0~12 小时无缝隙分类强对流监测分析预报产品体系和预警信号指导产品体系较为完善,分类强对流短临预报准确率较 2022 年提升约 5%;初步建成 0~12 小时雷暴大风、短时强降水、冰雹等分类强对流的分强度短临预报产品体系;SWAN系统实现国省市县之间各种信息的互通共享,具备"智能感知、消息驱动、行为可溯"的初步能力;国、省、市、县多级协同、左右贯通的业务流程逐步在全国推广应用。

到 2025 年,满足国、省、市、县实时协同短临预报业务需求的 SWAN 系统更加智能集约高效,全面实现数算一体云化改造;无缝隙分类强对流监测分析预报产品体系和预警信号指导产品体系更加精准,具备提前 45 分钟预警突发性暴雨等局地强天气能力;国家级短临预报业务从灾害性天气预警向山洪等突发性洪水风险预警延伸;上下联通、左右贯通的国、省、市、县实时协同的短临预报预警业务流程全面建成,服务中小流域和大城市的灾害性天气和气象灾害风险预警能力明显提升,初步具备面向应急救援和国防安全的三维立体短临预报服务能力。

五、重点任务

(一)提升监测预报预警能力

任务 1:提升雷达在强对流天气监测的应用能力

加强短时强降水、冰雹、雷暴大风、龙卷等强对流在多种雷达,特别是 X 波段、双偏振雷达中的特征研究,改进中气旋、速度对、TVS、TDS 等雷达特征量的识别算法,产品识别正确率整体提升5%~10%;加强双偏振量的综合应用研究,确定量化分析指标,给出分类分级强对流的双偏振量具体指标,可有效判识冰雹大小、龙卷强度、雷暴大风的类型、强度及短时强降水的强度,重点发展有效判识 10 级以上雷暴大风、强龙卷、大冰雹、80 毫米/小时以上短时强降水等致灾强对流天气算法。

任务 2:发展以雷达资料为核心融合多源观测资料的强对流中小尺度三维分析能力

建立以雷达资料为核心融合多源观测资料的雷达三维拼图产品体系,研发不同厚度层的组合反射率及时空梯度、雷电密度及时空梯度、不同高度的中气旋速度对的旋转轨迹等产品;配合三维大气的能量、水汽、抬升等对流诊断分析,提升冰雹、雷暴大风、龙卷等强对流和降水的定量化识别能力;建立支撑航空气象的三维积冰、颠簸、对流的识别产品等,能够有效支持强对流、暴洪、城市内涝、航空气象等业务。

任务 3:提升以雷达资料为核心的 0~2 小时临近精准预报能力

充分利用多源观测信息加强雷达反演降水技术研发,在构建精细化分钟级多源降水实况的基础上,利用多尺度深度学习方法和多源多方法融合等技术,开展分钟级临近降水和阵风等气象要素快速滚动更新预报业务;以雷达资料为核心,融入更多的观测实况,开展多种深度学习算法研究,强化降水、雷暴大风及冰雹等强对流临近预报技术研发与业务应用;实现对流风暴生消发展、雷达回波更清晰、分类强对流准确率更高、预报时效更长的预报;构建新的融合技术,将不同临近算法进行动态集成,有效提升 0~2 小时分类强对流临近预报能力。

任务 4:提升 0~6 小时分类分级强对流短临精准预报能力

深化分类强对流机理认识,基于强对流发生发展机理构建更为量化的分类强对流指标特征,结合不同区域气候特点,融合多源实况观测资料,建立快速更新的雷暴、雷暴大风、短时强降水、冰雹等分类分级强对流短临预报技术;基于强对流系统的发生发展特征,选取卫星、雷达、闪电、自动站等多源观测数据和对流可分辨数值模式数据作为预报因子,构建相适应的深度学习模型,实现基于深度学习融合观测与对流可分辨率数值模式的 0~6 小时雷暴以及分级雷暴大风、短时强降水、冰雹等短临预报技术;构建短临融合技术,将基于机理认知和深度学习的短临算法动态集成,有效提升 0~6 小时分类分级强对流短临预报能力;开展基于实时和历史资料联合订正的 0~6 小时中尺度模式降水订正预报;开展基于实时检验的短临融合降水预报,有效提升 0~6 小时逐 1 小时降水预报准确率。

任务 5:提升高分辨率数值模式对短临预报的支撑能力

加强气象雷达资料在数值模式中的同化应用,完成新型遥感观测如 X 波段雷达、垂直遥感综合廓线等观测数据面向数值预报的质控和有效应用;推进卫星资料在快速循环模式系统中的应用,实现国产静止卫星资料的业务同化;加强雷达、卫星和新型遥感观测资料用于高分辨率数值模式的评估和模式偏差溯源;改进 1 千米分辨率模式的关键物理过程,提高模式对小尺度天气的预报能力;建设 1 千米分辨率或更高、1 小时更新或更快的数值同化预报系统,协同改进云分析和云微物理过程,有效缩短模式 SPIN-UP 时间,提高数值模式短临预报能力。

任务 6:提升卫星资料在短临预报中的应用能力

优化风云卫星降水估计算法,研发基于卫星观测的海雾、强降水及初生对流识别技术,强化卫星数据在智能网格实况业务中的融合应用;发展基于卫星遥感资料的大气三维的实况监测技术,不断提升对于复杂地形及边境、无人区和高层大气等气象观测薄弱地区的天气监测能力;利用人工智能等技术,发展融合卫星资料的局地强对流天气分类分级短临预报技术,全面提高风云卫星在强对流天气中的短临预警能力。

任务 7:提升极端强对流天气(龙卷、极端大风、极端强降水、大冰雹)预报预警能力

深入开展龙卷、极端大风、极端强降水、大冰雹等极端强对流天气的机理研究,构建极端强对流天气数据集,建立极端强对流预报物理模型;建立极端强对流天气识别、诊断分析、临近预警和短时短期潜势预报技术;利用雷达等多源观测资料基于深度学习模型改进龙卷识别和 0~2 小时临近预报技术;利用雷达等多源观测资料与对流可分辨数值式,对龙卷等极端强对流进行诊断分析,基于物理模型与大数据分析建立 0~6 小时龙卷等极端强对流的短时预报技术;利用不同尺度的数值预报模式,对龙卷等极端强对流进行诊断分析,基于物理模型与大数据分析建立龙卷等极端强对流的短期潜势预报技术,为龙卷等极端强对流"早提示、早预警"提供客观定量支持,提升极端强对流天气预报预警能力。

任务 8:以绵阳市为示范,提升中小河流暴洪预警预报能力

通过绵阳市中小流域灾害防御气象保障示范基地建设,研发中小河流流域致洪致灾水文气象多源信息融合同化等技术,充分利用 X 波段雷达、易灾流域/山区精细化地面观测等气象多源观测信息、水利应急管理行业部门共享雨情水情灾情与山洪灾害区

划等数字化信息,建立山洪灾害短临阈值模型,实现山洪灾害气象风险短临预警,提高预警时间提前量,实现逐 1 小时 1 千米高时空分辨率的山洪灾害气象风险预警。

(二)提升精细服务能力

任务 9:建立无缝隙、网格化的分类分强度强对流短临预报产品体系

建立从实况监测到临近再到短时的 0~12 小时无缝隙、网格化的雷暴、雷暴大风、短时强降水和冰雹的分类分强度强对流产品体系,为省市县提供指导;实况更新频率 10 分钟,分辨率精细到 1 千米,0~2 小时临近预报更新频率 10 分钟,时间分辨率 10 分钟,空间分辨率精细到 1 千米,2~12 小时更新频率 1 小时,时间分辨率 1 小时,空间分辨率精细到 3 千米。

任务 10:建立面向市县精细化预警信号的客观指导预报产品体系

在无缝隙、网格化的分类分强度强对流短临预报产品体系的基础上,结合雷达等多源资料的强对流目标识别特征,考虑地形及下垫面特征,充分应用灾害普查成果,采用人工智能、大数据分析等新技术,建立有效指导市县发布精细到乡(镇、街道)的预警信号的短临预警客观指导产品体系,更新频次达到 10 分钟,分辨率精细到 1 千米,中尺度强对流预警时间提前量达 45 分钟。

任务 11:提升面向应急救援、国防安全的短临预报服务能力

针对地震、山洪等重大灾害事件的应急救援及国防安全,提升快速反应的短临预报综合服务能力;发展 6 千米以下的低空风切、颠簸、对流、云高、低能见度等预报技术,提升通用航空气象服务保障能力;建立机场进近区无缝隙航危天气监测预报预警技术体系和全球主要航线航空气象监视预报预警技术体系,建立服务于国防安全、应急抢险中的空中救援等低空飞行保障预报服务技术、产品和终端系统。

（三）构建集约协同业务布局和流程

任务 12：建立国省市县协同的短临预报预警业务规范和流程

推进国省市县实时协同的强天气短时临近预警业务流程建设，建成支持国、省、市、县各级信息实时互传、预报预警产品定向下发、影响市县即时响应的消息渠道；建成支持国省市县各级业务单位相互之间可随时定向发起在线语音或视频交互会商的"叫应服务"；以服务市、县两级提高气象灾害预警信号提前量为目标，建立国省市县扁平化"产品实时共享、服务协同一致"的强对流短时临近预警业务流程。

任务 13：建立左右贯通的国家级短临预报业务流程和技术规范

建设左右贯通的观测预报服务全链条协同机制，由气象中心牵头建立完善与"四根支柱"在短临产品的业务准入、天气会商、监测预报、重大天气过程复盘总结等全业务链条的协作机制；通过互派技术骨干建立需求供应和应用反馈机制，强化预报与观测互动，建立重大灾害性天气过程期间启动 14 时探空加密观测、FY-4B 分钟快扫区域切换等联动观测工作机制，共同打造基于观测的实况监测分析预报业务；建立以国产数值模式应用为主体的自主可控预报业务体系；在风云系列卫星的新型遥感探测试验、大城市综合气象观测试验、天气雷达观测试验等超大型试验中，建立以预报精准为目标的观测预报互动机制。

任务 14：引智聚力、开放合作，共建共享国家级短临业务平台（SWAN）

建立"开放包容、严谨务实"的工作机制，广纳百川、引智聚力，整合国家级业务单位和科研院所的优秀产品算法，通过业务准入后集成到国家级短临预报平台系统（SWAN），共建共享国家级短临业务平台（SWAN）；通过与试点省份联合开展重大过程国、省协同短临预报业务试验，建立完善实况与预报预警产品智能分析、自动发出预警消息指令、对各级产品服务进行追溯的国、省、市、县同步的短临预报平台,支持"智能感知、消息驱动、行为可溯"的新型国省市县协同的短临预报预警业务流程。

任务15:以北京为示范,建立大城市高影响天气短临互动全国应用示范

依托中国气象局强对流天气重点创新团队、科研项目、工程项目等,气象中心与北京城市气象研究院、北京市气象台等组建技术研发团队,共同研发强对流天气监测识别和短临预报技术,提升SWAN3.0对北京及周边区域的短临预报支撑能力;在国省协同短临预报业务试验中以北京市气象台为试点单位,通过强化实时会商互动、产品信息实时共享等举措,建立北京地区对流天气国、省实时协同的短临预报业务流程;气象中心与北京市气象台互派预报员交流值班,加强双方在短临业务中的融合。

(四)强化支撑保障能力

任务16:建立国家级短临预报业务值守联合工作专班

建立常态化国家级短临预报业务值守联合工作专班,建立完善岗位职责和业务流程;每年汛期设立常态化短临工作专班岗,气象中心根据预报预警标准启动短临专班岗,联合卫星中心、探测中心等单位联合值班,利用多源观测资料,开展24小时实况监测和0~6小时短临预报,并对相关省市县气象局进行业务指导和叫应提醒;建立全国统一的短临预报业务专班制度,由气象中心根据高影响天气的影响区域和时间,根据业务规范,定时定向启动相关区域的短临预报专班,实现上下业务联动;建立常态化省市级预报员赴专班交流值班制度,每年汛期选派2~3名省、市级预报员赴气象中心,参加国家级短临预报专班值班。

任务17:深化机理认识提升科技创新能力

建立国家级强对流专家库,指导支持国家级和省级业务发展和技术研发;依托中国气象局强对流天气重点创新团队,聚智聚

力,强化复盘总结和专家指导,深化机理认识,积累预报经验,找准预报技术研发突破口;聚焦强对流短临预报技术和平台系统研发,提升国家级短临预报对下指导和支撑能力。

任务 18:建立规范化短临专业人才分级培养机制

加强国家级、省级优秀骨干预报员参与国际交流培训的力度;扩大国家级和省、市、县预报员交流规模,增加市县级骨干预报员赴中央气象台短期交流访问机会;建立常态化交流机制,提升预报员应用雷达、卫星、数值模式等资料的能力,加强科研人员对业务急需和难点问题的理解,提升研发产品的业务可用性。

六、保障措施

(一)加强组织领导

各职能司要按照职责分工,共同建立运行顺畅、集约高效的工作机制,加强工作落实的统筹协调和监督检查。各单位要坚持系统观念,将提升短临预报预警服务业务能力作为气象高质量发展的重点工作来抓,形成短临预报预警服务业务能力提升合力。

(二)强化协同发展

加强短临预报预警服务全链条的主动、互动、联动,加强供需对接,建立上下联动、左右贯通的业务流程和一家牵头、多家支持的业务运行模式。建立完善以精准预报为龙头、精密监测和精细服务协同发展、信息网络贯穿其中的短临预报预警服务新业态。

(三)落实经费保障

短临预报业务建设工作经费由中国气象局统筹考虑,前沿核心关键技术等研发工作申请科技部重点研发专项、气象联合基金、中国气象局创新发展专项等科研项目及雷达工程、卫星工程等工程项目支持,全力保障短临预报预警服务能力提升工作。

中国气象局气候生态品牌创建示范活动管理办法

（气发〔2022〕130 号）

2022 年 11 月 15 日

第一章　总　则

第一条　为促进气候资源开发利用和保护，打造气候生态品牌，更好地服务国家生态文明建设和经济社会发展，依据《中华人民共和国气象法》，以及《气象高质量发展纲要（2022—2035 年）》《创建示范活动管理办法（试行）》等相关法律法规文件，制定本办法。

第二条　气候生态品牌创建示范活动是指经过国务院批准，围绕气候资源的开发、利用和保护，采取必要的推动措施，动员组织相关地区或者单位开展品牌创建，通过评估、验收等方式，对符合标准的对象以通报、命名、授牌等形式予以认定，总结推广经验做法，发挥引领示范作用的活动。本办法所指的气候生态品牌包括中国天然氧吧、中国气候宜居城市（县）、避暑旅游目的地等品牌。

第三条　气候生态品牌创建示范活动坚持科学性、公益性和公开、公正、公平的原则。

第二章　　组织与分工

第四条　中国气象局负责向国务院申请气候生态品牌创建示范活动,负责气候生态品牌创建示范活动政策指导和监督管理。

第五条　中国气象局气候生态品牌创建示范活动工作领导小组(以下简称"领导小组")负责气候生态品牌创建示范活动的统筹协调、监督检查。领导小组办公室设在应急减灾与公共服务司(以下简称"减灾司"),负责气候生态品牌创建示范活动的日常工作。

第三章　　创建示范活动的承办申请与批准

第六条　相关组织和中国气象局相关国家级单位可根据职责,向领导小组办公室提出申请,在获得领导小组批准后,可以承办气候生态品牌创建示范活动。

第七条　承办气候生态品牌创建示范活动需提交如下材料:

(一)承办气候生态品牌创建示范活动的申请书,包括申请气候生态品牌创建示范的项目类别、前期工作、技术和人才基础条件等内容;

(二)拟开展的气候生态品牌创建示范活动的考评指标、标准规范等;

(三)拟开展的气候生态品牌创建示范活动实施细则。

第八条　领导小组组织召开审查会,对相关申报材料进行审查,出具是否同意承办的意见。

第九条　获得批准的气候生态品牌创建示范活动承办单位(以下简称"承办单位")要严格按照批准通过的气候生态品牌创建示范活动类别以及相关的标准规范和工作实施细则开展,如需修改调整,须报领导小组办公室同意后实施。

第四章　创建示范活动流程

第十条　发布通知。气候生态品牌创建示范活动承办单位制定年度工作方案并报领导小组办公室，经审查同意后，公开发布通知。

第十一条　动员组织。承办单位动员组织创建对象积极参与，创建对象要结合实际制定创建工作方案，自愿申报参加创建工作。

第十二条　申报。由申报单位根据自身条件，按要求将申报书提交给承办单位进行资格审查。申报书内容主要包括申报示范创建活动的类别、创建工作方案等。

第十三条　资格审查。承办单位收到申报书后，应联合相关单位在 10 个工作日内完成资格审查，并将审查意见反馈给申报单位。

第十四条　推动创建。承办单位采取必要措施，对符合资格的创建对象加强政策指导和培育引导，推动其在评审周期内达到考评指标要求。

第十五条　评审。承办单位成立评审委员会，按照科学规范的程序对申报对象通过书面评审、实地评审等方式进行评审，得出评审结果。承办单位应在评审工作结束后 10 天内将评审结果报送领导小组办公室。

第十六条　组织公示。领导小组办公室向社会公示评审结果，主动接受社会监督。

第十七条　认定公布。公示无异议的，由中国气象局授予相关称号，并公告。

第十八条　总结推广。承办单位及时总结创建示范经验做法，组织宣传推广，充分发挥创建示范引领作用。

第十九条 复查。承办单位要定期组织对授予气候生态品牌称号的单位开展复查，对指标达不到规范标准的，责令限期整改，整改后仍不达标的，报请领导小组办公室予以撤销并公示。

第五章 管理和监督

第二十条 气候生态品牌创建示范活动不收取费用，工作经费纳入部门预算。

第二十一条 审计部门加强对创建示范活动经费管理使用等情况的审计监督。

第二十二条 领导小组办公室负责对气候生态品牌创建示范活动的评审、公示等重点环节和过程进行监督，若发现违反本办法或其他违规行为，责令承办单位按照规定要求及时整改，整改仍达不到要求的，经领导小组审议后责令终止其开展相关气候生态品牌创建示范活动。

第二十三条 领导小组办公室定期对承办单位工作情况进行评估检查，检查不合格的，责令承办单位按照要求进行整改，整改期间暂停开展相关创建示范活动；整改仍不合格的，提请领导小组审议后责令终止其开展相关创建示范活动。

第六章 附 则

第二十四条 各省（区、市）气象局可以根据本办法制定实施细则，并报中国气象局备案。

第二十五条 本办法由领导小组办公室负责解释。

第二十六条 本办法自文件印发之日起施行，《中国气象局国家气候标志评价工作管理办法（试行）》（气发〔2020〕48号）同时废止。

全球气象业务能力提升工作方案（2023—2025 年）

（气发〔2022〕151 号）
2022 年 12 月 27 日

为科学谋划"十四五"全球气象业务工作，对标国际气象先进水平，全面提升全球精密监测、精准预报、精细服务业务能力，推进气象高质量发展，特制定本工作方案。

一、形势分析

（一）发展现状

全球监测：初步建立涵盖全球大气、陆地和海洋的实时监测和观测能力评估的业务格局，风云卫星全球监测产品体系进一步完善，基本实现对全球气象要素及气象灾害的多时间尺度监测能力。初步具备全球气象多源观测数据获取、收集、质控和服务能力，全球观测数据量增加 83%～460%，能够动态跟踪全球主要气象机构数据资源。

全球预报：构建了具有自主产权的全球确定性和集合天气预报模式、多尺度气候模式和专业气象模式。建成全球 10～25 千米多源融合实况分析产品，初步构建 0～10 天全球 10 千米及月—季节尺度 1 度的网格预报产品体系。初步建立全球灾害天气中短期预报、全球和"一带一路"沿线 243 个重点城市预报业务以及全球温度、降水重大过程预测业务。

全球服务：履行世界气象中心（北京）（WMC-BJ）职责,定期发布全球天气监测快报、月报及重大灾害性天气过程监测分析报告。探索开展全球旅游气象、中欧班列沿线城市、太阳能资源监测评估等全球专业气象服务。建立主要产粮大国、主要作物产量预报业务。已开展亚洲多灾种预警系统（GMAS-A）、WMC-BJ 英文网站建设,初步具备全球灾害性天气的分析处理和服务能力。

(二)存在问题

1. 全球极端天气气候事件应对能力不足

全球气候变暖大背景下,极端天气气候事件多发频发,气象灾害突发性、难以预见性日益突出,已超出以往经验和认识,给全球气象业务服务带来了巨大挑战。在科技快速发展带动下,经济社会活动流动性加大,人员交往更为频繁,由此带来的极端天气气候事件的放大效应、连锁效应日趋明显,在全球监测预报、影响预报、风险预警等方面的业务能力亟待提升。

2. 全球气象业务支撑国家发展战略不足

"十四五"时期是我国乘势而上全面建设社会主义现代化国家新征程的新阶段,党中央提出防灾减灾、应对气候变化、参与全球治理等国家重大发展战略,提出与世界各地互利共赢、构建人类命运共同体。当前我国发展的外部环境日趋复杂,积极应对外部冲击挑战、提高国家竞争力,迫切需要气象部门全面提升全球精密监测、精准预报和精细服务能力。

3. 全球监测预报服务科技创新支撑不足

全球监测技术基础能力相对薄弱,全球观测数据服务时效、更新频次等方面与核心业务需求存在差距。地球系统大数据挖掘与应用能力有待提升。适应全球业务的网络安全与数据安全的应对措施亟待完善。数值预报在资料同化、动力框架、物理过程自主创新研发方面与国际先进水平仍存在一定差距。全球预报产品覆盖面、精细化、个性化程度不够,面向灾害性、极端性天气及气候事件监测预报预警的客观技术和系统平台研发有待深入。全球服务领域及服务对象有待拓展,精细服务能力亟待提升。

二、发展思路和发展目标

(一)发展思路

以习近平新时代中国特色社会主义思想为指导,深入贯彻党的二十大精神和习近平总书记对气象工作的重要指示精神,胸怀"国之大者",主动对接国家高质量发展需求,主动服务国家重大战略,不断增强全球气象业务基础能力,全面提升全球气象保障服务水平。

(二)发展目标

总体目标:到 2025 年,以"监测精密、预报精准、服务精细"为标志的全球气象业务能力有效提升,气象信息支撑全球气象业务能力有效提升,建成体系完整、技术先进、服务高效、科创有力的全球气象业务服务新格局。

具体目标:

到 2023 年,推进风云卫星全球监测产品研发;优化沿海和近海重点地区自动站建设,开展远洋观测站网布局研究。建立地球系统大数据平台中试环境。建立 12.5 千米全球集合变分同化预报系统。研发全球灾害性天气监测月报和季报产品。发展重大天气气候事件的监测分析和影响评估技术。初步搭建全球主客观气象要素及灾害性天气预报检验评估系统。对接国家重大发展战略需求,初步构建基于影响的全球气象服务产品与应用服务系统。开展世界气象中心框架下多个 WMO 中心职能整合。

到 2024 年,发展基于地球综合观测和风云卫星的全球融合监测产品;开展海洋、极地、平流层飞艇综合观测站网建设。优化高价值大数据产品质量。实现 12.5 千米全球四维变分同化系统业务化。全球智能网格预报空间分辨率提升至 5 千米,72 小时内实现逐小时更新。实现"一带一路"地区主客观气温预报及高温、低温等灾害性天气预报的实时检验。完善北京世界气象中心网站，发布全球热点地区极端灾害性天气监测预报信息。开展"一带一路"倡议、全球商贸物流气象保障服务，不断完善全球公众和决策气象服务。

到2025年，建立健全风云卫星全球遥感产品体系。建立"地一海一空一天"综合立体的全球气象观测网。建成地球系统大数据平台，构建高价值全球大数据产品体系，全球实况产品时空分辨率达到10千米、1小时更新。建成长、中、短期有机衔接的数值预报业务体系。构建日、周、月、季、年全球灾害性天气监测预报技术产品体系。实现WMC-BJ"一个出口、多个品牌"全球公共气象产品供给。完成"一带一路"重点国家双边合作协议的新一轮全覆盖更新，力争在应对气候变化、防灾减灾等领域新建跨国联合研发机构。

三、重点任务

（一）夯实全球精密监测能力

任务1：提升卫星全球观测能力

加强风云卫星全球监测产品研发和质量提升能力建设，研发针对风云三号F/G/H卫星以及风云四号C卫星的新型载荷仪器产品。发展基于地球综合观测系统数据产品和气象、海洋、高分等各类卫星基础数据的全球融合监测产品；研发风云卫星全球天气、气候、生态和空间天气的长时间序列数据集技术，建立和推广我国自主产权的长时间序列全球监测基础气候数据集和专题数据集。

任务2：强化沿海和近海气象观测能力

加强沿海和近海重点地区自动站建设，增补自动气象站，实现海上大雾实时监测。沿我国海岸线建设地基遥感垂直观测系统，实现分钟级、精细化对流层垂直大气观测。对沿海探空站进行智能升级改造，实现"上升一平漂一下降"三段式海洋区域探空观测。

建设基于高性能无人机的气象观测系统,实现5~8小时内覆盖我国南海(1500千米观测半径)的气象观测,为海上丝绸之路及灾害救援等重大活动提供高机动性应急气象保障。启动对影响我国的孟加拉湾和中南半岛两条"水汽廊道"的监测布局。构建基于目标观测的观测—预报联动机制,实现观测预报的良性互动。

任务3:提升远洋观测能力

评估全球远洋航线观测覆盖情况,开展典型海洋观测设备布局研究,实施远洋船舶等平台气象观测设备搭载计划,依托海上固定平台和涉海部门锚系浮标安装气象观测设备,发展海洋气象机动观测系统,完善海洋气象综合观测网络和要素。开展海洋观测资料一致性研究和重点敏感区监测方法研究。研制长序列、高标准全球海洋观测标准数据集,形成规范、高效的GTS海洋观测数据质控体系。完善现有国家级海洋气象装备储备库,基本形成较为完整的海洋气象综合保障能力。

任务4:强化极地观测能力

强化科研业务合作,在北极冰盖典型区、北极航道附近建设固定站点和移动观测设备,填补北冰洋重点海域海上气象监测空白区。在南极关键地区新建3~5个自动观测站,极地气象观测站总数达到20个以上,并将部分站点纳入国家基本业务站;推动有条件的站点纳入世界气象组织(WMO)南极观测网络和南极冰冻圈区域气候中心。南极中山站温室气体本底观测站按照全球大气监视网计划(GAW)标准实现半自动化运行。整编南极和北极地面气象、探空等数据集,生产标准化极地数据产品。研制冰浮标等极地观测新型技术装备,不断提高我国极地观测装备的自主研发能力。

任务5:拓展行业资源共建共享共创

联合部门内外行业力量,依托其他涉海部门共建海上固定平台和锚碇浮标气象观测固定站点,推动民用或远洋船舶船载观测系统建设,提升近海和远洋气象观测能力。通过行业间基础支撑环境建设、标准体系协调发展,有效衔接部门内外业务应用系统,实现行业资源共创、推动行业资源共享,联合攻关、合作共赢。采取与国内外机构合作共建、援建等方式推进全球气象观测设施建设。

任务6:开展平流层飞艇全球监测能力建设

探索建立部门行业合作机制,在我国南海、青藏高原、东海等区域开展飞艇全球平流层观测,加强全球监测产品的研发。研制基于平流层飞艇的基准观测、下投探空、GNSS掩星/海反等气象载荷,攻克气象载荷长时间在恶劣条件下的适应性关键技术。发展平流层飞艇长时间序列数据集技术,建立平流层飞艇全球监测基础数据集。

(二)提升全球精准预报能力

任务7:大力发展全球天气气候数值模式

持续发展全球中期数值天气预报系统,提升动力框架在高分辨率和大规模并行计算下的精度和效率,开展对流尺度资料同化和精细物理过程参数化研究,全球数值天气预报模式水平分辨率达到7~13千米,可用预报天数接近8.5天,卫星资料同化占比达到85%~88%。不断提升模式分辨率和预报时效。发展全球区域一体化多尺度奇异向量初值扰动方法及多尺度随机扰动方法,实现25千米全球集合预报系统业务化。建立周边国家区域高分辨模式的快速应急运行机制。发展高分辨率气候系统模式,分辨率提高至30千米,模式顶达0.01百帕。升级全球海浪预报模式,建设全球海洋环境预报模式,完善两极地区模式预报系统。

任务8:发展第二代全球再分析系统

发展卫星微波观测资料再分析同化关键技术,优化卫星资料偏差订正技术,实现微波温度计、微波湿度计等历史资料同化能力。优化地面气压、飞机报温度、海洋 ARGO 等观测资料同化技术,改进全球常规资料再分析应用效果,研发水平分辨率25千米、逐小时的第二代全球再分析产品。建立全球常规资料和卫星资料质量评估工具,完善同化反馈信息诊断分析工具。研发全球再分析产品评估系统,开展第二代全球再分析产品研制和评估。

任务9:提升全球智能网格预报业务能力

完善全球智能网格预报业务技术体系。发展基于多源实况及数值模式融合订正的全球短中期智能预报技术;全球网格预报空间分辨率提升至5千米,72小时内实现逐小时更新,具备各种下垫面的区域降尺度能力;扩展极端大风、高低温等监测预报业务。发展全球海浪等海洋水文要素智能网格预报技术;发展多模式集合与人工智能相结合的全球次季节－季节格点要素客观预测技术,建立全球30千米分辨率的无缝隙客观化气候预测业务。研发预测结果的历史和实时检验方法,形成完善的全球格点预测和次季节至季节一体化业务产品体系。

任务10:强化全球极端灾害性天气监测预报

发展基于多源资料的全球灾害性天气监测技术,研发全球大气、海洋实况及台风、暴雨、沙尘、高温等灾害性天气三维可视化产品。发展全球热带气旋强度智能估算技术,建立全球热带气旋智能识别追踪系统;完善全球灾害性天气智能识别技术,完善全球重点城市、主要港口和航线、关键海域预报主客观融合订正技术,发展全球中期、延伸期确定性及集合预报技术,提升对全球重大活动和突发事件的保障服务能力。强化中亚、南亚、东南亚等重点国家和区域气候监测评估能力建设,不断提升国际影响力。建立多时间尺度全球监测预报服务业务流程和机制,持续完善全球监测预报系统平台建设。

任务11:强化全球台风海洋监测预报预警能力

基于多源卫星资料,建立全球各海域涡旋自动识别和追踪算法;加强全球各海域热带气旋影响研究,基于全球模式和集合预报系统,研发全球各海域热带气旋路径和强度客观智能预报算法;建立全球热带气旋历史个例库,实现相似个例和风雨影响的自动查询和对比分析;加强全球台风业务系统建设,提升全球台风监测、预报、服务和检验产品制作及发布的全流程自动化程度。

任务 12:强化空间天气和航空气象业务能力

建成"全时空、多要素、多领域"空间天气业务系统,有效提升天地配合、全球覆盖的空间天气观测能力;建设第一代"全链路"日地空间天气数值预报业务系统,形成面向航天、航空领域的专业服务平台,整体达到国际先进水平。持续提升航空气象全球服务能力,开展欧亚区域积冰、颠簸算法优化,预报时效拓展至 240 小时。开展积冰隶属度函数调整和精细化云层识别,建立基于全球模式的航空气象探空分析产品,研制 240 小时云层预报产品,实现全球卫星拼图网络集成。

任务 13:做好全球气候监测评估

开发全球气候监测诊断系统,拓展我国新一代气候监测预测分析系统(CIPAS3.0)全球监测功能,实现常规要素的快速更新、智能检索、极端性展示和客观评估等。拓展全球关键海域热带气旋、海浪、海流、海温和盐度等异常监测,加强地球系统海、陆、气等圈层相互影响和诊断分析。发展全球气候系统监测业务,建立完善热带大气季节内振荡(MJO)、副热带高压、夏季风、高纬度阻塞高压、极涡和北极涛动(AO)等主要气候现象的次季节-季节监测预测一体化业务;及时发布月尺度全球气候监测预测公报和全球气候监测预测年报。

任务 14:推进全球基于影响的预报

利用现有数据资源,初步构建东北地区重点跨境流域水文气象要素与历史灾害数据集,开展东北地区重点跨境流域面雨量监测预报产品的研制。基于全球灾害分析系统(GIDAS)以及社会经济和下垫面资料,开展"一带一路"气象灾害监测评估;发展全球主要气象灾害监测识别以及影响预评估技术和模型,实现全球高影响事件、热点区域灾害影响预评估。

任务15:提升全球气候变化自主监测能力

加强国内自主资料的应用评估,推进完全自主产权的中国再分析数据、风云卫星、高分卫星等数据在气候业务中的应用,建立完全基于自主资料的气候系统监测业务。完善全球主要大气环流、季风及重要气候现象等监测业务,发布全球大气、陆地和冰冻圈主要气候要素监测产品。发展极端气候事件监测业务,丰富面向全球特别是"一带一路"重点区域的监测产品,发布全球异常气候事件监测信息。建立高时空分辨率气候资源监测业务,发布高时空分辨率的风能、太阳能监测评估产品。整合我国精细化台站监测资料,纳入业务系统平台。

任务16:提升全球监测预报检验评估能力

综合利用现有数据资源,初步开展全球多源监测资料的检验评估与对比分析产品研制。发展数值模式全球预报性能天气学检验评估技术,初步构建针对基于全球模式的全球关键环流天气系统、重要物理量及气象要素等的预报检验分析产品体系。初步搭建全球主客观气象要素及灾害性天气预报检验评估系统,实现"一带一路"地区主客观气温预报及高温、低温等灾害性天气预报的实时检验。初步开展全球重点极端气候事件预测的检验评估。

(三)强化全球精细服务能力

任务17:强化全球极端天气气候事件决策服务能力

强化全球重大灾害性天气的预报服务能力,不断提升灾害性天气的预报分析能力和产品支撑能力。构建全球极端天气气候事件评估与决策服务平台,发展全球极端天气气候事件决策服务和影响评估技术。及时对全球天气气候事件进行跟踪分析评估,制作决策服务产品。优化全球十大天气气候事件评选技术方法及流程,高质量完成事件筛选和评选工作。

任务 18：做好全球主要农作物产量影响分析预报

重点开展全球高温、干旱、洪涝等主要农业气象灾害监测评估技术和全球重要产粮区农业气象灾害监测预警服务；开展全球土壤水分卫星遥感监测技术；开展全球农作物长势监测；完善全球粮食作物产量预报技术；建立全球粮食安全气象风险监测预警系统，强化部门会商合作，构建全球粮食安全服务大数据库，提升全球粮食安全气象风险决策服务能力。

任务 19：提升全球公众气象服务能力

完善全球监测预报产品，不断提升全球气象公众服务能力。推进精细化全球业务产品在广播电视等传统节目中的深入应用。改进优化中国天气英文网站、移动手机网站和客户端。收集全球重点城市、地区等地理信息、行政属性等数据集，研发基于实况监测或智能网格预报的全球百万服务需求点的1～40天精细气象服务产品。

任务 20：拓展全球专业气象服务领域

发展多源数据融合的全球沙尘暴网格化监测、亚洲区域大气环境监测预报及大气污染物跨境传输影响评估技术和服务。提升亚洲沙尘暴预报区域专业气象中心沙尘暴灾害预警服务能力，推进全球空气质量预报信息系统亚洲区域空气质量模式比对计划。提升海洋气象服务区域专业气象预报中心（北京）履职能力，提供高质量的全球海洋气象监测预报预警产品，提升瓜达尔港、吉布提港、皎漂港等海外投资建设港口以及全球重点海域、港口、航线的海洋气象服务能力。

基于风云卫星开展全球重点区域太阳能资源监测，获得东南亚部分国家太阳能资源精细化分布图谱。基于监测实况和智能网格预报等，研制发布全球重点旅游城市线路实况和预报服务产品、气象度假指数、旅游气候适宜度、旅游安全气象指数等产品。

任务 21：提升全球预警信息共享和服务能力

继续与香港天文台共同推进二区协成员国与 GMAS-A 对接;完善多语种预警信息发布系统;试点助力亚洲国家提升气象预警业务建设和防灾减灾能力提升,形成"一带一路"沿线国家和地区的典型服务合作模式。开展针对境外中国公民的预警信息发布手段技术研究,提高预警信息覆盖率、提升精准靶向发布能力。

任务 22:推进"一带一路"气象保障服务能力

积极推进风云卫星海外用户接收系统合作建设,将"风云地球"平台推广至亚非等区域;研发面向"一带一路"重点国家、地区的卫星监测服务产品,不断提升卫星数据服务应用能力。支持"一带一路"沿线国家开展重大气象灾害防范应对,建立与沿线重点国家、地区的定常化业务技术交流机制,积极做好中老、中巴、中缅铁路建设运行气象保障服务工作。研制"一带一路"、中欧班列沿线城市、景点、站点等精细化气象服务产品,研发深度融合气象、仓储、交通等多源信息的物流气象服务产品,建立商品安全运输气象影响指标体系,完善"义新欧"班列商贸物流气象服务保障系统。

(四)构建全球远洋气象导航服务能力

任务 23:强化远洋气象导航基础业务能力

强化新型海洋观测资料、卫星遥感产品以及全球多源融合分析产品在远洋气象导航业务中的应用。研发全球海浪、洋流、海冰等格点化产品。依托国产高、中、低轨通信卫星构建自主可控的卫星通信信道,建设远洋船舶终端气象导航产品分发系统。建立完善全球航区多尺度数值天气预报系统和海洋预报系统,不断强化无缝隙、高精度、全覆盖的海上天气、海浪、洋流精准预报技术支撑。基于智能网格预报建设全球主要航线、港口精细化预报系统,制作全球台风、爆发性气旋引发的狂风、巨浪等气象灾害预报预测产品,不断提升重点海域灾害性天气气候监测预报预警能力。

任务 24:提升国船国导气象保障服务能力

建设面向战略运输、海上搜救等不同应用场景的我国远洋气象导航保障平台,研究气象－海洋－船舶多因素耦合的海洋导航气象智能决策算法,研发自主知识产权的国产船舶跟踪与气象导航系统,研发海上航行风险预报产品;健全海上搜救行动联动机制、搜救服务需求与效果反馈机制,建立人员交流服务互动机制;基本实现我国战略物资运输船舶、公务船、科考船等使用我国远洋气象导航服务。

(五)强化气象信息支撑能力

任务25:强化全球气象数据资源收集能力

构建立体多源、覆盖全面、快速安全、规范标准的数据资源收集共享体系,依托地球系统大数据中心,紧扣"一带一路"、冰上丝路、青藏高原以及周边国家区域的气象全方位需求,综合运用空基通信、数据专线、互联网一体化、全网主动采集、交换购买等多种手段,加快收集各类气象监测数据、多圈层地球系统数据、跨行业领域数据。联合交通部发展我国志愿船观测计划,鼓励大型远洋船企共建共享观测数据。建立覆盖全球数据质量评估与实时质控机制,确保数据有效、完整、准确。建立数据采集、传输、解码、加工、存储、共享、应用和销毁等各环节的质量管理机制,确保数据的规范性和一致性。

任务26:建设高价值气象数据产品体系

严格气象数据产品准入和退出管理,建立覆盖面广、要素完备、共研共用的气象大数据产品体系,为不同业务领域、业务场景和用途提供高价值气象数据产品。重点研发风云卫星全球天气、气候、生态和空间天气的长时间序列数据集,我国自主定期更新的长时间序列全球海洋、极地等标准气候数据集和专题数据集。研发全球多圈层多源融合实况分析产品体系,全球达10千米、1小时,重点区域达1千米、10分钟,序列最长达40年以上,质量达到国际权威机构水平。面向高影响、极端天气气候事件和用户需求,形成丰富的天气、气候专题数据产品和定制化的综合服务产品。

任务 27：保障全球气象信息网络安全、自主可控

完善北斗气象分理服务平台，基于北斗等星座建设天地一体气象信息网络交换服务中心。初步完成国家级互联网出口及 DMZ 区 IPv4/IPv6 双栈协议改造。利用公共云海外节点，加强中国气象产品的全球辐射，拓宽全球数据供应链渠道。统一布局建设以国产高性能计算机为主的气象算力基础设施。提高国家级网络安全运营平台监测处置能力，探索开展公共云海外节点网络安全风险监测和管理，保障全球气象数据获取供应链安全。持续完善数据分类分级制度，加强气象数据跨境流动的风险评估与安全管理。

任务 28：强化全球数据共享服务能力

建设数算一体、云端协同的地球系统大数据平台，提供"数据、算力、算法"三统一平台化服务，强化对全球业务数据支撑。构建数智一体全业务监控系统，加强对数据全生命周期监、管、控，开展监控运维大数据挖掘分析。综合应用多种传输技术，为国内、全球其他数据中心和用户提供服务，重点提升风云卫星国际用户服务质量，健全风云卫星国际用户防灾减灾机制（FY_ESM）、空间和重大灾害国际减灾宪章机制（CHARTER）及全球综合地球观测系统（GEOSS）的应急数据服务平台。建设全球气候观测系统地面基准观测网（GSRN）中心，提升气候变化应对能力。

（六）完善全球气象业务体制机制

任务 29：深化全球气象国际合作

整合中国承担的多个 WMO 全球/区域中心职能，立足世界气象中心（北京）"一个出口"，着力打造风云地球、CMA-MESO 模式、中国气象局数据广播系统（CMACast）、灾害性天气预报国际示范平台、WIGOS 数据质量评估 GMAS-A 等"多个品牌"，向全球提供高质量公共气象产品，吸引国外访问学者来华合作，加强国际培训与交流。持续强化中俄联合体全球空间天气中心建设。推

进与"一带一路"重点国家新一轮双边合作协议全覆盖更新。依托国家省级业务科研机构,力争在应对气候变化、防灾减灾等领域新建跨国联合研发机构;依托地球系统数值预报中心、亚太台风研究中心、世界气象中心(北京)粤港澳大湾区分中心等,力争对定向支援国家实现专属区域数值预报模式的突破;深度参与和支持政府间气候变化专门委员会(IPCC)、联合国气候变化框架公约(UNFCCC)以及气候相关公约的谈判工作。持续推进气候科学到服务伙伴关系(CSSP)项目。推进上海气象融入国际科技创新中心、航运中心、贸易中心、金融中心和消费中心核心区建设。

任务 30:推进全球气象科技创新

强化全球气象业务科技攻关,加强对风云卫星以及我国自主研发的数值模式和再分析资料的业务应用,不断提升全球业务的自主可控。加强重大气象基础理论和前沿技术的研究部署,以及新型空基、海基观测设备的研制,组织实施重点领域科学试验;针对全球不同地区、不同类型灾害性天气气候事件复盘总结发现的短板问题强化研究,深化对全球气候背景及气象灾害的总体认识,推动针对台风等重大气象灾害的国际合作科技研究,发展全球远洋船舶气象导航关键技术,不断提升全球监测预报服务的科学性和有效性。推进全球客观监测预报技术的研发,提升全球气象业务的客观化、智能化水平。协调交通部、海洋局、科学院、工程院等外部门,联合推动远洋气象导航关键技术的立项研发工作。

任务 31:完善全球气象业务布局

完善全球气象业务分工及职责,整合现有全球业务和产品,构建集约化、协同化的国家级全球气象业务体系,共同谋划全球业务发展。鼓励有优势、有基础、有需求的省份,发展特色全球气象业务,建立省级全球区域气象业务中心或特色专业气象服务中心,初步形成全球气象业务国－省联动业务布局及联合业务和产品发布机制。积极发挥企业创新主体作用,利用国家政策和市场机制,鼓励、支持气象部门直属企业参与全球气象市场服务竞争,不断增强气象产业创新能力和国际竞争力。

四、支撑保障

（一）加强组织保障

强化全球气象业务能力提升工作的组织领导,将全球气象业务能力建设列入中国气象局"十四五"期间专项能力建设的重要内容。局领导定期督导检查各单位阶段任务完成情况,协调解决重大问题。预报司做好方案实施的牵头组织协调,相关职能司加强分类指导和督促落实。各单位要把全球气象业务能力建设工作列入本单位核心业务范畴和年度考核内容,根据方案细化年度具体任务、时间进度和责任分工,切实抓好全球气象业务发展各项任务的落实。

（二）加强资金保障

计财司、科技司要统筹业务、工程和科研项目,汇聚多方资源,加大对全球气象业务支持力度。加强全球气象业务规范管理,保障常规业务维持经费。鼓励各单位积极申报各类科研项目,多渠道争取全球气象业务科研、国际兼职专家履职、国际合作经费,为开展前沿技术应用研究、国际培训和合作交流提供经费保障。引入市场机制,拓宽社会投入渠道,发展全球气象专业服务市场,逐步提高经济社会效益。

（三）加强交流合作

加强与 WMO、国际组织及国外气象部门之间的合作交流,拓展气象科技合作范围和领域。建立全球气象业务应用互通互融工作模式,各单位明确推动全球气象业务的对接部门,及时对接沟通。强化与高校、科研院所和用户部门共建合作,加大与国外大学、研究机构国际交流与合作的力度,加大国省间及国内外学者交流访问。推进科技基础平台开放共享健全科技成果转化应用机制,为气象科技创新提供支撑。

（四）加强队伍建设

充分利用各类人才政策，创造优秀全球气象业务人才脱颖而出的政策环境。加快全球气象业务关键技术领军人才和青年人才培养，在全球卫星服务、全球数值预报、灾害性天气预报、远洋导航和专业气象服务等领域建立首席专家制度。建立由国家级业务单位牵头，广泛吸纳科研院所、高校和企业参与的联合攻关团队。落实好《中国气象局国际司世界气象组织国际兼职专家管理办法（试行）》，加强对 WMO 等国际组织兼职专家履职的支撑水平。

气象部门国有资产处置管理办法

(气发〔2022〕152 号)
2022 年 12 月 19 日

第一章　总　则

第一条　为规范气象部门国有资产处置行为,维护国有资产安全和完整,根据《行政事业性国有资产管理条例》(国务院令第738 号)、《中央行政事业单位国有资产处置管理办法》(财资〔2021〕127 号)等规定,结合气象部门实际,制定本办法。

第二条　本办法适用于气象部门各级行政事业单位(以下简称各单位)。

第三条　各单位国有资产处置方式包括无偿划转、对外捐赠、转让、置换、报废、损失核销等。

第四条　符合下列情形的各单位国有资产应当予以处置:

(一)因技术原因确需淘汰或者无法维修、无维修价值的;

(二)涉及盘亏等非正常损失的;

(三)已超过使用年限且无法满足现有工作需要的;

(四)因自然灾害等不可抗力造成毁损、灭失的;

(五)因单位分立、合并、改制、撤销、隶属关系改变或者部分职能、业务调整等而移交的；

（六）发生产权变动的；

（七）依照国家有关规定需要处置的其他情形。

第五条　各单位国有资产处置应当遵循公开、公正、公平和竞争择优的原则，按照规定权限履行审批手续，未经批准不得自行处置。

第六条　各单位拟处置的国有资产权属应当清晰，取得或者形成的方式应当合法合规，权属关系不明或者存在权属纠纷的，应当按照有关规定界定权属后予以处置。

被设置为担保物的国有资产处置，应当符合《中华人民共和国民法典》等法律的有关规定。

第二章　处置权限和要求

第七条　各单位按照规定权限对国有资产处置事项进行审核、审批或者备案。

第八条　除本办法第十一条规定外，各单位处置单位价值或批量价值（账面原值，下同）1500万元以上（含1500万元）的国有资产，应当经中国气象局计划财务司审核同意后由各单位报财政部当地监管局审核，审核通过后由中国气象局报财政部审批。

各单位处置办公用房和公务用车，《党政机关办公用房管理办法》《党政机关公务用车管理办法》以及中国气象局有规定的，从其规定。

第九条　除本办法第十条规定外，各单位处置单位价值或批量价值1000万元（含1000万元）至1500万元（不含1500万元）的国有资产，由中国气象局审批。

因国家政策调整涉及土地使用权的处置，由中国气象局根据实际情况进行授权。

第十条　各省(区、市)和计划单列市气象局、中国气象局直属事业单位、中国气象局机关本级、中国气象局离退休干部办公室负责审批以下国有资产处置：

(一)单位价值或批量价值在 1000 万元(不含 1000 万元)以下的国有资产(除土地使用权)；

(二)单位价值或批量价值在 1000 万元(不含 1000 万元)以下的因局站搬迁与地方政府置换的土地使用权；

(三)部门内部因单位分立、合并、改制、撤销、隶属关系改变或者职能、业务调整等而移交的单位价值或批量价值在 1500 万元(不含 1500 万元)以下的国有资产。

中国气象局机关本级和机关服务中心的国有资产处置,按国管局相关规定办理。国管局未规定的,按照本办法执行。

各单位应当在规定权限内根据实际及时处置国有资产,一个月度内分散处置的国有资产原则上按同一批次汇总计算批量价值。

第十一条　国家级气象科研院所对持有的科技成果,可以自主决定转让,除涉及国家秘密、国家安全及关键核心技术外,不需报中国气象局和财政部审批或者备案,但须按规定向中国气象局科技与气候变化司报送年度报告。涉及国家秘密、国家安全及关键核心技术的科技成果转让,按照国家有关保密制度的规定审批。

国家级气象科研院所以科技成果作价投资形成的国有股权无偿划转、转让、损失核销等处置事项,按本办法规定权限履行审批手续。

第十二条　在突发公共卫生事件或者国家重大自然灾害等应急情况下,相关单位可本着急事急办、特事特办的原则,按本办法第三章规定的程序处置国有资产,待应急事件结束后报中国气象局备案。

第十三条　财政部、中国气象局和各单位对国有资产处置事项的批复文件，是国有资产处置的依据。

各单位要依据批复文件处置资产，处置完毕后应当及时核销相关资产台账信息，同时进行会计处理，确保账实相符和账账相符。

各单位国有资产处置情况应当在行政事业性国有资产管理情况年度报告中予以反映。

第十四条 除国家另有规定外，各单位转让、拍卖、置换国有资产等，应当依法进行资产评估，并按照国有资产评估管理有关规定进行核准或者备案。

前款规定处置方式外的重大资产处置事项，由各单位自主决定是否进行评估。

第十五条 国家级气象科研院所将其持有的科技成果转让给国有全资企业的，可以不进行资产评估；转让给非国有全资企业的，由各单位自主决定是否进行资产评估；通过协议定价的，应当在本单位公示科技成果名称和拟交易价格。

第三章　处置方式和程序

第一节　无偿划转

第十六条 无偿划转是指在不改变国有资产性质的前提下，以无偿转让的方式变更国有资产占有、使用权的行为。

第十七条 无偿划转国有资产应当按照以下程序办理：

（一）各单位之间无偿划转国有资产，各单位对气象部门外其他中央单位无偿划转国有资产，以及各单位对国有全资企业无偿划转国有资产，由划出方按照本办法第二章规定的相应权限履行审批手续；

（二）各单位无偿划转到气象部门外地方单位的，应当附接收方主管部门和同级财政部门同意接收的相关文件,由划出方按照本办法第二章规定的相应权限履行审批手续。

第十八条 单位申请无偿划转国有资产,应当由划出方提交以下材料:

(一)无偿划转申请文件;

(二)《中央行政事业单位国有资产无偿划转和对外捐赠申请表》(附件1);

(三)单位内部决策文件;

(四)国有资产价值凭证及产权证明,如购货发票或者收据、记账凭证、资产信息卡、竣工决算报告、国有土地使用权证、房屋所有权证、不动产权证、专利证、著作权证、担保(抵押)凭证、债权或者股权凭证、投资协议等凭据的复印件(加盖单位公章),下同;

(五)划出方和划入方签署的意向性协议;

(六)因单位撤销、合并、分立、改制而移交国有资产的,需提供撤销、合并、分立、改制的批文;

(七)其他相关材料。

第二节　对外捐赠

第十九条 对外捐赠是指各单位依照《中华人民共和国公益事业捐赠法》,自愿无偿将其占有、使用的国有资产赠与合法受赠人的行为。

各单位对外捐赠应当利用本单位闲置资产或者淘汰且具有使用价值的资产,不得新购资产用于对外捐赠。

气象部门上下级单位之间和所属单位之间,不得相互捐赠资产。

第二十条 各单位申请对外捐赠国有资产,应当提交以下材料:

(一)对外捐赠申请文件;

（二）《中央行政事业单位国有资产无偿划转和对外捐赠申请表》（附件1）；

（三）单位内部决策文件；

（四）国有资产价值凭证及产权证明；

（五）对外捐赠报告，包括对外捐赠事由、方式、责任人、国有资产构成及其数额、对外捐赠事项对本单位财务状况和业务活动影响的分析等；

（六）其他相关材料。

第二十一条 对外捐赠应当依据受赠方出具的同级财政部门或者相关主管部门统一印（监）制的捐赠收据，受赠方所在地城镇街道办事处、乡镇人民政府等出具的凭证或者捐赠资产交接清单予以确认。

第三节 转 让

第二十二条 转让是指各单位变更国有资产占有、使用权并取得收益的行为。

各单位转让国有资产，应当以公开竞争方式进行，严格控制非公开协议方式，可以通过相应公共资源交易平台进行。

第二十三条 各单位转让国有资产，以财政部、中国气象局核准或者备案的资产评估报告所确认的评估价值作为确定底价的参考依据，意向交易价格低于评估结果90%的，应当报资产评估报告核准或者备案部门重新确认后交易。

第二十四条 各单位申请转让国有资产，应当提交以下材料：

（一）转让申请文件；

（二）《中央行政事业单位国有资产转让等申请表》（附件2）；

（三）单位内部决策文件；

（四）国有资产价值凭证及产权证明；

（五）转让方案，包括国有资产的基本情况，转让的原因、方式，可行性及风险分析等；

（六）第三方机构出具的资产评估报告；

（七）转让方和受让方签署的意向性协议；

（八）其他相关材料。

第四节　置　　换

第二十五条　置换是指各单位与其他单位以固定资产、无形资产等为主进行的资产交换，一般不涉及货币性资产或者只涉及用于补差价的少量货币性资产。

资产置换，应当以财政部、中国气象局和各单位核准或者备案的资产评估报告所确认的评估价值作为置换对价的参考依据。

第二十六条　各单位申请置换国有资产，应当提交以下材料：

（一）置换申请文件；

（二）《中央行政事业单位国有资产转让等申请表》（附件2）；

（三）单位内部决策文件；

（四）国有资产价值凭证及产权证明；

（五）置换方案，包括双方拟用于置换资产的基本情况、设置担保情况，置换的原因、方式，可行性及风险分析等；

（六）置换双方签署的意向性协议；

（七）第三方机构出具的资产评估报告；

（八）其他相关材料。

第五节　报　　废

第二十七条　报废是指按照有关规定或者经有关部门、专家鉴定，对因技术原因确需淘汰或者无法维修、无维修价值的国有资产，或者已超过使用年限且无法满足工作需要的国有资产，进行产权核销的国有资产处置行为。

各单位已达使用年限仍可继续使用的国有资产，应当继续使用。

第二十八条 各单位申请报废国有资产,应当提交以下材料:

(一)报废申请文件;

(二)《中央行政事业单位国有资产转让等申请表》(附件2);

(三)单位内部决策文件;

(四)国有资产价值凭证及产权证明;

(五)报废资产价值清单;

(六)有关部门、专家出具的鉴定文件及处理意见;

(七)因房屋拆除等原因需办理国有资产核销手续的,提交相关职能部门的房屋拆除批复文件、建设项目拆建立项文件、双方签订的房屋拆迁补偿协议等;

(八)专利、非专利技术、著作权、资源资质等因被其他新技术所代替或者已经超过法律保护的期限、丧失使用价值和转让价值的,提供有关技术部门的鉴定材料,或者已经超过法律保护期限的证明文件;

(九)其他相关材料。

第六节 损失核销

第二十九条 损失核销是指由于发生盘亏、毁损、非正常损失等原因,按照有关规定对国有资产损失进行核销的国有资产处置行为。

各单位对发生的国有资产损失,应当及时处理。

第三十条 各单位申请存货、固定资产、无形资产等国有资产损失核销,应当提交以下材料:

(一)损失核销申请文件;

(二)《中央行政事业单位国有资产转让等申请表》(附件2);

(三)单位内部决策文件;

(四)国有资产价值凭证及产权证明;

（五）国有资产盘亏、毁损以及非正常损失的情况说明,第三方机构出具的经济鉴证证明,国家有关技术鉴定部门或者具有技术鉴定资格的第三方机构出具的技术鉴定证明（涉及保险索赔的应当有保险公司理赔情况说明）,赔偿责任认定说明和单位内部核批文件;

（六）国有资产被盗的,需要提供公安机关出具的结案证明;

（七）因不可抗力因素（自然灾害、意外事故）造成国有资产毁损的,需要提供相关部门出具的受灾证明、事故处理报告、车辆报损证明、房屋拆除证明等;

（八）其他相关材料。

第三十一条　各单位申请对外投资、担保（抵押）国有资产的损失核销,应当提交以下材料:

（一）损失核销申请文件;

（二）《中央行政事业单位国有资产转让等申请表》（附件2）;

（三）单位内部决策文件;

（四）国有资产价值凭证及产权证明;

（五）形成损失的情况说明、被投资单位的清算审计报告及注销文件、第三方机构出具的经济鉴证证明和具有法律效力的证明材料;

（六）涉及仲裁或者提起诉讼的,提交仲裁决定或者法院判决等相关法律文书;

（七）其他相关材料。

第四章　处置收入

第三十二条　处置收入是指在转让、置换、报废等处置国有资产过程中获得的收入,包括转让资产收入、置换差价收入、拆迁补偿收入、报废报损残值变价收入、保险理赔收入、转让土地使用权收益、所办一级企业的清算收入等。

第三十三条 除国家另有规定外,各单位国有资产处置收入,应当在扣除相关税金、资产评估费、拍卖佣金等费用后,按照政府非税收入和国库集中缴纳管理有关规定及时上缴中央国库。

土地使用权转让收益以及占地补偿收益,按照财政部有关规定上缴中央国库。

国家级气象科研院所转化科技成果所获得的收入全部留归本单位,纳入单位预算,统一核算、统一管理,主要用于对完成和转化职务科技成果做出重要贡献人员的奖励和报酬、科学技术研发与成果转化等相关工作。

第三十四条 各单位利用国有资产对外投资形成的股权(权益)的处置收入,除按照中央国有资本经营预算有关规定应申报、上交的国有资本收益和国家另有规定外,按照以下规定管理:

(一)利用货币资金对外投资形成股权(权益)的处置收入纳入单位预算,统一核算,统一管理;

(二)国家级气象科研院所利用科技成果作价投资形成股权(权益)的处置收入纳入单位预算,统一核算,统一管理;

(三)利用其他国有资产对外投资形成的股权(权益)的处置收入,扣除投资收益以及相关税费后,按照政府非税收入和国库集中缴纳管理有关规定及时上缴中央国库;投资收益纳入单位预算,统一核算,统一管理;

(四)统筹利用货币资金、科技成果和其他国有资产混合对外投资形成的股权(权益)的处置收入,按照本条第(一)、(二)、(三)项的有关规定分别管理。

第五章 监督检查

第三十五条 各单位应当建立国有资产处置管理制度,中国气象局定期或不定期对各单位国有资产处置情况进行监督检查。

第三十六条 各单位及其工作人员在国有资产处置管理工作中,存在违反本办法规定的行为,以及其他滥用职权、玩忽职守、徇私舞弊等违法违纪行为的,依照《中华人民共和国公务员法》《中华人民共和国监察法》《行政事业性国有资产管理条例》等国家有关规定追究责任;构成犯罪的,依法追究刑事责任。

第三十七条 各单位在国有资产处置过程中有下列情形之一的,依纪依法追究相关人员责任:

(一)未按照规定经集体决策或者履行审批程序,擅自越权对规定限额以上的国有资产进行处置;

(二)未按照规定办理国有资产处置手续,对不符合规定的申报处置材料予以审批;

(三)采用弄虚作假等方式低价处置国有资产;

(四)截留国有资产处置收入;

(五)未按照规定评估国有资产导致国家利益损失;

(六)其他造成单位国有资产损失的行为。

第六章 附 则

第三十八条 各级气象学会涉及国有资产处置的,参照本办法执行。已脱钩的行业协会涉及国有资产处置的,按照《脱钩后行业协会商会资产管理暂行办法》(财资〔2017〕86号)有关规定执行。

第三十九条 地方机构编制部门批准的地方气象事业机构,其国有资产的处置按照当地有关部门规定执行。当地没有规定的,参照本办法执行。

第四十条 执行企业财务、会计制度的中央事业单位,以及各单位所办国有及国有控股企业国有资产处置,按照企业国有资产管理有关规定执行,不适用本办法。

第四十一条　各单位货币性资产损失核销,按照预算及财务管理有关规定执行。

第四十二条　公共基础设施、政府储备物资、国有文物文化等行政事业性国有资产处置,以及各单位境外国有资产处置按照有关规定执行。

第四十三条　各省(区、市)气象局和计划单列市气象局可根据本办法的规定,结合实际情况,授权所属行政事业单位一定限额的国有资产处置权限,并制定具体办法。

第四十四条　各单位涉及国家安全和秘密的国有资产处置,应当符合国家有关保密制度的规定和要求。

第四十五条　本办法由中国气象局计划财务司负责解释。

第四十六条　本办法自印发之日起施行。此前中国气象局印发的有关行政事业单位国有资产处置管理规定,与本办法相抵触的,以本办法为准。《气象部门国有资产处置管理暂行办法》(气发〔2010〕6号)予以废止。

附件:1. 中央行政事业单位国有资产无偿划转和对外捐赠申
　　　　请表(略)
　　　 2. 中央行政事业单位国有资产转让等申请表(略)

国际交换气象观测站标识符
编码规范

（气办发〔2022〕23 号）
2022 年 5 月 18 日

一、编制目的

2021 年召开的世界气象组织（WMO）执行理事会（EC）第 73 届会上批准了《WIGOS 初始运行阶段计划（2020—2023 年）》，按照 WIGOS 业务化运行要求，为使我国气象观测业务顺利对接 WIGOS 业务化运行，结合我国观测业务实际情况，在国际通信系统对外交换的 BUFR 格式地面和高空观测数据中首先实施 WIGOS 台站标识符。

二、编码结构

参考《WMO 全球综合观测系统手册》（WMO-No.1160）附文 2.1 中 WMO 全球综合观测系统（WIGOS）观测站标识符规定，气象观测站标识符编码包括四段：序列代码、发布者代码、发布号和本地标识符，每段之间用短横线"－"连接。

标识符编码结构为：

序列代码－发布者代码－发布号－本地标识符

序列代码,用于标识气象观测站标识符的管理体系。

发布者代码,用于标识气象观测站标识符的发布者。

发布号,用于标识气象观测站标识符的编定者或管理机构。

本地标识符,由气象观测站标识符编定者或管理机构编定的每个观测实体的标识符。

对于同一个发布者,发布号和本地标识符的组合应是唯一的,由标识符编定者或管理机构负责确保本发布号下本地标识符的唯一性。

三、编码规则

1. 序列代码

序列代码用于区分标识符管理体系,用 $0\sim15$ 之间的数字表示,其中,0 表示 WIGOS 标识符序列,$1\sim15$ 预留。国际交换气象观测站标识符的序列代码编定固定值"0"。

2. 发布者代码

发布者代码用 $1\sim5$ 位数字表示,范围为 $0\sim65535$。地面和高空国际交换站台站标识符的发布者代码编定"20000"或"20001",国际交换和向香港天文台共享的地面站台站标识符见附件 1,国际交换高空站台站标识符见附件 2,其他国际交换站台站标识符的发布者代码遵循表 1 中 WMO 的定义。

表 1 WMO 发布者代码表

序号	代码值	说明
1	0	OSCAR 内部使用
2	$1\sim9999$	在 ISO 3166-1 标准中,会员国或地区的数字代码,中国为 156
3	$10000\sim10999$	没有 ISO 3166-1 数字国家代码的会员国或地区
4	$11000\sim19999$	WIGOS 预留
5	20000	世界天气监测网陆地站,子索引号(SI)=0
6	20001	世界天气监测网陆地站,子索引号(SI)=1

序号	代码值	说明
7	20002	世界天气监测网海洋平台(锚系或漂浮浮标、平台等)
8	20003	基于国际电信联盟呼号的船舶标识符
9	20004	国内发布的船舶标识符
10	20005	AMDAR 飞机标识符
11	20006	ICAO 机场标识符
12	20007	国际海事组织船舶(IMO)编号(舷号)
13	20008	全球大气监测网(GAW)标识符
14	20009	WMO 卫星计划
15	20010	WMO 天气雷达
16	20011～20999	WIGOS 预留,用于 WMO 发布之前与 WMO 计划有关的现有标识符
17	21000	全球冰冻圈监测网(GCW)标识符
18	21001～21009	WIGOS 预留,用于 WMO 各计划授权使用的新的 WIGOS 标识符
19	21010	WMO 雷达数据库(WRD)标识符
20	21011～21999	WIGOS 预留,用于 WMO 各计划授权使用的新的 WIGOS 标识符
21	22000	海洋系统的 GOOS 标识符,由 JCOMMOPS 管理
22	22001	GCOS 高空基准网(GRUAN)标识符
23	22002～22999	WIGOS 预留,用于 WMO 联合发起计划发布的新的 WIGOS 标识符
24	23000	全面禁止核试验条约组织(CTBTO)标识符
25	23001	哥白尼气候变化服务计划(Copernicus CCS)标识符
26	23002～23999	WIGOS 预留,用于 WMO 合作组织/计划发布的新的标识符
27	24000～65534	预留
28	65535	缺省值

3. 发布号

发布号用 1～5 位数字表示,范围为 0～65535。地面和高空国际交换站台站标识符的发布号编定固定值"0"。

4. 本地标识符

本地标识符最多 16 个字符,首位不允许为空格,允许使用的字符包括大写英文字母、阿拉伯数字 0 到 9。地面和高空国际交换站台站标识符的本地标识符由 5 位数字组成,使用现行气象观测站区站号。

50×××～59×××数字编码。编码规则为:前两位为区号,按气象观测站经纬度所在区的区号编定。根据《中华人民共和国气象台、站、哨站号表》(中气天发 114 号函)规定,按照经纬度自北向南,自西向东,全国共分为 10 个区,区号为 50～59。50～59 区经纬度范围见表 2。

表 2　50～59 区经纬度范围

区号	经度范围(°E)	纬度范围(°N)	区号	经度范围(°E)	纬度范围(°N)
50	115～135	45～54	55	78.0～92.5	26～35
51	73.0～92.5	35～50	56	92.5～105.0	21～35
52	92.5～105.0	35～45	57	105～115	25～35
53	105～115	35～46	58	115～126	25～35
54	115～132	35～45	59	105～125	15～25

本地标识符的后 3 位"×××"为站号。每个区按经纬度 1°×1°(或 2°×2°、2°×1°、1.5°×2°、1.5°×1°等)划分为多个网格,每个网格内标有两位数字,作为站号的前两位编码。每个网格中按经纬度划分为 10 格,编码如图 1,站号的第三位编码以气象观测站经纬度所在格内数字确定。如两站相隔极近,均在同一个格内,则

另一站可选用临近任一格内数字。如气象观测站迁移到其他网格,本地标识符不变。

0	1	2	3
4		5	6
7		8	9

图 1   站号第三位编码

注:在南极和北极地区由我国建立并运行的气象观测站,遵照 WMO 传统编码对区号的划分,编定区站号。比如南极长城站、中山站位于 89 区,长城站最后编定区站号为 89058;南极中山站区站号为 89573。

附件:1. 参与国际交换的地面站台站标识符(略)
　　　2. 参与国际交换的高空站台站标识符(略)

气象数据产品业务准入和退出管理办法

（气办发〔2022〕25 号）

2022 年 5 月 27 日

第一章 总 则

第一条 依据《气象数据管理办法（试行）》《中国气象局科技成果业务准入办法（试行）》，为加强气象数据产品业务准入和退出管理，规范气象数据产品发布和使用，提高气象数据产品质量，提升气象数据产品应用价值，制定本办法。

第二条 本办法所称"气象数据产品"是指原始气象观测记录经过质量控制、统计加工、汇编整编得到的数据集，或经过反演、模拟计算、格点化处理、融合分析等得到的分析产品。

第三条 本办法所称"业务准入"是指气象数据产品经过评审准许进入业务并提供全国气象部门业务、科研和服务应用，纳入业务管理的过程。

"业务退出"是指已业务化的气象数据产品经批准正式退出业务和业务管理，不再提供服务的过程。

第二章　职责分工

第四条　预报与网络司(以下简称"预报司")归口管理气象数据产品(以下简称"产品")的业务准入和退出工作,包括:

(一)受理产品研制单位提出的业务准入或退出申请;

(二)负责组织或委托产品研制单位组织专家对拟准入或退出的产品进行评审。根据专家评审意见,结合气象业务发展需求,负责产品业务准入或退出的批准;

(三)负责制定、发布、更新《中国气象局气象数据产品业务准入清单》(以下简称"产品清单")。

第五条　产品研制单位的主要职责:

(一)向预报司提出产品业务准入或退出的申请;

(二)负责产品的研制、测试和升级,产品系统运行与维护,产品业务准入或退出评估等工作;

(三)负责产品应用支持和技术指导等相关工作。

第六条　国家气象信息中心(以下简称"信息中心")的主要职责:

(一)负责分配和保障产品生成所需的数据、计算和存储资源;

(二)负责通过气象大数据云平台向全国气象部门提供业务准入的产品,并对产品清单及产品元数据进行更新维护;

(三)负责实时监视业务准入产品的运行状况,分析产品访问情况;

(四)负责配合产品研制单位进行安全定级,做好产品及其知识产权安全保护。

其中,卫星产品生成相关的运行维护保障工作由国家卫星气象中心负责。

第三章 业务准入

第七条 申请业务准入的产品须具备下列条件：

(一)提供全国或区域使用的业务价值；

(二)产品加工处理技术方法及相关技术指标应具有科学性、先进性和实用性，并符合相关标准规范；

(三)对不少于 6 个月时间序列的产品进行质量检验评估，其质量优于现有同类产品质量；

(四)在省级及以上气象部门进行过不少于 3 个月的试用，产品内容、质量、时效、稳定性等技术性能指标优于现有水平。

第八条 业务准入申请应包括下列材料：

(一)产品业务准入申请表(附件1)；

(二)工作报告，包括业务需求、应用前景、技术储备、产品简介以及主要完成人等；

(三)技术报告，包括产品说明、采用标准、数据来源、产品内容、技术方法以及检验评估等；

(四)测试报告，包括产品系统的功能、性能以及测试结论等；

(五)试用报告，包括用户对产品的准确性、科学性、可靠性、稳定性及应用效益的评价和改进建议等；

(六)其他相关材料。

第九条 业务准入申请流程：

(一)预报司收到产品业务准入申请材料 5 个工作日内确定是否符合业务准入条件并通知产品研制单位；

(二)符合业务准入条件的，自通知产品研制单位之日起 15 个工作日内，预报司组织或者委托组织完成准入评审，形成评审结论，下达业务准入书面通知。必要时可以再延长 15 个工作日，以对产品进行全面评估，并征求产品相关方意见，形成评估结论。

第十条 收到产品业务准入书面通知后,有关单位按以下要求开展相关工作:

(一)一次性产品。产品研制单位应于 10 个工作日内主动汇交至气象大数据云平台;

(二)实时更新产品。产品研制单位与信息中心应于 3 个月内,按照《气象信息系统集约化管理办法》要求完成产品系统或产品算法在气象大数据云平台的融入,基于气象大数据云平台运行和维护产品系统或产品算法,梳理形成产品的元数据并录入气象大数据云平台;

(三)产品研制单位配合信息中心,将产品系统运行纳入统一监视;

(四)信息中心应优先提供并保障业务准入产品所需的数据、存储和计算资源,监视产品系统运行情况,将产品纳入分类分级管理,并根据等级向有权限的单位和个人提供。

第十一条 当接到用户投诉或发现产品质量问题时,产品研制单位和信息中心应及时沟通、协商整改。

第十二条 产品版本有重大升级的,应依照本办法第七至十条规定进行业务准入申请、评估评审及提供使用。

第四章 业务退出

第十三条 由产品研制单位向预报司提出退出申请,也可由预报司根据产品应用情况直接决定退出业务运行。

第十四条 属于下列情形之一的产品,由产品研制单位申请业务退出:

(一)产品加工处理技术方法或相关技术落后且已有新的技术方法替代;

(二)产品已无应用需求或已失去应用价值;

（三）产品质量、时效、稳定性无法满足业务需求；

（四）其他确需退出的情形。

第十五条 产品业务退出申请包括以下材料：

（一）产品业务退出申请表（附件 2）；

（二）产品基本情况；

（三）产品现状及退出原因；

（四）专家论证意见；

（五）其他相关情况。

第十六条 属于下列情形之一的产品，由预报司直接决定退出业务运行：

（一）产品版本升级，新版本产品业务化后，其旧版本产品；

（二）发现产品质量问题或接用户投诉，经核实后未及时整改，超过 3 个月的产品；

（三）监视系统显示，连续 1 年产品访问量极少，与产品业务准入时的业务需求不相符。

第十七条 产品业务退出流程：

（一）预报司收到产品业务退出申请材料 5 个工作日内确定产品是否业务退出。确认退出的产品，于 15 个工作日内将业务退出决定书面通知全国气象部门；

（二）自书面通知之日起 6 个月内为产品退出过渡期。过渡期内，产品研制单位、信息中心应当继续保障该产品的正常运行，便于用户适应和调整相关系统；

（三）产品退出过渡期满后，信息中心于 5 个工作日内收回计算和存储资源，停止产品服务，做好产品归档。

第五章　附　则

第十八条 依照《中国气象局科技成果业务准入办法（试行）》

通过业务准入的产品,纳入产品清单。

第十九条 观测装备正式投入业务运行的,其配套产品系统生成的产品,依据观测司关于该产品系统业务准入的书面通知,纳入产品清单。

第二十条 出现下列情形之一的,预报司对相关单位进行提醒并责令其整改;拒绝整改或整改后仍未达标的,将视情节,对责任单位进行通报批评,并结合年度综合考评给予相应处理:

(一)业务准入申请材料弄虚作假的;

(二)产品未通过业务准入批准,以业务产品名义发布或提供全国业务应用的;

(三)产品业务准入批准后,3个月内未融入气象大数据云平台的;

(四)已通过业务准入的产品,未依据产品分级或用户权限提供全国业务应用,或在提供业务应用时,额外附加条件的;

(五)未提供必要的数据、计算和存储资源保障的。

第二十一条 本办法由预报司负责解释。各省(区、市)气象局可依照本办法制定本地实施细则。

第二十二条 本办法自颁布之日起实施。2016年12月1日预报司印发的《气象数据产品业务化管理办法(试行)》(气预函〔2016〕66号)同时废止。

附件:1. 产品业务准入申请表(略)

　　　2. 产品业务退出申请表(略)

中国气象局办公室关于加强气象灾害综合风险普查成果应用的意见

（气办发〔2022〕26 号）
2022 年 6 月 2 日

2022 年是气象灾害综合风险普查的收官之年，普查工作将从调查评估区划阶段全面转入成果应用阶段。为强化气象灾害综合风险普查成果的应用，提升防灾减灾气象保障能力，根据国务院普查办《第一次全国自然灾害综合风险普查成果应用总体工作方案》（国灾险普办发〔2022〕9 号）和《全国气象灾害综合风险普查实施方案(修订版)》(中气函〔2021〕90 号)要求，经中国气象局同意，现就加强气象灾害综合风险普查成果应用提出以下意见：

一、总体要求

（一）指导思想

以习近平新时代中国特色社会主义思想为指导，认真贯彻习近平总书记关于防灾减灾救灾的重要论述和对气象工作的重要指示精神，落实《气象高质量发展纲要（2022－2035 年）》，以筑牢气象防灾减灾第一道防线为重点，建立气象灾害综合风险普查成果应用体系，推进普查成果在防灾减灾和气象服务中的融合应用，全面提升防灾减灾气象保障能力。

（二）主要目标

坚持"边普查、边应用、边见效"的要求，强化普查成果的应用。基于气象灾害综合风险普查成果，优化气象灾害监测网络布局，完善台风、暴雨、强对流等主要灾害性天气预警指标，推进预警信息的靶向发布。强化气象灾害风险普查大数据分析，开展气象灾害定量化影响评估，建立分灾种、分区域、分行业的影响预报和气象灾害风险预警业务，实现防灾减灾关口前移。

（三）基本原则

需求引领，注重实效。以提升防灾减灾气象保障能力为根本出发点，紧扣重点地区、重点行业、重点用户需求，因地制宜、因用制宜，推动普查成果应用落地见效。

以点带面，示范引领。试点先行，以应用需求迫切且基础较好的应用方向为重点，形成可复制、可推广的经验，带动全地域多领域的普查成果应用。

开放融合，创新应用。强化普查成果应用技术研究和交流，拓展普查成果应用的领域和渠道，建立普查成果业务化应用机制，实现普查成果的常态化应用。

二、普查主要成果

气象灾害综合风险普查成果包括气象部门普查成果和行业共享成果。气象部门普查成果主要是气象致灾危险性调查、气象历史灾情等数据成果，危险性评估和区划、风险评估和区划等图件（栅格或矢量）成果以及相关的技术、平台、标准、规范等制度性成果。行业共享成果包括水旱、林草、地质、海洋、地震等灾害要素调查、隐患分布、风险区划、防治区划，以及人口、GDP，农作物、道路、交通、房屋等承灾体数据。

三、强化普查成果的应用

气象灾害风险普查是气象防灾减灾的基础，普查成果的有效应用是提升气象防灾减灾能力的关键。要以气象防灾减灾为优先,以保障粮食安全和赋能经济发展为重点,统筹城乡安全与发展,建立气象灾害风险普查成果应用体系,实现普查成果在全领域、全系统的深度融合应用。

（一）纳入规划实施和顶层设计

将灾害风险普查成果应用纳入各单位"十四五"规划,以及观测、服务、人影等专项规划的实施和气象重点工程设计。根据气象灾害风险的时空分布,优化雷达、自动气象站等观测站网布局,强化灾害易发区、高风险区气象灾害监测。调整完善人工影响天气作业点区域布局,提高科学作业水平。推进各级地方政府在国土空间、防灾减灾、产业发展等重大规划中考虑气象灾害影响,减轻灾害风险。

（二）构建分灾种分区域的气象灾害预警体系

基于气象灾害风险普查成果,开展气象灾害的特征规律分析,完善暴雨、台风、强对流等气象灾害预警标准,逐步修订暴雨等灾害性天气预警信号级别、阈值及防御指南,建立健全分灾种、分区域的灾害性天气预警体系,强化预警信息的靶向精准发布,持续推进重大气象灾害的精准预警和科学防御。

（三）完善气象灾害风险评估业务

在气象灾害客观化风险评估、风险等级划分技术基础上,结合本地气象灾害特征,强化气象灾害影响的趋势预判,逐步建立不同时间尺度、精细化到县或乡镇的气象灾害风险评估/预评估业务体系,制定业务流程,发布重大气象灾害风险评估产品,并实现在气象灾害防御决策指挥中的应用,为避险转移、资源调度提供支撑。

（四）优化中小河流洪水山洪地质灾害气象风险预警

综合应用省、市、县气象灾害风险普查成果和水利部门中小河流洪水、山洪灾害风险区划,优化基于动态临界面雨量阈值的中小河流洪水、山洪气象风险预警模型,开展精细到小河流的气象灾害风险预警服务。推进地质灾害风险区划和隐患排查成果共享,动态更新地质灾害气象风险阈值。联合推进地质灾害隐患点分级管理,强化精细到重点地质灾害隐患点的气象风险实时监测和滚动预警服务。

(五)保障国家粮食安全

针对干旱、洪涝、高温、低温等重点农业气象灾害,在普查的基础上,全面摸清粮食生产功能区、重要农产品生产保护区、特色农产品优势区主要气象灾害,构建分灾种、分区域、分作物的精细化农业气象灾害风险预警指标体系,联合农业农村部门开展重大气象灾害对农业生产的影响评估,发布农业气象灾害风险预警。基于农作物的风险区划成果,发展农业气象指数保险,完善指数模型,拓宽应用领域,为农业生产保驾护航。

(六)赋能行业经济发展

聚焦交通、能源、森林草原防火、生态、旅游等重点行业以及重点工程建设,推进共享行业承灾体数据,完成针对特定承灾体的风险区划,完善交通、能源、森林草原火灾、生态、旅游等气象灾害影响评估模型,修订关键影响指标和阈值,开展灾害性天气对重点行业和重点工程建设影响的预报预警,并融入到行业指挥调度平台。

(七)助力城市安全运行

应用气象致灾因子及房屋建筑、交通、市政设施等承灾体普查成果,开展城市供水、供暖、交通等生命线运行的气象灾害风险监测与评估业务。基于普查成果,修订暴雨强度公式,研究建立针对城市治理风险评估指标,在大中城市开展城市内涝风险预警服务,并融入数字城市建设。根据气象灾害风险普查成果开展城市规划设计和建设气候风险评估,修订基础设施防御标准,提高城市抵御风险能力。

(八)保障乡村振兴

依据气象灾害风险普查成果,推动地方政府分乡镇、分灾种梳理气象灾害风险等级、气象灾害隐患点,建立基层气象灾害风险隐患清单,摸清气象灾害风险底数。推进建立农村高风险区域气象灾害预警信息的靶向发布,强化有针对性的风险防范提示。完善综合减灾示范社区创建标准,努力将社区气象灾害风险区划和隐患治理纳入评定标准。

四、工作要求

(一)加强组织领导

全国气象灾害综合风险普查工作领导小组办公室负责普查成果应用工作的协调和督促指导。各省(区、市)气象局和各直属单位成立专班,负责普查成果在本地区、本单位应用工作的组织实施,有序、有效、有力推动普查成果应用。

(二)加强技术保障

成立气象灾害综合风险普查成果应用专家组,具体负责各级普查成果应用的技术指导和评价等工作,适时举办成果应用交流研讨和论坛。专家组成员负责做好本领域普查成果应用的技术指导。国家气象信息中心负责普查数据产品成果的共享和管理。

(三)加强制度建设

加强对普查成果应用的总结和示范引领,探索形成各领域普查成果应用的样板。建立普查成果应用评价评估制度,提高普查成果应用的科学化水平。

(四)加强总结推广

结合普查工作总体进度,利用网站、报纸、简报等多种形式积极宣传,推广各地成果应用实践经验和典型案例,形成普查成果常态化应用的氛围。

气象预警制作发布与应急响应联动工作能力提升工作方案

(气办发〔2022〕32 号)

2022 年 7 月 21 日

　　为深入贯彻落实习近平总书记关于防灾减灾救灾工作和气象工作的重要指示精神,进一步提高气象预警制作发布业务水平,完善气象预警应急响应联动机制,提升气象防灾减灾能力,按照《气象高质量发展纲要(2022—2035 年)》有关要求,落实《应急管理部中国气象局关于强化气象预警和应急响应联动工作的意见》,充分发挥全国自然灾害综合风险普查成果作用,特制定气象预警制作发布与应急响应联动工作能力提升工作方案。

一、现状分析

　　气象预警业务布局逐步完善。气象灾害监测预警业务在国、省、市、县四级全面开展,逐步形成了"递进式预报、渐进式预警、跟进式服务"业务布局,实现延伸期发布重要天气过程展望、提前 3～7 天发布重要天气过程预报、提前 1～2 天发布决策服务信息、及时发布短临预报产品和预警信号,以达到早期通报、提前预警的效果。气象灾害预警信号的精细化水平不断提升,已逐步细化到乡(镇)、街道。

　　气象预警业务流程逐步优化。全国各省(区、市)均建立以气象灾害预警和预警信号为主要内容的预警业务。预警信号业务逐步按照属地化原则制作发布,各市县气象台制作发布预警信号,省级气象台负责对下业务指导和产品支撑。依托省市县一体化短临预警服务业务平台,开展省、市、县三级预警信号技术指导、制作发布和联防联动,按照"实时更新、同步共享、协同一致"的原则,逐步建立了国省联动、国、省、市、县四级实时共享的短临预警业务流程。

气象预警信息公众覆盖率不断提高。建成了国家突发事件预警信息发布平台,初步形成"一纵四横"的业务体系,搭建全媒体立体传播网络,实现广播、电视、互联网新媒体等多渠道发布预警信息。各级气象部门通过国家突发事件预警信息发布系统开展预警信息发布工作,形成预警信息发布矩阵,预警信息公众覆盖率逐年攀升,2021年达96.9%。

气象预警应急联动机制初步建立。各地气象部门积极推动地方政府及有关部门建立完善气象预警应急响应联动机制,目前25个省(区、市)根据气象灾害预警情况判断是否启动应急响应,26个省(区、市)对停课或停业、停工等不同程度进行规定,天津、上海、浙江、广东等省(市)已明确和建立达到确定预警级别后自动启动停课机制。

二、存在主要问题

预警信号、预警等预警信息混淆重复发布。部分地区预警和预警信号概念不清晰,预警信号、预警等混淆使用,相同预警信号多级重复发布,且预警信号制作发布的规范性和针对性不足,影响基层预警信息发布效率,导致预警对外服务无法协调一致。

预警信号制作发布质量仍需提升。雷雨(暴)大风等强对流天气预警信号及相关规定未制定,预警信号种类尚待进一步优化和细分。单次天气过程发布预警信号种类过多,容易造成公众混淆;预警信号内容不够精细,没有达到精细化要求,发布内容缺少针对性较强风险提示。短时强降水、雷雨(暴)大风等突发性、局地性天气的预警信号提前量仍然不能满足公众和社会的需求,时效过短也限制了地方党委政府及决策部门提前采取防灾减灾措施。预警信号中常用"局部""周边"或"东部""西部"等描述影响区域,影响精准靶向发布。

预报预警业务技术有待提升。对中小尺度天气系统生消演变机理和极端天气物理机制的研究尚不成熟,强对流天气精细化预报预警技术支撑不足,缺乏有效的预报预警客观技术和客观产品。一体化平台支撑不足,制作自动化和发布手段集约化仍有较大改进空间。基层台站人员技术力量薄弱,业务技能掌握不够扎实,雷达、卫星等气象探测资料应用能力不足,系统性的训练和实践不足,影响预警准确率和提前量。

预警发布传播能力仍待完善。预警信息发布传播针对性不强,不少发布仍处于"大水漫灌"阶段,分灾种分影响的预警信息发布传播体系还没有建立。与工业和信息化、广播电视部门协作联动精准靶向发布高级别预警信息在部分地区还没有落地落实。部分地方预警信息发布系统硬件老化、平台功能不完善,决策支撑作用没有完全发挥。

应急响应联动机制不够完善。全国各省(区、市)预警和预警信号业务的分工、流程和应急响应联动方式不统一,差别较大。气象灾害预警与当地政府启动相应应急响应的联动不够紧密,不利于应急响应联动的统筹协调。部分地区气象灾害应急预案仍未修订完成,与其他部门的应急联动机制等未进一步完善,高级别气象灾害预警与停工、停课、停运等机制未进一步明确和落实。

三、工作目标

规范气象预警发布业务。开展气象灾害预警信号调整和发布试点,着力修订暴雨预警信号种类、级别、阈值、防御指南等,优化发布内容、发布用语等,增加气象风险提示,完善发布策略。集中攻关极端天气事件的机制机理研究及预报预警技术,完善短临预报预警一体化业务技术体系和业务平台,提高预警信号的准确率和提前量。

提高预警信息发布传播能力。完善突发事件预警信息发布系统和决策支持系统,充分利用社会各种媒体资源,提高预警信息公众覆盖率,提升预警信息靶向精准发布能力,以最快速度实现最广人群有效覆盖。

推动完善应急响应联动机制。建立健全以气象灾害预警为先导的政府快速决策调度机制、部门应急联动机制和社会响应机制,推动建立健全基于重大气象灾害高级别预警的停工、停课、停运机制。

四、重点任务

(一)强化气象预警制作发布工作

任务 1. 规范预警和预警信号制作及发布业务布局。规范和明确气象灾害预警及预警信号的主要内容、发布主体、发布对象和功能。预警内容侧重短期时效(24~72 小时)内范围较大、灾害影响严重、可能达到气象部门启动应急响应的气象灾害;预警信号内容侧重 24 小时内,特别是短临时效(0~12 小时)内突发性、局地性气象灾害。预警一般由国、省、市三级气象部门制作发布,预警信号一般由县级气象部门制作发布,未设立气象机构的县级行政区的预警信号由市级气象部门发布。预警主要面向党委政府等决策部门,用于应急准备、安排部署和部门联动;预警信号除面向党委政府、涉灾行业主管部门外,向社会公众发布。逐步规范、科学布局国、省、市、县四级气象灾害预警和预警信号制作发布业务分工,为避免预警信号多级重复发布问题,逐步强化预警信号属地化发布,确保预警信号对外发布内容的一致性。气象中心负责国家级气象灾害预警制作发布,预报预警技术研发、产品支撑和检验;省级负责省级气象灾害预警制作发布职责,以及全省(区、市)预警业务支撑和指导;市级负责市级气象灾害预警及不设气象机构的县级预警信号制作发布职责,负责县级预警信号业务指导;县级气象部门承担本级行政区域内预警信号发布职责。

任务 2. 开展暴雨预警信号调整和试点发布。印发《关于气象灾害(暴雨)预警信号调整工作的通知》,组织各省(区、市)根据本地天气气候特点,结合气象灾害影响和综合风险普查阶段性成果,对气象灾害(暴雨)预警信号种类、级别、阈值、防御指南等进行本地化修订。组织开展试点县(市、区)基于新标准的暴雨预警信号本地化发布和效果评估,为全国预警信号业务优化调整提供可借鉴、可推广的示范经验,充分发挥气象灾害预警在防灾减灾中的先导性作用。

任务 3. 规范预警信号制作发布内容。发布内容要清晰、准确,预警信号内容应准确描述发布时间、预警信号等级(含升降级情况)、实况和发展趋势、影响范围等,实况及未来影响区域精细到乡(镇)、街道。预警信号发布内容中应包含气象风险提示,如暴雨可能引发的城市内涝、山洪、地质灾害等,强对流可能对公众活动、安全生产等产生的影响,让防御建议更具针对性。进一步完善发布策略,创新预警服务手段,既规避预警信号多级重复发送,又确保高级别预警信号送达关键责任人;根据实际需求增加雷雨(暴)大风等预警信号,提高强对流天气预警针对性。

任务 4. 提高预警信号发布准确率和提前量。加强灾害性天气生消演变机理的科学研究,提升预警信号的时效性和科学性。利用深度学习、人工智能等新一代信息技术发展和优化灾害性天气短临预报技术,提高预报预警的精准化、客观化水平,提升客观预警信号生成时间的提前量。逐步完善预警信号有效性评价办法,科学兼顾发布提前量、准确率和社会服务效益。

任务 5. 提高预警业务技术水平。加强中小尺度天气生消演变机理和极端天气物理机制的科学研究。提升客观预警技术支撑能力,强化客观预报预警技术研发,制作客观定量高分辨率的短时临近预报产品和极端天气等实况自动监测识别报警产品。提升业务平台支撑能力,推进省市县一体化短临预警平台建设。开展国、省两级强对流预报员客座交流,加强市、县级强对流天气短临预报预警业务培训,不断提升基层预报员短时临近预报预警能力。进一步强化基层气象台站值班值守规定落实,尤其要加强夜间的值班值守,加强夜间的突发气象灾害的监测预警。

(二)提升气象预警发布传播能力

任务 6. 推动突发事件预警信息发布系统建设。推动大数据、云计算、5G、小区广播等新技术在突发事件预警信息发布中的应用,提升预警信息发布的精细化、智能化水平。建设完善突发事件预警信息发布系统相关功能,实现红色预警信号向地方党委政府负责人等特定对象自动"叫应"和回执反馈、自动统计提醒功能,推进在应急管理等部门的部署应用,实现"叫应"回执情况向应急管理等部门的实时推送;推动突发事件预警信息发布系统与应急管理、水利、自然资源等部门的自动对接,实现气象灾害预警信息在气象灾害防御部门的共享共用。推动建立气象灾害预警传播"绿色通道",优化预警信息发布相关标准规范,联合工业和信息化等相关部门推动重大气象灾害预警信息快速发布"绿色通道"制度建立和实施,实现重大气象灾害预警快速全网传播。

任务 7. 扩大预警发布传播覆盖面。建立气象预警信息获取渠道公开制度。充分利用电视、网站、微博、微信、手机短信、手机APP、抖音、农村预警大喇叭等多种渠道第一时间向社会公众发布预警信息,第一时间向社会媒体和相关部门共享预警信息,切实通过气象部门自己发、其他部门同步转、社会媒体协同播等多种方式进一步提高预警信息覆盖率。针对高影响地区、高风险人群,联合广播电视、通信管理等部门试点开展预警信息精准靶向发布工作。

任务 8. 提升决策信息支撑能力。建设决策信息支持系统,提升决策服务定制化能力、气象灾害风险预报预警能力、突发事件应急救援气象保障服务能力。与教育、公安、自然资源、住房和城乡建设、交通运输、水利、农业农村、应急管理等相关部门联合开展重大气象灾害应急演练,指导地方各级气象部门积极组织和参与地方重大气象灾害应急演练,提高应急响应能力。联合多部门组织开展气象灾害防御水平评估工作,通过评估反馈及时改进,不断提高气象灾害防御水平。

任务 9. 研究红色预警信号制作发布策略。深入调研红色预警信号对各级地方党委政府、涉灾行业主管部门组织部署和应急联动的决策支撑作用,结合气象灾害影响的延续性和滞后性,综合研究红色预警信号生效时间、升级和降级规则、发布策略,坚持科学、客观、及时、准确的原则,形成适合本地防灾减灾需求的红色预警信号制作发布策略。

(三)推动完善应急响应联动机制

任务 10. 推动完善气象灾害应急响应联动机制。推动地方政府在修订防汛抗旱及其他相关应急预案时,把气象预警纳入应急响应启动条件,并结合当地承灾能力合理确定应急响应级别,明确行动措施。推动地方政府通过立法、政府专项预案修订或者其他约束性的方式建立气象灾害预警自动停课机制。各级气象部门要进一步健全与应急管理部门的气象预报预警信息共享机制,建立值班人员 24 小时直联制度,实现暴雨、台风、强对流天气等气象预报预警信息的实时共享。

任务 11. 强化直达责任人的预警"叫应"机制。地方各级气象部门发布暴雨、台风、强对流天气等气象红色预警信息,应第一时间电话报告本级防汛抗旱指挥部指挥长,并通知同级应急管理部门主要负责人或分管负责人,确认其收到后做好记录。县级气象部门发布暴雨、台风、强对流天气等气象红色预警信号时,还应通过与当地应急管理部门提前商定的渠道提醒预警覆盖的乡镇(街道)党政主要负责人、村(社区)防汛责任人。

任务 12. 提高应急联动的科学性有效性。推动地方政府和有关部门分灾种、分行业建立高影响气象灾害和高级别预警自动触发应急联动机制。推动有关部门、单位和机构根据不同种类气象灾害和不同预警级别建立相关次生、衍生灾害风险指标,根据气象灾害预警信息及时组织灾害风险研判,做好防范准备和应对工作。特别是针对不同极端天气类别、不同致灾阈值等制定分部门、分灾种防灾避险流程措施。

任务 13. 完善气象灾害应急预案体系。修订《国家气象灾害应急预案》《中国气象局气象灾害应急预案》,推动各地根据实际情况修订和完善地方气象灾害应急预案,强化预警和响应一体化管理,有效避免业务重叠、职能重复、工作重合等问题,提升气象防灾减灾总体效能。指导地方各级气象部门积极组织和参与地方重大气象灾害应急演练,提高应急响应能力。

(四)加强气象灾害风险预警

任务 14. 大力推进综合风险普查成果应用。基于普查成果,开展气象灾害的特征规律分析,完善气象灾害预警标准和相应阈值,逐步建立健全分灾种、分区域、分行业、分时段、分强度、分影响的气象灾害监测预警服务体系。充分利用普查成果,紧扣重点地区、重点行业、重点用户需求,强化气象灾害影响的趋势预判,逐步建立不同时间尺度的气象灾害风险评估和预警服务业务,充分发挥气象服务的先导性作用,促进防灾减灾关口的前移,全面提高气象灾害防御能力和精细服务能力。

任务 15. 积极开展气象风险预警服务。推动与当地政府普查办和相关部门的信息共享,获取气象灾害承灾体暴露度和脆弱性信息,建立气象防灾减灾大数据平台,形成辖区内气象灾害风险"一张图"和各类风险点、隐患点及其致灾阈值清单、应急责任人预警服务对象清单。建立"网格预报＋隐患点及致灾阈值→风险预警"业务,开展分灾种、分区域、分行业的气象灾害风险预警服务。加强与发展改革、交通运输、住房和城乡建设、自然资源等部门沟通和合作,积极开展城市规划、交通运输安全、重大基础设施建设等气象灾害风险评估,科学设计设防标准。

任务16. 建立气象灾害鉴定评估制度。联合公安、自然资源、住房和城乡建设、交通运输、水利、农业农村、应急管理等相关部门,制定气象灾害鉴定评估相关业务规范和流程制度,明确适用范围、工作职责、评估内容、技术方法等。组织开展气象灾害鉴定评估规范研究,建立气象灾害鉴定评估规范制度。推动建立气象灾害防御水平评估机制。结合气象防灾减灾示范省、示范市和综合减灾示范社区建设等工作,组织开展气象灾害防御水平评估技术研究,推动建立气象灾害防御水平评估规范制度。

(五)提高气象预警科普宣传水平

任务17. 加强面向应急责任人员的科普教育。重点围绕气象灾害类型、预警信号、致灾风险、防御建议及相关法律法规等内容,加强面向各级领导干部的灾害性天气科普解读。在各级领导干部管理培训课程和中组部远程教育平台节目中增加重大灾害性天气科普宣传和典型案例解读内容比重。针对基层防灾减灾责任人,编印灾害性天气防御科普书籍。

任务18. 完善气象预警科普联动机制。推动各地气象部门联合宣传、教育、公安、自然资源、住房和城乡建设、交通运输、水利、农业农村、应急管理等部门加强重大灾害性天气防御应对技能培训,提高公众防灾避险意识和能力。完善决策服务、信息报送和宣传科普一体化策划机制。按照"一过程一策"要求,强化国、省、市、县地气象科普应急联动。针对灾害天气和社会关注热点,加强舆情监测,形成口径素材,组织专家回应,统筹做好科普宣传和舆论引导工作。

五、保障措施

（一）加强组织领导

各省（区、市）气象部门、国家级相关业务单位要高度重视气象预警制作发布与应急响应联动工作，要组织专题研究部署，成立工作专班，加强调研分析，实事求是总结以往经验和教训，坚持问题导向、目标导向和结果导向，结合本地区本部门实际形成专项工作方案和年度工作任务清单，确保各项任务有序、有效推进。

（二）强化部门间协同联动

加强与自然资源、城乡住房建设、水利、应急管理等部门的协同联动，定期组织召开部门之间联络员会议，进一步加强联合会商和信息共享，强化气象灾害风险预报预警技术交流。

（三）做好评估复盘工作

完善重大天气过程总结复盘制度。建立健全以气象预报预警技术服务检验、预警信息发布流程规范评估、减灾联动社会经济效益评价为闭环的综合复盘制度，改进复盘形式和内容，把复盘成果固化、转化到气象预警业务流程和业务体系中，不断提升预报预警水平。

中国气象局公文处理工作考核办法

（气办发〔2022〕34 号）
2022 年 8 月 11 日

为推进中国气象局公文处理工作科学化、规范化、制度化，进一步改进文风，提高公文处理工作的质量和效率，根据《党政机关公文处理工作条例》《党政机关电子公文处理工作办法》《中国气象局公文处理工作办法》等规定，制定本办法。

一、考核对象

各省（区、市）气象局、直属单位、内设机构。

二、考核范围

对各省（区、市）气象局、直属单位报送中国气象局的文件，各内设机构起草的局行文进行考核。

其中，各内设机构起草报送党中央、国务院（包括中办、国办）的文件纳入一级考核范围；各内设机构起草以中共中国气象局党组、中国气象局、中国气象局办公室、中国气象局议事协调机构名义的局正式行文（不包括信函格式行文），各省（区、市）气象局、直属单位报送中国气象局的文件（包括报中国气象局、中共中国气象局党组的请示、报告以及抄送的文件）纳入二级考核范围；各内设机构起草的其他局行文（信函格式行文、签报和重要文案呈批等内部格式行文)纳入三级考核范围。

三、考核内容

考核的内容包括公文质量和公文处理效率。

(一)公文质量

重点评价行文的必要性、准确性、合规性、规范性等。考核内容主要包括行文规则、公文拟制、公文办理、格式内容4个方面。

行文规则方面的考核内容包括:行文是否确有必要;行文关系是否正确;文种使用是否正确;行文是否遵守有关规则;行文规格是否正确。

公文拟制方面的考核内容包括:是否符合党的路线方针政策、国家法律法规和有关规定;是否体现发文机关意图,并同现行有关文件内容相衔接;所提政策措施和办法是否切实可行;涉及有关部门职权范围内的事项是否经过充分协商并达成一致意见。

公文办理方面的考核内容包括:是否符合办理程序;公文办理工作是否到位;机要文件、涉密文件、规范性文件、外事有关文件等办理是否符合要求。

格式内容方面的考核内容包括:公文体例格式是否规范;稿纸内容填写是否正确;附件、参阅件是否齐全;定密是否准确;是否做到内容简洁、主题突出、观点鲜明、结构严谨、表述准确、文字精练;插图表格、标点符号、计量单位、字体字号是否正确;是否有文字错漏等。

(二)公文处理效率

重点评价公文处理的时效性。考核内容主要包括公文起草、审核、签发、印制、分发等各环节是否符合时限规定和工作要求;公文承办、答复等是否在规定期限内完成。

四、考核计分

(一)单个文件考核计分

对纳入三级考核范围的公文,根据存在的问题,按照问题清单

（见附件）中相应的扣分值进行扣分。对纳入二级考核范围的公文，根据存在的问题，按照问题清单中相应扣分值的 2 倍进行扣分。对纳入一级考核范围的公文，根据存在的问题，按照问题清单中相应扣分值的 3 倍进行扣分。

被局主要领导退回重新办理的，加扣 20 分；被其他局领导退回重新办理的，加扣 15 分；未退回重新办理，但被局领导指出错误或点名批评的，加扣 10 分。

公文印发后，发现错误或因质量、时效被党中央、国务院（包括中办、国办）通报的，加扣 20 分。

（二）考核时段所有文件考核计分

对某一单位在指定考核时段内所有问题公文的扣分数进行累加计分。考核时段统计时，发文和收文分别按照成文日期、分发日期计算。

五、组织实施

中国气象局办公室负责组织公文考核工作，承担日常沟通协调、错文统计分析、业务督促指导、结果通报公示和年度考核评价等工作。

中国气象局办公室对公文运转过程中发现的质量和处理效率问题建立工作台账，组织开展考核工作。对日常审核中发现的各类问题进行归类统计，对重要公文出现的问题和日常考核中发现的典型问题，视情况可直接通报考核对象的主办处室或相关责任人。

根据日常考核情况，不定期进行专项通报。各单位的考核得分，作为年度考核评价中有关考核内容的评价依据。

对问题比较严重或扣分较多的单位，视情况由分管局领导对该单位的主要负责人进行约谈、责令检查、通报批评。造成重大影响或严重后果的，按照有关规定追究相关工作人员责任。

各省（区、市）气象局、直属单位、内设机构应强化考核结果的运用,建立完善内部公文处理工作制度以及奖惩机制,督促工作人员不断提高公文处理工作的质量和效率。

六、解释与施行

本办法由中国气象局办公室负责解释。

本办法自印发之日起施行。2009 年 4 月 29 日印发的《中国气象局公文处理考核暂行办法》(气办发〔2009〕14 号)同时废止。

附件:中国气象局公文处理问题及扣分清单(2022 版)(略)

气象部门值班工作规范

（气办发〔2022〕43 号）

2022 年 10 月 11 日

第一章 总 则

第一条 为进一步加强新形势下气象部门值班工作，着力构建责任明确、运行高效、反应灵敏、协调有力的值班工作体系，根据中共中央办公厅、国务院办公厅关于值班工作的规定和《全国政府系统值班工作规范（试行）》等有关要求，结合气象部门工作实际，制定本规范。

第二条 值班工作要坚持以习近平新时代中国特色社会主义思想为指导，增强"四个意识"、坚定"四个自信"、做到"两个维护"，充分发挥上传下达、联系左右、沟通内外的运转枢纽作用，确保气象部门联络通畅、运转高效。

第三条 本规范适用于全国各级气象主管机构值班工作。气象业务服务值班不在本规范适用范围。

第四条 值班工作应遵循以下原则：

（一）坚持服务大局，紧紧围绕党和国家工作大局，统筹开展值

班工作,提高服务保障能力;

（二）坚持科学管理,建立健全制度规定,制定完善工作标准,构建运转高效的值班工作体系;

（三）坚持快速响应,及时调度报告重大情况和动态,畅通和拓宽信息获取渠道,提升信息时效和质量;

（四）坚持专业规范,建设专业化值班队伍,强化信息化支撑,夯实值班工作基础。

第五条　中国气象局办公室负责中国气象局值班工作,并指导全国各级气象主管机构值班工作,具体工作由中国气象局值班室承担。

各省（区、市）气象局要结合地方党委政府有关要求,加强对本地区各级气象主管机构值班工作的部署和指导。省、市、县级气象主管机构办公室负责统筹本级值班工作,具体工作可结合实际情况,由值班室或履行值班职责的处（科）室承担。

第六条　值班室主要职责包括:

（一）保证 24 小时联络通畅;

（二）向本级党委、政府报送值班信息;

（三）向上级气象主管机构及时报送重大突发事件报告;

（四）传达和督促落实有关领导同志指示批示;

（五）负责值班平台使用管理工作;

（六）指导本地区气象主管机构值班工作;

（七）完成领导交办的其他事项。

第二章　值班值守

第七条　实行局领导带班制度。节假日、周休息日、工作日夜间,省、市、县级气象主管机构均应安排局领导在岗带班或电话带班;领导电话带班期间要保证联络通畅,不得离开单位所在城市,工作需要时第一时间返岗。重大会议、活动、重要时间节点和重大突发事件处置应对、Ⅱ级及以上应急响应期间，应安排局领导24小时在岗带班。

第八条　实行24小时在岗值班制度。省、市、县级气象主管机构均应落实值班员24小时在岗值班要求。工作日白天，由值班室人员值班。工作日夜间、周休息日和节假日可统筹安排本单位正式干部（包括挂职、借调等人员）值班。严禁安排雇员、临聘人员和退休返聘人员等顶岗值班，严禁安排同一人承担值班、带班工作。遇有重大天气过程和Ⅱ级及以上应急响应，可根据工作需要，安排2人以上同时在岗值班。

值班人员月均值班一般不少于2次、每班不少于8小时。值班、带班人员遇临时紧急任务无法承担值班、带班工作的要及时调班，严禁擅离职守或在未做好工作衔接的情况下换岗。

第九条　节假日期间，各省（区、市）气象局执行三级值班带班要求（即局领导在岗带班，处级带班同志、值班员24小时坚守岗位）。局领导在岗带班是指，除在省会城市检查值班工作或赴应急处突现场指挥外，应在机关办公区履行带班职责，带班当日20时后可在确保联络通畅的情况下居家带班。

第十条　严格落实值班交接制度。交班人员要交清当班重要事项，移交需继续办理事项。接班人员要迅速掌握值班情况，接续办理未完成事项。交接班应在值班场所进行，当面履行书面交接手续并确认签字。

第十一条　地方党委、政府对本地气象部门节假日、重要时间节点以及工作日夜间、周休息日值班带班工作提出更高要求的，按地方有关规定执行。

各省（区、市）气象局要结合本地防灾减灾形势任务和地方党委、政府有关要求，对本地区市、县级气象主管机构值班带班工作作出明确规定。

第十二条　各级气象主管机构要结合地方和上级气象主管机构有关要求,建立健全值班工作制度,明确值班、带班人员工作职责,规范值班期间各项业务流程,确保各项工作有序运转。

各级气象主管机构值班工作制度要报上级气象主管机构备案。

第十三条　值班室作为对外联系和服务的重要窗口,要认真受理值班电话,做到态度热情、语言规范、表述精确,重要来电要详细做好电话记录。值班电话应为专用固定座机电话,时刻保持畅通,响铃3声之内接听,严禁呼叫转移、设置彩铃或用于处理与值班工作无关的事务。

变更值班电话或值班电话出现故障的,要及时报告上级气象主管机构。

第十四条　全面准确记录值班期间重要事项和处理情况,记录内容应当客观真实、要素齐全、详略得当,记录时间具体到分钟。使用统一规范的值班记录本或电子值班记录单,手工记录要字迹工整,电子记录不得随意更改。值班记录应定期编号归档,以备查考。

第三章　信息报告

第十五条　按照气象部门重大突发事件报告的标准和要求,落实好重大突发事件报告制度。增强信息报告的敏感性、时效性和针对性,不断提升气象部门信息报告质量和水平。

第十六条　要结合地方党委、政府要求,做好面向本地党委、政府的值班信息报告工作。

第十七条　畅通与直属单位和下级气象主管机构的信息获取渠道。发生重大突发事件或重要紧急情况时,要加强重要情况和信息线索的调度核实,随时掌握、及时报告现场情况。对本级党委、政府和上级气象主管机构调度核实的相关信息,应在 30 分钟内电话反馈,明确要求报送信息的应在 1 小时内书面反馈。

第十八条 各级气象主管机构应建立领导同志批示办理工作机制,确保相关批示要求有效落实。相关省(区、市)气象局收到中国气象局值班室送转的中国气象局领导批示后,要立即向本单位负责同志报告,做好批示传达、督促落实、跟踪反馈等工作,并按要求报送落实情况信息。

第十九条 通过值班工作平台、气政邮报送相关信息。紧急情况下,可先电话报告,再及时补报书面信息。值班人员要熟练掌握信息报送要求和相关技能。涉密信息报送按照有关保密规定执行。

第四章　值班平台

第二十条 中国气象局依托气象政务管理信息系统建立值班工作平台。各省(区、市)气象局应按照中国气象局相关工作部署,做好本地区值班工作平台的上线运行、用户授权、运维管理等工作。

第二十一条 各省(区、市)气象局要确保值班工作平台 24 小时在线运行,并做好以下工作:

(一)及时查收并处置紧急通知;

(二)及时查收并处置有关领导同志指示批示;

(三)按要求报送重大突发事件报告;

(四)及时更新启动、调整、解除应急响应或特别工作状态信息;

(五)在规定时间内报送值班带班情况;

(六)及时更新值班通讯录;

(七)及时更新应急值班相关制度规范。

第二十二条　各级气象主管机构要按照地方党委、政府要求，落实好值班信息报送系统、视频会议系统、图像接入系统、信息资源调用系统等建设及接入工作，确保快速响应地方工作要求，发挥好气象决策支撑作用。

第二十三条　各省（区、市）气象局要加强涉密信息传输渠道建设，确保紧急情况下可及时查收并处置中国气象局发送的涉密文电资料。

第五章　督促指导

第二十四条　组织开展值班视频点名会议。中国气象局值班室将及时组织各省（区、市）气象局值班室开展值班视频会议，学习传达国务院总值班室相关要求，总结点评前期值班工作情况，安排部署重要时间节点和重特大突发事件应对期间值班工作。各省（区、市）气象局根据工作需要，组织本地区气象部门值班视频会议，部署相关工作。

第二十五条　建立中国气象局领导指示批示督办机制。对于中国气象局值班室明确要求反馈中国气象局领导指示批示办理情况的，相关省（区、市）气象局要在规定时间内将办理情况书面报告中国气象局值班室，中国气象局值班室将通过专题报告、《要情摘报》等方式向中国气象局领导报告。

第二十六条　建立值班工作提示制度。根据国务院总值班室在节假日和重大会议、重大活动以及重要时间节点前的相关工作部署和会商分析结论，中国气象局值班室适时发布值班工作提示。各省（区、市）气象局要根据值班工作提示，有针对性部署好本地区值班值守、气象服务以及其他相关工作。

第二十七条　加强值班检查工作。各级气象主管机构应采取电话、实地、视频等方式，加大节假日、工作日夜间和重要时间节点的值班检查力度,每年度对下级气象主管机构的值班检查要实现全覆盖。中国气象局值班室将不定期对省、市、县三级气象主管机构值班工作进行抽查。

第二十八条　建立值班工作通报机制。中国气象局将结合气象部门工作实际,定期对各省(区、市)气象局值班情况进行通报。各级气象主管机构要结合实际情况,采取适当形式对下级气象主管机构值班情况进行通报。

对于在日常工作和值班检查中发现的重点问题,中国气象局值班室将向有关单位定向发送值班工作整改任务单。收到值班工作整改任务单的单位,要及时研究,制定切实可行的整改措施,并将书面整改情况报告中国气象局值班室。

第二十九条　对于成绩显著的单位和个人予以通报表扬,对问题突出的进行约谈提醒、通报批评,造成重大影响或损失的按程序建议问责追责。

第六章　工作保障

第三十条　加强专业化值班队伍建设,选派政治素质、业务能力过硬的干部承担值班工作,优先选派年轻干部到值班岗位锻炼。推动值班人员合理有序轮岗交流,为干部成长发展创造条件。

第三十一条　强化值班业务培训,利用交接班、工作例会、交流研讨等方式经常性开展日常培训,做好节假日值班人员培训;通过专题讲座、视频会议、举办培训班等方式,每年度至少组织值班人员开展1次专项培训;对首次参与值班的人员要开展岗前培训。

第三十二条　设置独立的值班场所,悬挂名牌标识,合理划分工作区、休息区(含卫生间)等,并配备必要的办公设施设备。严禁用传达室、保卫室等充当值班场所。

各级气象主管机构要主动推动值班环境改造,积极为局领导在岗带班和值班员双岗值班等创造条件,为做好值班工作提供便利。暂不具备相关条件的,要制订工作计划,逐步推动落实到位。

第三十三条　加强值班人员生活保障,解决好值班期间休息、就餐等问题,配备必要的值班物资。统筹安排值班人员补休,不能安排补休的按照国家规定落实值班补助。

第三十四条　严格执行保密规定,严禁向无关人员透漏涉密信息和工作秘密,严禁使用非保密设备处理涉密事项,严禁未按规定将涉密文件、信息、设备等带出值班场所。

第七章　附　　则

第三十五条　本规范由中国气象局办公室负责解释。

第三十六条　本规范自印发之日起执行。

中国气象局青年创新团队建设与管理工作方案

（气办发〔2022〕46 号）

2022 年 11 月 16 日

为贯彻落实《气象高质量发展纲要（2022—2035 年）》（以下简称《纲要》）和中国气象局党组关于实施"青春奋进新征程"气象青年干部培养提升工程的决策部署，加大对青年科技人才的支持和培养，创造条件让有能力、讲政治的优秀青年科学家脱颖而出、早担大任，培养造就有规模、有质量的青年科技人才后备军，依据《中国气象局创新团队建设与管理办法》（气发〔2021〕11 号），制定本工作方案。

一、总体思路

（一）功能定位

青年创新团队的功能定位是以优秀青年科技人才为核心，面向国家重大需求，面向世界科技前沿，面向气象现代化建设，聚焦气象高质量发展业务服务需求，以解决制约气象业务服务能力提升的关键科技问题为目标，以培养青年科技后备力量为主旨，开展气象科技研发活动的国家级青年创新群体。

（二）发展目标

"十四五"期间组建 30 支左右青年创新团队，覆盖气象科研业务服务主要领域。完善青年创新团队组建和运行管理机制,建立项目、团队、平台一体化科技资源配置模式,完善以业务贡献为导向的评价指标体系,建成布局合理、开放高效、支撑有力、充满活力的科研与业务深度融合的青年创新团队体系,与重点创新团队体系统筹衔接,形成有力支撑气象高质量发展的科技人才梯队。

(三)基本原则

1. 顶层设计,资源统筹。围绕《纲要》和《中国气象科技发展规划(2021—2035年)》(以下简称《规划》)落实,聚焦中国气象局印发的系列能力提升重点工作方案中技术攻关和人才团队的具体任务部署,一体化配置项目、平台、投入、人才等创新资源,调动发挥青年创新团队在气象科技研发和业务服务保障中的生力军作用。

2. 严格标准,明确导向。对标青年创新团队建设目标和攻关任务,坚持高标准、严要求、强导向,重点支持有能力、讲政治的青年气象科技人才,瞄准气象高质量发展业务能力提升开展攻关,培养造就一批具有国际竞争力的青年科技人才,充实气象科技人才储备库。

3. 注重绩效,动态激励。团队支持期内,通过创新发展专项给予稳定的研发经费支持,对团队成员给予绩效激励。破除“四唯”,建立以业务贡献为导向的科技人才团队考核评价机制,团队及团队成员实行动态调整,支持期满且未接续新任务的团队不再沿用青年创新团队称号,未能通过考核的团队直接解散且后续不予接续新任务。

二、重点任务

(一)完善管理工作机制

1. 建立工作专班。建立青年创新团队工作专班(原则上由重点团队工作专班成员兼任),由科技司、人事司牵头,减灾司、预报司、观测司、计财司等职能司领导组成,负责落实局党组关于青年创新团队决策部署,组织开展青年创新团队组建、攻关任务部署、研发经费支持、绩效激励、考核评估等工作。

2. 设立科学指导委员会。设立青年创新团队科学指导委员会(原则上由重点团队科学指导委员会成员兼任),由气象相关领域的知名专家组成,负责接受工作专班委托,开展团队评审、跟踪指导和期满考核,为青年创新团队的建设和发展提供决策咨询。

3. 落实依托单位主体责任制。青年创新团队带头人所在的国家级直属单位、各省(区、市)气象局为团队依托单位。依托单位负责青年创新团队的日常管理和年度考评,为团队攻关研发和人员激励提供配套支持保障。

4. 实行团队带头人负责制。青年创新团队设置带头人 1 名,对依托单位负责。团队其他成员对团队带头人负责。团队带头人具有自主安排研发进度、决定团队内部绩效奖励和分配,以及根据考评结果或工作需要动态调整团队组成等权力。

5. 采取团队指导专家责任制。为每个青年创新团队选派 1~2 名科学指导委员会成员作为指导专家,发挥"传帮带"作用,全过程跟踪指导青年创新团队开展攻关研发。

6. 明确团队管理考评流程。由依托单位组织对团队带头人和团队的年度工作进展、创新成果、目标完成等情况进行考评,考评结果与团队绩效奖励等挂钩,与团队带头人评聘关联。以团队带头人为主,对团队成员的工作绩效进行年度考核,建立基于绩效考评的团队成员动态调整和退出机制。

7. 实行重要事项报告制度。青年创新团队运行过程中,涉及核心任务目标或团队成员调整变更时,带头人及时通过依托单位按程序向科技司报请,经工作专班核批后执行。撤换团队带头人等重大事项,经工作专班审查,报局审批后施行。

(二)组建青年创新团队

1. 组建方式。青年创新团队聚焦落实中国气象局印发的系列科研业务能力提升重点工作方案部署,有明确的攻关任务和考核指标,依托国家级直属单位或省(区、市)气象局组建,鼓励部门外行业高校、科研机构、企业等多元渠道的科研人员参与团队建设,组建方式一般采用公开择优,亦可依据实际情况组织确定。

2. 团队遴选条件。青年创新团队之间、青年创新团队与重点创新团队之间组成人员原则上不重叠。

(1)团队带头人。青年创新团队带头人一般应由入选气象高层次科技创新人才计划的青年气象英才担任,具有主持省部级科研项目、业务工程项目经历,主要研究方向与团队任务目标相符,年龄一般不超过 40 周岁,特殊情况可适当放宽至不超过 45 周岁。

(2)团队成员。团队成员总数一般不超过 20 人,其中 35 周岁(含)以下人员占比不少于 60%,分为骨干成员和一般成员,实行分层次管理。

(3)研究基础。优先支持在团队攻关方向上具有良好基础,已经获得相关研发资源支持的人员组建团队。

(4)政策倾斜。同等条件下优先支持入选气象高层次科技创新人才计划的青年气象英才、西部和东北优秀气象人才参与组建团队。

3. 团队支持期。青年创新团队支持期一般为 3 年,支持期结束后自动解散,可视建设情况接续申报新的创新团队。

(三)匹配支持保障措施

1. 研发经费。中国气象局通过创新发展专项,在支持期内按照每个青年创新团队每年 10 万元额度给予研发经费支持。依托单位应多渠道统筹资源给予配套研发经费支持,充分利用风云卫星应用先行计划等重大气象工程项目渠道研发资金加大支持力度,配套比例不低于 1:1。

2. 绩效激励。支持期内,由依托单位按照每个青年创新团队 30 万元额度给予绩效经费的支持,绩效发放办法由依托单位研究制定并报工作专班备案,应与团队年度考核结果挂钩。具体分配方案原则上由团队带头人依据团队成员任务职责和贡献情况提出,经依托单位审定后实施,分配方案应体现团队带头人的主要贡献作用,但一般不超过团队成员平均绩效奖励的 3 倍。支持期满后,中国气象局依据期满考核结果,对优秀档次按每个团队 10 万元、良好档次按每个团队 5 万元给予一次性绩效奖励。团队绩效不受所在单位年度工资总额限制。

3. 平台支持。鼓励和引导青年创新团队依托中国气象局或省部级及以上重点实验室(或野外科学试验基地、成果中试基地)等科技创新平台开展攻关研发,青年创新团队建设发展成效将作为中国气象局科技创新平台评估的重要内容。

三、组织实施流程

(一)申报评审

1. 编发指南。围绕《纲要》和《规划》落实,聚焦中国气象局印发的系列能力提升重点工作方案任务部署,由牵头职能司填写青年创新团队候选方向推荐表(附件 1),提出拟组建的青年创新团队攻关方向和任务目标。工作专班会同科学指导委员会审议后,形成青年创新团队申报指南公开发布。

2. 公开申报。符合条件的依托单位根据指南组织申报,填写申报表(附件 2),科技司对申报材料进行形式审查。

3. 遴选择优。工作专班会同科学指导委员会对申报团队进行评审。根据评审结果,基于择优支持、分批组建的原则,统筹考虑方案实施周期和业务急需紧迫程度,工作专班提出建议支持名单报局审定。

4. 签订合同。青年创新团队获批组建后,科技司会同牵头职能司,与依托单位和团队带头人签订青年创新团队任务书。

(二)考核管理

1. 年度考核。依托单位负责组织对团队年度工作进展、创新成果、目标完成情况等进行考核,团队指导专家参与年度考核并发挥重要作用。以团队带头人为主,对团队成员的工作绩效进行年度考核,考核结果与绩效激励分配和成员评聘挂钩,建立基于绩效考评的团队成员动态调整和退出机制。依托单位应于年度考核完成后一个月内将团队年度绩效报告和年度考核结果上报科技司。

2. 期满考核。团队支持期满后 6 个月内,工作专班会同科学指导委员会,对青年创新团队攻关任务目标完成情况、取得创新性成果、业务贡献成效、人才培养情况等进行综合评估。评估结果在适当范围内予以公布,分为优秀、良好、合格、不合格 4 个档次,并据此给予团队差异化的后补助绩效激励。对表现优秀、贡献突出的团队带头人及成员,在职称评审、人才计划评选等人才评价工作中给予破格考虑;对评估不合格的,取消团队带头人和依托单位 3 年内申报新的创新团队资格。

附件:1. 青年创新团队候选方向推荐表(略)
　　　2. 青年创新团队申报表(略)

中国气象局部门决算管理办法

（气办发〔2022〕47号）
2022年12月6日

第一章 总 则

第一条 为进一步加强中国气象局部门决算管理,根据《中华人民共和国预算法》《中华人民共和国会计法》《中华人民共和国预算法实施条例》《事业单位财务规则》《财政部部门决算管理办法》和政府会计准则制度等有关规定,制定本办法。

第二条 本办法适用于各级气象部门的部门决算管理工作。本办法所称各单位是指气象部门预算单位。

第三条 部门决算,是指国务院各部门依据国家有关法律法规规定及其履行职能情况编制,反映部门所有预算收支和结余执行结果及绩效等情况的综合性年度报告,是改进部门预算执行以及编制后续年度部门预算的参考和依据。

第四条 部门决算管理事项主要包括:部门决算的工作组织、报告体系设计、编制审核、汇总报送、批复、信息公开、分析应用以及数据资料管理等。

第二章　报告体系设计

第五条　中国气象局部门决算报告体系包括决算报表、报表说明和分析报告等。

第六条　决算报表包括报表封面、主表、附表等，反映中国气象局和各单位收支预算执行结果以及与预算管理相关的机构人员、存量资产等信息。

第七条　报表说明包括报表编制基本情况、数据审核情况、需要说明的重要事项以及填报说明附表等，主要反映决算报表编制的相关情况。

第八条　决算分析包括收支预算执行、机构人员、预算绩效等情况分析，以及决算管理工作开展情况，主要反映部门预决算管理及预算执行情况。

第三章　部门决算组织

第九条　部门决算管理按照"依法依规、科学规范、统一高效"的原则，由中国气象局计划财务司（以下简称计财司）实施统一管理，各级各单位依据预算管理关系分别组织实施。各级各单位应指定专人负责本单位决算组织协调工作。

第十条　计财司负责气象部门的部门决算组织工作，主要包括：

（一）参加财政部组织的部门决算培训；

（二）确定年度部门决算的编报口径，提出部门决算编审工作总体要求；

（三）布置气象部门年度决算编报工作，印发决算通知；

（四）举办气象部门决算培训，讲解各项决算填报要求和软件操作；

（五）组织气象部门决算会审工作,完成数据汇总审核,按要求及时向财政部报送决算报表及相关资料,并参加财政部举办的部门决算会审；

（六）组织气象部门决算批复和公开工作；

（七）组织、指导本部门所属各单位分析应用以及数据资料管理等工作。

第十一条　各二级预算单位负责组织所属单位的部门决算编报工作,主要包括：

（一）参加计财司举办的决算培训和决算会审；

（二）对所属单位布置决算编审工作；

（三）审核并按时报送所属单位部门决算；

（四）组织所属单位的部门决算批复和公开工作；

（五）组织所属单位的部门决算分析应用以及数据资料管理等工作。

第十二条　各单位是本单位的决算管理和编制上报的主体,对决算的规范性、真实性、准确性、完整性、及时性负责,对本单位财务收支情况和资产状况承担主要责任。财务核算部门对各单位的决算数据真实性、准确性和及时性负责。

第十三条　各单位的财务部门(含各财务核算部门)负责决算报表的编报工作。主要包括：根据各单位账簿记载情况填报决算报表；按时上报决算报表数据、报表说明和分析报告；根据计财司决算会审意见调整账务和决算报表；根据财政部门决算审核意见调整账务和决算报表。

第四章　编制审核和汇总报送

第十四条　每一预算年度终了,各单位应当按照上级气象部门的工作部署,依法依规编制决算,各财务核算部门协助各单位完成决算的编制工作,做到收支真实、数额准确、内容完整、报送及时。

第十五条 各单位应当全面清理核实收入、支出、资产、负债等情况,并在办理年终结账的基础上编制决算。具体程序是:

(一)清理收支账目、往来款项、资产负债,核对年度预算收支和各项缴拨款项,做到账实相符、账证相符、账表相符、表表相符;

(二)按照规定的时间结账,不得提前或者延迟;

(三)根据政府会计核算生成的账簿数据、财政或上级部门对预算的批复文件等编制决算,如实反映年度内全部收支,不得以估计数据替代,不得弄虚作假。

第十六条 计财司将按规定审核部门决算,各级气象部门也应组织相关专家对下属单位报送的部门决算进行会审,主要审核内容包括:

(一)审核编制范围是否完整,是否有漏报和重复编报现象;

(二)审核编制内容是否真实、完整、准确;

(三)审核填报说明和分析报告是否符合决算编制规定。

第十七条 计财司负责按照相关规定及要求,对各单位的纸质报表、电子数据以及相关资料组织审核,对于发现决算编制不符合规定,存在漏报、重报、虚报、瞒报、错报等问题的,有责任要求有关单位限期纠正。

第十八条 各二级预算单位在审核汇总所属各单位决算基础上,连同本级的决算收入和支出等数据,汇编成部门决算并附报表说明和决算分析等资料,经负责人签章后,在规定期限内报计财司。

第十九条 计财司组织集中会审工作,主要包括:

(一)计财司召集相关人员组成气象部门决算会审小组;

(二)气象部门决算会审小组成员对各单位部门决算审核并提

出修改意见；

（三）计财司收集经过集中会审的各二级预算单位部门决算终版数据及相关文件，汇总形成中国气象局部门决算数据及相关文件。

第二十条　各二级预算单位参加计财司组织的决算集中会审，主要包括：

（一）派专人参加计财司组织的决算集中会审；

（二）督促所属单位根据会审意见调整部门决算报表、账簿；

（三）及时向计财司提交审核通过的部门决算报表、报表说明及分析报告。

第二十一条　各单位应当充分利用信息技术，推动部门决算数据共享工作，提高决算数据的应用质效。

第五章　批复和信息公开

第二十二条　中国气象局在财政部批复部门决算后十五日内完成向各二级预算单位的决算批复工作。

各级气象部门应当在收到上级气象部门批复的本级决算后十五日内向所属单位批复决算。

第二十三条　部门决算批复内容应当与预算批复相衔接，主要包括收入、支出、结转和结余，以及其他相关决算数据，可根据管理需要，在决算批复文件中提出决算审核中发现的主要问题及改进财务管理的意见。

第二十四条　各单位应当根据决算批复文件、审核审计意见等，办理预算执行调整事项，并按照政府会计准则制度规定进行会计处理。部门决算批复后，按照相关制度规定，部门决算数据确需变动的，调整下一年度决算报表年初数。

第二十五条　各单位是决算公开的主体。除涉及国家秘密的内容外,应当按照有关规定向社会公开经批复的决算。

第二十六条 中国气象局应当自财政部批复决算后二十日内向社会公开决算。

各部门决算公开单位应当自上级气象部门批复本单位决算后二十日内向社会公开决算。

第二十七条 部门决算公开单位应当以本单位门户网站为主要平台公开决算,并保持长期公开状态。未设置门户网站的,通过当地政府门户网站、上级部门门户网站公开决算,或通过政府公报、报刊、广播、电视等公开决算。

第二十八条 部门决算公开单位应按照计财司对部门决算公开的工作安排,提前做好舆情准备,公开后向上级气象部门报告部门决算公开情况。

第六章 分析应用和数据资料管理

第二十九条 各单位应当加强对决算数据和预算绩效的分析,汇编分析资料,撰写分析报告,强化决算分析结果的反馈和运用,及时解决决算反映的问题,发挥决算对预算编制、执行以及财务管理的促进作用。

第三十条 各单位应当按照《会计档案管理办法》有关规定,采取必要措施,对部门决算数据资料进行管理和维护。

部门决算数据资料包括以纸质文本和电子介质存放的决算报表、报表说明、决算分析等。

第三十一条 部门决算数据资料涉及国家秘密的,各单位应当依法严格执行保密规定,既确保国家秘密安全,又便利信息资源合理利用。

第七章　附　则

第三十二条　未依法依规编制、报送、批复、公开决算,以及故意漏报、瞒报、编报虚假决算信息的行为,按照《中华人民共和国预算法》《中华人民共和国会计法》《财政违法行为处罚处分条例》等国家有关规定予以处理。

第三十三条　各单位可以依据本办法,结合工作实际,制定具体办法。

第三十四条　本办法自印发之日起施行。2014 年 4 月 4 日印发的《气象部门决算管理工作规程》(气办发〔2014〕10 号)同时废止。

地方性法规和
地方政府规章

山西省防雷减灾管理办法

(2022 年 11 月 7 日山西省人民政府第 154 次常务会
议审议通过,自 2023 年 2 月 1 日起施行)

第一条 为了防御和减轻雷电灾害,保护人民生命财产安全
和社会公共安全,保障和促进经济社会发展,根据《中华人民共和
国气象法》《气象灾害防御条例》等法律、法规,结合本省实际,制定
本办法。

第二条 本省行政区域内从事防雷减灾及其监督管理等活动
适用本办法。

本办法所称防雷减灾,是指防御和减轻雷电灾害的活动,包括
雷电和雷电灾害的研究、监测、预警、风险评估、防护以及雷电灾害
的调查、鉴定等。

第三条 防雷减灾工作应当坚持以人为本、安全第一、预防为
主、分工协作的原则。

第四条 县级以上人民政府应当加强对防雷减灾工作的领
导、组织和协调,将防雷减灾工作纳入本级国民经济和社会发展规
划,组织制定并实施防雷减灾应急预案。所需经费纳入本级财政
预算。

乡(镇)人民政府、街道办事处以及开发区管理机构应当协助
气象主管机构以及有关部门做好防雷减灾工作。

第五条 省气象主管机构负责全省防雷减灾工作的管理和监

督指导。

设区的市、县(市、区)气象主管机构具体负责组织管理和实施防雷减灾工作。未设置气象主管机构的县(市、区)的防雷减灾工作,由县(市、区)人民政府会同上级气象主管机构确定有关部门负责。

县级以上人民政府发展改革、住房和城乡建设、交通运输、水利、应急管理、市场监管、能源等有关部门以及通信主管部门应当按照各自职责做好防雷减灾工作。

第六条 各级气象主管机构应当组织开展防雷减灾科普宣传、教育培训、科学研究等工作。

机关、企业事业单位、群众性自治组织,应当结合实际,做好本单位、本区域群众性的防雷减灾知识宣传。

广播、电视、报刊、电信、互联网等媒体应当开展公益性防雷减灾知识宣传,提高社会公众防雷减灾意识。

第七条 县级以上人民政府及其有关部门对防雷减灾工作中做出突出贡献的单位和个人,应当按照有关规定给予表彰、奖励。

第八条 省气象主管机构应当组织有关部门按照合理布局、信息共享、有效利用的原则,规划全省雷电监测网。

县级以上气象主管机构所属气象台站应当按照职责开展雷电监测,及时向社会发布雷电预警。

任何组织或者个人不得擅自向社会发布雷电预警。

第九条 县(市、区)人民政府应当根据本行政区域的地形、地质、地貌以及雷电活动情况,划定雷电易发区域及其防范等级并向社会公布。

第十条 县(市、区)人民政府应当按照雷电灾害防御重点单位界定规范,组织气象等有关部门确定本行政区域内防雷重点单位并向社会公布。

第十一条 防雷重点单位应当建立防雷安全管理和风险分级

管控制度,落实安全责任制。

防雷重点单位应当明确管理机构或者人员,加强防雷安全经费保障。

第十二条 县级以上人民政府应当组织气象等有关部门对大型建设工程、重点工程、爆炸和火灾危险环境、人员密集场所等项目进行雷电灾害风险评估。

第十三条 下列建(构)筑物、场所和设施应当安装雷电防护装置:

(一)建筑物防雷设计规范规定的一、二、三类建(构)筑物;

(二)石油、化工等易燃易爆物品生产或者储存场所;

(三)电力生产设施和输配电系统;

(四)通信设施、广播电视系统、计算机信息系统;

(五)法律、法规、规章和防雷技术规范规定应当安装雷电防护装置的其他场所和设施。

第十四条 新建、改建、扩建建(构)筑物、场所和设施的雷电防护装置应当与主体工程同时设计、同时施工、同时投入使用。

第十五条 新建、改建、扩建建设工程雷电防护装置的设计、施工,可以由取得相应建设、公路、水路、铁路、民航、水利、电力、核电、通信等专业工程设计、施工资质的单位承担。

建设工程的设计、施工、监理、检测单位以及业主单位等承担防雷工程质量安全方面的相关主体责任。

第十六条 已投入使用的雷电防护装置所有权人或者管理人承担雷电防护装置管理的主体责任,应当对雷电防护装置进行日常维护,委托具备相应雷电防护装置检测资质的单位进行定期检测。

任何单位和个人不得损毁或者擅自变动雷电防护装置。

第十七条 房屋建筑、市政基础设施、公路、水路、铁路、民航、水利、电力、核电、通信等建设工程的主管部门,负责相应领域内建设工程的防雷管理。

第十八条　下列建设工程、场所、项目安装雷电防护装置,应当经县级以上气象主管机构设计审核和竣工验收;未经设计审核或者设计审核不合格的,不得施工;未经竣工验收或者竣工验收不合格的,不得交付使用:

(一)油库、气库、弹药库、化学品仓库和烟花爆竹、石化等易燃易爆建设工程和场所;

(二)雷电易发区内的矿区、旅游景点或者投入使用的建(构)筑物、设施等需要单独安装雷电防护装置的场所;

(三)雷电风险高且没有防雷标准规范、需要进行特殊论证的大型项目。

第十九条　文物建筑雷电防护装置的设计、安装按照文物建筑防雷技术规范执行。其他不可移动文物,由县级以上人民政府文物主管部门会同气象主管机构进行雷电灾害风险评估,经评估确需安装的应当安装。

第二十条　投入使用后的雷电防护装置实行定期检测制度。易燃易爆物品的生产、储存场所设施和火灾危险环境场所的雷电防护装置应当每半年检测一次;其他雷电防护装置应当每年检测一次。

行业标准有特殊规定的,从其规定。

第二十一条　雷电防护装置检测单位应当依法取得相关资质,在资质许可的范围内从事活动,并接受监督管理。

雷电防护装置检测单位对防雷装置检测后,应当出具检测报告。检测不合格的,提出整改意见。被检测单位拒不整改或者整改不合格的,雷电防护装置检测单位应当报告当地气象主管机构。

第二十二条　防雷重点单位应当制定雷电灾害应急预案,或者在综合应急预案中明确防雷减灾应急内容,每年至少组织一次应急演练,并做好记录和存档。

第二十三条　县级以上气象主管机构负责组织雷电灾害调查和鉴定,有关单位和个人应当配合。

遭受雷电灾害的单位和个人,应当在 24 小时内向当地县级气象主管机构报告。县级气象主管机构应当按照规定向上级气象主管机构和当地人民政府及时报告。

第二十四条　县级以上气象主管机构应当自接到报告之日起10 个工作日内组织调查鉴定,并作出雷电灾害调查报告。重特大雷电灾害可以延长 10 个工作日。

调查报告应当明确调查结论,分析雷电灾害原因,提出整改意见。

第二十五条　防雷行业协会应当加强行业自律管理,接受气象主管机构的指导和行业监督。

第二十六条　本办法自 2023 年 2 月 1 日起施行。2007 年 11月 6 日山西省人民政府令第 213 号公布的《山西省防雷减灾管理办法》同时废止。

内蒙古自治区人工影响天气管理条例

(2022 年 5 月 26 日内蒙古自治区第十三届人民代表大会常务委员会第三十五次会议通过,自 2022 年 7 月 1 日起施行)

第一章　总　则

第一条　为了加强对人工影响天气工作的管理,防御和减轻气象灾害,合理利用气候资源,根据《中华人民共和国气象法》、国务院《人工影响天气管理条例》等国家有关法律、法规,结合自治区实际,制定本条例。

第二条　在自治区行政区域内从事人工影响天气活动,应当遵守本条例。

第三条　本条例所称人工影响天气,是指为了避免或者减轻气象灾害,合理利用气候资源,在适当条件下通过科技手段对局部大气的物理、化学过程进行人工影响,实现增雨雪、防雹、消雨、消雾、防霜等目的的活动。

第四条　旗县级以上人民政府应当加强对人工影响天气工作的统一领导,将人工影响天气工作纳入本级国民经济和社会发展规划,所需经费列入本级财政预算。

第五条　旗县级以上气象主管机构应当依法在人民政府的领导和协调下,管理、指导和组织实施人工影响天气作业。

旗县级以上人民政府发展和改革、公安机关、财政、自然资源、生态环境、住房和城乡建设、水行政、农牧、应急管理、林业和草原以及民航、飞行管制等有关部门按照各自职责,配合气象主管机构做好人工影响天气相关工作。

苏木乡镇人民政府、街道办事处应当配合做好辖区内人工影响天气相关工作。

第六条　旗县级以上气象主管机构商同级有关部门编制人工影响天气年度工作计划,报本级人民政府批准后实施。

按照批准的人工影响天气年度工作计划开展的人工影响天气工作属于公益性事业。

第七条　人工影响天气作业单位在确保完成公益性人工影响天气工作任务的前提下,依法开展人工影响天气专项服务,所需费用由要求提供服务方负担。

第八条　旗县级以上人民政府应当推进本行政区域内人工影响天气工作高质量发展,支持和鼓励人工影响天气新技术开发、科学研究和成果转化应用,发展安全高效的人工影响天气作业技术和高性能增雨飞机等新型作业装备,创新人才培养机制,组织专家对人工影响天气作业的效果进行评估,不断提升人工影响天气能力和效益。

第九条　各级人民政府及有关部门应当将人工影响天气作为公益性科普宣传的重要内容,开展多种形式的科普教育,提高全社会对人工影响天气的科学认识。

第十条　旗县级以上人民政府按照国家和自治区有关规定,对在人工影响天气工作中做出突出贡献的组织和个人给予表彰或者奖励。

第二章　组织实施

第十一条　人工影响天气服务包括预防或者减轻旱情、防雹减灾、森林草原防火灭火、水库增水蓄水和荒漠化治理及其他防灾减灾救灾、生态环境保护与修复、重大活动保障、重大突发事件应急保障等内容。

第十二条　从事人工影响天气的作业单位应当具有法人资格，并具备下列条件：

（一）具有符合国家强制性标准和有关安全管理规定的高射炮、火箭发射装置等作业设备以及弹药库、作业设备库等基础设施；

（二）具有与人工影响天气作业指挥系统和飞行管制部门保持联系的通信设备；

（三）配备符合自治区气象主管机构规定的作业人数；

（四）具有相关的安全管理制度以及业务规范；

（五）国家法律、法规规定的其他条件。

第十三条　人工影响天气作业单位应当健全人工影响天气作业人员劳动保护、人身意外伤害和公众责任保险等保障制度，按照规定落实津补贴政策，保障合理待遇。

第十四条　旗县级气象主管机构应当根据当地气候特点、地理条件等提出人工影响天气作业点设置方案，经盟、设区的市气象主管机构审核后报自治区气象主管机构，由自治区气象主管机构会同有关飞行管制部门依法确定。

经依法确定的作业点不得擅自变动，确需变动的，应当按照前款规定重新确定。

第十五条　自治区气象主管机构应当根据国家有关规定定期组织专家对人工影响天气作业点进行安全等级评定。对未达到安全等级的,应当予以整改。

第十六条 实施人工影响天气作业应当充分考虑当地防灾减灾的需要和作业效果,并符合下列条件:

(一)具备适宜的天气气候条件和作业时机;

(二)飞行管制部门已经批准作业空域和作业时限;

(三)作业联络通信畅通;

(四)作业人员经过符合国家规定的岗前培训,掌握相关作业规范和操作规程;

(五)作业设备和弹药符合国家强制性标准和有关安全管理规定;

(六)国家法律、法规规定的其他条件。

前款所称作业设备和弹药,是指人工影响天气作业使用的高射炮、火箭发射装置、炮弹、火箭弹等。

第十七条 实施人工影响天气作业,作业地的气象主管机构应当根据具体情况提前公告,并通知当地公安机关做好安全保卫工作。

作业期间,实施人工影响天气作业单位应当在作业点显著位置设置警示标志。

第十八条 利用高射炮、火箭发射装置实施人工影响天气作业,由作业地旗县级以上气象主管机构向有关飞行管制部门申请作业空域和作业时限,并避开人口稠密地区和重要设施实施作业。

利用高射炮、火箭发射装置从事人工影响天气作业的人员名单,由所在地的气象主管机构抄送当地公安机关备案。

第十九条 利用飞机实施人工影响天气作业,由自治区气象主管机构向有关飞行管制部门申请作业空域和作业时限。飞行管制部门应当及时作出决定,并通知申请人。

机场管理机构以及有关单位应当根据人工影响天气工作计划做好保障工作。

第二十条　飞行管制部门、旗县级以上气象主管机构发出停止作业的指令或者出现作业安全隐患时,人工影响天气作业单位应当立即停止作业。

第二十一条　需要跨行政区域实施人工影响天气作业的,由有关人民政府协商确定;协商不成的,由上级气象主管机构商有关人民政府确定。

相邻行政区域之间因人工影响天气作业产生纠纷,由有关人民政府协商解决;协商不成的,报共同的上级人民政府协调解决。

第二十二条　跨行政区域实施重大自然灾害防御、重大活动保障、重大突发事件应急保障等人工影响天气作业时,自治区气象主管机构可以根据需要集中调配人工影响天气作业设备。

第三章　安全管理

第二十三条　旗县级以上人民政府应当建立健全人工影响天气安全生产责任制,将人工影响天气安全生产纳入本级安全生产工作考核。

第二十四条　旗县级以上气象主管机构应当会同有关部门建立人工影响天气联合监管机制,依法开展人工影响天气安全检查,消除安全隐患。

第二十五条　人工影响天气作业单位应当在本级气象主管机构的指导下制定作业安全事故应急预案。发生人工影响天气作业安全事故时,人工影响天气作业单位应当立即启动应急预案,并向所在地旗县级人民政府应急管理、公安机关和气象主管机构报告。

第二十六条　气象主管机构接到人工影响天气作业单位的作业安全事故报告后,应当立即向本级人民政府和上一级气象主管机构报告,有关人民政府应当组织协调相关部门开展应急救援,进行调查和鉴定,做好事故处理工作。

第二十七条　购置人工影响天气作业设备和弹药,应当遵守国家有关法律、法规,由自治区气象主管机构按照国家和自治区有关政府采购的规定组织采购。

第二十八条　运输、存储人工影响天气作业设备和弹药,应当遵守国家有关法律、法规。人工影响天气作业弹药由军队、当地人民武装部协助存储;需要调运的,由有关部门依照国家有关武器装备、爆炸物品管理的法律、法规的规定办理手续。

第二十九条　符合报废规定的人工影响天气作业设备,由气象主管机构在公安机关的监督下,依照国家有关法律、法规规定进行报废处置。符合报废规定的人工影响天气作业弹药由气象主管机构入库封存、登记造册,并通知生产厂家回收处理。

人工影响天气作业设备的报废处置和弹药的回收处理情况应当及时向自治区气象主管机构报告。

第三十条　人工影响天气作业单位之间转让人工影响天气作业设备的,应当自转让之日起三十日内向自治区气象主管机构备案。

第三十一条　实施人工影响天气作业的指挥车辆和作业车辆应当在公安机关交通管理部门办理备案,统一张贴标志。公安机关交通管理部门应当按照防灾减灾应急车辆管理的有关规定保障其通行。

第三十二条　任何组织和个人不得实施下列行为:

(一)侵占人工影响天气作业场地的;

(二)侵占、损毁、擅自移动人工影响天气设施、设备的;

(三)扰乱实施人工影响天气作业秩序的;

(四)其他对人工影响天气作业有不利影响的行为。

第四章　法律责任

第三十三条　违反本条例规定的行为,《中华人民共和国气象法》、国务院《人工影响天气管理条例》等国家有关法律、法规已经作出具体处罚规定的,从其规定。

第三十四条　违反本条例第十六条第四项规定,使用未经岗前培训的作业人员实施人工影响天气作业的,由旗县级以上气象主管机构责令改正,给予警告,可以并处 10 万元以下的罚款;给他人造成损失的,依法承担赔偿责任;构成犯罪的,依法追究刑事责任。

违反本条例第十六条第五项规定,实施人工影响天气作业使用不符合国家强制性标准和有关安全管理规定的作业设备和弹药的,由旗县级以上气象主管机构责令改正,给予警告,可以并处 10 万元以下的罚款;给他人造成损失的,依法承担赔偿责任;构成犯罪的,依法追究刑事责任。

第三十五条　违反本条例第三十二条规定,侵占人工影响天气作业场地,侵占、损毁、擅自移动人工影响天气设施、设备,扰乱实施人工影响天气作业秩序的,由旗县级以上气象主管机构责令停止违法行为,限期恢复原状或者采取其他补救措施,可以并处 5 万元以下的罚款;造成损失的,依法承担赔偿责任;构成违反治安管理行为的,由公安机关依法给予治安管理处罚;构成犯罪的,依法追究刑事责任。

第三十六条　气象主管机构和其他有关部门的工作人员在人工影响天气工作中,玩忽职守、滥用职权、徇私舞弊的,对直接负责的主管人员和其他直接责任人员依法给予处分;构成犯罪的,依法追究刑事责任。

第五章　附　则

第三十七条　本条例自 2022 年 7 月 1 日起施行。

莫力达瓦达斡尔族自治旗
气象灾害防御条例

(2017年1月25日莫力达瓦达斡尔族自治旗第十二届人民代表大会第六次会议通过,2017年5月26日内蒙古自治区第十二届人民代表大会常务委员会第三十三次会议批准,根据2022年5月26日内蒙古自治区第十三届人民代表大会常务委员会第三十五次会议关于批准《莫力达瓦达斡尔族自治旗人民代表大会关于修改〈莫力达瓦达斡尔族自治旗达斡尔民族民间传统文化保护条例〉等4部单行条例的决定》的决议修正)

第一条 为了防御气象灾害,避免、减轻气象灾害造成的损失,保障人民生命财产和粮食安全,促进自治旗经济社会可持续发展,根据《中华人民共和国气象法》《气象灾害防御条例》《内蒙古自治区气象灾害防御条例》等有关法律、法规,结合自治旗实际,制定本条例。

第二条 在自治旗行政区域内从事气象灾害防御活动,应当遵守本条例。

第三条 本条例所称气象灾害,是指干旱、霜(冰)冻、冰雹、暴雨(雪)、寒潮、雷电、低温、高温、大雾、大风(沙尘暴、龙卷)等所造成的灾害。

本条例所称气象灾害防御,是指对气象灾害的预防、监测、预报预警、应急处置等活动。

第四条 气象灾害防御应当坚持以人为本、科学防御、统筹协调、分级负责、部门联动、社会参与的原则,建立健全气象灾害防御社会化网络。

第五条 自治旗人民政府应当加强对气象灾害防御工作的组织领导,设立气象灾害防御指挥机构,建立健全气象灾害防御工作指挥协调机制和应急联动机制。

乡镇人民政府(办事处)应当设立气象灾害防御组织机构,并在自治旗气象灾害防御指挥机构和本乡镇人民政府(办事处)的领导下,组织和指挥本地区的气象灾害防御工作。

第六条 村(居)民委员会和企事业单位等组织应当做好下列工作:

(一)明确气象灾害防御责任人;

(二)组建气象助理员和信息员队伍;

(三)开展气象灾害防御知识宣传教育;

(四)建立完善气象灾害应急预案,落实气象灾害预警信息接收责任制,适时组织应急演练;

(五)组织开展气象灾害隐患排查,及时传播预警信息,储备必要的应急减灾物资,制定有关减灾和应急措施及方案;

(六)配合有关部门做好灾情调查。

第七条 公民应当履行下列义务:

(一)学习气象灾害防御有关知识,提高防灾避险能力;

(二)发现气象灾害隐患应当及时向气象主管机构和有关部门报告;

(三)根据气象灾害预警信息进行相应防御准备;

(四)气象灾害发生时,服从政府及有关组织依法作出的安排,开展自救互救。

第八条 自治旗人民政府应当建立健全气象灾害防御公共参与机制,鼓励、动员社会组织和志愿者队伍等社会力量依法有序参与气象灾害防御工作,帮助群众做好防灾救灾工作。

第九条 自治旗人民政府及有关部门应当加强气象灾害防御法律法规和防灾减灾知识的宣传普及,提高公民防御气象灾害的意识和能力。

将每年3月的第四周确定为自治旗气象灾害防御宣传周。教育、气象、水利、林业和草原、农牧和科技、新闻广电等部门应当组织编制气象灾害防御科普宣传教育资料,做好科普宣传教育活动的指导监督工作;学校和其他公益性社会组织应当将气象灾害防御知识纳入年度教育培训计划。

第十条 自治旗人民政府应当将气象灾害防御及减灾工作纳入自治旗国民经济和社会发展规划,所需经费纳入自治旗财政预算。

第十一条 自治旗人民政府应当组织气象主管机构会同有关部门编制气象灾害防御规划,报上一级人民政府备案,并组织实施。

编制气象灾害防御规划应当遵循合理布局、有效利用、兼顾当前和长远的原则。

第十二条 自治旗人民政府应当组织建立本行政区域气象灾害监测网络,完善气象灾害数据库;气象监测设施应当纳入本行政区域气象灾害监测网络的总体布局,由自治旗气象主管机构实行统一的行业管理和监督指导。

第十三条 自治旗人民政府应当将气象设施建设用地纳入城乡基础性公共服务设施用地范围,依法保护探测环境。任何组织或者个人不得侵占、损毁或者擅自移动气象灾害防御设施及其警示标志。

在气象设施探测环境保护范围内新建、改（扩）建的工程，应当避免危害气象探测环境；确实无法避免的，建设单位应当向自治旗气象主管机构提出书面报告并报自治区气象主管机构同意，同时提出相应补救措施。未征得气象主管机构书面同意或者未落实补救措施的，发展改革、自然资源、城乡规划、生态环境、无线电管理等部门不得批准其开工建设。

第十四条 自治旗人民政府应当将防雷减灾工作纳入公共安全管理范围。气象主管机构应当依法加强对雷电灾害防御工作的指导、监督。

各类建（构）筑物、场所和设施应当按照国家、自治区、行业有关防雷标准和规定，安装雷电防护装置。

已安装防雷装置的单位或者个人应当按照有关规定委托有资质的防雷装置检测机构进行定期检测，并接受气象主管机构和安全生产管理部门的监督检查。

大型建设工程、易燃易爆、化工等项目应当进行雷电灾害风险评估。

第十五条 自治旗人民政府应当加强人工影响天气的组织领导和安全监管，制定人工影响天气发展规划，加强人工影响天气设施建设，编制人工影响天气作业计划，建立健全跨区域的人工影响天气应急作业机制。

气象主管机构应当根据干旱、冰雹等气象预报或者灾害性天气警报以及应对森林草原火灾、农田干旱、洪涝、严重空气污染等灾害事件的需要组织实施人工影响天气作业。

在枯水期，气象主管机构应当会同林业和草原、农牧和科技、水利等有关部门，在湿地、库区及其上游开展人工增雨（雪）作业，保障湿地及库区生态用水需求。

第十六条 建设单位在组织国家重点建设工程、重大区域性经济开发项目和大型太阳能、风能等气候资源开发利用项目论证时,应当按照国家规定进行气候可行性论证。项目审批部门应当统筹考虑气候可行性和气象灾害的风险性,并书面征求自治旗气象主管机构意见。

第十七条　自治旗气象主管机构应当加强灾害性天气的监测、预警管理工作,完善灾害性天气预警信息发布系统,提高灾害性天气预警信息的准确率、时效性和服务水平。

气象主管机构应当会同有关部门开展跨地区、跨部门的气象灾害联合监测。

第十八条　自治旗气象主管机构所属的气象台站应当根据气象灾害监测信息,及时、准确制作和发布灾害性天气警报和预警信号,并根据天气变化情况,及时更新或者解除灾害性天气警报和预警信号。其他组织和个人不得向社会发布灾害性天气警报和预警信号。

气象衍生、次生灾害的预警信息,应当由有关监测部门会同气象主管机构所属的气象台站联合发布。

第十九条　自治旗融媒体中心和通信部门,公共场所大型电子显示屏以及政府门户网站、微博、微信公众号等运行管理部门负责气象灾害预警信息的公众传播工作。公共传播媒介在接收到气象主管机构所属的气象台站直接提供的气象灾害预警信号发布或变更、解除通知后,应当及时完成无偿播发、刊登工作。对临近和补充、订正的气象灾害预报、警报和预警信号,应当及时增播或者插播。

基础电信运营企业应当根据气象灾害防御工作需要建立预警信息发布绿色通道,及时向在网用户免费发布预警信息。

在达斡尔、鄂温克民族乡镇(村屯),发布气象灾害预警信息,应当使用国家通用语言文字;根据需要,可以同时使用当地通用的少数民族语言文字。

第二十条　自治旗人民政府应当组织制定本行政区域的气象

灾害应急预案,报上一级人民政府、气象主管机构和有关部门备案。

自治旗有关部门和单位的气象灾害应急预案应当与自治旗人民政府的应急预案相衔接。

第二十一条 自治旗人民政府应当加强气象灾害应急救援队伍建设。学校、医院、车站、体育场馆等公共场所要指定气象灾害应急救援联系人,定期开展相关知识和技能培训。

第二十二条 自治旗人民政府应当根据气象灾害应急预案、气象预警信号及防御指南,组织有关部门采取下列应急处置措施,并及时向社会进行公告:

(一)划定气象灾害危险区域,组织受到灾害威胁的人员撤离危险区域并予以妥善安置;

(二)抢修损坏的交通、通信、供水、供电、供气、供暖等基础设施,保证基础设施的安全和正常运行;

(三)决定临时停产、停工、停课;

(四)实行交通管制;

(五)对食品、饮用水等基本生活必需品和药品采取必要的特殊管理措施,保障应急救援所需;

(六)依法临时征用应急救援所需的设备、设施、场地、交通工具和其他物资;

(七)法律法规规定的其他措施。

任何单位和个人应当配合上述应急处置措施。

第二十三条 自治旗人民政府应当根据灾害性天气发生、灾情发展及气象灾害处置情况,及时调整应急响应等级或宣布应急结束,并向社会公告。

第二十四条 自治旗气象主管机构与粮食生产管理部门应当建立完善的部门联动机制,在粮食生产、收储流通等领域开展信息共享合作。

自治旗人民政府及有关部门应当根据当地气象灾害发生情况,指导和组织受灾群众及时采取防御措施,建立和完善保险服务体系,鼓励通过保险形式提高气象灾害防御和灾后自救能力,降低气象灾害对生产生活造成的影响。

第二十五条　国家机关及其工作人员违反本条例规定,有下列情形之一的,由有关部门责令改正,对直接负责的主管人员和其他责任人员依法给予行政处分;构成犯罪的,依法追究刑事责任:

(一)未依照气象灾害防御规划和气象灾害防御应急预案的要求制定相应的应急预案和采取其他相关防御措施的;

(二)拒绝或者未及时提供气象灾害有关监测信息的;

(三)因玩忽职守导致气象灾害警报、预警信息出现漏报、错报的;

(四)气象灾害预警信息发布后,未根据气象灾害应急处理需要适时启动应急预案,不依法开展应急处置工作的;

(五)隐瞒、谎报或者授意他人隐瞒、谎报气象灾害信息和灾情的;

(六)其他玩忽职守、徇私舞弊、滥用职权的行为。

第二十六条　违反本条例第十三条规定,对气象探测环境、气象探测设施造成破坏的,由气象主管机构责令停止违法行为,限期恢复原状或者采取其他补救措施,对个人并处 2000 元以上 1 万元以下罚款,对单位并处 1 万元以上 5 万元以下罚款;造成损失的,依法承担赔偿责任;构成犯罪的,依法追究刑事责任。

第二十七条　违反本条例第十四条规定,有下列情形之一的由相关主管机构责令改正,给予警告,并处 2000 元以上 1 万元以下的罚款;情节严重的,并处 1 万元以上 5 万元以下的罚款;造成损失的,依法承担赔偿责任;构成犯罪的,依法追究刑事责任:

(一)应当安装防雷装置而拒不安装的;

(二)防雷装置未依照规定进行设计审核、竣工验收的。

第二十八条　违反本条例第十八条规定,非法发布预警信号的,由气象主管机构责令改正,给予警告,并处1万元以上3万元以下罚款;情节严重的,处3万元以上5万元以下罚款;造成严重后果、构成犯罪的,追究相关单位和直接责任人的法律责任。

第二十九条　自本条例颁布实施之日起,自治旗人民政府应当组织气象等有关部门在气象信息员管理、预警信号发布与传播、气候资源开发利用和保护等方面制定相应的管理办法,适时修订气象灾害防御应急预案,保障条例的顺利贯彻实施。

第三十条　本条例自2017年8月1日起施行。

通辽市极端天气应对条例

(2022 年 8 月 30 日通辽市第六届人民代表大会常务委员会第五次会议通过,2022 年 9 月 28 日内蒙古自治区第十三届人民代表大会常务委员会第三十七次会议批准)

第一条 为了加强应对极端天气,避免、减轻极端天气造成的损失,保障人民生命财产安全,根据《中华人民共和国气象法》《中华人民共和国突发事件应对法》等法律、法规的规定,结合本市实际,制定本条例。

第二条 本市行政区域内应对极端天气,适用本条例。

本条例所称的极端天气,是指根据市、旗县级气象主管机构发布的,达到橙色预警信号的暴雨、暴雪、大风、寒潮、干旱,或者达到红色预警信号的冰雹、高温、沙尘暴等特殊天气。

第三条 极端天气应对应当坚持以人为本、科学防治、属地管理、政府主导、部门联动、社会参与的原则。

第四条 市、旗县级人民政府统一领导本行政区域内极端天气应对工作,将极端天气应对纳入本级国民经济和社会发展规划,所需经费纳入本级财政预算。

第五条 建立市、旗县、苏木乡镇、嘎查村四级极端天气应对工作责任体系,健全极端天气应对指挥协调、社会动员、物资储备和激励机制。

市、旗县级人民政府应当将落实极端天气应对责任纳入政府绩效考核指标。

第六条　苏木乡镇人民政府、街道办事处负责极端天气先期处置、基层动员、抗灾自救、灾情调查等应对工作,健全极端天气应对网格机制,明确极端天气应对机构和人员,协助专业应急救援队伍开展救援。

第七条　嘎查村民委员会、居民委员会应当明确极端天气应对人员,协助所在地人民政府和有关部门开展极端天气应对工作;组建应急救援队伍,开展自救互救工作。

第八条　市、旗县级人民政府应当组织气象主管机构和应急管理、自然资源、水务、交通运输、住房和城乡建设、林业和草原、农牧等部门,联合制定极端天气公众应对指引。

市、旗县级人民政府应当推动极端天气应对知识宣传进机关、进乡村、进社区、进学校、进企业、进家庭、进网络,提高公众防范极端天气的意识和能力。

新闻媒体应当开展极端天气应对知识公益宣传。

第九条　市、旗县级人民政府应当组织制定本行政区域极端天气应急预案和专项应急预案。

市、旗县级人民政府有关部门应当制定本部门极端天气应急预案。

苏木乡镇人民政府、街道办事处应当制定本辖区极端天气应急预案。

应急预案报上一级人民政府、有关部门备案。

第十条　下列重点防控单位应当制定本单位极端天气应急预案,并报行业主管部门备案:

(一)铁路、航空、道路运输等公共交通运营单位;

(二)学校、医院、商场、宾馆、企业、大型超市、幼托机构、养老机构、旅游景区、文化体育场馆等场所的经营、管理单位；

（三）建筑施工单位以及易燃易爆物品、危险化学品、危险废物、放射性物品等危险物品的生产、经营、储运、使用单位；

（四）道路、通信、供电、供水、排水、供气、供热等基础设施的经营、管理单位；

（五）人员密集的高层建筑、地下空间等场所的经营、管理单位；

（六）市、旗县级人民政府确定的其他单位。

第十一条 应急预案制定机关和重点防控单位应当通过实战化演练、桌面推演等方式组织开展应急演练，并根据需要和情势变化适时修订应急预案。

第十二条 市、旗县级人民政府应当组织气象主管机构和应急管理、自然资源、水务、交通运输、住房和城乡建设、林业和草原、农牧等部门开展极端天气灾害风险调查，明确本级极端天气灾害风险存在的区域、时段、等级，划定重要防控区域、重点防控期、重大风险点，采取隐患治理措施和安全防范措施。

苏木乡镇人民政府、街道办事处应当在极端天气风险重要防控区域、重大风险点和重点防控单位设立警示标牌，标明风险类型、影响范围、安全转移路线、避难场所、责任人、灾情险情报告电话等信息。

第十三条 市、旗县级人民政府和重点防控单位应当建立专职或者兼职应急救援队伍，开展救援技能培训，配备必要的应急救援器材、机械、设备和物资，提高应急救援能力。

第十四条 市、旗县级人民政府应当统一规划建设监测网络，推进气象主管机构和应急管理、自然资源、水务、交通运输、住房和城乡建设、林业和草原、农牧等部门实现监测网络实时信息共享。

第十五条 市、旗县级人民政府在气象主管机构发布极端天气预警信号后，应当立即决定极端天气应急响应级别，发布启动应急响应命令。

第十六条　市、旗县级人民政府应当建立极端天气预警信号全媒体信息发布机制,将广播、电视、报刊、网络等媒体纳入预警信号接收单位,接收单位应当按照要求及时播发或者刊登。

苏木乡镇、街道、嘎查村社区应当实行网格化传播机制,快速、准确传播预警信号到户到人。

第十七条　极端天气预警信号发布后,市、旗县级人民政府可以采取下列预警措施:

(一)组织灾情监测、信息收集和会商研判;

(二)命令有关部门、单位和应急救援队伍进入应急待命状态;

(三)通知停课、停工、停产、停运、停业、停止户外集体活动;

(四)巡视管护市政基础设施和重要工程设施,及时采取加固、隔离、清淤、抢修等措施;

(五)检查易受极端天气影响的场所、区域,及时配备现场值守人员,对增加极端天气灾害风险的设施、物品予以拆除、清理;

(六)调集抢险救灾所需物资、装备,清理应急避难场所和抢险救灾通道;

(七)其他必要防范性、保护性措施。

第十八条　极端天气灾害发生后,市、旗县级人民政府可以采取下列应急处置措施:

(一)组织营救受灾人员,启用应急避难场所,转移安置受灾群众,打通抢险救灾通道,实施医疗救护、卫生防疫、生态环境保护以及其他保障措施;

(二)保障食品、饮用水、衣物、帐篷、燃料等基本生活必需品的供应;

(三)标明危险区域,封锁危险场所,划定警戒区,实行交通运输管制以及其他控制措施;

(四)组织修建抢险救灾临时工程,清除影响抢险救灾的障碍物;

（五）组织抢修道路、通信、供电、供水、排水、供气、供热等基础设施；

（六）强排低洼地段、地下设施、雨水管网的积水；

（七）组织社会力量参与清除冰雪等抢险救灾活动；

（八）依法征用组织、个人的车辆、器材或者其他物资；

（九）依法从严惩处囤积居奇、哄抬物价、制假售假等扰乱市场秩序的行为，稳定市场价格，维护市场秩序；

（十）依法从严惩处哄抢财物、干扰破坏应急处置工作等扰乱社会秩序的行为，维护社会治安；

（十一）其他应急处置措施。

第十九条 鼓励、支持自然人、法人和非法人组织依法有序参与志愿服务等活动。

鼓励、支持社会组织建立救援队伍。

第二十条 重点防控单位有下列行为之一的，由市、旗县级人民政府有关行业主管部门责令限期改正：

（一）未制定或者未按照要求制定应急预案的；

（二）未按照要求开展应急演练的；

（三）拒绝开放在重点防控单位设立的应急避难场所的。

第二十一条 违反本条例规定，不服从极端天气应对决定、命令，或者不配合实施其依法采取的极端天气应对措施，构成违反治安管理行为的，由公安机关依法给予处罚；构成犯罪的，依法追究刑事责任。

第二十二条 市、旗县级人民政府及有关部门和苏木乡镇人民政府、街道办事处及其工作人员在极端天气应对工作中滥用职权、徇私舞弊、玩忽职守的，对直接负责的主管人员和其他直接责任人员依法给予处分；构成犯罪的，依法追究刑事责任。

第二十三条 通辽经济技术开发区应对极端天气工作参照本条例关于旗县级人民政府的有关规定执行。

第二十四条 本条例自 2022 年 11 月 1 日起施行。

上海市气象灾害防御办法

（2022 年 12 月 29 日上海市人民政府令第 73 号公布，自 2023 年 3 月 1 日起施行）

第一章　总　则

第一条　为了加强气象灾害的防御，避免、减轻气象灾害造成的损失，保障人民生命财产安全，根据《中华人民共和国气象法》《气象灾害防御条例》等有关法律、法规，结合本市实际，制定本办法。

第二条　在本市行政区域内从事气象灾害防御活动，应当遵守本办法。

本办法所称气象灾害，是指台风、暴雨、暴雪、寒潮、大风、龙卷、低温、高温、雷电、冰雹、霜冻、大雾和霾等所造成的灾害。

第三条　本市气象灾害防御坚持以人为本、科学防御、政府主导、部门联动、社会参与的原则。

第四条　市、区人民政府加强对气象灾害防御工作的组织领导，将气象灾害防御工作纳入本级国民经济和社会发展规划，健全气象灾害防御议事协调工作机制，协调解决气象灾害防御工作中的重大问题。

乡镇人民政府、街道办事处应当按照上级人民政府及有关部门的要求,落实气象灾害防御措施。

第五条 市、区气象主管机构负责灾害性天气的监测、预报、预警以及相关技术服务的组织管理工作,为本级人民政府组织气象灾害防御工作提供决策依据。

未设立气象主管机构的区人民政府应当指定有关部门或者安排有关人员配合市气象主管机构做好前款规定的相关工作。

市、区应急管理部门负责职责范围内的气象防灾减灾工作,指导、协调气象灾害救助,统筹气象灾害应急救援。

其他有关部门和单位应当按照职责分工,落实气象灾害防御措施,加强信息共享和部门联动,共同做好气象灾害防御工作。

第六条 市、区人民政府将气象灾害预警能力、防雷减灾管理等气象灾害防御工作纳入灾害防治考核,并将气象灾害风险普查、监测预报预警、调查评估、应急处置、科普宣传等所需经费按规定列入本级财政预算。

第七条 自然人、法人和非法人组织有义务参与气象灾害防御工作,提高风险防范意识和避灾避险能力,在气象灾害发生后积极开展自救互救。

第八条 本市鼓励开展气象灾害防御技术创新,加强气象科技创新平台建设,完善气象科技成果转化机制,开发气象科普资源,普及气象灾害防御知识,提高气象灾害防御能力。

本市加强气象灾害防御人才队伍建设,建立健全人才培养机制和激励机制。

第九条 气象主管机构、应急管理等部门应当与长江三角洲区域的相关机构和部门加强在气象灾害防御信息共享、防御管理、科研科普等方面的协作联动,提高气象灾害防御能力。

第二章　预　防

第十条　市、区人民政府应当建立气象灾害普查制度,组织开展气象灾害风险普查,建立气象灾害数据库,编制本行政区域气象灾害综合防治区划图,划定气象灾害风险区域。

第十一条　市、区气象主管机构应当根据上一级人民政府的气象灾害防御规划,结合本地气象灾害特点,组织编制本行政区域的气象灾害防御规划,报本级人民政府批准后发布。

气象灾害防御规划中涉及的国土空间安排,由气象主管机构会同规划部门按照本市有关规定组织编制,经批准后纳入相应的国土空间规划。

本市有关单位应当按照气象灾害防御规划,建设气象灾害防御工程设施,落实气象灾害防御措施。

第十二条　气象灾害防御规划应当包括下列内容:

(一)防御原则、目标和主要任务;

(二)气象灾害发生发展规律和防御工作现状;

(三)气象灾害易发区和易发时段;

(四)防御分区和防御重点;

(五)防御设施和工程建设;

(六)防御管理和保障措施;

(七)法律、法规、规章规定的其他内容。

第十三条　应急管理部门、气象主管机构应当会同有关部门制定本行政区域的气象灾害应急预案,报本级人民政府批准后发布,并按规定报送备案。

本市有关单位制定的突发事件应急预案中涉及气象灾害防御的,应当与气象灾害应急预案相互衔接。

第十四条　本市有关单位应当按照下列要求,加强基础防灾能力建设：

（一）区和乡镇人民政府、街道办事处以及应急管理、民防、交通、农业农村、林业等部门应当在台风、大风、龙卷风多发区域、沿江沿海区域加强应急避难场所、避风港、避风锚地、防护林等建设。

（二）水务部门应当在易积水点完善排水设施，疏通河道，加固海塘、堤防等。

（三）经济信息化部门、电力企业应当针对高温、低温等灾害性天气，制定电网运营监控和电力调配方案。

（四）气象主管机构和交通、农业农村等部门应当按照相关标准，在机场、高速公路、城市快速路、跨江（海）大桥、轨道交通、航道、码头、渔港、渔场等交通要道和场所完善大风、大雾、霾、道路结冰的监测、防护设施建设。

（五）气象主管机构、相关行业管理部门应当加强对建（构）筑物、场所和设施雷电防护装置的监督检查，发现存在雷电灾害安全隐患的，及时督促其消除隐患；雷电防护装置检测单位应当将相关检测信息录入雷电防护装置检测信息采集系统。

（六）经济信息化、住房城乡建设管理、水务、通信管理等部门应当指导、监督供电、供气、供水、排水、通信等企业加强公用设施防雨、防雪、防冰冻的维护管理，在制定、修订相关建设标准时，考虑气象灾害的风险性，提高公用设施的气象灾害防御能力。

（七）农业农村、林业部门应当加强对种植业、畜牧业、渔业、农机安全生产的指导，完善排灌设施，加固生产设施，优化种植养殖方式，储备必要的防灾物资，提高农业生产的气象灾害防御能力。

（八）其他部门应当在职责范围内做好基础防灾能力建设。

第十五条 产业基地、产业社区等区域管理主体在实施综合性区域评估时，应当开展区域气候可行性论证、区域雷击风险评估工作，评估结果向社会公开。气象主管机构应当对评估工作进行指导。

区域气候可行性论证和区域雷击风险评估结论应当作为设计单位、建设单位采取防御措施、降低气象灾害风险的依据。

第十六条 乡镇人民政府、街道办事处应当落实街镇气象灾害防御的工作机制、人员设施、应对措施等具体要求,加强综合减灾示范社区建设,依托城市网格化管理机制,提高气象灾害防御能力。气象主管机构应当会同应急管理等部门加强指导。

乡镇人民政府、街道办事处应当确定气象信息员,按照气象主管机构要求接收、传播灾害性天气警报和气象灾害预警信号,并协助气象主管机构、应急管理等部门开展气象灾害应急处置、灾情调查报告等工作。

第三章　重点单位灾害防御

第十七条 市应急管理部门、气象主管机构应当会同市经济信息化、教育、住房城乡建设管理、交通、水务、文化旅游、卫生健康、通信管理等相关行业管理部门,根据地理位置、建筑特性、行业特点、人员密集程度、单位规模等致灾敏感因素,确定气象灾害防御重点单位(以下简称重点单位)名录,并进行动态调整。

下列主体可以认定为重点单位:

(一)易燃易爆、有毒有害等危险化学品的生产、储存企业;

(二)通信、供水、供电、供气等公共企事业单位;

(三)大型生产、制造或者劳动密集型企业;

(四)学校、医院以及火车站、轨道交通、民用机场、客运车站、码头、旅游景区等人员密集场所的经营管理单位;

(五)在建深基坑、超高层建筑等建筑施工单位或者施工总承包单位;

(六)高层及以上建筑的管理单位;

(七)重点文物保护单位;

（八）大型数据存储单位；

（九）其他因气象灾害容易造成较大人员伤亡、财产损失的单位。

第十八条 重点单位应当履行下列气象灾害防御职责：

（一）制定、完善本单位气象灾害应急预案，对职工进行气象灾害防御培训，并定期组织应急演练；

（二）确定气象灾害应急管理人，组织实施本单位的气象灾害应急管理工作；

（三）确定气象灾害防御重点部位，记录并设置安全警示标志；

（四）定期巡查气象灾害防御设施设备运行情况、重点部位维护保养情况、风险防范措施落实情况，建立巡查记录，及时整改发现的问题；

（五）配备必要的救援装备，并根据需要组建救援抢险队伍；

（六）根据气象灾害预警信号等级，开展气象灾害应急响应行动，及时向相关行业管理部门、气象主管机构报送本单位灾情。

第十九条 重点单位主要负责人或者法定代表人是本单位气象灾害防御工作的责任人，对本单位的气象灾害防御工作全面负责。

单位人数超过 300 人或者生产经营场区分散的重点单位，应当确定 2 名以上气象灾害应急管理人。应急管理人履行下列职责：

（一）接收气象灾害预警信息并作出预警响应；

（二）在灾害性天气影响或者气象灾害发生期间，落实本单位气象灾害防御及救援措施；

（三）落实本单位气象灾害防御预案演练、设施维护、宣传培训等日常管理工作，保障气象信息接收与传播等设施正常运行；

（四）与气象主管机构、相关行业管理部门沟通灾害防御有关信息；

（五）开展其他与气象灾害防御相关的工作。

第二十条 重点单位应当建立气象灾害防御工作档案。档案应当包括以下内容：

（一）气象灾害防御制度、气象灾害应急预案；

（二）气象灾害防御设施、装置、器材清单以及气象灾害防御重点部位清单；

（三）定期巡查及隐患整改记录；

（四）气象灾害防御培训和应急演练记录；

（五）气象灾害预警信号响应、应急处置记录；

（六）气象灾害发生情况；

（七）其他需要归档的资料。

第二十一条 气象主管机构、应急管理部门及相关行业管理部门应当按照职责分工加强对重点单位气象灾害防御工作的服务，指导重点单位制定气象灾害应急预案、开展气象灾害防御培训。

气象主管机构及所属气象台应当建立多种渠道，为重点单位提供气象灾害预报预警信息服务。

鼓励相关气象行业组织、气象信息服务单位为重点单位提供专业气象服务，提高气象灾害防御能力。

第二十二条 相关行业管理部门在职责范围内对重点单位履行气象灾害防御职责情况开展专项检查或者抽查，并加强信息共享。应急管理部门、气象主管机构可以与相关行业管理部门开展联合检查，对检查中发现的问题督促及时整改。

专项检查或者抽查包括以下内容：

（一）气象灾害防御制度、应急预案制定情况；

（二）气象灾害防御管理人员配置情况；

（三）气象灾害防御设施设备配置、重点部位警示标志设置、雷电防护装置定期检测情况；

（四）气象灾害防御巡查记录及风险点整改情况；

（五）气象灾害应急演练情况；

（六）灾害性天气发生时的气象灾害预警信号接收、传播、应急处置和预案启动情况等；

（七）法律、法规、规章要求的其他内容。

第四章　监测、预报和预警

第二十三条　气象主管机构应当根据气象灾害防御的需要，在高层建筑、轨道交通、高速公路、跨江（海）大桥、输电、输油、输气管线以及沿江沿海、港区等重点区域及气象灾害多发区域加强气象监测设施建设，增加应急移动监测设施，完善本市精密气象监测系统。

第二十四条　气象主管机构以及水务、交通、应急管理、农业农村、生态环境、住房城乡建设管理、绿化市容、公安、消防救援等部门和机构应当按照城市运行"一网统管"建设要求和相关技术标准，依托市大数据资源平台，共享气象灾害数据资料和城市火险、农业灾害、环境污染、交通监控、城乡积涝等相关信息。

第二十五条　本市完善气象预报预警体系建设。

气象主管机构所属气象台应当运用人工智能、大数据、数值预报等技术，分区制作动态实时的灾害性天气警报和气象灾害预警信号，提升短时临近预报预警能力。

第二十六条　气象主管机构应当会同水务、交通、生态环境、住房城乡建设管理、应急管理、公安、农业农村、绿化市容等部门，开展基于气象因素的影响预报和风险预警，引导部门和公众做好城市积涝、道路拥堵、火灾、航班延误、空气污染、健康损害、高空坠物、农作物损害等的科学防御与应对。

第二十七条　市气象主管机构应当根据国家气象灾害预警信

号的有关规定,结合本市实际,设定气象灾害预警信号种类、级别、明确防御指引,并报国务院气象主管机构、市人民政府批准后实施。

市气象主管机构应当定期对本市气象灾害预警信号种类、级别、防御指引的实施效果进行评估,并及时根据评估结果开展修订工作。

第二十八条 本市实行灾害性天气风险预判通报制度。

台风、暴雨、雷电、大风、大雾、冰雹等灾害性天气可能对本市产生较大影响,但尚未达到气象灾害预警信号发布标准时,市气象主管机构应当将风险预判信息提前向应急管理、农业农村、水务、交通、公安、海事、住房城乡建设管理、绿化市容等部门以及防汛指挥机构通报。有关部门应当提前采取预防措施,并做好应急预案启动准备。

第二十九条 气象主管机构所属气象台应当通过市和区突发事件预警信息发布中心等渠道,统一向本级人民政府及有关部门和广播、电视、报纸、网络等媒体发布灾害性天气警报和气象灾害预警信号。其他单位和个人不得向社会发布灾害性天气警报或者气象灾害预警信号。

第三十条 广播、电视、报纸、网络等媒体传播灾害性天气警报和气象灾害预警信号,应当及时、准确。台风橙色、红色或者暴雨、暴雪、道路结冰红色预警信号生效期间,广播、电视等媒体应当滚动播出灾害性天气实况和防御指引。

紧急情况下,电信运营企业应当按照本市有关规定,无偿向本地全网用户发送应急短信,提醒社会公众做好防御准备。

任何单位和个人在传播灾害性天气警报或者气象灾害预警信号时,不得擅自更改气象主管机构所属气象台发布信息的内容和结论,不得传播虚假的或者通过非法渠道获取的信息。

第五章　应急处置

第三十一条　气象主管机构所属气象台应当在发布灾害性天气警报和气象灾害预警信号时,向本级人民政府及有关部门报告预警原因、可能影响的范围和程度等信息。

市、区人民政府及有关部门应当在收到灾害性天气警报和气象灾害预警信号后,及时启动气象灾害应急预案,开展应急处置工作。

自然人、法人和非法人组织应当在收到灾害性天气警报和气象灾害预警信号后,按照防御指引和本办法的规定,及时采取应急处置措施,避免、减轻气象灾害造成的损失。

第三十二条　气象灾害预警信号发布后,气象主管机构应当组织对灾害性天气进行跟踪监测和评估,及时向本级人民政府及有关部门报告灾害性天气实况、变化趋势和评估结果。

市、区人民政府及有关部门应当根据灾害性天气发展趋势,适时调整气象灾害应急处置措施。

第三十三条　发布台风、暴雨、暴雪、道路结冰红色预警信号时,中小学校、幼儿园、托育机构、中等职业学校应当根据本市有关规定,采取停课措施;对已经到校或者要求到校避险的学生,学校应当灵活安排教学活动,并做好安全防护工作;为学生上学提供交通工具的,学校应当采取措施,保障学生交通安全。

第三十四条　发布台风、暴雨、暴雪、道路结冰红色预警信号时,用人单位应当为在岗工作人员提供必要的避险措施;对因前述灾害性天气发生误工的工作人员,不得作迟到或者缺勤处理。

发布台风、暴雨、暴雪、道路结冰红色预警信号时,举办户外活动或者进行除应急抢险外的户外作业的,应当立即停止;除政府机关和直接保障城市运行的企事业单位外,其他单位可以采取临时停工、停业、停运、停航、停园等措施。

第三十五条 高温预警信号生效期间,用人单位应当减少或者不予安排户外作业;必须进行户外作业的,应当提供必要的防护装备或者采取限时轮岗措施。

低温、霜冻、寒潮、道路结冰等预警信号生效期间,车辆所有人、驾驶人应当采取防冻防滑措施,保证行驶安全;供水、消防设施的维护责任人应当加强对住宅小区供水管线、设施设备和消防设施的检查,落实供水、消防设施的防冻保暖措施。

第三十六条 台风、大风预警信号生效期间,建(构)筑物、建筑工地、高空作业、港口码头等场所或者设施的维护责任人应当采取加固临时设施等防护措施,避免搁置物、悬挂物、附属物脱落、坠落,必要时采取停工停业、人员设备转移等措施。

第三十七条 大雾、霾预警信号生效期间,车辆驾驶人应当降低车速,遵守城市快速路、高速公路的限速、封闭等管理措施,保证行驶安全。

大雾、霾橙色以上预警信号生效期间,学校、幼儿园、托育机构应当停止户外教学活动;用人单位应当减少或者不予安排户外作业;必须进行户外作业的,应当提供必要的防护装备或者采取限时轮岗措施。

霾预警信号生效期间达到空气重污染预警信号标准的,涉及污染物排放的单位应当按照本市有关规定,采取限产、限污、停产等措施;高污染的运输工具应当按照本市有关规定采取限行措施。

第三十八条 本市负有气象灾害防御义务的单位发现灾害性天气但尚未收到灾害性天气警报或者气象灾害预警信号的,可以参照本章的规定,采取必要的应急处置措施,并按照规定向有关部门报告。

第三十九条 气象灾害应急处置工作结束后,市、区人民政府应当根据灾害影响情况,组织应急管理、气象、水务、交通、农业农村、住房城乡建设管理等部门进行灾情调查,制订恢复重建计划,完善应急预案,修复、加固气象灾害防御设施,并向上一级人民政府报告。

灾情调查内容,包括灾害性天气情况、灾害原因和损失、预报预警情况等。

气象灾害发生地的单位和个人应当向调查人员如实提供情况,不得隐瞒、谎报气象灾害情况。

第六章　社会参与

第四十条　居民委员会、村民委员会应当采取多种形式,宣传普及气象灾害防御知识,协助组织居民、村民、社区志愿者等参与气象灾害应急演练,及时传播灾害性天气警报和气象灾害预警信号,配合做好应急处置工作,避免、减轻气象灾害造成的损失。

学校、幼儿园、托育机构、医院、机场、客运车站、码头、商场、体育场馆、旅游景区等公众聚集场所以及建筑工地施工单位等应当指定专人,接收、传播灾害性天气警报和气象灾害预警信号。

第四十一条　鼓励法人和非法人组织宣传普及气象灾害防御知识,传播灾害性天气警报和气象灾害预警信号;在有关部门指导下参与应急处置工作,提供避难场所和其他人力、物力支持。

鼓励志愿者、志愿者组织根据其自身能力,参加气象灾害防御科普宣传、应急演练;在气象灾害发生后,有序参与医疗救助、心理疏导和灾后重建等活动。

第四十二条　气象灾害防御相关行业组织应当加强行业自律,制定行业规范,开展防灾减灾培训,提升专业技术能力和行业服务水平,配合有关部门做好气象灾害防御工作。

第四十三条　学校应当在教育部门、气象主管机构的指导下,把气象灾害防御知识纳入有关课程和课外教育内容,定期开展科普宣传、应急演练等活动,培养和提高学生的气象灾害防范意识和应对能力。

第四十四条 鼓励广播、电视、报纸、网络等媒体刊播气象防灾减灾公益广告以及科普宣传节目。

第四十五条 本市建立多层次巨灾风险分散机制,探索气象巨灾风险有效保障模式。

鼓励和支持保险机构开发各类气象灾害保险产品。

鼓励单位和个人通过保险等方式,减少气象灾害造成的损失,提高气象灾害风险抵御水平。

第七章 法律责任

第四十六条 违反本办法的行为,《中华人民共和国气象法》《气象灾害防御条例》等法律法规已有处罚规定的,依照其规定予以处罚。

第四十七条 违反本办法规定,各级人民政府及有关单位的工作人员有下列行为之一的,由有权机关责令改正;造成不良后果的,给予记过、记大过处分;情节较重的,给予降级或者撤职处分;情节严重的,给予开除处分:

(一)违反本办法第十四条规定,未按照规定做好基础防灾能力建设的;

(二)违反本办法第二十二条规定,未履行对重点单位的监督管理职责的;

(三)违反本办法第三十一条第二款规定,收到灾害性天气警报或者气象灾害预警信号后,未及时开展应急处置工作的;

(四)不依法履行职责的其他行为。

第四十八条 违反本办法第十四条第(五)项规定,雷电防护装置检测单位未将检测信息录入雷电防护装置检测信息采集系统的,由气象主管机构责令限期改正;逾期不改正的,处3000元以上3万元以下罚款。

第四十九条 违反本办法第十八条、第十九条、第二十条规定,重点单位未按照要求履行气象灾害防御职责的,相关行业管理部门、应急管理部门、气象主管机构应当责令限期改正。

第八章 附 则

第五十条 本办法自2023年3月1日起施行。2017年1月23日上海市人民政府令第51号公布的《上海市气象灾害防御办法》同时废止。

滁州市雷电灾害防御管理办法

（2022年12月5日滁州市人民政府令第30号公布，自2023年3月1日起施行）

第一条　为加强雷电灾害防御，保障人民生命财产和公共安全，促进经济社会发展，根据《中华人民共和国气象法》《气象灾害防御条例》等法律、法规，结合本市实际，制定本办法。

第二条　本办法适用于本市行政区域内雷电灾害的预防、检测、预警、管理等活动。

第三条　雷电灾害防御遵循以人为本、安全第一、预防为主、防治结合的原则。

第四条　市、县（市、区）人民政府应当加强对雷电灾害防御工作的组织、领导和协调，加大经费投入，提高雷电灾害防御能力。

乡（镇）人民政府、街道办事处应当协助气象主管机构以及相关部门开展雷电灾害防御工作。

第五条　市、县（市、区）气象主管机构负责本行政区域内雷电监测预警、雷电易发区域划定等雷电灾害防御工作。

发展改革、住房和城乡建设、交通运输、应急管理、教育体育、文化和旅游、市场监管、农业农村、林业、经济信息等部门按照各自职责，做好雷电灾害防御工作。

第六条　市、县（市、区）人民政府及其有关部门和气象主管机构应当采取多种形式，加强防雷科普知识宣传，增强公众的雷电灾害防御意识,提高应急避险和救助能力。

学校应当将防雷知识纳入科普教育内容。

鼓励法人和其他组织结合实际开展防雷科普知识宣传。

第七条 下列场所或者设施,应当安装雷电防护装置:

(一)建筑物防雷设计规范规定的一、二、三类防雷建(构)筑物;

(二)石油、化工等易燃易爆物资的生产、储存、输送、销售等场所和设施;

(三)电力生产设施和输配电系统;

(四)计算机信息系统、通信设施、广播电视设施、自动控制和监控设施;

(五)医院、学校、车站、机场、商场、超市、文化体育场馆等公共服务设施和人员密集场所;

(六)国家规定应当安装雷电防护装置的其他场所和设施。

第八条 各类建(构)筑物、场所和设施安装雷电防护装置应当符合国家有关防雷标准的规定。新建、改建、扩建建(构)筑物、场所或者设施的雷电防护装置,应当与主体工程同时设计、同时施工、同时投入使用。

鼓励和引导雷电灾害风险较高的村民集中居住区和种养殖区安装雷电防护装置。

第九条 下列工程、场所雷电防护装置的设计审核和竣工验收由气象主管机构负责:

(一)油库、气库、弹药库、化学品仓库、烟花爆竹、石化等易燃易爆建设工程和场所,以及其他建设工程中的易燃易爆场所;

(二)雷电易发区内的矿区、旅游景点或者投入使用的建(构)筑物、设施等需要单独安装雷电防护装置的场所;

(三)雷电风险高且没有防雷标准规范、需要进行特殊论证的大型项目。

未经设计审核或者设计审核不合格的，不得施工；未经竣工验收或者竣工验收不合格的，不得交付使用。

第十条　房屋建筑工程和市政基础设施工程雷电防护装置设计审核、竣工验收纳入建筑工程施工图审查、竣工验收备案，由市、县（市、区）住房和城乡建设部门负责监督管理。

公路、水路、铁路、民航、水利、电力、通信等专业建设工程的雷电防护装置设计审核由各专业部门负责监督管理。

第十一条　投入使用的雷电防护装置实行定期检测制度。石油、化工等易燃易爆物资的生产、储存、输送、销售等场所和设施的检测周期为每半年一次，其他为每年一次。

雷电防护装置的产权单位或者使用单位应当做好雷电防护装置的日常维护，主动委托有相应资质的雷电防护装置检测单位进行定期检测，发现雷电防护装置存在安全隐患的，应当及时采取措施进行处理。

第十二条　雷电防护装置检测单位应当按照国家有关标准和技术规范开展检测活动，出具真实、准确的检测报告。

雷电防护装置检测发现安全隐患的，应当及时告知产权单位或者使用单位进行整改，检测项目清单应当通过全国防雷减灾综合管理服务平台填报，接受监督管理。

第十三条　市、县（市、区）气象主管机构所属的气象台应当加强雷电监测、预报，及时向社会发布雷电灾害预警信息。

广播、电视、报纸、网络等媒体和基础电信运营企业应当及时、准确将雷电预警信息向社会传播，对重大雷电天气的补充预警信息，应当及时插播或者增播。

第十四条　乡（镇）人民政府、街道办事处收到雷电灾害预警信息后，应当通过应急广播、电子显示装置等途径及时向本辖区公众传播预警信息，并采取相应的避险措施。

医院、学校、车站、机场、商场、超市、文化体育场馆等公共服务设施和人员密集场所的经营、管理单位应当确定应急联系人,通过应急广播、电子显示装置等途径及时传播雷电灾害预警信息。

第十五条 易燃易爆场所的经营、管理者应当在生产安全事故应急救援预案中明确雷电灾害防御内容,定期开展雷电防御安全教育、培训和演练,提高雷电灾害防御意识和防范能力。

易燃易爆场所的经营、管理者在收到雷电灾害预警信息或者雷电灾害发生后,应当及时启动应急预案,开展防灾减灾工作。

第十六条 遭受雷电灾害损失的单位和个人,应当在 24 小时内向所在地气象主管机构报告。

市、县(市、区)气象主管机构应当按照国家有关规定及时对雷电灾害进行调查和鉴定,并向当地人民政府和上级气象主管机构及时报告雷电灾害情况。

第十七条 气象、消防、应急管理、教育体育、经济信息、文化和旅游、住房和城乡建设等机构和部门在对本办法第七条规定的场所和设施进行安全检查时,应当查验雷电防护装置检测报告,并对检查情况予以记录。

第十八条 各级人民政府、气象主管机构和其他有关部门及其工作人员违反本规定,未依法履行职责的,由上级机关责令改正;情节严重的,对直接负责的主管人员和其他直接责任人员依法给予处分;构成犯罪的,依法追究刑事责任。

第十九条 违反本办法规定的行为,法律、法规、规章已有法律责任规定的,从其规定。

第二十条 本办法自 2023 年 3 月 1 日起施行。

淮南市气象灾害防御办法

（2022年12月12日淮南市人民政府第28次常务会议通过，自2023年2月1日起施行）

第一条 为了加强气象灾害防御，避免和减轻气象灾害造成的损失，保障人民生命财产安全，根据《中华人民共和国气象法》《气象灾害防御条例》《安徽省气象灾害防御条例》等有关法律、法规，结合本市实际，制定本办法。

第二条 本办法适用于本市行政区域内的气象灾害防御活动。

本办法所称气象灾害，是指台风、暴雨、暴雪、寒潮、高温、低温、干旱、大风、雷电、冰雹、大雾、霾等造成的灾害。

第三条 气象灾害防御应当遵循以人为本、科学防御、部门联动、社会参与的原则。

第四条 市和县、区人民政府应当加强气象灾害防御工作的组织、领导和协调，完善气象灾害综合防御体系，将气象灾害防御工作纳入本级国民经济和社会发展规划，所需经费纳入本级财政预算。

乡镇人民政府、街道办事处应当建立健全气象灾害防御工作机制，做好气象灾害应急演练、气象灾害防御知识宣传工作，协助气象主管机构、应急管理等部门，开展应急联络、信息传递、火情报告和灾情调查等工作。

村（居）民委员会应当协助乡镇人民政府、街道办事处做好气象灾害应急演练、气象灾害防御知识宣传工作。

第五条　市、县气象主管机构负责管理和监督本行政区域内灾害性天气的监测、预报、预警,以及气候可行性论证、气象灾害应急服务和风险评估、人工影响天气、雷电灾害防御等工作。

区人民政府应当明确负责气象灾害防御工作的部门,在市气象主管机构指导下开展工作。

教育体育部门负责组织指导学校(含幼儿园)做好气象灾害防范应对工作。

民政部门负责做好气象灾害影响地区困难群众的基本生活保障等工作。

应急管理部门负责组织、指导、协调气象灾害及其引发的安全生产类、自然灾害类次生灾害应急救援,依法核查和统一发布灾情,建立应对极端天气的停工、停业、停课机制。

其他有关部门和单位应当按照各自职责,做好气象灾害防御相关工作。

第六条　市和县、区人民政府以及有关部门应当采取多种形式,组织开展气象灾害防御知识的宣传普及,提高社会公众的防灾减灾意识和应急避险能力。

气象主管机构应当利用新媒体平台和科普教育基地、气象台站等多种形式开展气象灾害防御知识科普宣传。

鼓励单位和个人通过新媒体平台等多种形式开展气象灾害防御知识科普宣传,依法参加气象灾害防御志愿服务活动。

第七条　气象灾害防御纳入社区综合防灾减灾和网格化管理体系。气象主管机构应当会同应急管理等有关部门对相关人员进行业务培训。

第八条　市和县、区人民政府有关部门应当会同气象主管机构根据本办法规定,确定气象灾害防御重点单位,经同级人民政府同意后向社会公布。

第九条　确定气象灾害防御重点单位应当综合考虑以下因素：

（一）单位所处区域的气象灾害风险等级；

（二）单位的位置及其所处区域的地形、地质、地貌、气象、环境等条件；

（三）单位的性质、规模、生产特性；

（四）遭受灾害性天气影响时可能造成的损失程度。

第十条　下列单位可以确定为气象灾害防御重点单位：

（一）学校（含幼儿园）、医院以及火车站、高速公路、客运车站和客运码头等人员密集场所的经营管理单位；

（二）易燃易爆、有毒有害等危险化学品的生产、储存、运输或者销售单位；

（三）重大基础设施、大型工程、公共工程等在建工程的业主单位；

（四）煤炭、电力、燃气、供水、通信、广电等对国计民生有重大影响的企事业单位；

（五）旅游景区、风景区的经营管理单位，重点文物保护单位；

（六）大型生产单位或者劳动密集型企业；

（七）渔业捕捞、船舶运输等经营管理单位；

（八）其他因气象灾害容易造成人员伤亡、较大财产损失或者发生生产安全事故的单位。

第十一条　本办法第十条所列并且曾经发生气象灾害或者次生、衍生灾害，造成人员伤亡或者较大财产损失的单位应当确定为气象灾害防御重点单位。

第十二条　气象灾害防御重点单位应当明确气象灾害防御责任人及其职责，确定防御重点部位，制定气象灾害应急预案。

应急管理部门、气象主管机构应当对气象灾害防御重点单位的防御准备工作进行指导。

第十三条　市和县、区人民政府以及有关部门,应当根据气象灾害防御规划,结合本地气象灾害的特点和可能造成的危害,组织制定相应的气象灾害应急预案,报上一级人民政府、有关部门备案。

第十四条　市和县、区人民政府应当依据市气象灾害防御规划要求,加密布设气象监测设施,完善气象灾害监测体系。

市、县人民政府应当保障气象灾害监测设施建设用地,并将其纳入年度供地计划。

第十五条　气象主管机构所属气象台站应当依法发布灾害性天气预报、警报和气象灾害预警信号,其他单位和个人不得向社会发布灾害性天气预报、警报和气象灾害预警信号。

第十六条　广播、电视、报纸、通信运营企业等应当依法播发或者刊登灾害性天气警报、气象灾害预警信号,并根据当地气象台站要求及时播发或者刊登。

台风橙色、红色或者暴雨、暴雪红色预警信号生效后,广播、电视应当滚动播出预警信号、天气实况和防御指引等相关信息。通信运营企业应当建立气象灾害预警信息快速传播绿色通道,通过手机短信向预警区域内的手机用户播发气象灾害预警信息。

气象主管机构所属气象台站应当通过微信公众号、微博等新媒体平台发布气象预报、气象灾害预警信息。

鼓励单位和个人通过微信、微博等新媒体平台,以转发的形式及时、准确、规范地传播气象灾害预警信息。

第十七条　有关单位和个人接收到灾害性天气警报和气象灾害预警信号后,应当及时采取有效措施,做好气象灾害防御工作。

第十八条　市和县、区人民政府以及有关部门应当根据灾害性天气警报、气象灾害预警信号和可能造成的危害,根据气象灾害应急预案启动标准,及时启动相应级别的应急预案,向社会公布,并报告上一级人民政府。

第十九条　市和县、区人民政府根据气象灾害应急处置的需

要,可以依法采取下列措施:

(一)组织人员撤离、疏散,转移重要财产;

(二)关闭或者限制使用易受气象灾害危害的场所;

(三)通知停工、停业、停课;

(四)实行交通管制;

(五)临时征用房屋、运输工具、设施设备和场地等,启用应急救援物资和应急避难场所;

(六)防止发生次生、衍生灾害的必要措施;

(七)法律、法规规定的其他措施。

第二十条 市和县、区人民政府应当根据气象主管机构提供的灾害性天气发生、发展趋势以及灾情发展等情况,及时调整气象灾害应急响应级别或者作出解除气象灾害应急措施的决定,向社会公布,并报告上一级人民政府。

第二十一条 人工影响天气作业发生安全事故时,市、县人民政府和有关部门应当及时组织救援和处置,并向上一级人民政府和气象主管机构报告。

第二十二条 气象灾害应急处置工作结束后,灾害发生地人民政府应当组织有关部门、单位对气象灾害造成的损失进行调查、核实、评估,组织受灾地区尽快恢复生产、生活、工作和社会秩序,制订恢复重建计划,并向上一级人民政府报告。

第二十三条 违反本办法规定的行为,依照有关法律、法规、规章规定进行处罚。

第二十四条 淮南经济技术开发区、淮南高新技术产业开发区、安徽(淮南)现代煤化工产业园区和毛集社会发展综合实验区管理委员会参照区人民政府气象灾害防御职责,做好气象灾害防御工作,并明确负责气象灾害防御工作的部门,在市气象主管机构指导下开展工作。

第二十五条 本办法自 2023 年 2 月 1 日起施行。

福建省气象条例

(1998 年 8 月 1 日福建省第九届人民代表大会常务委员会第四次会议通过,2009 年 5 月 23 日福建省第十一届人民代表大会常务委员会第九次会议修订,根据 2022 年 5 月 27 日福建省第十三届人民代表大会常务委员会第三十三次会议通过的《福建省人民代表大会常务委员会关于修改〈福建省气象条例〉等三项涉及"放管服"改革的地方性法规的决定》修正)

第一章　总　则

第一条　为了加强和规范气象工作,防御和减轻气象灾害,保障人民生命财产安全,合理开发利用和保护气候资源,促进经济和社会发展,根据《中华人民共和国气象法》等法律、法规,结合本省实际,制定本条例。

第二条　在本省行政区域及其毗邻海域从事气象探测、预报、服务和气象灾害防御、气候资源利用、气象科学技术研究等活动,应当遵守本条例。

第三条　县以上气象主管机构在上级气象主管机构和本级人民政府的领导下,负责本行政区域内的气象工作。

县级以上地方人民政府有关部门所属的气象台站,应当接受同级气象主管机构对其气象工作的指导、监督和行业管理。

第四条 气象工作应当按照科技型、基础性的公益事业发展要求,把公益性气象服务放在首位。

县以上气象主管机构及其所属的气象台站应当增强气象服务的主动性、及时性和准确性。

第五条 地方气象事业主要为当地经济建设和社会发展服务,包括下列项目:

(一)区域气象观测、气象信息网络、气象灾害预警、气象预报服务、电视天气预报制作、气象科学知识普及、气象科学研究;

(二)气候变化影响评估、气候资源区划、气候资源开发利用和保护;

(三)农作物气候产量、农林病虫害、生态农业、森林防火等农业气象监测和预报服务,以及农村气象科技服务网建设;

(四)海洋、交通、环境、地质灾害、防汛抗旱、公共卫生等气象监测和预报服务;

(五)人工影响天气、雷电灾害防御;

(六)国家和本省规定的其他项目。

第六条 县以上气象主管机构会同有关部门制定地方气象事业发展规划,报本级人民政府批准和上级气象主管机构备案后组织实施。

第七条 县级以上地方人民政府应当将地方气象事业及其所需基本建设投资和有关事业经费纳入本级国民经济和社会发展规划及财政预算,并根据气象防灾减灾需要和有关规定增加资金投入。

第八条 鼓励和支持气象防灾减灾的科学技术研究、气候资源市场化开发利用的研究和推广、气象科学知识普及,开展国际、国内气象工作合作和交流。

省气象主管机构应当采取措施,推进闽台气象工作合作和交流。

第二章　气象探测环境和设施

第九条　县级以上地方人民政府应当按照国家规定的标准划定本辖区内的气象探测环境保护范围,将其纳入国土空间规划,并向社会公告;调整国土空间规划涉及气象探测环境保护范围的,应当组织气象主管机构参加。

任何组织或者个人都有保护气象探测环境的义务,不得危害气象探测环境。

第十条　建设项目应当符合国家规定的气象探测环境保护范围的标准。县级以上地方人民政府自然资源、住房和城乡建设等有关部门应当按照国家规定的气象探测环境保护范围的标准,审批建设项目。

第十一条　气象探测环境和设施应当保持长期稳定。确因国土空间规划或者国家重点工程建设需迁移气象台站的,应当在工程项目审批前依法报经有审批权的气象主管机构批准。迁移、重建气象台站及其设施的费用,由建设单位承担。

第十二条　气象台站及其设施建设、气象观测网络应当统一规划、合理布局。

气象仪器设备的安装、使用和气象探测,必须执行全国统一的气象技术规范和标准,并接受气象主管机构监督。

气象无线电专用频率和信道受国家保护,任何组织或者个人不得挤占和干扰。

第三章 气象预报和服务

第十三条 县以上气象主管机构所属气象台站应当做好为工农业生产、防灾减灾和军事、国防科学试验所需的公益气象服务，及时提供气象预报、灾害性天气警报。

第十四条 公众气象预报、灾害性天气警报由县以上气象主管机构所属气象台站统一向社会发布；禁止其他组织或者个人以任何方式向社会发布。

广播、电视、报刊、通信、互联网等媒体向社会播发或者其他组织、个人在公共场所刊登、播发的气象预报、灾害性天气警报，必须是县以上气象主管机构所属气象台站直接提供的适时气象信息，并注明发布时间和气象台站名称。不得擅自转播、转载其他来源的本省气象预报或者更改气象预报内容。

第十五条 电视气象预报节目由发布该预报的气象台站组织制作，并应当符合电视节目的播出要求。

广播、电视等播出单位应当与同级气象主管机构商定气象预报节目的播发时间，并定时播发；确需改变播发时间的，应当事先征得发布该气象预报的气象台站同意；对可能产生重大影响的灾害性天气警报以及需要补充或者订正的气象预报，应当及时增播或者滚动播出。

第十六条 气象台站在确保公益性气象无偿服务的前提下，可以根据用户需要依法开展气象有偿服务。

广播、电视、报刊、通信、互联网等媒体通过传播气象信息获得收益的，应当提取一部分支持气象事业的发展。

第十七条 升放无人驾驶自由气球或者系留气球活动，应当按照国家规定经县以上气象主管机构会同有关部门批准。

禁止在依法划设的机场范围内和机场净空保护区域内升放无

人驾驶自由气球或者系留气球,但国家另有规定的除外。

第四章　气象灾害防御

第十八条　县级以上地方人民政府应当组织有关部门编制气象灾害防御规划和应急预案,加强气象防灾减灾基础设施建设,完善气象灾害预警与应急响应联动机制,健全防御与减轻气象灾害工作体系。

第十九条　县以上气象主管机构应当做好重大气象灾害的调查、鉴定和评估工作,为当地人民政府组织气象灾害防御提供决策服务。

县以上气象主管机构所属气象台站应当做好台风、暴雨、雷电、干旱、高温、寒潮、冰雹、大雾、冰雪、大风、霜冻等气象灾害的监测、预报和突发公共事件的气象应急保障。

县以上气象主管机构负责气象观测数据的共享工作,县级以上地方人民政府有关部门应当及时提供和共享气象、水文、海洋、地质和生态环境等相关信息及灾情资料。

第二十条　灾害性天气警报发布后,县级以上地方人民政府应当按照相应的气象灾害应急预案采取应急处置措施;县级以上地方人民政府有关部门应当按照职责分工,做好气象灾害应急处置工作。

县级以上地方人民政府及其有关部门采取气象灾害应急处置措施时,有关单位和个人应当予以配合。

第二十一条　县级以上地方人民政府应当加强对人工影响天气工作的领导,健全统一协调的指挥和作业体系。

县以上气象主管机构在本级人民政府的领导下,组织实施人工影响天气作业。县级以上地方人民政府有关部门应当按照职责分工,做好人工影响天气有关工作。

第二十二条　从事人工影响天气作业的组织,必须具备省气象主管机构规定的条件,使用符合国家规定的技术标准的作业设备,遵守作业规范和操作规程,并在飞行管制部门批准的空域和时限内进行作业。

第二十三条　县级以上地方人民政府负责雷电灾害防御的组织领导工作。气象主管机构和房屋建筑、市政基础设施、公路、水路、铁路、民航、水利、电力、核电、通信等建设工程的主管部门,按照职责分工负责相应领域内建设工程的防雷管理工作。

县级以上地方人民政府应当组织有关部门加强防雷知识宣传,提高城乡居民的自身防护能力,完善农村中小学校舍雷电防护装置。

第二十四条　各类建(构)筑物、场所和设施安装雷电防护装置应当符合国家有关防雷标准的规定。新建、改建、扩建建(构)筑物、场所和设施的雷电防护装置应当与主体工程同时设计、同时施工、同时投入使用。

安装在建(构)筑物上的户外广告牌、标识牌塔、太阳能热水器、信息收发装置等设施,应当按照技术要求采取防雷措施,并避免影响建(构)筑物雷电防护装置的功能。

第二十五条　下列建(构)筑物、场所或者设施应当安装雷电防护装置,并依法向当地气象主管机构申请雷电防护装置设计审核和竣工验收:

(一)油库、气库、弹药库、化学品仓库、烟花爆竹、石化等易燃易爆建设工程和场所;

(二)雷电易发区内的矿区、旅游景点或者投入使用的建(构)筑物、设施等需要单独安装雷电防护装置的场所;

(三)雷电风险高且没有防雷标准规范、需要进行特殊论证的大型项目。

前款规定的雷电防护装置未经设计审核或者设计审核不合格

的,不得施工;未经竣工验收或者竣工验收不合格的,不得交付使用。

第二十六条 易燃易爆等危险环境场所的雷电防护装置按照国家有关规定每半年检测一次。

国家机关、社会团体、企业、事业单位、住宅区的物业服务企业或者未聘物业服务企业的业主应当做好本单位或者物业服务区域内雷电防护装置的日常检查、维护工作,并做好记录,存档备查。必要时,可以委托有资质的雷电防护装置检测机构进行检测。受损的雷电防护装置,应当及时报修。

气象主管机构应当加强对本条例第二十五条第一款规定的建(构)筑物、场所或者设施的雷电防护装置日常检查、维护工作的业务指导,定期对雷电防护装置检测情况进行监督检查。对不合格的雷电防护装置,应当要求限期整改。

第二十七条 公民、法人或者其他组织具备国家规定雷电防护装置检测资质条件的,经有权机关认定,可以依法成立雷电防护装置检测机构。

气象主管机构在履行雷电防护装置设计审核、竣工验收等监督管理职责时,不得为行政管理相对人指定雷电防护装置检测机构。

第五章　气候资源开发利用和保护

第二十八条 县级以上地方人民政府应当加强应对气候变化工作,制定开发利用和保护气候资源规划。

县以上气象主管机构应当根据当地经济建设需要,组织气候资源的综合调查和区划工作,加强气候监测、分析、评价以及气候变化的研究应用,并对可能引起气候变化的大气成分等进行监测,定期和不定期发布气候状况公报。

第二十九条　县以上气象主管机构应当组织对国土空间规划、国家重点建设工程、省重大建设项目、重大区域性经济开发项目等进行气候可行性论证,做好风能、太阳能、潮汐能等可再生能源规划、建设和运行的气象服务。

第三十条　按国家规定应当进行大气环境影响评价的工程建设项目进行大气环境影响评价时,应当使用符合国家气象技术标准的气象资料。

第六章　法律责任

第三十一条　有关部门或者气象主管机构及其所属气象台站的工作人员有下列行为之一的,依法给予处分;构成犯罪的,依法追究刑事责任:

(一)未依法履行审查、许可、颁发证照等监督管理职责的;

(二)实施雷电防护装置设计审核和竣工验收时,收费或者变相收费的;

(三)限定或者变相限定行政管理相对人购买、使用其指定的防雷产品的;

(四)为行政管理相对人指定雷电防护装置检测机构的;

(五)玩忽职守导致重大漏报、错报公众气象预报、灾害性天气警报或者导致人工影响天气作业、雷电灾害事故的;

(六)其他滥用职权、玩忽职守、徇私舞弊的行为。

第三十二条　违反本条例,有下列行为之一的,由县以上气象主管机构给予警告并责令限期改正;逾期不改正的,可以处五千元以上五万元以下的罚款;构成犯罪的,依法追究刑事责任:

(一)向社会刊登、播发非县以上气象主管机构所属气象台站直接提供的气象预报、灾害性天气警报,或者擅自更改气象预报内容的;

（二）播发非适时的气象预报、灾害性天气警报的。

第三十三条 违反本条例，有下列行为之一的，由县以上气象主管机构或者其他有关部门给予警告并责令限期改正；逾期不改正的，在当地媒体上予以通报，可以并处六千元以上三万元以下的罚款；构成犯罪的，依法追究刑事责任：

（一）应当安装雷电防护装置而未安装的；

（二）易燃易爆等危险环境场所的雷电防护装置未定期进行检测的。

第七章　附　则

第三十四条 本条例自 2009 年 8 月 1 日起施行。

厦门经济特区气象灾害防御条例

(2013 年 8 月 30 日厦门市第十四届人民代表大会常务委员会第十一次会议通过,根据 2022 年 12 月 27 日厦门市第十六届人民代表大会常务委员会第九次会议《厦门市人民代表大会常务委员会关于修改〈厦门经济特区气象灾害防御条例〉的决定》修正)

第一章　总　则

第一条　为了规范和加强气象灾害的防御,避免、减轻气象灾害造成的损失,保障人民生命财产安全,遵循《中华人民共和国气象法》等有关法律、行政法规的基本原则,结合本经济特区实际,制定本条例。

第二条　本市行政区域内气象灾害的预防、监测、预报、预警、应急处置以及防御保障等活动,适用本条例。

本条例所称气象灾害,是指台风、暴雨、雷电、大雾、大风(雷雨大风、海上大风)、低温、高温、干旱、冰雹、寒潮、霜冻等造成的灾害。

第三条　气象灾害防御工作坚持以人为本、科学防御、政府主导、部门联动、社会参与的原则。

第四条 市、区人民政府应当加强对气象灾害防御工作的领导、组织和协调,推动建立以气象灾害预警为先导的应急联防联动体系,健全气象灾害防御工作机制,提升气象灾害防御能力。

镇人民政府、街道办事处应当依法做好气象灾害防御工作,将气象灾害防御纳入网格化管理体系。

第五条 市、区气象主管机构按照职责分工负责本行政区域内气象灾害的监测、预报、预警、风险评估以及组织气候可行性论证、人工影响天气等气象灾害防御工作。

农业农村、应急管理、水利、海洋发展、自然资源和规划、建设、住房、生态环境、市政园林、交通运输、港口、文化和旅游、教育、公安、民政、发展改革、工信、人防、海事、民航、通信等有关部门在各自职责范围内负责气象灾害防御的相关工作。

第六条 市、区人民政府及气象、科技、教育、文化广播新闻出版等有关部门应当加强气象科普和防灾减灾知识的宣传,增强社会公众气象灾害防御意识,提高避险、避灾、自救、互救的应急能力。

气象主管机构应当会同有关组织和单位开展气象灾害防御相关知识和技能培训,提高气象灾害防御应急能力。

广播、电视、报纸、互联网、电信等媒体应当及时准确传播气象信息,宣传气象灾害防御法律法规,普及气象灾害防御知识。

第二章 预 防

第七条 市、区人民政府应当组织有关部门,根据上一级人民政府的气象灾害防御规划,结合本地气象灾害特点,编制气象灾害防御规划。

气象灾害防御规划的相关内容应当纳入国土空间规划。

编制各级国土空间规划时,组织编制部门应当统筹考虑气候的适宜性、影响性、风险性,科学确定和调整规划内容,并征求气象主管机构的意见。

第八条　市、区人民政府应当根据市气象灾害防御规划制定本行政区域的气象灾害防御应急预案;气象主管机构、有关部门应当根据市气象灾害防御规划和同级人民政府气象灾害防御应急预案,制定本部门的气象灾害防御应急预案。

气象灾害防御应急预案应当报本级人民政府,并按照法律法规的规定进行备案。

第九条　国家及省重点建设工程、重大区域性经济开发项目和大型太阳能、风能等气候资源开发利用项目,应当依法进行气候可行性论证。市重点建设项目气候可行性论证实行目录管理,气候可行性论证建设项目目录及气候可行性论证管理办法由市气象主管机构会同市发展改革等部门依照有关规定提出,报市人民政府批准并公布。

整体开发建设的区域,由市、区人民政府或者区域开发管理机构组织开展区域气候可行性论证,区域内的建设项目可以不再另行组织气候可行性论证。

第十条　实行气象灾害防御重点单位名录制度。

市气象主管机构应当会同相关行业主管部门根据地理位置、气候背景、工作特性,将可能遭受气象灾害较大影响的单位列入气象灾害防御重点单位目录,报市人民政府审定后公布。

第十一条　气象灾害防御重点单位应当按照气象灾害防御要求履行下列职责:

(一)落实防御责任人及其职责;

(二)建设必要的气象灾害紧急避难场所;

(三)接收和传播预警信息;

(四)按照规定启动应急预案,加强应急预案演练,提升应急处置能力;

（五）开展气象灾害防御知识培训；

（六）其他防御准备工作。

气象灾害防御重点单位应当在每年第一季度将上一年度气象灾害防御职责的落实情况报市气象主管机构备案；对未落实气象灾害防御职责的，市气象主管机构应当责令其整改。

第十二条 气象主管机构及所属单位应当无偿为气象灾害防御重点单位提供人员培训、指导制定应急预案及其演练等服务。

第十三条 大型群众性活动的承办者应当将气象因素纳入安全风险评估，主动获取气象预报和气象灾害预警信息，采取相应处置措施，确保活动安全。

第十四条 市、区人民政府及有关部门应当加强对台风、风暴潮灾害的预防，做好海堤、避风港、避风锚地、紧急避难场所等防御设施的建设、维护和管理，并定期组织开展对广告牌、危险房屋、在建建（构）筑物、电力设施等防风加固工作的安全检查。

第十五条 市人民政府应当根据国家有关规定，编制城市排水（雨水）防涝综合规划，有效应对不低于五十年一遇的暴雨。

市、区人民政府及有关部门、单位应当加强对暴雨灾害的预防，加强堤防、闸坝、泵站和排水设施的建设。

建设单位或者管理单位应当在立交桥下、下穿通道、隧道等易积水区域设置明显防汛水位标志警示线或者其他警示标识，定期检查地下商场、地下车库、隧道以及各种防洪排涝设施的运行情况，做好堤防、闸坝等重要险段的巡查、维护和地质灾害易发区的巡查、防范。有关行政管理部门应当加强监督检查。

第十六条 各类建（构）筑物、场所和设施应当依法安装符合国家有关防雷标准的雷电防护装置。

气象主管机构和房屋建筑、市政基础设施、公路、水路、铁路、民航、水利、电力、核电、通信等建设工程的主管部门，应当按照规定开展相应领域内建设工程的防雷管理工作。

第十七条　市气象主管机构负责编制全市整体气象监测系统的建设规划,报市人民政府批准后实施。

市、区人民政府及有关部门、单位应当按照规划做好机场、港口、航道、铁路、高速公路、桥梁、隧道、轨道交通及快速公交系统等重要场所、交通要道、人口密集区域和气象灾害易发区域的气象监测设施建设。有关单位和个人应当支持气象监测设施的建设。

各部门各行业自建的,用以提供公共服务的气象监测设施应当符合国家制定的相关标准、规范和规程,投入运行后应当依法开展计量检定,并接受气象主管机构指导。监测信息应当按照规定汇交到气象主管机构。

第十八条　市、区人民政府应当根据气象灾害防御的需要,加强人工影响天气工作,配备必要的设备、设施,建立统一协调的人工影响天气作业系统;建设和完善本市与周边地区人工影响天气作业指挥系统和作业空域申报统一协调机制。

气象主管机构应当制订人工影响天气作业计划,报本级人民政府批准后,根据天气条件适时组织实施。

空中交通管理部门、公安等有关部门应当积极配合,协助气象主管机构安全高效开展人工影响天气作业。

第三章　监测、预报和预警

第十九条　市人民政府应当支持气象科技创新,推动人工智能、大数据与气象灾害防御深度融合应用。

市气象主管机构应当建立协同、智能、高效的气象综合预报预测分析系统,健全智能数字预报业务体系,强化台风、暴雨、雷电、大雾、雷雨大风、冰雹等灾害性天气的综合分析和评估,适时增加预报频次,提高监测预报预警能力。

第二十条　市人民政府应当按照合理布局、有效利用、资源共享的原则,建立跨地区、跨部门的气象灾害联合监测网络和气象灾害监测信息共享平台,完善气象灾害监测体系和信息共享机制。

气象、农业农村、水利、海洋发展、自然资源和规划、应急管理、市政园林、生态环境等有关部门和单位应当按照各自职责开展监测工作,及时、准确、无偿地向气象灾害监测信息共享平台提供气象、水情、森林火险、地质灾害、环境污染、植物病虫害等与气象灾害有关的监测信息,保障信息资源共享。

市气象主管机构对气象灾害监测信息进行统一管理,并按照规定为有关部门和单位免费提供信息。

第二十一条 实行气象主管机构所属气象台站对公众气象预报和灾害性天气警报统一发布制度。

气象台站应当加强和完善气象预警信息发布系统,按照国家规定发布灾害性天气警报。

市气象主管机构应当加强和完善气象预警信息发布系统建设,完善预警信息发布机制,推动精准靶向发布。市气象主管机构、通信等有关部门应当优化气象预警信息发布审核流程,建立快速发布绿色通道。

第二十二条 气象主管机构所属气象台站应当及时向社会统一发布、更新或者解除台风、暴雨等灾害性天气警报和气象灾害预警信号。

其他组织和个人不得向社会发布灾害性天气警报和气象灾害预警信号。

第二十三条 市、区人民政府及有关部门应当在人员密集区域和气象灾害易发区域建立灾害性天气警报、气象灾害预警信号接收和传播设施,并保证设施的正常运转。

第二十四条 镇人民政府、街道办事处应当协助气象主管机构等有关部门开展气象灾害防御知识宣传、应急联络、信息传递、灾害报告和灾情调查等工作,完善气象灾害信息联络机制。

学校、医院、文化体育场（馆）、旅游景点、机场、车站、轨道交通、快速公交系统、桥隧、码头、高速公路等单位或者管理机构收到灾害性天气警报、预警信号后，应当通过电子显示屏、广播、信息专栏等方式及时向公众传播气象预警信息。

第二十五条　广播、电视、报纸、互联网、电信等媒体应当及时、无偿地向社会播发或者刊登市气象主管机构所属气象台站提供的适时灾害性天气警报、气象灾害预警信号，并根据气象台站的要求及时增播、插播或者刊登；不得拒绝传播、延误传播，不得更改、删减灾害性天气警报和气象灾害预警信号，不得传播虚假、过时的灾害性天气警报和气象灾害预警信号。

对台风、暴雨、大雾等气象灾害红色预警信号和局地暴雨、大风等突发性气象灾害预警信号，广播、电视、互联网、电信等媒体应当采用滚动字幕、加开视频窗口以及中断正常节目予以插播、语音提示等方式实时播发。

第二十六条　市、区人民政府应当加强农村气象灾害防御工作，构建全覆盖的气象灾害预警信息传播与响应机制，提升气象灾害预警信息传播能力，及时传播气象灾害预警信息。

第四章　应急处置

第二十七条　市、区人民政府应当根据气象灾害预警级别、气象灾害种类、范围和程度，及时启动气象灾害防御应急预案，并向社会公布。

气象灾害防御应急预案启动后，有关部门和单位应当按照各自职责，做好相应的气象灾害防御应急工作。

对市、区人民政府及有关部门采取的气象灾害防御应急处置措施，任何单位和个人应当配合实施，不得妨碍气象灾害救助活动。

第二十八条 台风可能影响或者登陆前24小时,电视、广播应当固定一个频道(率),整点连线报道台风信息和防台抗台工作动态,必要时应当连续滚动播报。

台风气象灾害防御应急预案启动后,全市各级各单位防汛责任人应当按照应急预案规定到岗到位。

台风气象灾害防御应急预案启动后,有关部门、单位应当按照应急预案相应的要求,做出停工(业)、停产、停课、休市、停航、渔船回港、停运、大桥和道路交通管制、旅游景点关闭以及其他相关决定,并通过电视、广播等媒体及时向社会发布。

第二十九条 暴雨气象灾害防御应急预案启动后,全市各级各单位防汛责任人应当按照应急预案规定到岗到位。有关单位应当按照应急预案相应的要求,及时组织低洼地、危房、工棚、简易搭盖、地质灾害隐患点等危险地带群众安全转移,实施水库、河道洪水调度,采取城市建城区排涝应急措施。

市气象主管机构所属气象台及时滚动发布暴雨警报,海洋预报机构及时预测预报潮位、通报实测潮位,水文机构及时监测预报洪水。广播、电视至少安排一个频道(率)宣传报道暴雨气象灾害信息和防灾抗灾动态。

第三十条 大雾、大风气象灾害防御应急预案启动后,气象主管机构所属气象台站应当及时发布防御指引,引导市民采取防护措施并减少户外活动,建议限制大型户外活动和调整中小学校、幼儿园等户外活动时间。

民航、港口、海事、交通运输、公安交通等有关部门应当根据大雾、大风的影响程度,按照职责做好交通疏导、调度、管制等工作。

第三十一条 雷电、低温、高温、干旱、冰雹、寒潮、霜冻等气象灾害防御应急预案启动后,气象主管机构所属气象台站应当加强监测预警,及时发布相关防御指引。

第三十二条 因受灾害性天气影响,遇有危及安全的突发事件,轨道交通、公交和海上客运船舶等公共交通工具驾驶员、车站行车人员、地下空间及码头和港口管理人员可以先行采取停止运行、疏散人员等紧急安全防护措施,并及时向所在单位、行业主管部门报告。

第三十三条 市、区人民政府应当根据气象主管机构提供的灾害性天气发生、发展趋势信息以及灾情发展情况,按照有关规定适时调整气象灾害响应级别或者作出解除气象灾害应急措施的决定,并向社会公告。

第三十四条 重大、特别重大气象灾害发生后,市、区人民政府应当组织有关部门及时对气象灾害造成的损失及气象灾害的起因、性质、影响和可能存在的安全隐患等问题进行调查、评估,完善气象灾害防御规划和应急预案。评估结果应当及时向社会公布。

第五章 防御保障

第三十五条 市、区人民政府应当将气象灾害的防御列入本级国民经济和社会发展规划,所需经费纳入同级财政预算,并作为公共财政支出的重点领域予以支持。

第三十六条 市、区人民政府应当组织气象、应急管理、农业农村、水利、自然资源和规划、生态环境、交通运输、港口等有关部门开展气象灾害普查,建立气象灾害信息数据库,并为公众查询提供便利。

第三十七条 市人民政府鼓励气象灾害防御的科学技术研究和推广应用,促进海峡两岸气象灾害防御科技交流与合作。

市气象主管机构应当积极开展台湾海峡、厦金海域气象预报预警业务,推进与漳州、泉州以及金门地区的气象信息共享、气象灾害联防和气象灾害监测预警服务体系建设,提高气象灾害防御能力。

第三十八条　本市中小学校应当将气象灾害防御知识纳入有关课程和课外教育内容,培养和提高学生的气象灾害防范意识和自救互救能力。

支持学校、科技馆、青少年宫、文化宫(馆)等单位设立模拟灾害演练场所进行灾害防御教育,加强气象灾害防御演练。

教育部门、气象主管机构应当对学校开展的气象灾害防御教育进行指导和监督。

第三十九条　支持保险机构推出适合本市气象灾害特点的险种,鼓励单位和个人参加相关保险。

气象主管机构所属气象台站等气象服务机构应当为单位和个人免费提供保险理赔所需的气象灾害证明材料。

第六章　法律责任

第四十条　违反本条例第九条第一款规定,应当进行气候可行性论证的建设项目,未经气候可行性论证的,由气象主管机构按照职责权限责令限期改正,给予警告;逾期未改正的,处一万元以上三万元以下的罚款。

第四十一条　违反本条例第十一条第二款规定,气象灾害防御重点单位未按照市气象主管机构的要求对气象灾害防御职责落实情况进行整改的,由市气象主管机构处一万元以上三万元以下的罚款。

第四十二条　气象灾害发生时,市、区人民政府及其有关部门,各相关单位,部门和单位直接负责的主管人员及责任人员,未按照应急预案要求履行职责的,市、区人民政府以及有关单位应当按照规定权限责令有关单位和个人限期整改并依法追究责任。

第四十三条　违反本条例规定的行为,法律、行政法规已有法律责任规定的,从其规定。

第七章　附　则

第四十四条　本条例自 2013 年 10 月 1 日起施行。

山东省气象灾害防御条例

(2005 年 7 月 29 日山东省第十届人民代表大会常务委员会第十五次会议通过,根据 2012 年 1 月 13 日山东省第十一届人民代表大会常务委员会第二十八次会议《关于修改〈山东省环境噪声污染防治条例〉等二十五件地方性法规的决定》第一次修正,根据 2018 年 1 月 23 日山东省第十二届人民代表大会常务委员会第三十五次会议《关于修改〈山东省机动车排气污染防治条例〉等十四件地方性法规的决定》第二次修正,根据 2022 年 3 月 30 日山东省第十三届人民代表大会常务委员会第三十四次会议《关于修改〈山东省机动车排气污染防治条例〉等四件地方性法规的决定》第三次修正)

第一条 为了防御气象灾害,保障人民生命和财产安全,促进经济和社会发展,根据《中华人民共和国气象法》及有关法律、行政法规,结合本省实际,制定本条例。

第二条 本条例所称气象灾害,包括天气、气候灾害和气象次生、衍生灾害。

天气、气候灾害,是指因台风(热带风暴、强热带风暴)、暴雨(雪)、雷暴、冰雹、大风、沙尘、龙卷、大(浓)雾、高温、低温、连阴雨、冻雨、霜冻、结(积)冰、寒潮、干旱、干热风、热浪、洪涝、积涝等因素直接造成的灾害。

气象次生、衍生灾害,是指因气象因素引起的山体滑坡、泥石流、风暴潮、森林火灾等灾害。

第三条 在本省行政区域及管辖海域内从事气象灾害防御活动的,应当遵守本条例;法律、法规另有规定的,适用其规定。

第四条 气象灾害防御工作,应当遵循预防为主、防治结合、统筹规划、分级负责的原则。

第五条 县级以上人民政府应当加强气象灾害防御工作的领导,组织开展气象灾害防御法律法规和科技知识的宣传、普及,支持气象灾害防御的科学研究,将气象灾害防御工作纳入国民经济和社会发展规划,并将所需资金纳入本级财政预算。

第六条 县级以上气象主管机构负责气象灾害的监测、预报、预警,组织开展人工影响天气作业,按照职责分工做好雷电灾害防御工作。

应急管理、农业农村、水利、生态环境、自然资源、住房城乡建设、民政、交通运输、通信、文化和旅游、海洋等有关部门按照职责分工做好相关的气象灾害防御工作。

第七条 县级以上人民政府应当组织气象主管机构和其他有关部门编制气象灾害防御规划。

气象灾害防御规划应当包括下列主要内容:

(一)气象灾害现状、发展趋势预测和评估;

(二)气象灾害防御的指导思想、原则和目标;

(三)气象灾害易发时段和重点防御区域;

(四)气象灾害防御的主要任务和保障措施;

(五)气象灾害防御设施的建设和管理。

第八条 县级以上人民政府应当按照气象灾害防御规划组织编制气象灾害防御方案及应急预案,并根据气象主管机构提供的气象灾害预报、警报及建议，决定公布与启动实施；各有关部门应当按照职责分工，做好应急处置工作。

气象灾害应急预案的启动和终止，应当及时向社会公布，并及时报告上一级人民政府。

第九条 县级以上人民政府、有关部门应当向社会宣传普及气象灾害防御知识，组织气象灾害应急演练并开展气象灾害防御措施检查，提高社会公众避险、避灾、自救、互救的应对能力。

生产经营单位应当将气象安全保障纳入本单位安全生产工作，健全防御措施，及时消除气象灾害风险隐患。

鼓励志愿者依法参与气象灾害防御知识宣传、应急救援等工作。

第十条 编制区域、流域、海域的建设开发利用规划以及农业、林业、渔业、交通、水利、旅游、自然资源开发等规划，应当符合气象灾害防御的要求，并可以在编制过程中进行气象灾害风险性评估。

进行大、中型工程建设的，应当在可行性研究阶段进行气象灾害风险性评估。

第十一条 县级以上人民政府应当加强气象灾害监测、预警、调查、评估和应急服务系统基础设施建设，根据本地区气象灾害防御工作的需要建设移动气象台，并在城镇显著位置设立气象灾害预警信号播发设施。机场、港口、车站、高速公路、水利工程、旅游景点、交通枢纽和重点工程所在地可以根据需要建设气象灾害预警信号播发设施。

任何组织和个人不得侵占、损毁或者擅自移动前款规定的气象灾害防御设施。

第十二条 县级以上人民政府应当建立气象灾害联合监测机制，组织开展跨地区、跨部门的联合监测，具体工作由气象主管机构实施。

联合监测成员应当包括下列单位：

（一）各级气象主管机构所属的气象台站；

（二）其他有关部门所属的气象台站；

（三）水文、水情、森林防火观（监）测站点；

（四）其他有关单位。

第十三条　气象主管机构应当建立气象灾害信息共享平台。

气象灾害联合监测成员单位应当及时向气象灾害信息共享平台提供气象和水情、旱情、灾情等信息，实现气象灾害信息资源共享；涉及国家秘密的，应当遵守国家有关保密规定。

第十四条　天气、气候灾害的预报、警报、预警信号，应当由气象主管机构所属的气象台站按照职责向社会统一发布。气象次生、衍生灾害的预报、警报，应当由气象主管机构会同其他有关部门向社会联合发布；国家和省另有规定的，从其规定。

天气、气候实况，应当由气象主管机构所属的气象台站根据防御气象灾害和公共服务的需要，按照职责向社会统一发布。

其他任何组织和个人不得向社会发布气象灾害预报、警报、预警信号及天气、气候实况。

第十五条　各级广播、电视台站、人民政府指定的报纸、网站等媒体，应当及时播发当地气象主管机构所属的气象台站直接提供的天气、气候灾害的预报、警报、预警信号和气象主管机构与其他有关部门联合发布的气象次生、衍生灾害的预报、警报，及时增播和插播临近气象灾害预报、警报和预警信号，并明确标明发布时间和发布单位的名称。

台风、大雾、暴雨、暴雪、道路结冰等橙色、红色预警信号和雷电、大风、冰雹等强对流天气的预警信号生效期间，广播、电视台站、网站等媒体应当采用插播、滚动字幕、加开视频窗口等方式及时播发预警信息内容及有关防御知识。

气象主管机构所属的气象台站应当通过气象灾害预警信号播

发设施,及时向社会播发气象灾害预警信号。通信运营单位应当及时安排优先通道,通过手机短信等方式向受影响区域内的手机用户发送气象灾害预警信号。

任何组织和个人不得向公众传播本条例第十四条第一款、第二款规定以外的组织或者个人提供的气象灾害预报、警报、预警信号及天气、气候实况。

第十六条 乡镇人民政府、街道办事处以及居民委员会、村民委员会,在收到气象灾害预警信息后,应当及时采取措施向辖区内公众广泛传播。

机场、港口、高速公路、旅游景点、车站、学校、医院、文化体育场馆等公共场所及其他人员密集场所的经营、管理单位,在收到气象灾害预警信息后,应当利用电子显示装置、广播等方式及时传播。

第十七条 台风、大风预警信号生效期间,建筑物、构筑物、户外广告牌的所有人、管理人或者使用人,应当采取措施避免搁置物、悬挂物脱落、坠落;建筑工地应当加强防风安全管理,设置必要的警示标识,落实塔机、脚手架、围挡等设备设施安全防范措施;船舶的所有人、经营人或者管理人应当遵守有关台风、大风期间船舶避风的规定。

第十八条 台风、暴雨、暴雪、道路结冰等红色预警信号生效期间,幼儿园、中小学校、中等职业学校应当按照当地人民政府有关规定采取停课等措施;除直接保障社会公众生产生活运行的单位外,其他单位可以采取临时停工、停业或者调整工作时间等措施。

大风、雷电等黄色以上预警信号生效期间,作业单位应当停止塔吊、脚手架、玻璃幕墙清洗等室外危险作业。

台风、暴雨、暴雪、道路结冰等红色预警信号生效期间,用人单位应当为在岗工作人员提供必要的避险措施。

第十九条　公安机关交通管理部门应当在台风、暴雨、大雾、道路结冰等预警信号生效期间及时启动应急预案,开展恶劣天气高影响路段预警提示。

海事、渔业等部门应当制定台风、海上大风等预警信号生效期间的海上作业船舶、人员的避风指引。

因受灾害性天气影响,遇有突发危及安全的情况,城市轨道交通等公共运输工具驾驶员、车站行车人员、地下空间管理人员应当及时向主管部门报告,并可以先行采取停止运行、疏散人员等紧急安全防护措施。

第二十条　县级以上人民政府应当加强人工影响天气工作的领导和协调,建设人工影响天气作业体系,并根据气象主管机构所属的气象台站发布的气象灾害预警信息,组织开展人工影响天气工作。

第二十一条　从事人工影响天气作业的,应当具备相应的条件,并严格遵守国务院气象主管机构规定的作业规范和操作规程。

第二十二条　国家建筑物防雷设计规范规定的第一类、第二类、第三类防雷建(构)筑物及其附属设施、易燃易爆场所、计算机信息系统、广播电视系统、通信系统和其他弱电设备、易遭受雷击的设施,应当安装符合国家有关防雷标准的雷电灾害防护装置。

新建、改建、扩建建设工程项目的雷电灾害防护装置,应当与主体工程同时设计、同时施工、同时投入使用。

第二十三条　从事雷电灾害防护装置检测的,应当按照国家规定取得相应的资质。

第二十四条　油库、气库、弹药库、化学品仓库和烟花爆竹、石化等易燃易爆建设工程和场所,雷电易发区的矿区、旅游景点或者投入使用的建(构)筑物、设施等需要单独安装雷电防护装置的场所,以及雷电风险高且没有防雷标准规范、需要进行特殊论证的大型项目,其雷电防护装置的设计审核和竣工验收由县级以上气象主管机构负责。未经设计审核或者设计审核不合格的,不得施工;未经竣工验收或者竣工验收不合格的,不得交付使用。

房屋建筑、市政基础设施、公路、水路、铁路、民航、水利、电力、核电、通信等建设工程的主管部门,负责相应领域内建设工程的防雷管理。

第二十五条 雷电灾害防护装置应当符合国务院气象主管机构规定的技术要求。

第二十六条 气象主管机构应当会同有关部门加强对雷电灾害防护装置检测工作的指导。

雷电灾害防护装置应当每年检测一次;易燃易爆场所的雷电灾害防护装置,应当每半年检测一次。经检测不合格的,应限期予以整改。

第二十七条 大风、龙卷风多发区域的县级以上人民政府应当根据防风需要,建设和完善紧急避难场所、避风港、避风锚地、避风带等设施,加强船舶作业、交通运输作业避风避险的规范管理,根据当地气象主管机构所属的气象台站发布的监测预警信息,指导相关部门加固道路、港口设施,做好防御工作。

第二十八条 发现气象灾害的单位和个人,应当立即向当地人民政府或者气象主管机构、其他有关部门报告。

气象主管机构或者其他有关部门接到气象灾害报告后,应当立即报告本级人民政府和上级主管部门,通报有关部门,并提出气象灾害防御建议。

第二十九条 重大气象灾害发生后,由灾害发生地的县级以上人民政府组织气象主管机构和其他有关部门开展灾情调查和救援工作。气象主管机构应当确定气象灾害的种类、程度及其发展趋势,并做好气象服务工作。

其他有关部门根据职责分工,做好气象灾害应急救援工作。

第三十条 违反本条例规定的行为,法律、行政法规已规定法律责任的,从其规定;法律、行政法规未规定法律责任的,按照本条例的规定执行。

第三十一条 违反本条例规定,侵占、损毁或者擅自移动气象灾害防御设施,由气象主管机构按照权限责令停止违法行为,限期恢复原状或者采取其他补救措施的,可以处五万元以下的罚款;造成损失的,依法承担赔偿责任;构成犯罪的,依法追究刑事责任。

第三十二条 违反本条例规定,非法向社会发布、传播或者拒绝与延迟按正常途径发布、传播天气、气候灾害预报、警报、预警信号及天气、气候实况的,由气象主管机构按照权限责令改正,给予警告,可以并处五万元以下的罚款;构成违反治安管理行为的,由公安机关依法给予处罚。

第三十三条 违反本条例规定,有下列行为之一的,由气象主管机构或者其他有关部门责令限期改正,可以处三万元以下的罚款;给他人造成损失的,依法承担赔偿责任;构成犯罪的,依法追究刑事责任:

(一)应当安装雷电灾害防护装置不安装的;

(二)拒绝雷电灾害防护装置检测或者检测不合格又不整改的。

第三十四条 各级人民政府、气象主管机构和其他有关部门及其工作人员有下列行为之一的,对直接负责的主管人员和其他直接责任人员依法给予处分;构成犯罪的,依法追究刑事责任:

(一)未按照气象灾害防御方案或者气象灾害应急预案的要求采取必要措施、履行有关职责的;

(二)不及时提供防御气象灾害所需的气象和水情、旱情、灾情等信息,造成严重后果的;

(三)因玩忽职守导致重大漏报、错报气象灾害信息的;

(四)其他玩忽职守、滥用职权、徇私舞弊的行为。

第三十五条 本条例自 2005 年 10 月 1 日起施行。

山东省人工影响天气管理条例

(2022 年 7 月 28 日山东省第十三届人民代表大会常务委员会第三十六次会议通过,自 2022 年 10 月 1 日起施行)

第一章 总 则

第一条 为了规范和加强人工影响天气工作,科学开发利用空中云水资源,防御和减轻气象灾害,促进生态文明建设,保障经济社会健康发展,根据《中华人民共和国气象法》《人工影响天气管理条例》等法律、行政法规,结合本省实际,制定本条例。

第二条 在本省行政区域内从事人工影响天气活动,应当遵守本条例。

本条例所称人工影响天气,是指为避免或者减轻气象灾害,合理利用气候资源,在适当条件下通过科技手段对局部大气的物理、化学过程进行人工影响,实现增雨雪、防雹、消减雨雾、防霜等目的的活动。

第三条 人工影响天气工作应当坚持以人为本,遵循政府主导、统筹协调、科技引领、安全规范的原则。

第四条 县级以上人民政府应当加强对人工影响天气工作的领导,将人工影响天气工作纳入国民经济和社会发展规划,建立完善人工影响天气综合协调机制,加强人工影响天气规范化、标准化建设,统筹解决人工影响天气工作中的重大问题。

县级以上人民政府应当将人工影响天气工作所需经费纳入本级财政预算。

第五条 县级以上气象主管机构在本级人民政府的领导和协调下,负责本行政区域人工影响天气工作的组织实施和指导管理。

发展改革、工业和信息化、公安、财政、自然资源、生态环境、交通运输、水利、农业农村、应急管理、民航和航空管制等部门、单位,应当按照职责分工做好人工影响天气的相关工作。

乡镇人民政府、街道办事处应当协助做好本辖区人工影响天气相关工作。

第六条 鼓励和支持人工影响天气科学研究和先进技术的推广应用。

气象主管机构和有关部门应当组织开展人工影响天气在防灾减灾、应对气候变化、生态系统保护与修复、农业生产安全保障和云水资源开发利用等方面的研究,提高人工影响天气作业水平和效益。

第七条 县级以上人民政府和有关部门应当加强对人工影响天气的科普宣传,提高社会公众对人工影响天气的科学认识。

对在人工影响天气工作中做出突出贡献的单位和个人,县级以上人民政府应当给予奖励。

第二章 规划建设与组织实施

第八条 设区的市以上人民政府应当组织气象主管机构和发展改革、财政、农业农村、应急管理等部门编制人工影响天气专项规划。

人工影响天气专项规划应当包括基础设施、科技支撑、队伍建设、安全管理、重点工程、保障措施等内容。

第九条 县级以上气象主管机构应当根据当地国民经济发展需求和人工影响天气专项规划,制订人工影响天气年度工作计划,报本级人民政府批准后实施。

县级以上人民政府应当组织对人工影响天气作业的效果进行科学评估,评估结果作为评价人工影响天气工作的重要依据。

第十条 县级以上气象主管机构应当建立健全人工影响天气指挥、安全管理、天气监测预警、通信、信息处理和作业效果评估等系统,提高人工影响天气科学指挥和精准作业水平。

第十一条 人工影响天气作业点由省气象主管机构会同有关航空管制部门统一确定,所需场地由当地人民政府予以保障。

县级以上人民政府可以根据当地气候特点、地理条件、人员密集度、交通、通信等,提出人工影响天气作业点布设需求。

人工影响天气作业点不得擅自变动。

第十二条 人工影响天气作业应当由人工影响天气作业单位依法实施。

人工影响天气作业单位应当具备下列条件:

(一)有符合国家技术标准和要求的作业设备;

(二)有符合安全管理规定的作业设备库房、弹药临时储存场所等设施;

(三)有经过专业培训合格的作业指挥、操作等作业人员;

(四)有完善的作业安全管理制度和作业设备的维护、运输、储存、保管等制度;

(五)省气象主管机构规定的其他条件。

第十三条 有下列情形之一,气象主管机构可以组织人工影响天气作业单位适时开展人工影响天气作业:

(一)出现干旱或者预计旱情持续加重的;

(二)可能出现危害农作物的冰雹天气的;

（三）发生森林火灾或者森林长期处于高火险等级时段的；

（四）重要生态系统保护和修复需要的；

（五）国家规定重大活动保障需要的；

（六）其他需要实施人工影响天气作业的情形。

实施人工影响天气作业，应当具备适宜的天气条件，充分考虑实际需要和作业效果。

第十四条 实施人工影响天气作业，应当预先申请空域和作业时限，经航空管制部门批准后方可实施。

利用高射炮、火箭发射装置实施人工影响天气作业，由作业点所在地的县级以上气象主管机构向有关航空管制部门申请空域和作业时限。

利用飞机实施人工影响天气作业，由省气象主管机构向有关航空管制部门申请空域和作业时限。

第十五条 实施人工影响天气作业，作业地的气象主管机构应当根据具体情况提前公告。公告内容应当包括作业起止时间、作业区域、作业设备类型、发现故障弹药的处理方式、意外事故的报告方式等。

作业期间，人工影响天气作业单位应当在作业点显著位置设置警示标志。

第十六条 实施人工影响天气作业，应当在批准的空域和作业时限内，严格按照国家规定的作业规范和操作规程进行，并接受所在地气象主管机构的指挥、管理和监督，确保作业安全。

人工影响天气作业单位在作业过程中，收到停止作业的指令时，应当立即停止作业。作业结束后，所在地气象主管机构应当立即报告航空管制部门。

第十七条 作业地气象台站应当及时无偿提供实施人工影响天气作业所需的气象探测资料、情报和预报，做好人工影响天气作业所需的气象保障工作。

农业农村、水利、自然资源、生态环境、应急管理等有关部门应当及时无偿提供实施人工影响天气作业所需的灾情、水文、火情、生态环境等资料。

利用飞机实施人工影响天气作业时,有关航空管制部门和机场应当在空域调配、飞机起降、备降和地勤保障等方面做好作业空域和飞机驻场保障工作。

第十八条 需要跨设区的市、县(市、区)实施人工影响天气作业的,由相关设区的市、县(市、区)人民政府协商确定;协商不成的,由上一级气象主管机构商相关设区的市、县(市、区)人民政府确定。

省气象主管机构应当统筹本省空中云水资源的开发利用和人工防雹工作,指导跨设区的市、县(市、区)开展人工影响天气协同作业,提高人工影响天气作业效率。

第十九条 县级以上人民政府审计、财政等部门应当对人工影响天气工作资金使用情况进行监督检查,对发现的问题依法予以处理。

第二十条 人工影响天气作业单位应当建立健全人工影响天气作业档案制度。

作业档案应当包括作业目的、时段、地点、设备、弹药种类与用量、空域申请与批复等内容。

第三章 安全管理与应急处置

第二十一条 县级以上人民政府应当加强对人工影响天气工作的安全管理,将人工影响天气安全工作纳入安全生产管理体系。

气象主管机构应当会同有关部门开展人工影响天气作业安全检查和事故隐患排查治理情况的监督检查;对不再具备开展人工影响天气作业条件的单位,按照权限责令停止作业并限期整改。

工业和信息化、公安、交通运输等部门和气象主管机构应当按照各自职责,对人工影响天气作业使用的设备、炮弹、火箭弹的储存、运输进行监督和指导,落实监管措施。

第二十二条　利用高射炮和火箭实施人工影响天气作业的,应当根据国家标准绘制作业安全射界图,并在安全射界范围内实施作业。

第二十三条　任何组织和个人不得侵占人工影响天气作业场地,损毁、擅自移动人工影响天气作业设施、设备。

新建、改建、扩建建(构)筑物的,不得影响人工影响天气作业点作业安全。

第二十四条　人工影响天气作业使用的高射炮、火箭发射装置等作业设备以及炮弹、火箭弹等燃爆器材,应当符合国家有关武器装备、民用爆炸物品等法律、法规的要求和强制性技术标准。

人工影响天气作业使用的高射炮、火箭发射装置、炮弹、火箭弹,只能用于人工影响天气作业和检修后的试射、训练;发生丢失、盗抢等情况时,应当立即向当地公安机关和气象主管机构报告。

第二十五条　人工影响天气作业使用的高射炮、火箭发射装置、炮弹、火箭弹,由省气象主管机构按照国家有关规定组织采购。

第二十六条　储存人工影响天气作业使用的炮弹、火箭弹,应当遵守国家有关爆炸物品管理的法律、法规。

县级以上人民政府应当组织有关部门通过政府购买服务、自建专用仓库等方式,协调做好人工影响天气作业使用的炮弹、火箭弹等储存工作。

第二十七条　作业期间,在人工影响天气作业点临时存放作业所需炮弹、火箭弹的,应当具备临时存放条件,并设专人管理、看护。

作业点发射装置和弹药的存放应当符合国家有关标准要求。

第二十八条　运输人工影响天气作业使用的炮弹、火箭弹,应当按照国家有关民用爆炸物品管理规定向公安、交通运输等部门申请办理相关手续。

第二十九条　人工影响天气作业使用的高射炮、火箭发射装置由省气象主管机构组织年检;年检不合格的,应当立即进行检修,检修期间不得用于人工影响天气作业;经检修仍达不到规定的技术标准和要求的,予以报废。

报废的高射炮、火箭发射装置以及超过有效期的炮弹、火箭弹,由省气象主管机构按照国家规定组织处置。

第三十条　人工影响天气作业单位不得有下列行为:

(一)将人工影响天气作业设备转让给非人工影响天气作业单位或者个人;

(二)将人工影响天气作业设备用于与人工影响天气无关的活动;

(三)使用年检不合格、超过有效期或者报废的人工影响天气作业设备。

人工影响天气作业单位之间需要转让人工影响天气作业设备的,应当自转让之日起三十日内,向省气象主管机构备案。

第三十一条　人工影响天气作业单位应当按照国务院气象主管机构的规定对从事人工影响天气作业的人员进行岗前培训。人工影响天气作业人员掌握相关作业规范和操作规程后,方可从事人工影响天气作业。

利用高射炮、火箭发射装置从事人工影响天气作业的人员名单,由所在地的气象主管机构抄送当地公安机关备案。

第三十二条　各级人民政府和有关部门应当采取措施,加强专业化人工影响天气作业队伍建设,建立健全作业人员劳动保护制度,按照规定给予津贴补贴。

人工影响天气作业单位应当为作业人员配备必要的劳动防护装备和器材,按照规定购买人身意外伤害保险。

第三十三条　县级以上气象主管机构应当组织人工影响天气作业单位编制应急预案,并定期组织演练。

人工影响天气作业中发生突发事件的,作业单位应当按照应急预案及时处理,并依法报告当地人民政府或者有关部门。

在实施人工影响天气作业过程中造成人员伤亡、财产损失的,由县级以上人民政府组织有关部门和单位进行调查,并按照有关规定做好事故处理工作。

第四章　法律责任

第三十四条　违反本条例规定的行为,法律、行政法规已经规定法律责任的,适用其规定。

第三十五条　违反本条例规定,侵占人工影响天气作业场地或者损毁、擅自移动人工影响天气作业设施、设备的,由县级以上气象主管机构责令停止违法行为,限期恢复原状或者采取其他补救措施;逾期拒不恢复原状或者采取其他补救措施的,由气象主管机构依法申请人民法院强制执行,并对违法个人处五百元以上一千元以下罚款,对违法单位处一万元以上五万元以下罚款;造成损害的,依法承担赔偿责任;构成违反治安管理行为的,由公安机关依法给予治安管理处罚;构成犯罪的,依法追究刑事责任。

第三十六条　违反本条例规定,人工影响天气作业单位未按照规定建立作业档案的,由县级以上气象主管机构责令限期改正,给予警告;逾期不改正的,处二千元以上五千元以下罚款。

第三十七条　气象主管机构、有关部门及其工作人员在人工影响天气工作中滥用职权、玩忽职守、徇私舞弊的,对直接负责的主管人员和其他直接责任人员依法给予处分;构成犯罪的,依法追究刑事责任。

第五章　附　则

第三十八条　本条例自 2022 年 10 月 1 日起施行。

河南省气象灾害防御重点单位气象安全管理办法

(2022 年 6 月 21 日河南省人民政府第 155 次常务会议通过,自 2022 年 10 月 1 日起施行)

第一章　　总　　则

第一条　为了加强对气象灾害防御重点单位(以下简称重点单位)的管理,避免、减轻气象灾害造成的损失,保障人民生命财产安全,根据《中华人民共和国气象法》《气象灾害防御条例》等法律、法规,结合本省实际,制定本办法。

第二条　对本省行政区域内重点单位的监督管理适用本办法。

本办法所称重点单位,是指在发生暴雨(雪)、干旱、雷电、冰雹、大雾、大风、低温、高温、冰冻、寒潮等灾害性天气时,容易造成较大人员伤亡、财产损失或者发生较严重安全事故的单位。

第三条　县级以上人民政府应当加强对重点单位气象灾害防御管理工作的组织领导和经费保障。

县级以上气象主管机构应当加强对重点单位气象灾害防御工作的指导、监督和管理,建立健全重点单位气象灾害防御制度和规则。县级以上人民政府其他有关部门按照职责分工,共同做好重点单位气象灾害防御工作。

第四条　重点单位应当做好本单位的气象灾害防御工作,落实本单位气象灾害防御主体责任,接受气象主管机构的指导、监督和管理。

第二章　重点单位的确定

第五条　确定重点单位应当综合考虑以下因素:

(一)单位所处区域的气象灾害风险等级;

(二)单位的位置及其所处区域的地形、地质、地貌、气象、环境等条件;

(三)单位的重要性、工作特性;

(四)发生灾害性天气时可能造成的损失程度。

第六条　下列单位可以确定为重点单位:

(一)通信、电力、燃气、广电及水生产等对国计民生有重大影响的企事业单位;

(二)学校、医院、商场、车站、地铁站、机场、旅游景区等人员密集场所的运行、管理单位;

(三)易燃易爆、有毒有害等危险物品的生产、充装、储存、供应、运输、销售单位;

(四)重大基础设施、大型工程、公共工程、经济开发项目等在建工程的建设单位;

(五)铁路、道路、河道、航空等运行、管理单位;

(六)从事大型生产、制造业的单位或者大型劳动密集型企业;

(七)省级以上重点文物保护单位的管理单位或者文物收藏单位;

(八)其他因气象灾害容易造成较大人员伤亡、财产损失的单位。

第七条　本办法第六条所列单位符合下列条件之一的,应当确定为重点单位:

(一)曾经发生气象灾害或者次生、衍生灾害,造成较大人员伤亡、财产损失的单位;

(二)在气象灾害高危险等级区域内的单位;

(三)同时对三种以上灾害性天气高敏感的单位。

第八条　县级人民政府发展改革、教育、工业和信息化、自然资源、生态环境、交通运输、住房城乡建设、水利、农业农村、文化和旅游、卫生健康等相关部门应当根据本办法第五条、第六条、第七条规定,向同级气象主管机构提出各自监管的行业重点单位名录;相关单位认为符合本办法第五条、第六条、第七条规定的,可以向气象主管机构申请纳入重点单位名录。

气象主管机构应当组织专家或者委托第三方专业机构对拟定的重点单位进行评审,评审不得向被评审单位收取任何费用,评审结果报同级人民政府,由人民政府确定后向社会公布。

市辖区内没有气象主管机构的,由上一级人民政府相关部门及气象主管机构按照前款规定提出重点单位名录,报同级人民政府确定并公布。

第九条　重点单位名录应当实行动态管理,至少每两年更新一次。

重点单位的性质、规模、所处位置等发生重大改变,不再符合本办法第五条、第六条、第七条规定的,气象主管机构应当会同相关部门核实后,及时报同级人民政府将该重点单位移出重点单位名录。

第十条　县级以上气象主管机构应当建立重点单位信息库,与相关部门之间实现重点单位信息库的共享共用。信息库内容应当根据重点单位变动信息及时更新。

第三章　重点单位气象灾害防御

第十一条　重点单位应当将气象灾害防御工作纳入本单位安全生产责任制内容,按照规定明确气象灾害防御责任人、气象灾害防御管理机构或者管理员,建立健全气象灾害防御工作制度。

第十二条　重点单位的主要负责人是本单位气象灾害防御责任人,对本单位的气象灾害防御工作全面负责。

气象灾害防御责任人应当履行下列职责:

(一)建立健全并落实本单位气象灾害防御责任制;

(二)组织制定本单位气象灾害防御工作制度并督促落实;

(三)保障本单位气象灾害防御工作所需经费;

(四)在灾害性天气影响或者气象灾害发生期间,指挥开展气象灾害防御及自救互救等工作;

(五)法律、法规和规章规定的其他气象灾害防御职责。

第十三条　气象灾害防御管理机构或者管理员应当履行下列职责:

(一)承担本单位气象灾害应急预案制定、应急演练、知识培训、设施维护、情况报告等工作,管理本单位气象灾害防御档案;

(二)组织确定气象灾害防御重点部位,根据需要设置安全标志;

(三)保障气象灾害预警信号接收与传播设备的正常运行,接收到气象灾害预警信号后在本单位及时传播;

(四)定期组织开展巡查,对检查发现的隐患,提出整改意见并督促落实整改;

(五)在灾害性天气影响或者气象灾害发生期间,协助气象灾害防御责任人开展气象灾害防御及自救互救等工作;

(六)完成本单位的其他气象灾害防御工作。

第十四条　重点单位应当制定完善气象灾害应急预案,或者将气象灾害防御内容纳入本单位综合应急预案。

重点单位应当每年至少组织一次应急演练和气象灾害防御知识培训,并做好记录和存档工作。

第十五条　重点单位应当根据易受影响的气象灾害种类,确定气象灾害防御重点部位,设计避灾路线图或者明确避灾场所,储备气象灾害防御应急物资,加强防涝、防旱、防雷、防雹、防雾、防风、防低温、防高温、防冻等防御装置、器材、设施的配备或者建设,提高经营场所、设施设备、生产工具、机械装置等的防灾减灾能力。

第十六条　重点单位应当根据本单位的特点开展定期巡查。定期巡查包括以下内容:

(一)气象灾害隐患排查、整改及防范措施落实情况;

(二)气象灾害防御重点部位管理情况;

(三)雷电防护等防御装置、器材、设施的检测及日常维护情况;

(四)其他需要巡查的内容。

定期巡查应当做好记录工作,记录内容包括巡查时间、巡查人员、巡查内容和部位、巡查结果及处置情况等,巡查记录由巡查人员签字确认。

第十七条　重点单位应当结合本单位实际情况,通过广播、电视、手机或者电子显示屏等设备,接收气象灾害预警信号。

重点单位接收到气象灾害预警信号时,应当及时通过有效途径在内部传播,安排相关人员进入岗位,根据气象灾害应急预案,及时启动应急响应,采取防御措施。

第十八条　发生气象灾害或者由其造成的安全事故,可能危及相邻区域安全时,重点单位应当立即向所在地人民政府有关部门报告,并服从政府有关部门的指挥、调度。鼓励重点单位建立应急救援队伍参与抢险救援和灾后秩序恢复工作。

第十九条　重点单位应当建立气象灾害防御档案。气象灾害防御档案包括以下内容：

（一）易受影响的气象灾害种类，气象灾害防御重点部位；

（二）气象灾害防御责任人、气象灾害防御管理机构或者管理员的相关文件资料；

（三）气象灾害防御工作制度，包括气象灾害应急预案和应急演练、知识培训、定期巡查等制度文件；

（四）气象灾害防御工作手册，包括应急演练、知识培训、定期巡查等开展情况记录，防御装置、器材、设施的检测及日常维护记录；

（五）气象灾害防御应急物资储备情况；

（六）气象灾害应急处置情况；

（七）其他需要归档的资料。

第四章　服务与监督

第二十条　县级以上气象主管机构及其所属的气象台站应当提高气象预报预警的准确性、及时性和服务水平。

县级以上气象主管机构应当根据重点单位易受影响的气象灾害种类，向重点单位宣传普及气象灾害防御知识，及时发送气象预报和气象灾害预警信号。

第二十一条　县级以上气象主管机构应当会同相关部门加强对重点单位预案编制、应急演练、知识培训、隐患排查等工作的指导，提高重点单位防灾减灾、自救互救能力。

第二十二条　鼓励农业、林业、水利、旅游等行业重点单位根据自身生产经营需求，建设气象探测设施，并纳入国家气象观测网络，由气象主管机构实行统一规划和监督协调。

第二十三条　县级以上人民政府鼓励和支持相关部门、行业协会和科研机构等开展重点单位生产活动与气象要素关系研究，提高气象灾害防御能力。

第二十四条　鼓励重点单位通过保险形式防御气象灾害风险。鼓励保险机构将重点单位的气象防灾减灾建设的规范化、标准化程度作为相关保险费率的核定因素。

第二十五条　县级以上气象主管机构应当会同有关行业主管部门对重点单位落实气象灾害防御责任情况进行专项检查或者抽查。专项检查或者抽查包括以下内容：

（一）气象灾害防御工作制度建设情况；

（二）应急预案制定、应急演练、知识培训开展情况；

（三）雷电防护等防御装置、器材、设施的检测及日常维护情况；

（四）气象灾害防御定期巡查、隐患排查及整改情况；

（五）气象灾害预警信号接收和传播情况；

（六）气象灾害应急处置情况；

（七）气象灾害防御档案建立情况；

（八）法律、法规和规章规定的应当实施监督检查的其他情况。

第五章　法律责任

第二十六条　重点单位违反本办法规定，未履行气象灾害防御职责的，按照相关法律、法规进行处理；法律、法规没有规定的，由有关气象主管机构责令改正，拒不改正的，依法给予警告或者通报批评；违反治安管理行为的，依法给予治安管理处罚；构成犯罪的，依法追究刑事责任。

第二十七条　县级以上人民政府、气象主管机构和其他有关主管部门及其工作人员违反本办法规定，未依法履行职责，在重点单位气象灾害防御工作中滥用职权、玩忽职守、徇私舞弊的，对直接负责的主管人员和其他直接责任人员依法给予处分;构成犯罪的,依法追究刑事责任。

第六章　附　则

第二十八条　本办法自 2022 年 10 月 1 日起施行。

河南省气象信息服务条例

(2022年7月30日河南省第十三届人民代表大会常务委员会第三十四次会议通过,自2022年12月1日起施行)

第一条 为了规范气象信息服务活动,发挥气象防灾减灾第一道防线作用,推动气象事业高质量发展,保障生命安全、生产发展、生活富裕、生态良好,根据《中华人民共和国气象法》《气象灾害防御条例》等有关法律、行政法规规定,结合本省实际,制定本条例。

第二条 在本省行政区域内从事气象信息服务及监督管理活动,适用本条例。

第三条 本条例所称气象信息服务,是指气象信息的采集、加工、发布、传播、使用和管理等活动。

气象信息包括气象基础数据和公众气象预报、气象灾害预警、气象灾害预警信号以及其他专业专项气象服务产品。

专业专项气象服务产品,是指为了满足不同行业个性化、定制化需求而提供的气象服务产品。

第四条 气象事业是科技型、基础性、先导性社会公益事业。县级以上人民政府应当加强对气象信息服务工作的领导、组织和协调,发挥气象信息为社会公众、政府决策和经济发展服务的作用。

县级以上气象主管机构负责本行政区域内气象信息服务活动的监督管理。

县级以上人民政府有关部门以及公路、铁路、民航、电力、通信等单位，应当按照职责分工做好气象信息服务相关工作。

乡镇人民政府、街道办事处应当配合做好气象信息服务相关工作。

第五条　各级人民政府、有关部门应当向社会宣传普及气象法律法规和气象灾害防御知识，增强全社会气象灾害风险意识，提高公众避险、避灾、自救、互救等能力。

第六条　县级以上气象主管机构应当科学规划气象监测站网布局，加强监测基础设施建设和管理。

县级以上人民政府应当根据当地社会经济发展的需要，加强天气雷达、自动气象站、地基遥感垂直观测等气象监测系统建设，统一建设标准和监测技术标准，提高城市人口密集区、复杂地区、关键地段、敏感区域和重点单位气象监测设施覆盖率。

第七条　县级以上气象主管机构应当加强对气象数据收集、存储、加工、使用等活动的监管，保障监测数据科学、准确。

县级以上气象主管机构及其所属的气象台站，应当充分利用气象基础数据和现代科学技术，结合当地天气气候特点，不断提高气象预报预警的准确性、及时性。

第八条　县级以上气象主管机构及其所属的气象台站应当按照监测精密、预报精准、服务精细的要求，开展递进式气象预报预警服务，及时提出气象灾害防御建议，为本级人民政府组织防御气象灾害提供决策依据。

第九条　县级以上气象主管机构及其所属的气象台站，应当按照职责向社会发布气象预报预警，并根据天气变化情况及时更新发布。

其他任何组织或者个人不得以任何形式向社会发布气象预报

预警。

第十条　各级广播电视台（站）和县级以上人民政府指定的媒体，应当安排专门的时间和频率、频道、版面、页面，及时传播气象主管机构所属的气象台站提供的最新公众气象预报。广播电视台（站）改变公众气象预报节目播发时间安排的，应当事先征得当地气象主管机构所属的气象台站同意。

第十一条　鼓励各类媒体和个人及时准确传播气象预报预警信息，传播时应当注明发布单位名称和发布时间，不得更改信息内容和结论，不得传播虚假、过时或者通过非法渠道获得的信息。

第十二条　各级人民政府、有关部门应当采取自建、租用、政府购买服务等多种方式，加强行政村、城市社区气象信息传播设施建设，将气象防灾减灾纳入基层网格化管理，提升基层气象信息服务能力。

第十三条　县级以上人民政府应当加强突发事件预警信息发布系统建设，保障气象灾害预警信号及时发布。

县级以上自然资源、住房城乡建设、交通运输、水利、农业农村、林业、文化和旅游、卫生健康、教育、应急管理、广播电视、通信等部门应当会同同级气象主管机构，建立完善气象灾害预警信号快速传播渠道，保障气象灾害预警信号传递畅通、传播及时。

电信运营企业应当优化工作流程，无偿及时发送气象灾害预警信号，提醒有关部门和社会公众做好气象灾害防御工作。

第十四条　广播、电视、信息网络等媒体应当无偿通过滚动字幕、加开视频窗口等形式及时增播、插播气象灾害预警信号。

乡镇人民政府、街道办事处应当通过多种途径及时向本辖区公众广泛传播气象灾害预警信号。

学校、医院、商场、企业、矿区、机场、车站、旅游景点、养老院、儿童福利院等单位应当及时传播气象灾害预警信号。

第十五条　县级以上人民政府应当根据本地天气气候特点，

加强暴雨、暴雪、干旱、雷电、大雾、大风、霜冻、寒潮等气象灾害防御设施的建设与管理,做好气象灾害防御工作。

第十六条 县级以上人民政府、有关部门应当制定气象灾害应急预案,建立以气象灾害预警为先导的联动机制,按照气象灾害预警级别制定防范应对措施,细化分灾种、分区域、分行业专项工作指引。

第十七条 县级以上人民政府应当组织有关部门建立基于气象灾害红色预警信号高风险区域、高敏感行业、高危人群的应对机制。

在暴雨、暴雪、高温等气象灾害红色预警信号生效期间,县级以上人民政府有关部门应当按照有关规定采取停工、停产、停课、停业、停运以及交通管制、关闭旅游景点、强制人员撤离等防范应对措施。

第十八条 县级以上人民政府有关部门应当履行行业主管责任,根据气象灾害预警信号级别,加强分析研判,监督指导本行业、本系统做好气象灾害防范工作。

第十九条 公民、法人和其他组织应当根据气象灾害预警信号级别,采取相应的自救互救措施,配合人民政府、有关部门采取防范应对措施。

大型群众性活动的承办者、场所管理者或者经营者应当制定重大活动气象灾害风险防范工作方案,根据气象灾害预警信号级别,采取相应的应对措施。

第二十条 县级以上人民政府、有关部门编制国土空间规划、区域发展规划和实施重点建设工程等,应当进行气候可行性论证。

县级以上气象主管机构应当加强对气候可行性论证的组织管理。

开展气候可行性论证应当充分利用省气象主管机构审查的气象基础数据,科学评估气象灾害风险。

第二十一条　县级以上人民政府发展改革、自然资源、住房城乡建设等有关部门应当会同气象主管机构开展城市通风廊道规划设计、城市暴雨强度公式修编,建设城市内涝气象监测预警系统,开展极端天气对供水、供电、供气、供热、通信等城市安全运行的影响评估工作,增强城市气候适应性和重大气象灾害防控能力。

第二十二条　县级以上人民政府及有关部门应当组织开展农产品气候品质认证,建立绿色 GDP 气象评价指标体系,创建气象公园、天然氧吧、避暑旅游地、气候宜居地、特色气候小镇等,建立健全气候生态产品价值实现机制。

推进气象信息在粮食生产、特色农业、农业保险等领域中的应用。

第二十三条　县级以上气象主管机构应当会同自然资源、生态环境、住房城乡建设、交通运输、水利、农业农村、林业、文化和旅游、卫生健康、应急管理、能源等部门开展气象影响预报和风险预警,发展智能研判、精准推送的智慧气象服务。

第二十四条　依法设立并从事气象信息服务的组织,应当按照相关规定开展气象信息服务,不得损害国家利益、公共利益和他人合法权益。

第二十五条　各级人民政府、有关部门有下列行为之一的,对直接负责的主管人员和其他直接责任人员,依法给予处分;构成犯罪的,依法追究刑事责任:

(一)传播气象预报预警时擅自更改内容和结论,引起社会不良反应或者造成一定影响的;

(二)接到气象灾害预警信号后,应当按照各自职责传播而未传播的;

(三)接到气象灾害预警信号后,未按照规定采取应对防范措施的;

(四)其他滥用职权、玩忽职守、徇私舞弊的行为。

第二十六条　开展气象信息服务活动损害国家利益、公共利益和他人合法权益的,由县级以上气象主管机构责令限期改正;拒不改正的,给予通报批评,并处三千元以上三万元以下罚款。

第二十七条　违反本条例规定的行为,法律、行政法规已有法律责任规定的,从其规定。

第二十八条　本条例自 2022 年 12 月 1 日起施行。

湖南省气象灾害防御条例

(2022 年 11 月 23 日湖南省第十三届人民代表大会常务委员会第三十四次会议通过,自 2023 年 3 月 1 日起施行)

第一条 本省行政区域内的气象灾害防御活动,适用本条例。

本条例所称气象灾害,是指暴雨(雪)、干旱、高温、寒潮、低温、冰冻、连阴雨、霜冻、冰雹、大风、龙卷、台风、雷电和大雾等造成的灾害。

第二条 县级以上人民政府应当加强对气象灾害防御工作的组织、领导和协调,完善气象灾害防御体系,建立健全以气象灾害预警为先导的部门应急联动机制和社会响应机制,加强绩效考核,将气象灾害应急指挥和统筹协调职能纳入地方综合防灾减灾救灾领导机构职责,并将气象灾害的防御纳入本级国民经济和社会发展规划,所需经费纳入本级财政预算。

未设立气象主管机构的县(市、区)人民政府、乡镇人民政府、街道办事处以及开发区、工业园区等各类功能区应当明确机构或者人员开展气象灾害防御知识宣传、应急联络、信息传递、灾害报告和灾情调查等工作。

村民委员会、居民委员会应当确定气象灾害信息员,及时传递预警信息,协助做好防灾避灾工作。

第三条 县级以上气象主管机构会同水利、农业农村、林业、自然资源、生态环境、住房和城乡建设、交通运输、文化和旅游、应急管理、教育、公安、民政和广播电视等有关部门,研究制定本行政区域内极端天气防灾避险制度,在信息共享、灾情研判、预报预警、应急处置上密切合作,共同做好气象灾害防御工作。

第四条 公民、法人和其他组织有义务参与气象灾害防御工作,在气象灾害发生后开展自救互救。鼓励公益性社会组织和志愿者队伍等社会力量有序参与知识宣传、应急演练、灾情收集、灾害救援等气象灾害防御活动。

广播、电视、报纸、电信等媒体应当开展气象灾害预防与应急、自救互救知识的公益宣传。

建立财政支持的气象灾害风险保险机制,鼓励公民、法人和其他组织参加保险,减少气象灾害造成的损失。

第五条 县级以上人民政府应当每十年至少组织气象主管机构和有关部门开展一次本行政区域的气象灾害普查,并根据气象灾害普查结果进行气象灾害风险评估,划定气象灾害风险区域。

第六条 县级以上人民政府应当组织有关部门,根据本级国土空间规划和上一级人民政府的气象灾害防御规划,结合本地气象灾害特点,编制本行政区域的气象灾害防御规划。

气象灾害防御规划应当包括下列内容:

(一)气象灾害防御的原则和目标任务;

(二)气象灾害现状、影响评估和发展趋势;

(三)气象灾害易发区域、易发时段和重点防御区域;

(四)气象灾害的分类防御要求;

(五)气象灾害防御工程设施的建设和管理;

(六)气象灾害防御非工程措施;

(七)应当纳入防御规划的其他内容。

编制能源、环境保护、交通、水利、农业、林业、旅游等专项规划,应当与气象灾害防御规划的相关要求相协同。

第七条　县级以上气象主管机构应当依法组织对国土空间规划、国家和省重点建设工程、重大区域性经济开发项目,以及大型太阳能、风能等气候资源开发利用项目进行气候可行性论证。省气象主管机构会同省人民政府发展改革部门以及有关行业主管部门确定需要进行气候可行性论证项目的具体范围。

有关部门对前款规定的项目依法进行项目可行性研究报告审批或者项目申请报告审核时,应当将气候可行性论证纳入审查内容。

第八条　县级以上人民政府应当根据气象灾害防御规划,组织气象主管机构和有关部门制定和公布气象灾害应急预案,报上一级人民政府、有关部门备案。

县级以上人民政府水利、农业农村、林业、自然资源、生态环境、住房和城乡建设、交通运输、文化和旅游、应急管理、教育、公安、民政和广播电视等部门应当将本部门相关应急预案与本级人民政府气象灾害应急预案相衔接,分灾种、分等级制定基于气象灾害预警信息的应对措施,并按照应急预案开展应急演练。

第九条　暴雨灾害易发区域县级人民政府、有关部门和单位应当定期开展各种排水设施检查,加强堤防、大坝、高陡边坡防护墙、水闸、泵站等设施的建设、维护、改造,及时疏通河道和排水管网,加固病险水库,整治积水易涝区域,加强对山洪、地质灾害易发区和堤防等重要险段的巡查和整治。

第十条　干旱、高温、寒潮、低温、连阴雨、霜冻、冰雹、大风灾害易发区域县级人民政府、有关部门和单位应当建立健全农业安全气象监测预警系统,根据气象灾害演变趋势,引导当地调整农业生产布局和种植业结构,采取有效防御措施避免和减轻气象灾害对农业造成的损失。

第十一条　大型群众性活动的组织者、承办者、场所管理者应当主动联系当地气象主管机构,及时获取气象预报和气象灾害预警信息,将气象灾害预防纳入应急预案,适时调整活动方案或者采取安全保障措施。

第十二条 县级以上人民政府应当建立健全人工影响天气工作机制,加强人工影响天气作业能力建设,组织气象主管机构在防灾减灾救灾、生态环境保护与修复、重大活动保障、重大突发事件应急保障等方面开展人工影响天气作业;在全省水稻生产功能区、油菜籽和棉花生产保护区、特色农产品优势区等重点区域和干旱、冰雹、森林火灾多发区域以及大中型水库库区,建立人工影响天气作业点,完善配套基础设施。

第十三条 县级以上人民政府应当组织气象主管机构和有关部门制定和公布气象灾害防御重点单位名录。

气象灾害防御重点单位应当履行下列职责:

(一)制定、完善本单位应对气象灾害的应急预案,确定气象灾害应急管理人;

(二)确定气象灾害防御重点部位,设置安全警示标志,定期巡查并建立巡查记录,发现问题及时整改;

(三)建设必要的气象灾害监测设施和紧急避难场所,配备必要的救援装备;

(四)组建救援抢险队伍,加强气象灾害防御培训,定期组织应急演练;

(五)法律、法规规定的其他气象灾害防御职责。

县级以上气象主管机构和有关部门应当加强对气象灾害防御重点单位的指导和监督管理。

第十四条 县级以上人民政府应当加强气象灾害监测、预警系统建设,完善区域自动气象站、雷达等气象观测站网,在气象灾害易发多发区以及监测站点稀疏区增设相应的气象监测设施,加强各类气象监测设施的维护。

县级以上人民政府应当整合完善气象灾害监测信息网络,由气象主管机构实行统一规划和监督协调;自然资源、生态环境、交通运输、水利等部门和电力、通信等单位设置气象监测设施的,应当符合国家标准或者行业标准,并纳入气象灾害监测信息网络,实现气象信息资源共享。灾害性天气的监测数据由气象主管机构统一发布。

第十五条 县级以上气象主管机构应当鼓励开展气象科学研究和技术攻关,建立健全分灾种、分重点行业的气象灾害监测预报预警体系,提高灾害性天气预报预警的准确率和时效性,及时会同有关部门制作并发布气象灾害衍生、次生灾害预报和风险预警等信息。

县级以上气象主管机构所属气象台站应当加强对气象灾害的风险研判,根据气象灾害监测信息和天气变化趋势,及时发布灾害性天气预报、预警,并向本级人民政府和有关部门报告灾害性天气趋势预测以及预报预警信息。

第十六条 广播、电视、报纸、电信等媒体应当根据气象灾害防御的要求,采用高频插播、滚动字幕、加开视频窗口、手机短信等方式及时无偿播发、刊登暴雨(雪)、冰冻、台风等气象灾害红色预警信息和雷电、大风、龙卷、冰雹等突发性气象灾害预警信息及有关防御知识。

通信运营企业应当为气象灾害预警信息发布提供技术支持,保障气象灾害预警信息发布及时、准确、有效。

第十七条 县级以上人民政府应当根据灾害性天气警报、气象灾害预警信号和气象灾害应急预案启动标准,及时作出启动相应应急预案的决定,并根据灾情变化,及时调整或者终止响应。

气象灾害应急响应启动后,县级以上人民政府及其有关部门应当根据气象灾害发生情况,及时依法采取相应的应急处置措施。

乡镇人民政府、街道办事处和村民委员会、居民委员会应当因地制宜,利用应急广播、预警大喇叭、电子显示屏、移动宣传车、鸣锣吹哨、上门告知等方式及时向公众传播气象灾害预警信息,组织自救互救等应急处置工作,并向上级人民政府报告相关情况。

人民政府决定采取转移避险措施的,公民、法人和其他组织应当服从当地人民政府、有关部门的指挥安排,及时转移、疏散。情况紧急时,组织转移的人民政府、有关部门可以对经劝导仍拒绝转移的人员依法处理。

第十八条 台风、大风黄色以上预警信号生效期间,应当遵守下列规定:

(一)作业单位停止塔吊、脚手架、玻璃幕墙清洗等室外高空作业;

(二)露天的大型娱乐、游乐、体育设施停止使用;

(三)相关水域水上作业和过往船舶采取回港避风或者绕道航行等应对措施;

(四)法律、法规规定的其他要求。

第十九条 暴雨、暴雪、道路结冰等红色预警信号生效期间,应当遵守下列规定:

(一)托儿所、幼儿园、中小学校、中等职业学校等应当根据县级以上人民政府教育等有关部门的决定,采取停课等措施;

(二)除直接保障社会公众生产生活运行的单位外,其他单位可以采取临时停工、停业或者调整工作时间等措施;

(三)遇有突发危及安全的情况,城市轨道交通等公共运输工具驾驶员、车站行车人员、地下空间管理人员应当及时向有关部门报告,并可以先行采取停运停工、疏散人员等紧急安全防护措施;

(四)法律、法规规定的其他要求。

第二十条 本条例自 2023 年 3 月 1 日起施行。

广东省气候资源保护和开发利用条例

（2022 年 11 月 30 日广东省第十三届人民代表大会常务委员会第四十七次会议通过，自 2023 年 3 月 1 日起施行）

第一章 总 则

第一条 为了保护和合理开发利用气候资源，应对气候变化，促进经济社会与资源环境协调可持续发展，实现人与自然和谐共生，根据《中华人民共和国气象法》《中华人民共和国可再生能源法》《气象灾害防御条例》等法律、行政法规，结合本省实际，制定本条例。

第二条 本条例适用于本省行政区域内从事气候资源保护和开发利用活动。

本条例所称气候资源，是指能被生产、生活和生态利用的太阳光照、热量、降水、云水、风、大气成分等自然物质和能量。

第三条 气候资源的保护和开发利用，应当遵循自然生态规律，坚持统筹规划、保护优先、合理开发、科学利用的原则，预防、控制和减少人类活动对生态环境的破坏。

第四条 县级以上人民政府应当加强对气候资源保护和开发

利用工作的领导和组织协调,制定气候资源保护和开发利用的政策措施,将气候资源保护和开发利用纳入国民经济和社会发展相关规划,所需经费纳入本级财政预算。

第五条　县级以上气象主管机构负责本行政区域内气候资源保护和开发利用工作的服务、指导和监督,组织开展气候资源探测、调查、评估、区划等工作。

县级以上人民政府发展改革、教育、科技、自然资源、生态环境、住房城乡建设、水利、农业农村、文化和旅游等有关部门应当按照各自职责,共同做好气候资源保护和开发利用的相关工作。

本省内跨行政区域的气候资源保护和开发利用工作,相关的县级以上人民政府应当加强协同,上级人民政府以及有关部门应当予以指导、加强协调。

第六条　县级以上人民政府应当制定财政、金融、土地等政策措施,支持公民、法人和其他组织参与气候资源保护和合理开发利用,依法保障其合法权益。

第七条　县级以上人民政府以及有关部门应当鼓励开展气候资源保护和合理开发利用的科学技术研究,支持利用大数据、人工智能、区块链等新技术提升科研能力,促进相关产品和技术的研发、应用、推广。

第八条　鼓励发展气象指数型的巨灾保险和政策性农业保险,支持开发太阳能、风能等气象指数保险产品,提高气象灾害救助和抗风险能力。

第九条　省气象主管机构和省人民政府标准化行政主管部门应当建立和完善气候资源标准体系,强化标准对气候资源保护和开发利用的技术支撑作用。

第十条　县级以上人民政府以及有关部门应当采取多种形式,开展气候资源保护和开发利用法律法规以及相关知识的宣传教育,增强社会公众对气候资源保护和合理开发利用的意识。

第二章　气候资源探测、区划和规划

第十一条　县级以上人民政府应当加强气候资源探测基础设施建设,建立和完善气候资源探测站网,保护气候资源探测环境。

第十二条　气候资源探测应当执行国家规定的气候资源探测方法、标准和规范,使用符合国家规定技术要求的气象专用技术装备和气象计量器具。

第十三条　气候资源探测资料的收集、处理、存储、传输、发布、共享等,应当符合国家有关标准、技术规范和保密规定。

第十四条　气候资源探测资料实行统一汇交制度。从事气候资源探测的气象台站、其他组织和个人,应当按照国家有关规定汇交所获得的气候资源探测资料。

第十五条　省气象主管机构应当建立和完善气候资源数据库和共享目录,依托省政务大数据中心与政府信息公共服务平台对接,实现信息互联共享。

第十六条　省气象主管机构应当于每年第一季度向社会公开发布本省上一年度气候公报。地级以上市气象主管机构可以根据需要发布本地气候公报。气候公报应当包括基本气候概况、气候资源状况、主要气候事件、气候影响评价等内容。

第十七条　省气象主管机构应当对本省行政区域内气候资源分布、变化以及可利用情况开展综合调查,对气候承载力、气候风险以及气候资源的有效性、可利用性等进行评估。

第十八条　省气象主管机构应当会同有关部门根据气候资源调查和评估结果,编制全省气候资源区划,并予以公布。

第十九条　省人民政府应当依据省国土空间规划,结合全省气候资源区划,组织编制全省气候资源保护和开发利用规划。

地级以上市人民政府依据同级国土空间规划、全省气候资源保护和开发利用规划,结合本行政区域气候资源状况,可以组织编制本地气候资源保护和开发利用规划。

气候资源保护和开发利用规划经批准后应当纳入同级国土空间基础信息平台,叠加至国土空间规划"一张图"上。

第二十条　省气象主管机构应当定期分析全省气候资源变化状况,对可能引起气候恶化的大气成分进行监测,组织开展气候变化对水资源、生态环境、气候敏感地区和相关行业的影响评估以及气候资源变化趋势分析,编制气候变化评估报告。

第三章　气候资源保护

第二十一条　工程建设、工业生产和气候资源开发利用等应当与气候承载力相适应,避免或者减少对气候和生态环境的不利影响。

第二十二条　县级以上人民政府以及有关部门应当采取节能减排、优化能源结构、城乡绿化、鼓励低碳生活等措施,保护气候资源环境。

第二十三条　县级以上人民政府以及有关部门应当加强对高山、湖泊、江河、森林、草地、湿地、海岸等区域的气候资源保护,改善气候条件,优化气候资源环境。

第二十四条　城市的规划和建设应当统筹考虑大气流通、污染物扩散条件等因素,合理设置通风廊道,加强对通风廊道附近建筑物、构筑物规划设计的管理,保障空间环境的大气流通,改善城市气候环境。

第二十五条　下列规划和建设项目,县级以上气象主管机构应当组织进行气候可行性论证:

(一)城市国土空间规划;

(二)国家重点建设工程、重大区域性经济开发项目;

（三）大型太阳能、风能等气候资源开发利用项目。

确需进行气候可行性论证的省重点建设工程按照项目类别实行目录管理。省气象主管机构会同省有关部门编制目录，报省人民政府同意后公布。

第二十六条　开展气候可行性论证，应当使用符合国家气象技术标准的气象资料，按照国家有关标准和技术规范编制气候可行性论证报告。气候可行性论证报告应当通过气象及相关领域专家评审。

气候可行性论证的管理办法由省人民政府制定。

第四章　气候资源开发利用

第二十七条　省气象主管机构应当组织开展本省行政区域内气候资源的监测、分析、预报，提升资源开发利用能力。

第二十八条　县级以上人民政府以及有关部门应当统筹考虑太阳能可利用程度，科学规划、合理布局大型太阳能利用项目。

县级以上人民政府以及有关部门应当支持单位和个人科学安装使用太阳能热水设备、太阳能光伏发电设施等太阳能利用系统，提高太阳能利用普及率。

鼓励具备太阳能利用条件的新建建筑，将太阳能利用系统作为建筑节能设计的组成部分，与建筑主体工程同步设计、同步施工、同步投入使用。

第二十九条　县级以上人民政府以及有关部门应当统筹考虑风能可利用程度，科学规划、合理布局大型风能利用项目，促进风能资源规范有序利用，鼓励利用风电功率预报技术，提高风能利用率。

第三十条　各级人民政府应当加强海绵城市建设，推进雨污分流，支持对雨水的收集和利用，鼓励公共建筑和其他民用建筑配套设计、安装雨水回收利用设施,充分利用降水资源。

第三十一条　县级以上人民政府应当加强人工影响天气作业单位、作业站点和装备设施建设,组织专家对作业效果进行评估,提高云水资源开发利用能力。

省气象主管机构应当对全省人工影响天气活动实施统一规划管理,规范人工影响天气作业行为。

第三十二条　县级以上人民政府应当根据气候资源特点,制定扶持政策措施,鼓励合理开发利用云雾景观、物候景观及避暑气候、康养气候等气候资源,发展特色旅游产业。

第三十三条　县级以上人民政府应当综合考虑气候资源特点,结合气候资源区划,调整农业产业结构,引导合理利用气候资源发展设施农业、特色农业、观光农业等。

县级以上气象主管机构应当会同有关部门结合农业生产需要,根据本地气候资源禀赋,组织开展精细化农业气候区划编制、农产品气候品质评定、气候品牌创建、农业专业气象服务等工作。

第五章　附　则

第三十四条　本条例自 2023 年 3 月 1 日起施行。

东莞市气象灾害防御条例

(2022年2月28日东莞市第十七届人民代表大会常务委员会第二次会议通过,2022年6月1日广东省第十三届人民代表大会常务委员会第四十三次会议批准,自2022年8月1日起施行)

第一条 为了加强气象灾害防御,避免、减轻气象灾害造成的损失,保障人民生命财产安全,根据《中华人民共和国气象法》《中华人民共和国突发事件应对法》《气象灾害防御条例》等法律、法规,结合本市实际,制定本条例。

第二条 本条例适用于本市行政区域和管辖海域内的气象灾害防御活动。

第三条 市人民政府应当加强气象灾害防御工作的组织、领导和协调,将气象灾害防御纳入本级国民经济和社会发展规划,建立健全气象灾害防御部门联动和分级负责的工作机制。

市人民政府、镇人民政府(街道办事处)应当加大气象灾害防御经费投入,保障气象观测、预警信息发布和传播、应急处置、灾害评估与调查、人工影响天气以及基础设施建设等所需经费的支出。

镇人民政府(街道办事处)应当明确承担气象灾害防御职责的机构和专职人员,建立气象服务体系,加强气象监测、预警信息接收和传播、防雷减灾、气象科普、隐患排查、应急处置、气象灾害防御基础设施建设与维护等工作。

园区管理委员会按照规定的职责做好气象灾害防御的相关工作。

第四条 市气象部门负责灾害性天气的监测、预报、预警以及气候可行性论证、气象灾害风险评估、人工影响天气等气象灾害防御的管理、服务和监督工作,指导有关部门和镇人民政府(街道办事处)做好气象次生、衍生灾害的监测、预报、预警和减灾等工作。

市应急管理部门负责统一组织、统一指挥、统一协调气象灾害突发事件应急救援,统筹综合防灾减灾救灾工作。

发展改革、教育、工业和信息化、公安、民政、财政、自然资源、住房城乡建设、交通运输、水务、农业农村、文化广电旅游体育、卫生健康、林业、城市管理综合执法、轨道交通、海事、供水、供电、通信等其他有关部门和单位应当按照各自职责共同做好气象灾害防御工作。

第五条 村民委员会、居民委员会应当协助镇人民政府(街道办事处)做好气象灾害防御知识宣传、预警信息传播、应急联络、灾情收集报告、应急演练和应急处置等工作。

第六条 气象灾害防御有关行业协会应当建立健全气象行业经营自律规范和职业道德准则,加强行业自律,规范行业行为,开展气象防灾减灾培训,推动行业诚信建设,提高行业技术能力和服务水平,配合有关部门和镇人民政府(街道办事处)做好气象灾害防御工作。

第七条 学校应当制定应对恶劣天气停课安排的应急预案,加强对学生和家长的气象灾害防御科普宣传,通过主题班会、安全专题讲座、安全知识展览、安全教育课程等多种方式将气象灾害防御知识纳入安全教育内容,通过培训学习、应急演练等方式提高学生的气象灾害防御知识和逃生能力。

第八条 市人民政府应当组织市气象等部门确定气象灾害防

御重点单位,并向社会公布。

气象灾害防御重点单位应当建立责任到人、措施到位的防御体系,明确气象安全风险点、危险源,结合应急预案制定有效的分级管控方法和措施,保障气象灾害预警信息有效接收和传播,开展气象安全隐患治理,降低气象安全风险。

气象灾害防御重点单位应当确定气象灾害防御责任人和气象灾害应急管理人,并报市气象部门和镇人民政府(街道办事处)。重点单位气象灾害防御责任人和应急管理人应当履行气象灾害防御职责。

气象、教育、工业和信息化、住房城乡建设、交通运输、文化广电旅游体育、应急管理等部门,应当根据各自职责对行业内气象灾害防御重点单位进行指导和监督检查。

第九条 各类企业、场所权属单位为气象灾害防御责任主体,应当按照相关法律、法规和规章,做好气象灾害防御设施的管理和维护、气象灾害风险和隐患的排查等工作,受到气象灾害威胁时,应当及时采取组织人员转移、疏散等应急避险措施。

在建工地、地铁、车站、港口、码头、医院、石油化工等易受气象灾害影响的单位和场所,应当制定气象灾害应急预案,定期组织气象灾害应急演练,把气象灾害防御知识纳入岗前安全培训课程,配备必要的气象灾害应急救援设备和物资,提高气象灾害防御能力。

物业服务人应当在服务区域内采取合理的气象灾害防御措施。气象灾害发生时,物业服务人应当服从政府统一指挥,积极采取应急处置措施,组织业主开展自救、互救。

第十条 各类开发区、产业园区、新区和其他有条件的区域应当开展区域性气候可行性论证和雷电风险评估。区域内符合成果适用条件的工程建设项目不再单独开展气候可行性论证和雷电风险评估。

区域气候可行性论证和区域雷电风险评估由市人民政府负责

组织实施。区域评估的费用不得由市场主体承担。

第十一条　应急管理、水务、交通运输、农业农村、海事等有关部门应当根据防风需要和各自职责,统筹协调堤防、避风港、避风锚地、紧急避难场所等防御设施建设,定期组织对有关防御设施的监督检查。在沿海沿江路段和易受海水倒灌影响的区域,水务部门应当加强海堤、江堤、挡潮闸等防御灾害的工程体系建设。

城市管理综合执法部门应当对户外广告设施、招牌、市政设施、树木等的防风加固工作开展监督检查。

住房城乡建设部门应当定期对危险房屋、在建房屋建筑等的防风加固工作开展监督检查。

第十二条　水务部门应当根据气象部门和水文机构提供的预报预警信息组织实施江河湖库和水利工程调度,加强水利防洪工程、城市排水(雨水)管网、排涝泵站等工程的管理。

水务部门应当及时组织开展病险水库除险加固,做好城镇内河、内湖的清障和排水管网的疏通,加强城市易涝隐患点的监测,及时整治积水易涝区域,在涵洞、地下通道等低洼易涝点设置警示标识。

第十三条　下列部门应当根据预防暴雨气象灾害的需要,在各自职责内,开展相关防御工作:

(一)城市管理综合执法部门应当巡查易涝点、垃圾填埋场等重点防御区域,及时清理雨水箅子等排水设施,确保排水顺畅;

(二)住房城乡建设、交通运输、水务等部门应当督促建设单位和施工单位对在建工地的简易工棚、地下空间、边坡、挡土墙等场所开展安全检查;

(三)交通运输部门应当组织开展对灾害易发区、危险区内的主要道路及附属设施的监督检查;

(四)轨道交通部门应当组织开展对地势低洼车站、通风口、过渡段、长大区间等重点区域排水设备设施的监督检查。

水务部门应当会同城市管理综合执法、公安机关交通管理等部门成立联合应急小组,在气象部门发布暴雨黄色及以上预警信号后,在严重易涝点现场开展值守。

第十四条　地铁、地下商城、地下车库、地下通道、地下实验室等低洼易涝地点经营管理单位,应当做好排涝设施的完善和维护,配备沙袋、挡水板、排水泵等应急物资和设备,对低洼地段室外供用电设施做好安全防护,设置警示标志,并根据暴雨等级采取相应措施疏散群众。

第十五条　雷电防护装置所有权人、管理人或者使用人应当做好雷电防护装置的日常维护。

镇人民政府(街道办事处)应当对建筑物、构筑物雷电防护装置的安装和维护开展安全检查,督促建筑物、构筑物所有权人、管理人或者使用人及时安装符合国家标准的雷电防护装置并进行维护。

第十六条　建设工程项目的雷电防护装置在投入使用前应当经具备雷电防护装置检测资质的机构检测合格。雷电防护装置检测机构应当按照标准规范进行检测,检测不合格的雷电防护装置,建设单位应当根据检测报告或者整改意见及时整改。

市气象部门应当会同住房城乡建设、交通运输、水务等部门指导各行业内可能遭受雷击的建筑物、构筑物和其他设施的雷电灾害防护装置,按照有关防雷国家标准进行检测。

市气象部门应当建立信用管理制度,将雷电防护装置检测机构的检测活动、检测质量监督检查结果纳入信用档案,将雷电防护装置检测机构的违法失信信息,通过信用信息公示系统依法公示。

第十七条　供电企业应当定期巡查电力线路,建立用电重点保障单位名录,保障机关、医院、学校、通信、重要水利工程和应急抢险等单位的电力供应。用电重点保障单位应当按照国家标准或者相关要求配备自备应急电源,满足长时间停电情况下的电力供应需求。

通信运营单位应当定期巡查通信线路，建立健全应急通信保障体系，完善应急通信系统，保障通信渠道畅通。

第十八条 市人民政府、镇人民政府(街道办事处)应当将人口密集区、易涝点、交通和通信干线、农作物主产区、重要江河流域、森林、渔场、港口、码头、旅游景区(点)作为气象灾害监测的重点区域，在气象灾害监测重点区域和气象灾害易发区域增设气象灾害监测设施，加大气象灾害监测站(点)密度。

第十九条 市气象部门应当建立并完善灾害性天气的预警信息发布系统，分区域发布灾害性天气警报和气象灾害预警信号，提高灾害性天气预警信息的准确率、时效性，分析灾害性天气可能存在的风险，并及时发布。

灾害性天气警报和气象灾害预警信号由市气象部门按职责分工统一通过媒体和通信运营单位向社会发布，并根据天气变化情况，及时更新或者解除灾害性天气警报和气象灾害预警信号。其他组织或者个人不得以任何形式向社会发布灾害性天气警报和气象灾害预警信号。

第二十条 市人民政府、镇人民政府(街道办事处)应当在气象灾害易发地段设立明显的警示牌，在城镇显著位置、交通枢纽、公共活动场所、重点工程所在地、紧急避难场所以及气象灾害易发区域，根据需要设立电子显示装置、广播等气象灾害预警传播设施。

镇人民政府(街道办事处)在收到市气象部门发布的灾害性天气警报和气象灾害预警信号后，应当及时向辖区公众传播。

村民委员会、居民委员会、学校、医院、企业和矿区、车站、港口、高速公路、旅游景点等场所的管理单位，在收到市气象部门发布的灾害性天气警报和气象灾害预警信号后，应当利用电子显示装置、广播等途径，及时向公众传播。

第二十一条　镇人民政府(街道办事处)应当根据市级气象灾害防御规划和辖区实际,组织制定本级气象灾害应急预案,并报告市人民政府。

市人民政府、镇人民政府(街道办事处)以及有关部门,应当根据灾害性天气警报、气象灾害预警信号、气象灾害应急预案启动标准和程序,及时作出启动相应级别应急响应的决定。

第二十二条　市人民政府应当根据气象灾害的危害程度和应急预案,宣布采取停工、停产、停运、停业等一项或者多项应急处置措施,下列部门应当根据职责做好抢险救灾和保障社会基本运行相关工作:

(一)应急管理部门应当启用应急救援物资储备,调用救灾设备和设施,组织协调开展人员转移和受灾群众救助工作,向受灾群众提供避难场所和生活必需品;

(二)公安机关交通管理部门应当划定警戒区,标明和封闭危险区域,实行交通管制;

(三)卫生健康部门应当及时救治受灾人员,对受灾人员提供医疗救护和卫生防疫等保障措施;

(四)发展改革部门应当做好粮食和救灾物资的储备管理工作,依法报请省人民政府实施临时价格干预措施;

(五)水务部门组织临时加固堤防和堵截缺口,及时采取河道分洪、开闸泄洪等紧急排水调度措施;

(六)交通运输部门根据预警信息和有关指令,及时调度在港作业船舶至安全区域避险,督促港口码头等运输企业增设挡水设施等防御措施;

(七)通信运营单位应当及时启用应急通信系统,保障抢险救灾工作通信畅通;

(八)供水、供电企业应当优先保障应急指挥、抢险、救治、通信、庇护等单位和场所的用水用电需求。

第二十三条　气象灾害应急预案启动后,镇人民政府(街道办事处)以及有关部门应当根据气象灾害发生情况和气象灾害应急预案的要求,做好相应的气象灾害应急处置工作。

气象灾害应急预案启动后,气象灾害危险区的村民委员会、居民委员会应当按照镇人民政府(街道办事处)的决定、命令,进行宣传动员,协助镇人民政府(街道办事处)维护社会秩序,组织群众开展自救和互救;受到灾害威胁时,应当及时组织人员转移、疏散。

第二十四条　台风黄色、橙色、红色或者暴雨红色预警信号为停课信号,停课信号生效期间,托儿所、幼儿园、特殊教育学校、中小学校、中等职业学校以及校外培训机构应当停课,并将停课信息告知学生或者家长。未启程上学的学生不必到学校上课;在校学生(含校车上、寄宿)应当服从学校安排,学校应当保障在校学生的安全;上学、放学途中的学生应当就近到安全场所暂避。

在停课预警信号解除后,托儿所、幼儿园、特殊教育学校、中小学校、中等职业学校以及校外培训机构,可以根据各种可能由气象次生、衍生灾害引起的安全情况,决定是否继续停课或推迟上课,并将决定事项上报上级教育行政部门备案。

放学时段遇暴雨橙色,雷雨大风黄色、橙色、红色,冰雹橙色、红色预警信号生效时,所在区域内的托儿所、幼儿园、特殊教育学校、中小学校、中等职业学校以及校外培训机构,应当根据实际情况,适当延迟放学。

延迟放学期间,学校应当开放校舍,保障在校学生安全,并及时将延迟放学信息通知学生和家长;在确保安全情况下方可安排学生回家。

第二十五条　台风预警信号生效期间,农业农村部门应当协助当地政府做好渔业防台风避险工作,督促指导海上渔船、设施和人员撤离避险;商船应当按照海事部门的指令,避开受影响海域,驶离危险区域或者在指定的港区、锚地、停泊区避风;其他船舶应当执行主管部门的防御指令,及时采取驶离危险水域、回港避风、转港避风等避险措施。

第二十六条 台风、暴雨预警信号生效期间,景区、自然保护区、公园、游乐场等经营管理单位,应当适时采取停止营业、关闭相关区域、组织人员避险等措施。车站、码头、地铁、公交等运营单位应当适时调整、暂停或者取消班次,妥善安置滞留乘客。在建工地的管理单位应当对工棚、脚手架、井架等设施和塔吊、龙门吊、升降机等机械、电器设备进行加固,受影响较大的地区应当停止高空作业和户外施工。

第二十七条 气象灾害应急处置工作结束后,市人民政府应当组织应急管理、民政、财政、气象、水务、交通运输、农业农村、自然资源、住房城乡建设等部门对气象灾害造成的损失进行调查和评估,制订恢复重建计划。镇人民政府(街道办事处)应当协助有关部门做好灾情调查和报告等工作。

气象灾害发生地的单位和个人应当配合调查人员进行灾情调查和事故鉴定。

第二十八条 有下列行为之一的,由市气象、住房城乡建设、交通运输、水务等部门按照权限责令改正,并依照国家、省有关法律、法规和规章规定给予行政处罚;给他人造成损失的,依法承担赔偿责任;构成犯罪的,依法追究刑事责任:

(一)按照有关防雷国家标准应当安装雷电防护装置而拒不安装的;

(二)使用不符合有关防雷国家标准的雷电防护装置或者产品的;

(三)违反本条例第十六条第一款的规定,未对雷电防护装置进行检测或者经检测不合格又拒不整改的。

第二十九条 本条例自 2022 年 8 月 1 日起施行。

河源市暴雨灾害预警与响应条例

(2022年9月1日河源市第八届人民代表大会常务委员会第七次会议通过,2022年9月29日广东省第十三届人民代表大会常务委员会第四十六次会议批准)

第一章　总　则

第一条　为了规范暴雨灾害预警与响应活动,避免、减轻暴雨灾害造成的损失,保障人民生命财产安全,根据《中华人民共和国气象法》《中华人民共和国突发事件应对法》《气象灾害防御条例》等法律法规,结合本市实际,制定本条例。

第二条　本条例适用于本市行政区域内暴雨引发或者可能引发的灾害的预警、响应及其相关管理活动。

第三条　暴雨灾害预警与响应活动应当坚持人民至上、生命至上,遵循科学防御、统筹规划、社会参与的原则,实行政府主导、统一指挥、部门联动、分级负责的工作机制。

第四条　市、县(区)人民政府负责暴雨灾害预警与响应工作的组织、领导和协调,组织制定本辖区内的防汛应急预案,统筹暴雨灾害预警与响应基础设施建设,建立健全暴雨灾害风险隐患排查整治机制,完善暴雨灾害防御、信息共享机制及应急联动体系,将暴雨灾害预警与响应工作纳入本级国民经济和社会发展相关专项规划,所需经费纳入本级财政预算。

乡镇人民政府、街道办事处负责本辖区内的防汛应急预案制定、应急演练、风险隐患排查处置、灾情险情报告、人员转移安置、抢险救灾等具体工作。

村民委员会、居民委员会应当在所在地人民政府的指导下制定应急预案和排查风险隐患,开展暴雨灾害预警与响应知识宣传和应急演练;按照所在地人民政府的决定、命令,传达转移、避灾等信息和收集、上报灾情,配合人民政府组织村民、居民开展紧急转移和自救互救,协助维护社会秩序。

第五条 气象主管机构负责暴雨天气的监测、预报、预警以及暴雨灾害风险评估;参与暴雨灾害应急处置,协助有关部门做好暴雨天气衍生灾害的监测、预报、预警和减灾等工作。

应急管理部门统筹组织、指挥、协调、监督防汛工作;组织指导暴雨灾害应急救援工作;组织核查灾情,发布灾情及救灾工作情况;组织、协调灾区救灾和救助受灾群众;依法监督、指导和协调抢险救灾时期安全生产工作。

水行政主管部门组织编制洪水灾害防治规划;组织水利工程隐患排查、整改及水毁水利工程修复;组织实施重要水工程防洪调度,提供水利工程抢险技术支撑,监测水利工程的运行情况;协助转移受山洪灾害威胁人员。

自然资源主管部门组织编制地质灾害防治规划及实施,编制削坡建房地质灾害风险防御指引;负责地质灾害监测、预报和预警工作,组织开展隐患点排查工作;提供地质灾害灾情、险情数据及应急救援技术支持;负责削坡建房的用地管理和对违法用地的查处;协助转移受地质灾害威胁人员。

住房城乡建设主管部门负责综合整治存量农村削坡建房风险

点,编制农村削坡建房技术指引;督促、指导房屋市政工程安全隐患排查、整改及施工现场人员安全撤离、转移;指导建筑企业做好应急抢险工作。

交通运输主管部门督促、指导本辖区公路建设和管养单位开展公路巡查排查、应急抢险;协助公安交警部门实施交通管制,管控存在通行安全隐患的公路、隧道及桥梁;组织、协调运输力量,做好救援人员、物资及设备的紧急运输工作。

公安机关负责保障各级防灾救灾指挥车辆、抢险车辆的优先快速通行;负责路面巡查和交通引导,实施交通管制并及时向社会公布管制信息;参与抢险救灾工作,协助组织危险地区人员安全转移。

城市管理和综合执法主管部门组织排水防涝设施维护;负责所管辖道路、桥梁、路灯等市政公共设施(不含房屋建筑)安全运行和抢修;落实城市排水防涝应急处置措施和易涝点整改工作。

农业农村主管部门负责农业防汛减灾工作,督促、指导农作物保护和抢收工作;协助转移渔民及有关从业人员,提供农业救灾复产的技术指导;负责农业救灾物资的储备和管理;负责调查核实农业灾害损失信息。

教育主管部门负责指导、协调、组织和监督受影响地区学校和幼儿园落实暴雨灾害防御措施,根据情况做好师生安全转移工作;指导、监督学校和幼儿园开展暴雨灾害防御教育。

消防救援机构负责组织、指挥所属消防救援队伍参与抢险救援工作;协助地方政府疏散和营救危险地区的遇险群众。

发展改革、工业和信息化、民政、财政、人力资源社会保障、文化广电旅游体育、卫生健康、林业、海事、电力、水文等主管部门,应当在各自职责范围内做好暴雨灾害预警与响应相关工作。

第六条 各级人民政府防汛防旱防风指挥部(以下简称三防指挥部)在上级指挥机构和本级人民政府的领导下,统一指挥本行政区域内暴雨灾害预警与响应工作。三防指挥部指挥长由本级人民政府负责人担任,成员单位由本级人民政府确定,日常工作由同级应急管理部门承担。

各级三防指挥部应当建立防汛责任人制度。有防汛任务的部门和单位应当明确防汛责任人,报本级三防指挥部备案,并向社会公布。

各级防汛有关部门应当按照管理权限,在每年3月底前分级公布行政区以及水利工程、山洪灾害危险区、削坡建房风险点、地质灾害隐患点、低洼易涝点等地点的防汛责任人。

乡镇人民政府、街道办事处应当以村民委员会、居民委员会为单元,划分责任网格区,明确并公布暴雨灾害预警转移责任人。

第七条　各级三防指挥部应当编制本行政区域应对暴雨灾害的防汛应急预案,经本级人民政府批准后发布,并报上一级三防指挥部备案。

各级三防指挥部成员单位及有相关防汛任务的其他部门和单位应当编制并适时修订应对暴雨灾害的防汛应急预案,报本级三防指挥部备案;应当每年定期进行应急演练,并对防汛责任人进行培训。

机关、团体、学校、企业事业等单位和组织应当适时开展暴雨灾害应急演练,提高公众科学防灾避险和自救互救能力。

第八条　鼓励和支持社会力量开展与暴雨灾害预警和响应活动相关的科技创新、产品研发、成果运用。

鼓励保险机构提供天气指数保险、巨灾保险等产品和服务,引导单位、个人积极参加暴雨灾害事故保险。

第九条　各级人民政府及其有关部门应当采取多种形式加强向社会宣传普及暴雨灾害预警与响应知识,提高公众应对暴雨灾害的意识和能力。

广播、电视、报刊、网络等媒体和通信运营单位应当加强暴雨灾害预警信号、应急防范、自救互救等知识的公益宣传。

机关、团体、企业事业等单位和组织应当采取多种形式开展应对暴雨灾害的宣传、教育、培训。

学校应当将暴雨灾害应对知识纳入教育教学内容,培养和提高学生暴雨灾害风险防范意识和自救互救能力。

第二章　预警发布与传播

第十条　暴雨预警信号由县级以上气象主管机构所属的气象台站统一发布。任何组织和个人不得向公众传播非气象主管机构所属气象台站提供的暴雨灾害预警信号。

县级以上气象主管机构所属的气象台站应当根据天气变化情况,及时更新或者解除暴雨预警信号。

第十一条　行业主管部门在当地气象主管机构所属的气象台站发布暴雨预警信号后,应当密切研判本行业因暴雨引发的灾害风险,并依照法定职责适时发布本行业灾害预警信号:

(一)地质灾害预警由自然资源主管部门发布;

(二)洪水预警由水文主管部门发布;

(三)山洪预警由水行政主管部门发布;

(四)其他行业预警由相应主管部门依职权发布。

各行业主管部门制作预警信号后,可以委托属地突发事件预警信息发布中心统一发布。

第十二条　气象主管机构及其所属的气象台站应当提高暴雨天气预报预警的准确性、及时性和服务水平。

第十三条　气象主管机构所属的气象台站、有关行业主管部门等应当按照职责及时向本级三防指挥部、有关驻地部队、暴雨灾害防御救助部门通报暴雨天气相关警报和预警信号。

第十四条　广播、电视、新闻出版、通信等主管部门负责建立预警信号快速发布通道，确保多途径、多手段、及时、无偿地向社会公众传播预警信息。

广播、电视、报刊、网络等媒体应当按照预警信号发布要求建立和完善预警信号的发布机制和流程，按照当地人民政府及其授权部门的要求，准确、及时、无偿播发或者刊载预警信号。

基础电信运营商应当按照预警信号传播要求，及时升级改造手机短信平台，提高预警信号发送效率；按照各级人民政府及其授权单位的要求，及时安排预警信号的免费发送。

公共场所电子显示屏等传播媒介的所属单位和个人应当按照预警信号传播要求及时接收和传播预警信息。

社区、学校、医院、商场、体育场馆、车站、港口、码头、旅游景区（点）等公共场所和人员密集场所，应当做好预警信号接收与传播工作。

村民委员会、居民委员会应当利用广播、高音喇叭、鸣锣吹哨等多种方式，及时传递预警信号。

第三章　响应措施

第十五条　各级三防指挥部及其成员单位应当根据暴雨天气预警及灾情发展，加强值班值守，按照应急预案及时采取相应的响应措施，做好防御工作。各级人民政府负责人应当按照应急预案的规定值班值守，进驻受影响地区，指挥、督导防汛救灾工作。

在可能发生直接威胁人身安全的洪水、山洪、内涝、山体滑坡、泥石流、塌方等灾害时，事发地人民政府或者有关部门和单位应当依法组织应对处置，并根据需要组织人员转移避险。

暴雨灾害发生地的单位和个人应当密切关注暴雨预警信号、安全警示和防御指引发布情况，积极采取防灾避险措施开展自救互救；应当服从人民政府发布的决定、命令，配合人民政府做好应急救援和处置措施。

第十六条　暴雨黄色预警响应措施：

预警范围内的区域进入暴雨灾害戒备状态。

预警范围内的乡镇人民政府、街道办事处可以根据应急预案及灾情发展启动相应级别的应急响应，负责人在本地应急指挥中心组织开展防御准备工作，将预警信号传递到辖区范围内的防汛责任人，关注暴雨发展变化情况，组织做好排水防涝准备工作。

市、县(区)三防指挥部成员单位及其他有防汛任务的单位应当关注暴雨发展变化情况，做好防御准备。

托儿所、幼儿园、中小学校应当关注暴雨发展变化情况，采取适当措施，保证幼儿和学生安全。

第十七条　暴雨橙色预警响应措施：

预警范围内的区域进入暴雨灾害防御状态。

预警范围内的乡镇人民政府、街道办事处应当及时启动相应级别的应急响应，注意防范暴雨灾害，负责人和防汛责任人应当根据应急预案及灾情发展落实防御暴雨灾害措施，并做好转移人员准备。村民委员会、居民委员会根据应急预案及暴雨发展变化情况，配合人民政府提前转移危险地带和危房中的人员到安全场所暂避。

市、县(区)三防指挥部成员单位及其他有防汛任务的单位应当密切关注暴雨发展变化情况，及时组织会商分析，研究相应对策和措施，视情况启动相应级别的应急响应，按照应急预案和工作职责做好抢险救援准备。

有关部门和单位应当密切监视险情、灾情，督促本行业领域暂停户外作业和活动，人员应当到安全场所暂避；对积水地区实行交通疏导和排水防涝，对低洼地段室外供用电设施采取安全防范措施。

托儿所、幼儿园、中小学校的学生可以延迟上学，上学、放学途中的学生应当就近到安全场所暂避。

第十八条 暴雨红色预警响应措施：

预警范围内的区域进入暴雨灾害紧急防御状态。

预警范围内的乡镇人民政府、街道办事处应当及时启动相应级别的应急响应,严密防范暴雨灾害,积极采取防灾避险和自救互救有关措施,主要负责人应当在本地应急指挥中心调度指挥紧急防御工作。村民委员会、居民委员会应当按照人民政府决定、命令和应急预案,根据现场情况及时确定转移路线,配合组织转移危险区域人员。

市、县(区)三防指挥部成员单位及其他有防汛任务的单位应当根据险情、灾情的严重和紧急程度及时启动相应级别的应急响应,按照应急预案和工作职责组织开展抢险救灾行动,落实应急处置措施。

有关部门和单位应当严密监视险情、灾情,做好应急抢险救灾工作;督促本行业领域停止户外作业和活动,人员应当到安全场所暂避;对低洼易涝等危险区域做好警示和人员、车辆的避险指引,对低洼地段室外供用电设施采取安全防范措施;撤离危险地带和危房中的人员;地下设施和场所的经营管理单位应当采取有效措施保障人员安全。

托儿所、幼儿园、中小学校应当停课。未启程上学的学生不必到学校上课;在校学生(含校车上、寄宿)应当服从学校安排,学校应当保障在校学生的安全;上学、放学途中的学生应当就近到安全场所暂避。

用人单位应当根据工作地点、工作性质、防灾避灾需要等安排工作人员推迟上班、提前下班或者部分停工,并为在岗工作人员及因天气原因滞留单位的人员提供必要的避险保障措施。

第十九条 受暴雨灾害严重威胁的单位,根据应急预案,可以主动采取停课、停工、停产、停运、停业等必要的紧急避险措施,确保人员安全。

第二十条　在可能发生直接威胁人身安全的洪水、内涝和山体滑坡、泥石流等灾害，或者采取分洪、泄洪、蓄洪措施等紧急情况，需要组织人员转移避险的，有关区域的人民政府应当发布决定、命令，告知转移人员具体的转移地点和转移方式，并妥善安排被转移人员的基本生活；对经劝导或者警告后仍拒绝转移的，或者在紧急情况解除前，擅自返回原居住地点或者其他危险区域的，可以采取必要措施，以保障人员安全。

第二十一条　企业应当根据险情采取必要措施，妥善做好危险化学品、工业废水等管理及防泄漏污染工作，切实保障生命财产安全，保护生态环境。

第二十二条　商场、市场、车站、医院、学校等人员密集场所应当配备排水、通信、照明等必要的应急设施，标明安全撤离的通道、线路，保障安全通道、出口的畅通，并根据险情组织人员有序撤离危险区域。

第二十三条　单位、个人应当主动关注本地暴雨动态，及时获取暴雨灾害预警信号，配合当地人民政府及其有关部门的暴雨灾害防御活动，服从应急抢险救援指挥，开展防灾避险和自救互救。

公众应当根据暴雨预警相关信息提示，避免或者减少在暴雨发生区域的户外活动，户外人员应当寻找安全地带暂避。

第四章　保障措施

第二十四条　各级人民政府应当组建应急救援队伍，配备交通、通信、照明、救生器材等必要的救援装备。

有防汛任务的部门和单位应当结合需要，组建或者明确应急救援队伍承担抢险救援工作。

乡镇人民政府、街道办事处支持村民委员会、居民委员会组建与属地救援需求相适应的应急救援志愿队伍。

有关部门应当对基层应急救援队伍进行专业技能培训。

第二十五条 市、县(区)人民政府建立暴雨灾害抢险救援资金保障机制,设立应急保障专项资金,依法依规简化财政资金审批和划拨程序,保障值班值守、转移避险、应急救援所需资金。财政主管部门会同应急管理部门负责资金分配、管理与监督。

第二十六条 防汛抢险救援物资实行分级储备、分级管理和分级负担制度,可以由政府自行储备,也可以委托企业或者其他组织代为储备。各级人民政府及其有关部门、单位根据本地区灾害特点、人口数量和分布情况,储备并及时更新补充抢险救援物资,保障物资供应和抢险救援需要。

第二十七条 各级人民政府及三防指挥部应当定期组织有关部门对暴雨灾害防御设施设备、隐患排查整治、风险防控措施及相关责任落实等进行检查,并督促责任单位在规定期限内完成问题整改。

三防指挥部成员单位及其他有防汛任务的单位应当建立防御暴雨灾害日常检查制度和专项检查制度,对管辖范围内削坡建房风险点、地质灾害隐患点、水利工程设施、道路桥梁、低洼易涝点、电力和通信设施设备、物资储备等进行检查,建立风险防控和隐患处置台账,对存在的问题应当及时整改或者采取补救措施,消除安全隐患。

乡镇人民政府、街道办事处应当在每年 3 月底前指导村民委员会、居民委员会完成对辖区范围内暴雨灾害隐患排查及有关设施的加固、风险警示等工作。

易涝区域、易发山洪灾害区域、削坡建房风险点、地质灾害隐患点等应当设置明显标识并纳入重点监管区域。

第二十八条 各级人民政府及其有关部门应当建立健全应急通信保障体系,完善应急通信系统;应当加强边远农村、山区预警信息接收终端建设及维护，因地制宜完善广播、高音喇叭、报警器、铜锣、口哨等传播暴雨灾害预警信号的设施设备。

电力、供水等主管部门应当建立用电、供水重点保障单位名录，保障应急抢险、通信、医院等单位的电力供应、用水需求。

卫生健康主管部门应当建立紧急医疗救治、疾病预防和卫生保障机制，明确医疗卫生机构应急队伍、医药器械、救护车等配置标准。

第二十九条　水行政、自然资源、住房城乡建设、交通运输、教育、农业农村、文化广电旅游体育、城市管理和综合执法等主管部门应当制定相关行业暴雨灾害防御指引并督促落实。

暴雨灾害防御指引应当明确部门职责，根据不同的预警信号，明确相关单位、个人应采取的安全防范措施、人员撤离和避险方案、应急抢险救灾预备工作等内容。

第三十条　规划编制单位在编制国土空间规划、城市建设防灾减灾规划时，应当结合暴雨灾害的特点和相关专项规划提出的暴雨灾害防御要求，统筹安排防御设施建设空间。

第三十一条　各级人民政府应当划定削坡建房风险点、地质灾害隐患点以及存在致灾风险的河道、桥梁、山塘水库等重点区域，所属行政区域的有关部门应当加强防御暴雨灾害的日常与应急管理。

易涝区域供电和供排水设施的建设应当符合防洪排涝要求。沿江路段及易涝区域的地下停车场或者下沉式建筑、设施的所有者或者经营者，应当设置符合防御暴雨需要的挡水和排水设施、警示标志以及群众紧急避险疏散的安全指引。

市人民政府及有关主管部门应当与新丰江水库、枫树坝水库等管理单位设立信息共享通道，建立健全防洪调度等应对暴雨灾害的协调机制。

第三十二条　市、县(区)人民政府应当根据人口数量和分布等情况,利用公共场所、公共设施,统筹规划、设立应急避难场所,标注明显标志,并向社会公布。

紧急情况下,具备应急避难条件的学校、文化体育场馆等场所的所有者或者经营者,应当按照政府指令提供有关设施和场地作为临时应急避难场所。

应急避难场所管理单位应当加强维护和管理,保证应急避难场所正常使用。

第三十三条 市、县(区)人民政府应当组织编制暴雨监测和预警设施规划,在暴雨灾害敏感区、易发多发区以及监测站点稀疏区增设雨量监测站、水位报警柱、水位报警器、室内水位预警机等相应的监测和预警设施。有关单位、个人应当依法配合暴雨监测和预警设施的建设。

第五章 法律责任

第三十四条 各级人民政府、有关主管部门及其工作人员违反本条例,未依法履行职责的,由上级机关责令改正;情节严重的,对直接负责的主管人员和其他直接责任人员依法给予处分;构成犯罪的,依法追究刑事责任。

第三十五条 单位或者个人违反本条例,由各级人民政府、气象主管机构或者其他有关主管部门依照有关法律法规规定责令改正;构成违反治安管理行为的,由公安机关依法给予处罚;构成犯罪的,依法追究刑事责任。

第三十六条 单位或者个人违反本条例,不服从所在地人民政府及其有关部门发布的决定、命令或者不配合其依法采取的措施,导致危害扩大,给他人人身、财产造成损害的,应当依法承担民事责任。

第六章　附　则

第三十七条　本条例自 2023 年 1 月 1 日起施行。

梧州市极端天气灾害防御管理办法

(2022年11月24日梧州市十五届人民政府第25次常务会议审议通过,自2023年2月1日起施行)

第一章　总　则

第一条　为了加强极端天气灾害防御,避免、减轻极端天气灾害造成的损失,保护人民生命财产安全,根据《中华人民共和国突发事件应对法》《中华人民共和国气象法》《气象灾害防御条例》《广西壮族自治区气象灾害防御条例》等法律、法规,结合本市实际,制定本办法。

第二条　本市行政区域内极端天气灾害的防控准备、监测预警、应急处置等防御活动,适用本办法。相关法律、法规、规章已有规定的,适用其规定。

本办法所称极端天气灾害,是指达到气象灾害预警最高级别(红色预警信号)的暴雨、台风、强对流(短时强降雨、雷电、大风、冰雹)、高温、干旱、大雾、寒冷天气所造成的灾害。

第三条　极端天气灾害防御工作坚持中国共产党的领导,坚持人民至上、生命至上、尊重自然、科学防御的理念,坚持以大概率思维应对小概率事件、以防为主、防抗救相结合的方针。

第四条　市、县(市、区)人民政府应当加强对极端天气灾害防御工作的组织、领导和协调，实行政府主导、部门联动、分级负责的工作机制，建立健全防御工作协调机制和防灾减灾责任制，将极端天气灾害防御纳入本级国民经济和社会发展规划、年度计划，所需经费列入本级财政预算。

气象主管机构以及工业和信息化、教育、自然资源、住房城乡建设、交通运输、水利、农业农村、文广体旅、应急管理、林业、城市管理监督、海事、通信、电力等单位应当按照各自职责，做好极端天气灾害防御的相关工作。

乡镇人民政府及街道办事处应当协助人民政府有关部门或者按照授权依法履行极端天气灾害防御职责，明确防御工作机构和人员，组织开展应急预案制定、应急演练、抢险救灾、灾情险情报告等工作。

村民委员会、居民委员会应当在乡镇人民政府、街道办事处的指导下，协助参与应急预案制定、应急演练、预报预警和避灾信息传递、灾情收集上报、自救互救。

第五条　暴雨、台风、干旱极端天气灾害由市、县(市、区)人民政府防汛抗旱指挥机构负责统筹指挥应对，其他极端天气灾害由市、县(市、区)人民政府气象灾害应急指挥机构负责统筹指挥应对。

市、县(市、区)人民政府可以根据需要成立专门领导机构，统一指挥处置极端天气灾害及其次生、衍生灾害。

第六条　市人民政府应当建立健全与周边市县的联防联控机制，推动西江流域极端天气灾害防御区域合作，联合开展应急演练，实行信息共享、应急资源合作、重大应急策略和措施联动。

第七条　市、县(市、区)人民政府及其有关部门应当加强领导干部极端天气灾害科普解读和应急管理能力培训，开展各行业极端天气灾害防御技能培训，建设科普宣传教育培训基地和科普体验场馆,提高社会公众的极端天气灾害防御意识和自救互救能力。

第八条　公民、法人和其他组织有参与极端天气灾害防御工作的义务。

鼓励志愿者根据其专业知识、技能开展极端天气灾害防御的科普宣传、应急救援、心理疏导、社区服务、交通物流、秩序维护、过渡安置、恢复重建等工作。

鼓励公民、法人和其他组织向极端天气灾害防御工作提供物资、资金、技术支持和捐赠。

市、县(市、区)人民政府应当按照国家、自治区有关规定,对在极端天气灾害防御工作中做出突出贡献的单位和个人给予表彰和奖励。

第九条　市、县(市、区)人民政府应当将极端天气灾害防御的风险防控、隐患整治、监测预警、信息传播、应急处置等工作纳入目标考评体系。

第二章　防控准备

第十条　市、县(市、区)人民政府应当组织气象主管机构和有关部门对本行政区域内气象灾害种类、风险隐患底数、综合风险水平、抗灾设防能力等情况,开展气象灾害风险普查和气象灾害风险核心要素更新调查,建立极端天气灾害数据库,划定极端天气灾害风险区域。

第十一条　市、县(市、区)人民政府应当组织气象、发展改革、工业和信息化、自然资源、住房城乡建设等主管机构、部门编制气象灾害风险评估项目目录。

气象主管机构应当组织对国土空间规划、重点建设工程项目、重点经济开发项目、大型气候资源开发利用项目等,在可行性研究阶段进行气象灾害风险评估,并在选址、设计、施工、运行中充分考虑极端天气灾害的不利影响。对重点建设工程项目、人员密集场所、易燃易爆危险环境场所重点评估暴雨、大风、雷电等极端天气灾害风险,对大型桥梁、大跨度和高层建筑物、户外大型广告牌等设施重点评估风压、雷电等极端天气灾害风险。

第十二条 市、县(市、区)人民政府应当根据极端天气灾害风险区域以及自然灾害综合防治区域,明确防御灾害类型、资金投入、治理项目、治理措施等事项,加强城乡排水设施、雨水集蓄利用工程、紧急避难场所等灾害防御基础设施建设。

市、县(市、区)人民政府有关部门在编制城市建设防灾减灾规划、流域建设开发利用规划以及能源、生态环境、交通、农业农村、旅游、林业等专项规划时,应当依据气象灾害综合风险普查结果以及气象灾害风险评估意见,统筹考虑极端天气灾害发生的风险性和防御工作的可行性,科学规划城乡防灾减灾整体布局、防洪排涝体系和通风廊道系统。

第十三条 市、县(市、区)人民政府应当组织有关部门根据本地极端天气灾害阈值,完善防洪排涝和公共服务设施的抗灾设防标准。

城市管理监督主管部门应当会同气象主管机构定期编制或者修订暴雨强度公式,报本级人民政府批准后公布实施。对新建、改建的城市排水工程,应当结合本地暴雨强度公式、地形地势地理特点,计算排水管网工程的设计排水量。

各类建(构)筑物、场所和设施建设应当依据各项灾害防御相关标准设计、建设,不得擅自变更、降低标准。气象、自然资源、住房城乡建设、水利等主管机构、部门应当对灾害防御相关标准实施情况进行监督检查。

第十四条 市、县(市、区)人民政府应当组织气象主管机构和应急管理等主管部门,将危险化学品、烟花爆竹、交通运输、建设、能源、矿产、旅游、通信、水利、农业、粮食、林业等行业中易遭受气象灾害影响并且可能造成重大人员伤亡或者经济损失的单位列入气象灾害防御重点单位目录,并且向社会公布。

气象灾害防御重点单位应当根据极端天气灾害防御需要制定应急预案,明确防御责任人及其职责,设定防御重点区域安全标志,巡查防御设施,排查并且消除隐患。

第十五条 供水、供电、通信等主管部门应当建立重点保障单位名录,督促、协调供水、供电、通信运营单位完善极端天气灾害防御应急保障措施,优先保障应急抢险、医院、学校、机关等重点保障单位的用水、用电和通信需求。

第十六条 市、县(市、区)人民政府应当对巨灾保险给予财政支持。

鼓励公民、法人和其他组织通过保险形式减少极端天气灾害造成的损失。

鼓励保险机构开发各类气象灾害保险产品和服务,提高全社会抵御气象灾害风险能力。

鼓励相关行业协会依照标准规范对气象灾害防御重点单位的防灾能力和水平进行评价并且公布,鼓励保险机构将评价结果作为相关保险费率风险评估因素。

第十七条 市、县(市、区)人民政府及其有关部门应当建立健全本级政府气象灾害应急预案、各有关部门气象灾害应急预案以及与气象灾害密切相关的应急预案,加强应急预案内容和关联预案的衔接,完善极端天气灾害防御内容,建立以气象灾害预警信息为先导的极端天气灾害防御应急响应机制。

第十八条 气象、教育、自然资源、住房城乡建设、交通运输、水利、农业农村、文广体旅、应急管理、林业、城市管理监督、通信、电力等主管机构、部门应当制定本行业、本领域的极端天气灾害防御指南,并且指导本行业相关单位制定包含极端天气应对的气象灾害应急预案和开展应急演练。

气象灾害应急预案编制单位,应当参考极端天气灾害防御指南,完善极端天气灾害防御预案内容,健全以气象灾害预警为先导的联动机制,明确应急响应责任人、信息报告流程、自救互救和先期处置等内容,并且组织开展应急演练。

第十九条　市、县(市、区)人民政府应当根据各类极端天气灾害特点、居民人口数量和分布等情况,完善重要应急物资的储备规划、生产、采购、储存、调拨和紧急配送机制,并按照品种完备、规模适度、方式多样的原则储备抢险救灾物资。

发展改革、教育、自然资源、住房城乡建设、交通运输、应急管理、城市管理监督等主管部门应当指导本行业相关单位开展极端天气灾害防御物资储备工作。

乡镇人民政府、街道办事处和村民委员会、居民委员会根据需要设置救灾物资储存点。

鼓励企业事业单位、社会组织和家庭储备基本的应急自救物资和生活必需品。

第二十条　市、县(市、区)人民政府应当根据极端天气灾害防御需要,建立决策咨询专家队伍和专业应急救援队伍,支持组建专业化的应急救援志愿者队伍。

乡镇人民政府、街道办事处、村民委员会、居民委员会可以根据极端天气灾害防御需要,建立基层气象信息员队伍和基层应急救援队伍。

第二十一条　市、县(市、区)人民政府及其有关部门应当做好以下极端天气灾害防御技术建设工作:

(一)健全极端天气灾害防御技术支持体系,加大气象科研投入力度,推进大数据、云计算、地理信息、区块链等新技术在应急处置系统的智慧化应用;

(二)明确极端天气灾害防御城市建设规划布局、基层社区(村)人员分布、重点防御区域场所、避险场所、避险路线等信息;

（三）优化防汛抗旱、排水排涝、水域搜救、气象移动监测、人工影响天气等装备配备，在重点区域、重点部位配备卫星电话、通信无人机、应急发电、增雨飞机等装备。

第二十二条　县（市、区）人民政府应当根据乡镇人民政府、街道办事处、村民委员会、居民委员会的极端天气灾害防御工作情况，组织本级气象主管机构、应急管理等主管部门评定综合减灾示范单位。

第三章　监测预警

第二十三条　气象主管机构应当组织开展本地化、精细化气象灾害监测预报预警研究，会同本级自然资源、住房城乡建设、交通运输、水利、应急管理等主管部门修订细化气象灾害监测预警标准和阈值，逐步建立健全分灾种、分区域、分行业的极端天气灾害监测预警服务体系。

第二十四条　市、县（市、区）人民政府及其有关部门应当根据精密监测极端天气灾害的需求，将城市气象观测站点建设纳入详细性控制规划，在行政区域内所有行政村设置监测暴雨等灾害的气象监测设施和预警设施。

第二十五条　市、县（市、区）人民政府应当组织涉及极端天气灾害防御的单位，健全信息共享机制，建设气象灾害大数据和灾害管理综合信息系统，纳入政府信息共享平台，并且依托智慧城市建设，将气象监测预警信息嵌入城市运行管理各个指挥系统。

气象、工业和信息化、自然资源、住房城乡建设、交通运输、水利、农业农村、城市管理监督、林业等主管部门按照职责分工，做好极端天气灾害及其次生、衍生灾害监测工作，并且共享监测信息数据。

从事气象探测的企业事业单位、社会组织应当按照国家有关规定提供本单位气象灾害基础信息和监测信息数据。

单位和个人可以向人民政府及其有关部门报告极端天气风险和灾害。

第二十六条 气象、自然资源、住房城乡建设、水利、农业农村、应急管理、林业、城市管理监督、海事等主管机构、部门应当建立综合风险研判制度,构建由行业主管部门、灾害防御重点单位、专家团队等多方参与的会商机制,对极端天气灾害强度大小、影响范围、预计损失等开展综合研判,形成综合会商研判意见,报告本级人民政府。

第二十七条 防御极端天气灾害,原则上实行以下递进式预警方式:

(一)有发生极端天气趋势的,气象主管机构应当向本级人民政府及其有关部门提供极端天气灾害影响预报;

(二)极端天气进入警戒区域的,气象主管机构应当向本级人民政府及其有关部门提供极端天气灾害风险预警;

(三)临近出现极端天气灾害的,气象主管机构应当向本级人民政府及其有关部门、社会公众发布极端天气灾害预警信号。

防御突发性强的极端天气灾害,气象主管机构可以不采取递进式预警方式,直接向本级人民政府及有关部门、社会公众发布极端天气灾害预警信号。

第二十八条 市、县(市、区)人民政府应当建立气象灾害预警信息快速发布制度,完善气象灾害预警信息发布系统,明确广播、电视、报纸、电信等媒体作为极端天气灾害预警信息发布渠道。

第二十九条 鼓励公民、法人和其他组织依法多渠道参与极端天气灾害预警信息传播。

灾害防御重点单位应当建立预警信息接收责任制度,畅通信息接收渠道,指定专人接收、传播极端天气灾害预警信息。

村民委员会、居民委员会应当利用广播、大喇叭、铜锣、口哨、手摇报警器等多种传播工具,及时将极端天气灾害预警信息传递给受影响人员。

气象信息员、治安网格员应当通过微信、微博、微视频、客户端和短信等方式及时接收极端天气灾害预警信息,并且及时向责任区内的公众传播。

第四章　应急处置

第三十条　收到极端天气灾害影响预报后,极端天气灾害可能影响区域的人民政府根据极端天气灾害特点和可能造成的危害,可以采取下列一项或者多项防护措施:

(一)加密灾情监测、收集、调度,组织有关部门、单位、专家会商研判;

(二)组织对重要市政基础设施、重要工程设施、易受极端天气灾害危害的场所和区域开展安全隐患排查、巡视管护,及时采取拆除、清理、加固、隔离等措施;

(三)调度抢险救灾所需物资、装备,组织清理应急避难场所和抢险救灾通道;

(四)责令有关部门、单位和国家综合性消防救援队伍、专业应急救援队伍、地方应急救援队伍进入应急待命状态;

(五)动员社会力量做好参加抢险救灾的准备;

(六)划定和宣布警戒区域,疏散、转移、安置易受极端天气灾害危害的人员,停止或者限制易受极端天气灾害危害的活动;

(七)及时发布有关灾害防范避险提示,宣传减灾救灾知识和技能,公布咨询、求救方式;

(八)法律、法规、规章和应急预案规定的其他防护措施。

第三十一条　收到极端天气灾害预警信号后,极端天气灾害影响区域的市、县(市、区)人民政府应当及时启动应急预案,根据灾情采取下列一项或者多项应急处置措施：

（一）组织打通抢险救灾通道，营救受灾人员，启用应急避难场所或者临时征用安全场所，转移安置受灾群众，实施医疗救护措施；

（二）划定、标明并且封锁危险区域，设置警戒区，实行交通管制以及其他控制措施，禁止或者限制人员、车辆、船舶、飞行器通行；

（三）组织修建抢险救灾临时工程，抢修道路、通信、供电、供水、排水、供气等基础设施；

（四）调拨、发放食品、饮用水、衣物、帐篷等抢险救灾物资，实施卫生防疫、生态环境保护以及其他保障措施；

（五）组织社会力量参与抢险救灾；

（六）决定停工、停业、停课，限制或者停止使用有关公共场所，限制或者停止人群聚集活动；

（七）特定应急物资或者其他特定商品出现异常波动的，采取稳定市场价格、维护市场秩序措施；

（八）宣传极端天气灾害应急知识，发布人群、地域、行业应对指引；

（九）法律、法规、规章和应急预案规定的其他处置措施。

各有关部门、机构应当按照应急预案的职责分工和指挥机构的指挥调度做好应急处置工作。

第三十二条　极端天气灾害发生地人民政府或者指挥机构应当根据工作需要设置现场指挥部，统一指挥和协调现场应急处置工作，并与指挥机构保持实时联系。各有关部门按照职责分工参与现场应急处置工作。

现场指挥部实行现场指挥官负责制度，现场指挥官有权决定现场处置方案，指挥调度现场应急救援队伍和应急资源。各有关单位、社会公众应当服从和配合现场指挥官指挥。

现场指挥部应当配备熟悉现场应急处置工作的专家和专业救援队伍。气象主管机构应当为现场应急处置提供现场气象服务。

第三十三条 暴雨、台风、强对流极端天气预警信号生效期间，教育主管部门应当通知处于影响区域的中小学校、幼托机构、中等职业学校等教育机构采取停课措施。

高温、大雾、寒冷极端天气预警信号生效期间，教育主管部门应当通知处于影响区域的中小学校、幼托机构、中等职业学校等教育机构做好停课准备或者调整上下学时间。

极端天气预警信号生效期间，教育机构应当采取措施保护在校学生安全，通知或者组织上学、放学途中的学生就近到安全场所避险。

第三十四条 极端天气预警信号生效期间，用人单位应当按照市、县（市、区）人民政府的决定、命令或者应急预案的规定，采取停产、停工、停业措施，并且为在岗工作人员以及因天气原因滞留单位的工作人员提供必要的避险措施。

第三十五条 单位和个人发现小范围极端强对流天气但是尚未收到预警信号的，可以向当地气象主管机构或者有关部门报告。

降雨过程内累积的雨量超过历史同期平均值但是尚未达到预警信号发布标准的，气象主管机构应当向本级人民政府及其有关部门提供次生灾害风险提醒。有关部门和单位应当及时排查隐患，做好次生灾害防范工作。

第三十六条 极端天气灾害影响趋于减轻时，气象主管机构应当适时变更或者解除气象灾害预警信号。

市、县（市、区）人民政府及有关部门应当根据灾害性天气发生、发展趋势信息以及灾情发展情况，适时调整应急响应级别，或者作出解除应急响应决定，并且做好极端天气引发的次生、衍生灾害防御工作。

第三十七条 市、县（市、区）人民政府有关部门向社会发布极端天气灾害的灾情信息之前,应当经过本级气象主管机构核实相关实况气象数据。

第五章　法律责任

第三十八条　违反本办法规定的行为,法律、法规已有法律责任规定的,从其规定。

第三十九条　各级人民政府、气象主管机构和其他有关部门及其工作人员有下列行为之一的,由其上级机关责令改正;造成严重后果的,对直接负责的主管人员和其他直接责任人员依法给予处分;构成犯罪的,依法追究刑事责任:

(一)未按照规定采取气象灾害预防措施的;

(二)未按照规定制定气象灾害应急预案,或者未组织开展气象灾害应急演练的;

(三)未按照规定开展气象灾害风险评估的;

(四)未按照规定履行气象灾害隐患排查治理职责的;

(五)未按照规定采取应急处置措施的。

第四十条　违反本办法规定,有下列行为之一的,由市、县(市、区)人民政府或者有关部门、机构责令改正;构成违反治安管理行为的,由公安机关依法给予处罚;构成犯罪的,依法追究刑事责任:

(一)未按照规定及时采取灾害防御措施,造成严重后果的;

(二)未及时消除已发现的可能引发突发事件的隐患,导致发生严重突发事件的;

(三)未做好应急设备、设施日常维护、检测工作,导致发生严重突发事件或者突发事件危害扩大的;

(四)未按照应急处置规定停课、停工、停业、停运的;

(五)拒不执行人员转移的决定、命令的;

（六）未按照规定采取其他应急处置措施或者处置不当，造成严重后果的。

第六章　附　则

第四十一条　本办法中下列用语的含义是：

（一）强对流，是指因强对流天气系统生成的短时强降雨、雷电、大风以及冰雹等突发灾害性天气；

（二）寒冷，是指因气温急剧下降导致的道路结冰、寒潮、霜冻、冰冻灾害性天气；

（三）极端天气灾害影响预报，是指对尚未达到极端气象灾害预警信号发布标准的气象灾害，作出影响区域和发展趋势研判的气象服务信息；

（四）极端天气灾害风险预警，是指由国家、省、市三级气象主管机构制作发布的，针对短期时效（提前24小时或者以上）内范围较大、灾害影响严重、可能达到气象主管机构启动最高等级应急响应的，用于开展应急准备、安排部署和部门联动的警示信息；

（五）极端天气灾害预警信号，是指由县级气象主管机构制作发布的（未设立气象机构的县级行政区的预警信号由市级气象主管机构发布），针对24小时以内、特别是短临时效（12小时）以内突发性、局地性极端灾害的，指导开展灾害防御和应急避险的警示信息。

第四十二条　本办法自2023年2月1日起施行。

甘肃省气象条例

(1999年5月29日甘肃省第九届人民代表大会常务委员会第十次会议通过,2002年3月30日甘肃省第九届人民代表大会常务委员会第二十七次会议第一次修正,2004年6月4日甘肃省第十届人民代表大会常务委员会第十次会议第二次修正,2010年9月29日甘肃省第十一届人民代表大会常务委员会第十七次会议第三次修正,2022年6月2日甘肃省第十三届人民代表大会常务委员会第三十一次会议修订)

第一章　总　　则

第一条　为了规范气象工作,发展气象事业,提高气象预报服务水平,防御气象灾害,合理开发利用和保护气候资源,保障人民生命财产安全,促进经济和社会可持续发展,根据《中华人民共和国气象法》等法律、行政法规的规定,结合本省实际,制定本条例。

第二条　在本省范围内从事气象活动,应当遵守本条例。

法律、行政法规对从事气象活动已有规定的,依照其规定执行。

第三条 气象工作应当把公益性气象服务放在首位,遵循保障生命安全、生产发展、生活富裕、生态良好的方针,做到监测精密、预报精准、服务精细,充分发挥为社会公众、政府决策和经济发展提供服务的功能。

第四条 县级以上人民政府应当加强对气象工作的领导和协调,组织编制气象事业发展规划,建立健全与气象管理体制相适应的地方气象事业投入体制,并将气象事业纳入本级国民经济和社会发展计划及财政预算。

第五条 县级以上气象主管机构在上级气象主管机构和本级人民政府的领导下,负责本行政区域内的气象工作。

其他有关部门所属的气象台站,应当接受同级气象主管机构对其气象工作的指导、监督和行业管理。

第六条 县级以上人民政府应当关心和支持少数民族地区、边远艰苦地区气象台站的建设和运行。

对在气象工作中做出突出贡献的组织和个人,依法给予奖励。

第二章 气象主管机构职责与地方气象事业

第七条 县级以上气象主管机构的主要职责:

(一)贯彻实施气象法律法规,开展本行政区域内气象及其灾害防御知识的宣传;

(二)制定本行政区域内气象事业发展规划,负责地方气象事业的建设和管理;

(三)统一管理气象预报的制作与发布;

(四)负责气象防灾减灾的技术研究和服务,归口管理人工影响天气工作;

(五)负责本行政区域内气候可行性论证,指导气候资源的开发利用和保护工作;

（六）组织气象科研攻关和成果的推广应用；

（七）负责气象科技市场的开发与管理；

（八）法律法规规定的其他职责。

第八条　地方气象事业项目主要包括：

（一）为经济建设和防灾减灾服务设置的气象机构、气象探测和通信设施、气象预报预警发布系统、电视天气预报制作系统等；

（二）城市环境气象预报、合理开发利用和保护气候资源、气象灾害防御；

（三）乡村振兴、节水节能和保护生态环境等气象保障服务；

（四）气象卫星遥测遥感技术在当地国民经济建设中的开发利用；

（五）人工影响天气工作；

（六）法律法规和国家规定的其他气象事业项目。

第九条　鼓励组织和个人依法以资助、投资和技术转让等方式参与地方气象事业建设，其合法权益受法律保护。

第三章　气象设施与探测环境保护

第十条　气象设施受法律保护，任何组织或者个人不得侵占、损毁或者擅自移动气象设施。

气象设施因不可抗力遭受破坏时，当地人民政府应当采取紧急措施，组织力量修复，确保气象设施正常运行。

第十一条　县级以上人民政府应当按照国家规定的标准划定当地各类气象台站气象探测环境的具体保护范围，并树桩立界，实行分类分级保护。

第十二条　各级负责无线电、电力和通信管理的部门，应当保护气象台站的大气探测系统、气象预报预警发布系统、自动气象站等气象信息网络所使用的频道、电路和信道。任何组织或者个人不得干扰和挤占。

第十三条　未经依法批准,任何组织或者个人不得迁移气象台站;确因实施国土空间规划或者国家重点工程建设,需要迁移国家基准气候站、基本气象站的,应当报经国务院气象主管机构批准;需要迁移其他气象台站的,应当报经省气象主管机构批准。迁建费用由建设单位承担。

第十四条　建设单位新建、扩建、改建建设工程可能危害气象探测环境的,应当事先征得省气象主管机构同意,并采取相应措施后,方可建设。

第四章　气象预报与服务

第十五条　县级以上气象主管机构所属的气象台站按照职责分工、统一制作的原则,向社会公开发布公众气象预报和气象灾害预警信息,并根据天气变化情况及时补充或者订正。

省人民政府其他有关部门所属的气象台站,可以发布供本系统使用的专项气象预报。

其他任何组织或者个人不得以任何方式向社会发布公众气象预报和气象灾害预警信息。

第十六条　县级以上气象主管机构所属的气象台站应当向同级人民政府提供年景、干旱趋势及重大气象灾害的分析、预测,为工农业生产和防灾减灾决策做好气象服务工作。

牧区气象台站应当根据牲畜越冬、转场、产羔育幼等牧业生产需要,做好气象服务工作。

第十七条　省气象主管机构应当组织开展相关领域高新技术的研究和开发,加强雷达和卫星等技术手段在天气、气候、自然灾害以及生态环境监测等方面的应用。

第十八条　县级以上气象主管机构所属的气象台站应当根据

需要,发布农业气象预报、城市环境气象预报、火险气象等级预报等专业气象预报,并配合军事气象部门进行国防建设所需的气象服务工作。

第十九条　气象台站在确保公益性气象无偿服务的前提下,可以依法开展气象有偿服务。

第五章　气象灾害防御与气候资源利用

第二十条　县级以上人民政府应当建立气象灾害监测和预警系统,建立健全气象灾害防御体系。

第二十一条　县级以上气象主管机构所属的气象台站应当严密监测干旱、冰雹、暴雨(雪)、大风、沙尘暴、寒潮、霜冻、低温、高温、雷电、干热风等重大灾害性天气,并将监测信息及时报告当地人民政府。

第二十二条　各级人民政府和有关部门在气象灾害发生后,应当及时采取抢救措施,组织抗灾救灾,并调查核实气象灾情,报告上级人民政府和有关部门。

第二十三条　县级以上人民政府应当合理布局和建设人工影响天气作业点,制订人工影响天气工作计划,建立相应的协作制度,并组织实施。

县级以上气象主管机构在本级人民政府的领导下负责人工影响天气作业的实施和管理。民航、通信、交通、公安等部门应当提供必要的条件和保障。

实施人工影响天气作业的组织,应当具备省气象主管机构规定的条件,并使用符合相关技术标准的作业设备,遵守作业规范。

人工增雨(雪)和防雹等所需经费由地方人民政府或者委托方承担。

第二十四条　县级以上人民政府应当全面落实防雷安全责

任,加强对防雷安全工作的领导,督促有关部门依法履行防雷安全监管职责。

县级以上气象主管机构和房屋建筑、市政基础设施、公路、水路、铁路、民航、水利、电力、通信、核电等建设工程的主管部门应当按照职责分工,加强防雷管理和安全监管。

第二十五条 从事升放无人驾驶自由气球或者系留气球的单位,应当按照规定取得相应资质证书。

进行升放无人驾驶自由气球或者系留气球活动,应当经县级以上气象主管机构会同有关部门批准,不得影响航空飞行安全。

第二十六条 县级以上人民政府应当编制气候资源开发利用和保护规划并组织实施。气象主管机构根据规划提出开发利用、保护气候资源和推广应用气候区划的建议。

第二十七条 县级以上气象主管机构应当组织对国土空间规划、国家重点建设工程、重大区域性经济开发项目、生态保护修复项目和大型太阳能、风能等气候资源开发利用项目进行气候可行性论证。

相关单位在开展大气环境影响评价和气候可行性论证时,应当使用符合国家气象技术标准的气象资料。

第六章　气象行业管理

第二十八条 县级以上气象主管机构应当通过规划、协调、指导、监督和服务,实施气象工作的行业管理。

各类气象台站应当依据资源共享的原则,加强灾害性天气联防联控,开展技术协作与交流。

第二十九条 广播、电视台站和省人民政府指定的报纸,应当安排专门的时间或者版面,每天播发或者刊登公众气象预报或者气象灾害预警信息。

县级以上气象主管机构所属的气象台站应当保证其制作的气象预报节目质量。

广播、电视播出单位改变气象预报节目播发时间安排的,应当事先征得有关气象台站的同意;对国计民生可能产生重大影响的气象灾害预警信息和补充、订正的气象预报,应当及时增播或者插播。

第三十条 广播、电视、报纸、电信等媒体向社会传播气象预报和气象灾害预警信息,必须使用气象主管机构所属的气象台站提供的适时气象信息,并标明发布时间和气象台站的名称。通过传播气象信息获得的收益,应当提取一部分支持气象事业的发展。

第三十一条 气象台站和大型气象仪器设备实行统一规划、合理布局。

从事气象探测的组织或者个人,应当执行全国统一的气象技术规范和行业标准,并接受同级气象主管机构的指导与监督。

第三十二条 气象专用计量器具应当经具备相关资质的检定机构依法检定。

禁止使用未经检定、检定不合格或者超过有效期的气象专用计量器具。

第七章　法律责任

第三十三条 县级以上气象主管机构及其所属的气象台站的工作人员由于玩忽职守导致重大漏报、错报公众气象预报、气象灾害预警信息,以及丢失或者毁坏原始气象探测资料、伪造气象资料等事故的,依法给予处分;致使国家利益和人民生命财产遭受重大损失,构成犯罪的,依法追究刑事责任。

第三十四条 违反本条例规定,未取得相应资质证书而从事升放气球活动的,由县级以上气象主管机构按照权限责令停止违法行为,处一万元以上三万元以下罚款;给他人造成损失的,依法承担赔偿责任;构成犯罪的,依法追究刑事责任。

第三十五条 违反本条例规定,侵占、损毁或者未经批准擅自移动气象设施的,由有关气象主管机构按照权限责令停止违法行为,限期恢复原状或者采取其他补救措施,可以并处五万元以下罚款;造成损失的,依法承担赔偿责任;构成犯罪的,依法追究刑事责任。

第三十六条 违反本条例规定的行为,法律、行政法规已有处罚规定的,依照其规定执行。

第八章 附　则

第三十七条 本条例自 2022 年 8 月 1 日起施行。

甘肃省气象灾害防御条例

(2008年7月22日甘肃省第十一届人民代表大会常务委员会第四次会议通过,2022年6月2日甘肃省第十三届人民代表大会常务委员会第三十一次会议修订)

第一章　总　　则

第一条　为了提高气象灾害防御能力,避免和减轻气象灾害造成的损失,保障人民生命财产安全,根据《中华人民共和国气象法》、国务院《气象灾害防御条例》等法律、行政法规的规定,结合本省实际,制定本条例。

第二条　本省行政区域内从事气象灾害防御活动,适用本条例。

水旱灾害、地质灾害、森林草原火灾等因气象因素引发的衍生、次生灾害的防御工作,适用有关法律、行政法规的规定。

法律、行政法规对气象灾害防御已有规定的,依照其规定执行。

第三条　本条例所称气象灾害,是指因干旱、大风、沙尘暴、暴雨(雪)、寒潮、冰雹、雷电、低温、高温、霜冻、大雾、干热风等天气气候事件造成的灾害。

气象灾害防御,是指气象灾害监测、预报、预警、预防、应急、救助和监督管理等活动。

第四条 气象灾害防御工作应当坚持以人为本、科学防御、政府主导、部门联动、分级负责、社会参与的原则,发挥气象防灾减灾第一道防线作用。

第五条 县级以上人民政府应当加强气象灾害防御工作的组织、领导和协调,加快防灾减灾体系建设,将气象灾害防御工作纳入国民经济和社会发展规划,所需经费列入本级财政预算。

第六条 县级以上气象主管机构负责本行政区域内气象灾害的监测、预报、预警、评估及人工影响天气作业工作;协助有关部门做好气象次生灾害的监测、预报、预警和减灾等工作。

县级以上人民政府发展改革、自然资源、应急、生态环境、公安、水利、工信、农业农村、林草、住建、交通运输、教育等有关部门,按照职责分工,共同做好气象灾害防御工作。

第七条 各级人民政府应当建立健全气象灾害防御工作的协调机制,组织有关部门防御气象灾害和气象次生灾害,加强气象科普和防灾减灾知识宣传,增强社会公众防御气象灾害的意识,提高防灾减灾能力。

第二章 规划建设

第八条 县级以上人民政府应当组织气象等有关部门,根据灾害分布情况、易发区域、主要致灾因素和上一级人民政府的气象灾害防御规划,编制本行政区域内的气象灾害防御规划,开展气象灾害普查,制定和完善防灾减灾措施,统筹规划防范气象灾害的应急基础工程建设。

第九条 气象灾害防御规划主要包括下列内容:

（一）气象灾害防御的指导思想、原则、目标和任务；

（二）气象灾害发生发展规律和防御工作现状；

（三）气象灾害易发区和易发时段；

（四）防御分区及战略布局重点；

（五）防御设施建设和管理；

（六）防御工程及保障措施；

（七）法律法规规定的其他内容。

第十条　县级以上气象主管机构应当会同同级人民政府有关部门，依据气象灾害防御规划，拟订气象灾害防御方案，报本级人民政府批准后公布实施。气象灾害防御方案应当根据实际情况及时进行修订。

第十一条　县级以上人民政府应当加强气象灾害监测和预警能力建设，增加监测密度，提升监测水平，构建气象灾害立体监测体系，建立灾害监测预警、预报网络体系，提高对气象灾害及其次生灾害的综合监测能力。

第十二条　县级以上人民政府应当按照国家规定的标准划定气象探测环境保护范围，并将保护范围纳入国土空间规划。

任何组织和个人不得在气象探测环境保护范围内实施危害或者可能危害气象探测环境的行为。

第十三条　县级以上人民政府应当按照气象灾害防御规划，加强气象灾害防御设施建设。在城市、乡镇以及气象灾害易发区域和气象灾害重点防御区域，建立气象灾害自动监测网点，在气象灾害易发地段设立警示牌；在城镇显著位置、人口集中居住区、旅游景点、机场、车站、高速公路、学校、重点工程所在地等场所，应当根据需要建立气象灾害监测、预警信息发布设施。

第十四条　气象灾害监测、预警设施受法律保护，任何组织或者个人不得侵占、损毁或者擅自移动。

气象灾害监测、预警设施因不可抗力因素遭受破坏时，当地人民政府应当采取紧急措施,组织修复。

第三章　监测预警

第十五条　县级以上人民政府应当按照合理布局、有效利用的原则,组织建立本行政区域气象灾害监测网络。

气象灾害监测网络成员单位包括气象主管机构所属的气象台站和其他有关部门、单位所属的气象观(监)测台站、哨点,其工作接受气象主管机构指导、监督和行业管理。

第十六条　县级以上气象主管机构应当建立气象灾害防御信息平台,及时向有关部门和单位提供气象灾害监测、预报、预警信息;有关部门和单位应当按照各自职责提供与气象灾害有关的大气、水文、环境、生态等监测信息,并相互及时通报预报、预警信息。

第十七条　县级以上气象主管机构及其所属的气象台站应当做好灾害性天气预报、预警和旱涝趋势气候预测,及时向当地人民政府报告,并通报相关防灾减灾机构和其他有关部门。

气象台站应当加强对灾害性天气气候预测和气象防灾减灾的科学技术研究,提高灾害性天气气候预报、预警的准确率、时效性和有效性。

第十八条　可能发生气象灾害时,县级以上气象主管机构应当指导有关监测网络成员单位进行应急观测,气象台站应当组织跨区域预报会商和监测联防,并根据天气变化情况,及时发布气象灾害预警信息。

第十九条　广播、电视、报纸、通信和互联网等媒体或者信息服务单位,应当及时播发或者刊登当地气象主管机构所属的气象台站提供的适时气象灾害预警信息,标明发布时间和发布单位的名称,并根据当地气象台站的要求及时增播、插播或者刊登。

第二十条　乡镇人民政府、街道办事处在收到当地气象主管机构所属的气象台站发布的气象灾害预警信息后,应当及时采取措施向本辖区公众广泛传播。

乡镇人民政府、街道办事处应当确定人员负责接收和传播气象灾害预警信息,对偏远地区人群,督促村(居)民委员会和有关单位采取高音喇叭、鸣锣吹哨、逐户告知、微信短信等多种方式及时传播气象灾害预警信息。

第四章 灾害预防

第二十一条 县级以上人民政府有关部门在国家重大建设工程、重大区域性经济开发项目和大型太阳能、风能等气候资源开发利用项目以及国土空间规划编制中,应当统筹考虑气候可行性和气象灾害的风险性,避免、减轻气象灾害的影响。

第二十二条 在气象灾害易发区进行重大基础设施建设、公共工程建设,在可行性研究阶段应当对气象灾害风险进行评估。

第二十三条 对经评估认为可能遭受气象灾害危害的建设工程,应当配套建设河堤、水库、防风林、城市排水设施、紧急避难场所等气象灾害防御工程。气象灾害防御工程的设计、施工和验收应当与主体工程的设计、施工、验收同时进行。

第二十四条 县级以上气象主管机构应当加强与相邻省份对灾害性天气的联合监测、预警工作,及时提出气象灾害防御措施,为本级人民政府组织防御气象灾害提供决策依据。

第二十五条 县级以上人民政府应当根据防灾减灾的需要,配备必要的管理人员和人工影响天气设备、设施,建立统一协调的指挥和作业体系。

在干旱、冰雹、森林草原火灾频发区和城市供水、工农业用水紧缺地区的水源地及其上游地区,县级以上人民政府应当在灾情出现之前及早安排有关气象主管机构组织实施人工影响天气作业,预防和避免发生严重灾情。

第二十六条　各类建(构)筑物、场所和设施应当依照法律法规和国家规定安装符合国家有关防雷标准的雷电防护装置。

建(构)筑物、场所和设施的所有权人或者管理人应当对安装的雷电防护装置进行日常维护,并按规定委托有法定资质的雷电防护装置检测机构进行检测。

从事雷电防护装置检测的单位,应当取得国务院气象主管机构或者省气象主管机构颁发的资质证书,并按照资质等级开展相应范围的防雷检测工作。

第二十七条　大型群众性活动的主办方和承办方应当将气象因素纳入安全风险评估,主动获取气象预报和气象灾害预警信息,并及时采取应急处置措施,确保活动安全。

第五章　灾害应急

第二十八条　县级以上人民政府、有关部门应当根据气象灾害防御规划,结合本地气象灾害的特点和可能造成的危害,组织制定本行政区域的气象灾害应急预案,报上一级人民政府、有关部门备案。

第二十九条　各级人民政府应当根据本地气象灾害特点,组织开展气象灾害应急演练,提高应急救援能力。居民委员会、村民委员会、企业事业单位应当协助本地人民政府做好气象灾害防御知识的宣传和气象灾害应急演练工作。

第三十条　气象灾害预警信息发布后,当地人民政府应当根据标准启动相应的应急预案,组织指挥有关部门和群众采取防御措施,并及时将灾情及其发展趋势等报告上一级人民政府。气象灾害应急预案的启动和终止,应当及时向社会公布,并及时报告上一级人民政府和气象主管机构。

第三十一条　县级以上人民政府可以根据气象灾害应急处置需要,组织有关部门采取下列处置措施:

(一)划定气象灾害危险区域,组织人员撤离危险区域;

(二)抢修损坏的道路、通信、供水、供气、供电等设施;

(三)实行交通管制;

(四)决定停产、停业、停课;

(五)对基本生活必需品和药品的生产、供应、价格采取特殊管理措施;

(六)法律、法规规定的其他措施。

第三十二条　县级以上人民政府应急、自然资源、生态环境、农业农村、交通运输、卫生健康、住建、民政、水利、公安等有关部门应当依照法律法规和国家有关规定,在各自职责范围内,做好气象灾害应急工作。

电力、通信、铁路、民用航空、邮政等有关部门应当保证突发性气象灾害应急处置的电力供应、通信畅通和救灾物资的及时运送。

第三十三条　任何组织和个人对当地人民政府及有关部门组织实施的应急救援措施应当予以配合,不得妨碍气象灾害救助活动。

第三十四条　县级以上人民政府应当加强气象灾害应急救援队伍建设,学校、医院、车站、体育场馆等公共场所要指定气象灾害应急联系人,乡村要逐步配备气象灾害义务信息员,定期开展相关知识和技能培训。

鼓励志愿者参与气象灾害应急救援,帮助群众做好防灾避灾工作。

第三十五条　有下列情形之一的,县级以上气象主管机构应当在本级人民政府的领导和协调下,根据实际情况组织实施人工影响天气作业:

(一)已出现干旱,预计旱情将会加重的;

（二）可能出现严重冰雹天气的；

（三）发生森林草原火灾或者长期处于高火险时段的；

（四）出现突发性公共污染事件的；

（五）自然生态环境需要修复或者改善的；

（六）其他需要实施人工影响天气作业的情形。

第三十六条　气象灾害发生后，县级以上气象主管机构应当会同其他有关部门对本行政区域内的重大、特大气象灾害做出调查和评估，及时报送本级人民政府和上级气象主管机构，为组织减灾救灾提供决策依据。

气象灾害发生地的组织和个人应当向调查人员如实提供有关情况。

第六章　法律责任

第三十七条　无资质证书或者超越其资质证书许可范围进行防雷检测的，由县级以上气象主管机构或者其他有关部门按照权限责令停止违法行为，处五万元以上十万元以下罚款；有违法所得的，没收违法所得；给他人造成损失的，依法承担赔偿责任。

第三十八条　有下列情形之一的，由县级以上气象主管机构按照权限责令改正，给予警告，可以处一万元以上三万元以下罚款；给他人造成损失的，依法承担赔偿责任；构成犯罪的，依法追究刑事责任：

（一）应当安装防雷装置而拒不安装的；

（二）拒绝防雷装置检测，或者防雷装置检测不合格又拒不改正的。

第三十九条　违反本条例规定的行为，法律、行政法规已有处罚规定的，依照其规定执行。

第七章 附 则

第四十条 本条例自 2022 年 8 月 1 日起施行。

宁夏回族自治区气象设施和气象探测环境保护办法

(2011年12月8日宁夏回族自治区人民政府令第40号公布,根据2016年6月15日《自治区人民政府关于废止和修改部分政府规章的决定》第一次修正,根据2022年9月27日《自治区人民政府关于废止和修改部分政府规章的决定》第二次修正)

第一章　总　则

第一条　为了保护气象设施和气象探测环境,提高气象预测、预报水平,根据《中华人民共和国气象法》《宁夏回族自治区气象条例》等有关法律、法规的规定,结合本自治区实际,制定本办法。

第二条　本办法适用于本自治区行政区域内气象设施和气象探测环境的保护。

法律、法规对气象设施和气象探测环境的保护另有规定的,从其规定。

第三条　本办法所称气象设施,是指气象探测设施、气象信息专用传输设施和大型气象专用技术装备等,包括有人值守的气象设施和无人值守的气象设施。

本办法所称气象探测环境,是指为避开各种干扰,保证气象探测设施准确获得气象探测信息所必需的最小距离构成的环境空间。

第四条　气象设施和气象探测环境保护实行统筹规划、预防为主、分类保护、分级管理的原则。

第五条　县级以上人民政府应当加强对气象设施和气象探测环境保护工作的领导,协调解决气象设施和气象探测环境保护中存在的问题。

第六条　县以上气象主管机构负责本行政区域内气象设施和气象探测环境的保护工作。

发展改革、自然资源、无线电管理、生态环境等有关部门,应当按照职责分工,依法共同做好气象设施和气象探测环境保护的有关工作。

县级以上人民政府其他有关部门所属的气象台站应当做好本部门气象设施和气象探测环境的保护工作,并接受同级气象主管机构对其气象工作的指导、监督和行业管理。

第七条　县级以上人民政府和气象主管机构应当加强对气象设施和气象探测环境保护的宣传教育,增强社会公众保护气象设施和气象探测环境的意识。

第二章　保护措施

第八条　县级以上气象主管机构应当会同发展改革、住房城乡建设、自然资源、生态环境等有关部门制定气象设施和气象探测环境保护专业规划,报本级人民政府批准后组织实施。

第九条　县以上气象主管机构应当在气象设施附近显著位置设立保护标志,标明保护要求。

任何单位和个人不得损毁或者擅自移动气象设施保护标志。

第十条　禁止任何单位和个人实施下列危害气象设施的行为：

（一）侵占、损毁、擅自移动气象设施或者侵占气象设施用地；

（二）在气象设施周边进行危及气象设施安全的爆破、钻探、采石、挖沙、取土等活动；

（三）挤占、干扰依法设立的气象无线电台（站）、频率；

（四）设置影响大型气象专用技术装备使用功能的干扰源；

（五）法律、行政法规和国务院气象主管机构规定的其他危害气象设施的行为。

第十一条　禁止在气象探测环境保护范围内从事下列活动：

（一）设置障碍物、进行爆破和采石；

（二）设置影响气象探测设施工作效能的高频电磁辐射装置；

（三）从事其他影响气象探测的行为。

第十二条　气象设施和气象探测环境遭受破坏时，县以上气象主管机构应当及时向本级人民政府报告并提出治理方案，本级人民政府应当及时组织修复和治理。

第十三条　在气象台站探测环境保护范围内新建、改建、扩建建设工程，应当避免危害气象探测环境；确实无法避免的，建设单位应当向自治区气象主管机构报告并提出相应的补救措施，经自治区气象主管机构书面同意。未征得气象主管机构书面同意或者未落实补救措施的，有关部门不得批准其开工建设。

在单独设立的气象探测设施探测环境保护范围内新建、改建、扩建建设工程的，建设单位应当事先报告当地气象主管机构，并按照要求采取必要的工程、技术措施。

第三章　台站迁建

第十四条　气象台站的站址及其设施的安置应当保持长期稳

定。任何单位或者个人不得擅自迁移气象台站。

因国家重点工程建设或者城市(镇)总体规划变化,确需迁移气象台站的,建设单位或者当地人民政府应当向自治区气象主管机构提出申请,由自治区气象主管机构组织专家对拟迁新址的科学性、合理性进行评估,符合气象设施和气象探测环境保护要求的,在纳入城市(镇)控制性详细规划后,按照先建站后迁移的原则进行迁移。

申请迁移大气本底站、国家基准气候站、国家基本气象站的,自治区气象主管机构应当自接到申请之日起二十个工作日内将有关材料报送国务院气象主管机构审批;需要迁移其他气象台站的,自治区气象主管机构应当自受理申请之日起二十个工作日内作出决定。自治区气象主管机构作出不予批准决定的,应当说明理由。

第十五条 经国务院气象主管机构或者自治区气象主管机构批准迁移的气象台站,应当按照国务院气象主管机构的规定,在新、旧站址之间进行一年的对比观测。

申请迁移国家基准气候站、国家基本气象站的,申请单位应当提前二年提出。

第四章 监督检查

第十六条 设区的市、县(市、区)气象主管机构应当将本行政区域内气象探测环境保护要求报告本级人民政府和上一级气象主管机构,并抄送同级发展改革、住房城乡建设、自然资源、无线电管理、生态环境等部门备案。

气象探测环境的保护范围、保护标准发生变化的,设区的市、县(市、区)气象主管机构应当及时抄告前款所列有关部门。

第十七条 在气象设施和气象探测环境保护的监督检查中,气象主管机构可以采取下列措施:

（一）要求被检查单位或者个人提供有关文件、证照、资料，并进行查阅、摘录或者复制；

（二）要求被检查单位和人员就有关问题作出解释和说明，制作询问笔录；

（三）进入现场调查、取证；

（四）责令被检查单位或者个人停止违法行为；

（五）依法可以采取的其他措施。

第十八条 县以上气象主管机构应当按照国家质量标准和技术规范配备气象设施，建立健全实时监测和报告备案等管理制度。

第十九条 县以上气象主管机构应当建立举报制度，公开举报电话号码、通信地址或者电子邮件信箱等联系方式。

气象主管机构收到举报后，应当依法及时处理，并将处理结果答复举报人。

第五章　罚　　则

第二十条 违反本办法规定，有下列行为之一的，由气象主管机构按照权限责令停止违法行为，限期恢复原状或者采取其他补救措施，可以并处五万元以下的罚款；造成损失的，依法承担赔偿责任；构成犯罪的，依法追究刑事责任：

（一）侵占、损毁或者未经批准擅自移动气象设施的；

（二）在气象探测环境保护范围内从事危害气象探测环境活动的。

第二十一条 违反本办法规定，县以上气象主管机构及其他有关部门工作人员滥用职权、玩忽职守、徇私舞弊，导致气象设施和气象探测环境受到严重损害的，依法给予处分；构成犯罪的，依法追究刑事责任。

第二十二条 在气象探测环境保护范围内，违法批准占用土地的,或者非法占用土地新建建筑物或者其他设施的,依照城乡规划、土地管理等相关法律法规的规定处罚。

第六章　附　则

第二十三条　县级以上人民政府其他有关部门所属气象台站的设施和探测环境的保护,参照本办法执行。

第二十四条　本办法自 2012 年 1 月 1 日起施行。

宁夏回族自治区气候资源开发利用和保护办法

（2017年1月20日宁夏回族自治区人民政府令第91号公布，根据2022年9月27日《自治区人民政府关于废止和修改部分政府规章的决定》修正）

第一章　总　则

第一条　为了合理开发利用和保护气候资源，推进生态文明建设，根据《中华人民共和国气象法》《宁夏回族自治区气象灾害防御条例》等法律、法规的规定，结合自治区实际，制定本办法。

第二条　本办法所称气候资源，是指能被人类生产和生活所利用的光照、热量、云水、风以及其他可以开发利用的大气成分等自然物质和能量。

第三条　在自治区行政区域内从事气候资源开发利用和保护等相关活动，应当遵守本办法。

第四条　气候资源开发利用和保护工作应当遵循统筹规划、合理开发、科学利用、有效保护的原则，防止和减轻人类活动对气候及自然生态的影响，积极应对气候变化。

第五条　县级以上人民政府应当组织和协调气候资源开发利用和保护工作，将气候资源开发利用和保护工作纳入本级生态文明建设规划,并将所需经费纳入本级财政预算。

第六条　气象主管机构负责本行政区域内气候资源开发利用和保护工作的服务、指导与监督。

发展改革、工业和信息化、生态环境、自然资源、农业农村、林业和草原、科技等主管部门按照各自职责,共同做好气候资源开发利用和保护相关工作。

第二章　气候资源探测、调查与规划

第七条　县级以上人民政府应当根据气候资源开发利用和保护的需要,加强气候资源探测基础设施和气候资源探测站(网)建设,为气候资源监测提供必要保障。

任何组织和个人不得破坏气候资源探测环境或者设施。

第八条　气象主管机构所属的气象台(站)按照职责承担气候资源探测任务;有关主管部门所属的气象台(站)在其职责范围内承担气候资源探测任务,并按照国家有关规定进行气候资源探测资料汇交。

其他组织或者个人开展气候资源探测的,所获得的资料应当按照国家有关规定向自治区气象主管机构汇交。

第九条　气候资源探测应当执行国务院气象主管机构规定的气候资源探测方法、标准和规范,使用合格的气象专用技术装备和气象计量器具。

气候资源探测资料的收集、审核、处理、存储、传输,应当遵守国家有关技术规范和保密规定。

第十条　自治区气象主管机构应当根据气候资源探测资料建立气候资源数据库,开展气候风险研究工作,为气候资源保护和开发利用提供科学依据,并按照国家规定向社会提供有关资料。

第十一条　自治区气象主管机构应当根据全区气候资源探测

实况,定期发布气候状况公报。

其他任何组织和个人不得向社会发布气候状况公报。

第十二条　气象主管机构应当组织开展本行政区域内的气候资源调查,调查结果报本级人民政府和上级气象主管机构。

第十三条　自治区气象主管机构依据气候资源调查结果和气候风险研究成果,组织开展气候资源评估,编制气候资源区划,并报自治区人民政府。

第十四条　县级以上人民政府应当根据国家和自治区气候资源区划,组织编制并实施气候资源开发利用和保护规划。

编制气候资源开发利用和保护规划应当征求社会有关方面意见,并组织专家论证。

第十五条　气候资源开发利用和保护规划应当包括下列内容:

(一)规划编制的依据、原则和目标;

(二)气候资源的现状、特点及分析评估;

(三)气候资源开发利用的方向和保护的重点;

(四)气候资源开发利用和保护的措施;

(五)其他应当列入规划的内容。

第三章　气候资源开发利用

第十六条　气象主管机构应当为气候资源开发利用项目的勘察选址、建设运行提供监测、评估和预报等服务。

县级以上人民政府有关主管部门应当为气候资源开发利用项目的立项、用地、基础设施建设方面提供支持。

第十七条　城市规划和建设应当利用大气风力的自净能力,合理设置、调整风通道,避免和减轻大气污染物的滞留。

第十八条　鼓励和支持风能资源丰富地区开发利用风能

资源。

第十九条 鼓励安装使用太阳能热水、太阳能供热、采暖和制冷、太阳能光伏发电等太阳能利用系统。

房地产开发企业应当根据国家有关规定,在建筑物的设计和施工中,为太阳能利用提供必备条件。

第二十条 县级以上人民政府及有关主管部门,应当引导和扶持农业经营主体合理开发利用热量资源,对建设温室、大棚等农业设施的,给予财政扶持。

第二十一条 县级以上人民政府应当加强人工影响天气作业单位、作业站点设施和装备建设。

气象主管机构应当根据抗旱、储水、改善生态环境和空气质量、气象灾害防御等需要,适时组织开展增雨雪等人工影响天气作业,提高云水资源开发利用能力和综合效益。

水资源短缺地区和季节性干旱地区应当充分利用云水资源,配套建设雨雪水收集利用设施,拦蓄雨雪水。

第二十二条 科学技术行政主管部门应当加强对气候资源科研项目、科研成果推广应用的支持,促进气候资源开发利用和保护领域的自主创新与科技进步。

第四章 气候资源保护

第二十三条 县级以上人民政府应当采取节能、减排、固碳、造林绿化等措施,加强对森林、草场、湿地、湖泊等生态环境的保护与修复,优化气候资源环境。

第二十四条 县级以上人民政府应当组织气象主管机构及有关主管部门,对本区域未来一段时间内气候资源的拥有状况、分布和可利用程度、气候灾害的类型和出现机率等内容作出评估。气候资源影响评估的结论应当作为确定气候资源保护重点、制定保护措施的依据。

第二十五条　新建、改建、扩建建（构）筑物,应当根据国家应对气候变化的要求,结合气候可行性论证建议,采取保护措施,防止或者减轻对气候环境的破坏,避免或者减轻热岛效应、风害、光污染和气体污染。

第二十六条　气象主管机构应当对空间规划、生态建设等规划的编制,组织开展气候可行性论证。

气候可行性论证结论应当作为空间规划、生态建设等规划编制的重要参考。

第二十七条　实施与气候资源环境密切相关的重大区域性经济开发项目、重点建设工程项目、大型太阳能、风能等气候资源开发项目,应当进行气候可行性论证。

自治区需要进行气候可行性论证的项目目录,由自治区气象主管机构会同自治区发展改革等主管部门编制。

第二十八条　列入气候可行性论证目录内的项目,项目建设单位在报送可行性研究报告时,应当附有气候可行性论证报告或者篇章,有关主管部门应当在项目审批或者核准时统筹考虑气候可行性论证结论。

气候可行性论证报告或者篇章应当由经国务院气象主管机构确认的具备相应论证能力的机构（以下简称论证机构）出具。

气候可行性论证报告或者篇章应当包括下列内容：

（一）规划或者建设项目概况；

（二）规划或者项目所在区域气候背景分析；

（三）规划或者建设项目遭受气象灾害的风险性；

（四）规划或者建设项目对局地气候可能产生的影响；

（五）预防或者减轻影响的对策和建议；

（六）其他有关内容。

论证机构进行气候可行性论证,应当使用符合国家气象技术标准的气象资料。

第二十九条 已经实施的建设项目对气候资源造成重大不利影响的,县级以上人民政府应当责成有关主管部门和建设单位采取相应补救措施。

第五章　法律责任

第三十条 气象主管机构和有关主管部门及其工作人员在气候资源开发利用和保护工作中玩忽职守、滥用职权、徇私舞弊的,对直接负责的主管人员和其他直接责任人员依法给予处分。

第三十一条 违反本办法规定,有下列行为之一的,由县以上气象主管机构按照权限,责令改正,给予警告,可以处三千元以上三万元以下的罚款:

(一)应当进行气候可行性论证的项目,未经气候可行性论证的;

(二)项目建设单位委托不具备气候可行性论证能力的机构进行气候可行性论证的;

(三)论证机构使用的气象资料不符合国家气象技术标准的。

第六章　附　则

第三十二条 本办法自 2017 年 3 月 1 日起施行。

宁夏回族自治区防雷减灾
管理办法

(2022年12月12日宁夏回族自治区人民政府第142次常务会议审议通过,自2023年2月1日起施行)

第一章　总　　则

第一条　为了防御和减轻雷电灾害,保障公共安全和人民生命财产安全,根据《中华人民共和国气象法》《气象灾害防御条例》等有关法律、法规,结合自治区实际,制定本办法。

第二条　在自治区行政区域内从事防御和减轻雷电灾害(以下简称防雷减灾)活动,适用本办法。

第三条　防雷减灾工作遵循安全第一、预防为主、防治结合的原则。

第四条　县级以上人民政府应当加强对防雷减灾工作的领导,将防雷减灾工作纳入公共安全监督管理范围,督促各部门依法履行防雷安全监督管理职责,全面落实防雷减灾责任。

乡(镇)人民政府、街道办事处应当协助气象主管机构及有关部门做好防雷减灾知识宣传、应急联络、信息传递、灾害报告和灾情调查等工作。

第五条　县级以上气象主管机构在上级气象主管机构和本级

人民政府的领导下,负责本行政区域内的防雷减灾工作。

县级以上人民政府住房城乡建设、交通运输、应急管理、水利、通信、教育、农业农村、文化和旅游等部门负责各自职责范围内的防雷减灾工作。

第六条 鼓励和支持防雷减灾科学技术研究与开发,推广应用先进防雷科学技术成果,加强防雷标准化工作,提高防雷减灾科学技术水平。

第七条 各级人民政府及有关部门应当利用各类传播媒体向社会宣传普及防雷减灾科学知识,提高社会公众防雷减灾意识和能力。

学校应当采取多种形式开展防雷减灾宣传教育,培养和提高学生的防范意识和自救互救能力。气象、教育等部门应当给予指导和监督。

第二章 监测预警与风险预防

第八条 自治区气象主管机构应当按照合理布局、信息共享、有效利用的原则,建设雷电监测网,完善雷电监测和预警系统。

县级以上气象主管机构所属的气象台站应当按照职责开展雷电监测,及时向社会发布雷电预报、预警信息,并通报相关部门。

第九条 广播、电视、报纸、电信等媒体应当及时向社会播发或者刊登当地气象主管机构所属气象台站提供的雷电预报、预警信息,并根据当地气象台站的要求及时插播、增播或者刊登。

第十条 乡(镇)人民政府、街道办事处、村(居)民委员会和机场、车站、高速公路、学校、医院等人员密集场所的管理单位,在收到雷电预报、预警信息后,应当及时向本辖区和场所公众传播,并采取相应防御措施。

第十一条 属于国家《建筑物防雷设计规范》规定的一、二类防雷建(构)筑物的建设工程项目,建设单位应当进行雷电灾害风险评估。

各级各类开发区和其他有条件的区域,按照国家和自治区有关规定推行区域评估时,可以将雷电灾害风险评估纳入区域评估范围。

第十二条　自治区气象主管机构应当根据本行政区域雷电监测资料以及相关技术标准组织划分雷电易发区域及其防范等级,并向社会公布。

第三章　雷电防护装置

第十三条　各类建(构)筑物、场所和设施安装雷电防护装置应当符合国家有关防雷标准的规定。新建、改建、扩建建(构)筑物、场所和设施的雷电防护装置,应当与主体工程同时设计、同时施工、同时投入使用。

县级以上人民政府可以将城镇老旧小区和农村居住区等人员密集场所雷电防护装置建设,纳入城镇老旧小区配套设施改造和农村房屋安全隐患排查整治范围,提高建(构)筑物、场所和设施防御雷电灾害能力。

第十四条　新建、改建、扩建建设工程雷电防护装置的设计、施工,可以由取得相应建设、公路、水路、铁路、民航、水利、电力、通信等专业工程设计、施工资质的单位承担。

第十五条　建设工程雷电防护装置的设计、施工、检测等单位,依法承担建设工程各环节雷电防护装置质量安全责任。

建设雷电防护装置使用的雷电防护产品应当符合国家有关质量标准,具有产品合格证书和使用说明书。

第十六条　雷电防护装置应当每年检测一次,易燃、易爆场所的雷电防护装置应当每半年检测一次。

从事雷电防护装置检测的单位应当依法取得气象主管机构颁发的资质证,并在资质许可范围内开展雷电防护装置检测活动。

第十七条 雷电防护装置检测单位对雷电防护装置检测后,应当出具检测报告,并对检测数据、结果负责。

雷电防护装置检测单位及其人员从事雷电防护装置检测活动,应当遵守国家有关技术规范和标准。

第十八条 雷电防护装置所有人或者管理人对雷电防护装置进行日常维护,委托具备相应检测资质的单位进行定期检测,发现雷电防护装置存在隐患时,及时采取措施进行处理,保持其安全防护性能良好。

住宅小区的物业服务企业,按照物业服务合同的约定对雷电防护装置进行维护管理和委托检测。

第四章　应急响应与处置

第十九条 雷电灾害发生后,县级以上人民政府应当立即采取措施,按照相关程序启动应急预案,开展应急处置。

第二十条 单位和个人接到气象主管机构所属气象台站发布的雷电预报、预警信息后,应当及时采取有效措施,避免、减轻雷电灾害损失。

第二十一条 县级以上气象主管机构负责组织开展雷电灾害的调查鉴定工作,分析雷电灾害原因,及时作出雷电灾害调查鉴定报告,提出整改措施和处理意见。

第二十二条 遭受雷电灾害的单位和个人,应当及时向当地人民政府或者气象主管机构报告灾情,并协助气象主管机构对雷电灾害进行调查鉴定。

第二十三条 县级以上气象主管机构应当及时向同级人民政府和上一级气象主管机构报告本行政区域内的雷电灾情和年度雷

电灾害情况,并通报同级应急管理等部门。

自治区气象主管机构应当统计分析雷电活动和雷电灾害的发生情况,并向社会公布。

第五章　监督管理

第二十四条　县级以上气象主管机构负责本行政区域内下列工程、场所、项目的雷电防护装置设计审核和竣工验收:

(一)油库、气库、弹药库、化学品仓库和烟花爆竹、石化等易燃易爆建设工程和场所;

(二)雷电易发区内的矿区、旅游景点或者投入使用的建(构)筑物、设施等需要单独安装雷电防护装置的场所;

(三)雷电风险高且没有防雷标准规范、需要进行特殊论证的大型项目。

前款所列工程、场所、项目的雷电防护装置,未经设计审核或者设计审核不合格的,不得施工;未经竣工验收或者竣工验收不合格的,不得交付使用。

房屋建筑、市政基础设施、公路、水路、铁路、民航、水利、电力、通信等建设工程的主管部门,负责相应领域内建设工程的防雷管理。

第二十五条　县级以上气象主管机构负责对由其设计审核和竣工验收后投入使用的雷电防护装置实施安全监管。

住房城乡建设、交通运输、水利等有关部门加强职责范围内的防雷安全管理,对本行业、领域投入使用的雷电防护装置实施安全监管,督促相关生产经营单位落实防雷安全管理责任。

第二十六条　县级以上气象主管机构应当加强对雷电防护装置检测单位的监管,定期组织雷电防护装置检测质量检查。

第二十七条　县级以上气象主管机构应当加强部门协调配

合,会同教育、应急管理、住房城乡建设、文化和旅游等部门,建立防雷安全协同监管和信息共享机制,开展联合检查。

第六章　法律责任

第二十八条　违反本办法规定,有下列行为之一的,由县级以上气象主管机构或者其他有关部门按照权限责令停止违法行为,处 5 万元以上 10 万元以下的罚款;有违法所得的,没收违法所得;给他人造成损失的,依法承担赔偿责任:

（一）无资质或者超越资质许可范围从事雷电防护装置检测的;

（二）在雷电防护装置设计、施工、检测中弄虚作假的;

（三）雷电防护装置未经设计审核或者设计审核不合格施工的,未经竣工验收或者竣工验收不合格交付使用的。

第二十九条　违反本办法规定,导致雷击造成人员伤亡及财产损失的,应当依法承担赔偿责任;构成犯罪的,依法追究刑事责任。

第三十条　各级人民政府、气象主管机构和其他有关部门工作人员在防雷安全监督管理工作中滥用职权、玩忽职守、徇私舞弊的,对直接负责的主管人员和其他直接责任人员依法给予处分;构成犯罪的,依法追究刑事责任。

第三十一条　违反本办法规定的其他行为,法律法规已有法律责任规定的,从其规定。

第七章　附　　则

第三十二条　本办法中下列用语的含义:

（一）雷电灾害,是指由于直击雷、雷电感应、闪电电涌侵入、雷击电磁脉冲等造成的人员伤亡、财产损失；

（二）雷电防护装置，是指接闪器、引下线、接地装置、电涌保护器及其连接导体等构成的，用以防御雷电灾害的设施或者系统。

第三十三条　本办法自 2023 年 2 月 1 日起施行。

附录：

2022 年 1 月 1 日至 2022 年 12 月 31 日应予废止的气象方面规章和规范性文件目录(6 件)

序号	文件名称	文号与发文日期	说　明
1	中国气象局国家气候标志评价工作管理办法(试行)	(气发〔2020〕48号)2020 年 4 月 30 日	已被(气发〔2022〕130号)2022 年 11 月 15 日《中国气象局气候生态品牌创建示范活动管理办法》所代替
2	气象部门国有资产处置管理暂行办法	(气发〔2010〕6号)2010 年 1 月 12 日	已被(气发〔2022〕152号)2022 年 12 月 19 日《气象部门国有资产处置管理办法》所代替
3	气象数据产品业务化管理办法（试行）	(气预函〔2016〕66号)2016 年 12 月 1 日	已被(气办发〔2022〕25号)2022 年 5 月 27 日《气象数据产品业务准入和退出管理办法》所代替
4	气象部门决算管理工作规程	(气办发〔2014〕10号)2014 年 4 月 4 日	已被(气办发〔2022〕47号)2022 年 12 月 6 日《中国气象局部门决算管理办法》所代替

序号	文件名称	文号与发文日期	说　明
5	山西省防雷减灾管理办法	（山西省人民政府令第 213 号）	已被（山西省人民政府令第 297 号）2022 年 12 月 13 日《山西省防雷减灾管理办法》所代替
6	上海市气象灾害防御办法	（上海市人民政府令第 51 号）	已被（上海市人民政府令第 73 号）2022 年 12 月 19 日《上海市气象灾害防御办法》所代替